교실 갈등, 대화로 풀다

발도르프교육과 회복적 생활교육의 만남

별도의 표시가 없는 한 교육공동체 벗이 생산한 저작물은 크리에이티브 커먼즈
[저작자표시-비영리-변경금지 4.0 국제 라이선스]에 따라 이용하실 수 있습니다.
http://creativecommons.org/licenses/by-nc-nd/4.0

교실 갈등, 대화로 풀다
- 발도르프교육과 회복적 생활교육의 만남

ⓒ 김훈태, 2017

2017년 12월 27일 처음 펴냄
2023년 7월 17일 초판 5쇄 찍음

글쓴이 | 김훈태
기획·편집 | 이진주, 설원민
출판자문위원 | 이상대, 박진환
디자인 | 이수정
제작 | 세종 PNP

펴낸이 | 김기언
펴낸곳 | 교육공동체 벗
이사장 | 조성실
사무국 | 최승훈, 이진주, 설원민, 서경, 김기언, 공현
출판등록 | 제2011-000022호(2011년 1월 14일)
주소 | (03971) 서울시 마포구 성미산로1길 30 2층
전화 | 02-332-0712
전송 | 0505-115-0712
홈페이지 | communebut.com
카페 | cafe.daum.net/communebut

ISBN 978-89-6880-043-6 03370

발도르프교육과
회복적 생활교육의 만남

교실 갈등,
대화로 풀다

김훈태 씀

교육공동체벗

차례

들어가는 글 • 6

1장 갈등에 대하여
갈등이란 무엇인가? • 13
갈등의 에스컬레이터 • 21
파괴적 갈등과 건설적 갈등 • 35
교실 속 평화 만들기 • 47
   갈등과 잠재적 본성의 힘 - 프리드리히 글라즐 • 62

2장 발도르프교육의 인간 이해
마음을 알아야 갈등이 풀린다 • 77
우리 내면의 사회적 힘과 반사회적 힘 • 98
7년 주기 발달론 • 108
기질을 알면 갈등이 보인다 • 126
하위 감각의 문제와 치유적 접근 • 151
   인간 의식의 발달 단계 : 그레이브스의 나선형 모델 • 170

3장 비폭력 대화와 회복적 대화모임
평화로운 대화의 조건 • 181
비폭력 대화란 무엇인가? • 188
자칼의 대화법과 기린의 대화법 • 197
비폭력 대화의 4단계 : 관찰, 느낌, 욕구, 부탁 • 219
평화를 만드는 원 • 241
회복적 대화모임이란? • 253
신뢰 서클의 가르침 • 269
   '교사를 위한 신뢰 서클' 참가 후기 • 275

4장 회복적 정의로의 초대

스피릿베어 : 원형 평결 심사 • 289
회복적 정의를 말하다 • 297
회복적 사법의 개념 • 303
평화로운 교실을 만드는 회복적 생활교육 • 309
회복적 글쓰기 • 328
　이것은 나의 이야기⋯⋯ 나의 삶! - 러셀 켈리 • 338

5장 자아의 치유에서 사회적 치유로

지금 여기에 온전히 존재하기 • 351
교사를 위한 명상법 • 355
깨어 있기 위한 질문들 • 367
주기도문을 통한 명상 • 378
루돌프 슈타이너의 팔정도 명상법 • 386
사회적 치유의 길 : 사회 유기체의 삼지성 • 393

마치는 글을 대신하여 인지학에서 바라본 회복적 정의 • 412
참고문헌 • 423

들어가는 글

세상에 갈등을 좋아하는 사람이 있을까요? 갈등 상황이 되면 피가 끓는다든지, 살아 있는 느낌이 든다든지 하는 사람은 아마 없을 것입니다. 세상에서 제일 재미있는 구경거리가 싸움 구경이라고 하지만 그건 나와 상관없는 남의 일일 때입니다. 싸움이 내 일이 되는 순간 재미는커녕 스트레스만 쌓이게 됩니다. 갈등을 직업으로 다루는 사람 역시 자기에게 벌어지는 갈등은 싫을 것입니다. 그래서 우리는 최대한 갈등을 피하려고 합니다.

그런데 우리의 일상은 사실 갈등투성이입니다. 특히 교실이 그렇습니다. 교실에 들어가면 어떻습니까? 종일 크고 작은 갈등이 벌어지고, 교사는 그걸 중재하느라 정신이 없습니다. 학생과 학생 간의 갈등뿐만 아니라 학생과 교사 간의 갈등, 교사와 학부모 간의 갈등, 그리고 동료 교사 간의 갈등도 있습니다. 가르치는 일보다 갈등을 중재하고 해결하는 일이 점점 더 어려워지고 있는 게 현실입니다. 폭력적인 갈등 사건도 늘었고, 아이들의 태도도 예전 같지 않습니다. 어느 때부턴가 '예의바르지 않다'는 수준을 넘어서, 분노 조절이 안 돼 폭언을 쏟아 내거나 피해 의식에 사로잡혀 갈등을 키우는 아이들이 늘었습니다. 안절부절 가만히 있지 못하는 아이, 지엽적인 말꼬리에 집착하는 아이, 경계감이 너무 없어 말이 안 통하는 아이들 역시 많아졌습니다. 단지 갈등 해결의 차원이 아니라 치유가 필요할 정도입니다.

　갈등이 벌어지면 편안하던 인간관계가 불편해집니다. 아무렇지 않게 농담을 던지고 웃으며 지내던 관계가 어색하고 예민해집니다. 말 한마디도 조심스러워질 뿐만 아니라 같은 공간에 머무는 것 자체가 괴롭습니다. 갈등이 생겼을 때 우리의 몸과 마음은 어떻게 될까요? 갈등이 지속되면 마음이 무겁고 힘들어지는데, 덩달아 기운도 빠지고 몸도 여기저기 아파 옵니다. 가슴이 두근두근하고, 확 열이 뻗치거나 속이 답답해지기도 합니다. 몸은 마음을 따라가기 때문에 그렇습니다. 우리의 마음은 몸과 달라서 넓을 때는 우주를 다 감싸 안을 정도로 넓지만, 좁을 때는 바늘 하나 꽂을 자리가 없을 정도로 좁아집니다. 갈등 관계 속에서 우리의 마음은 깊은 상처를 받기도 합니다. 그래서 다들 최대한 갈등 상황을 만들지 않으려고 합니다. 하지만 그런 태도로 인해 감당하기 힘들 정도로 더 큰 갈등이 만들어지기도 합니다.

　이 책은 온갖 갈등 문제에 시달리는 선생님들을 위해 쓰였습니다. 특별한 전략이나 기법 없이도 갈등을 대화로 풀어 갈 수 있다는 게 이 책의 전언입니다. 인간 본성의 원리에 따라 대화를 해 나간다면 갈등 해결만이 아니라 우리 자아의 회복도 가능할 것입니다. 많은 선생님이 진심으로 회복을 원합니다. 아이들의 회복뿐만 아니라 교사 자신의 회복 역시 절실한 상황입니다. 아이들을 위해 열정을 불태우는 선생님일수록 쉽게 지칩니다. 한 학기만 지나도 기운이 소진되고 몸은 아파지기 일쑤입니다. 심하면 마음이 피폐해지기도 합니다. 그것은 경력이 많다고 해서 나아지는 것도 아닌 듯합니다. 때로는 좋게 생각하면서 넘겨 버리고, 짐짓 무시하기도 하지만 마음속에 치유되지 않은 상처가 누적되면 병이 됩니다. 좌절감에 시달리다가 교직을 떠나는 선생님이 실제로 늘었습니다.[*]

우리는 누구나 평화롭고 싶습니다. 그리고 행복하게 살고 싶습니다. 아이들 역시 학교에 오는 이유가 평화롭고 행복하게 사는 법을 배우기 위해서일 것입니다. 따라서 교실은 지금 당장 평화롭고 행복한 삶이 실현되는 공간이 되어야 합니다. 갈등이나 폭력 사건이 벌어졌다 해도 우리는 그것을 배움의 계기로 삼을 수 있습니다. 인간은 성장하는 존재이고, 그것은 아이들뿐만 아니라 어른인 우리들도 마찬가지입니다. 서로의 내적 욕구에 초점을 맞춘 방식의 대화를 통해 닫힌 마음의 문을 열 수 있습니다. 그리고 대화모임을 일상에서 자주 갖는다면 마음과 마음은 다시 연결될 것입니다. 둥그렇게 둘러앉아 이야기를 나누는 것만으로도 교실은 한층 더 평화로워질 것입니다.

이 책에서는 발도르프교육과 회복적 생활교육의 철학적 근거에 초점을 맞추어 갈등 해결의 실질적 방법을 찾고자 했습니다. 먼저 갈등이란 무엇인지부터 짚어 봅니다. 갈등의 개념은 정확히 무엇이고, 어떻게 접근해야 건강한 해결책을 찾을 수 있는지 살펴보았습니다. 이

---

[*] 교육부가 발표한 '전국 교원 명예퇴직 신청 현황'을 보면 2011년 4,476명이던 신청자가 2015년에는 1만 6,575명에 달했습니다. 공무원연금 개혁안 발표로 인해 2016년에는 신청자가 대폭 줄긴 했지만 교직 환경이 개선된 것은 아닙니다. 가톨릭대 서울성모병원 직업환경의학과의 조사(2017년 2월)에 따르면 우울 증세를 보이는 교사는 전체의 39.9%, 고3 담임의 경우에는 60.6%에 이르는 것으로 집계되었습니다.

어서 갈등을 일으키는 우리의 마음에 대한 이해, 그리고 인간의 발달 단계와 기질에 따른 차이, 감각적 어려움 등에 대해 발도르프교육의 인간학을 바탕으로 접근했습니다. 인지학적 인간학의 토대 위에서 올바른 대화의 방법으로 비폭력 대화와 회복적 대화모임, 신뢰 서클 등을 다루었습니다. 그리고 회복적 정의의 의미를 탐구하면서 회복적 생활교육이 궁극적으로 추구하는 것이 무엇인지를 밝히고자 했습니다. 끝으로 우리 자신을 치유할 수 있는 명상법과 병든 사회를 치유하기 위한 인지학적 비전을 소개합니다.

발도르프교육과 회복적 생활교육은 공통적으로 관점의 전환을 요구합니다. 갈등을 바라보는 시선뿐만 아니라 인간을 바라보는 시선부터 변해야 한다는 것입니다. 그 변화는 새로운 이론을 배우고 받아들이는 문제가 아니라 우리의 삶을 올바로 인식하려는 노력과 성찰 속에서 자연스럽게 생겨납니다. 이 책이 선생님들의 그런 작업에 작은 도움이 되길 희망합니다. "구슬이 서 말이라도 꿰어야 보배"라는 오래된 속담처럼 가장 중요한 것은 의지적 실천입니다. 아무리 좋은 해결책이 있다고 해도 그것을 현실에 옮기지 않으면 아무런 의미가 없습니다. 강한 의지가 필요한 일입니다. 분명한 것은 갈등 문제를 극복해 낼 때마다 우리가 성장한다는 사실입니다. 성장한다는 것은 아는 게 많아지는 게 아니라 삶을 통해 존재 차원의 변화가 일어나는 것입니다. 교실 갈등의 문제로 고민하는 선생님들에게, 또 교실에서 평화문화를 가꾸고자 애쓰는 선생님들에게 이 책을 바칩니다.

2017년 겨울
김훈태

1장 /

갈등에 대하여

"사람들은 보통 문제를 해결하는 대신 차이를 무시하거나 화를 참는 것이 더 쉽다고 생각한다. 대체로 사람들은 논란거리에 대해 공개적으로 이야기 나누는 것이 서로에게 남아 있던 선의마저 파괴하지는 않을지 걱정한다. 또는 차이점에 대해 공개적으로 이야기하는 것을 타인의 감정에 대한 배려 부족으로 잘못 생각한다."

- 프리드리히 글라즐*

"교실에 들어가면 아마도 여러분을 조롱하는 개구쟁이들과 말괄량이들을 만나게 될 것이다. 여러분은 우리가 여기서 다루고자 하는 그런 생각을 통해서 강인해져야만 하며, 이런 조롱에 개의치 않고 외적인 사실처럼, 말하자면 우산이 없이 바깥에 나갔다가 갑자기 비를 맞게 되는 그런 사실처럼 그 모든 것을 받아들여야만 한다."

- 루돌프 슈타이너**

---

* Friedrich Glasl, Translated by Petra Kopp(2016), *Confronting CONFLICT*, Hawthorn, p. 3.
** Rudolf Steiner(1992), *Allgemeine Menschenkunde als Grundlage der Pädagogik*, Rudolf Steiner Verlag, p. 28.

갈등이란
무엇인가?

교실이라는 공간은 크고 작은 사건이 수없이 벌어지는 작은 사회와 같습니다. 물론 수업을 하고 지식과 기술을 습득하는 것이 주된 일과지만 교실은 아이들과 교사의 삶의 터전이자, 아이들이 어른이 되어 세상에 나갈 준비를 하는 곳입니다. 이때의 준비란 어울려 살아가는 능력을 기르는 것이라고 할 수 있습니다. 미숙한 사람들이 어울려서 살아가다 보면 필연적으로 발생하는 것이 갈등입니다. 의사소통 방법을 제대로 배우지 못했다면 갈등은 끊이지 않을 것입니다. 교실에서도 잘못된 대화법으로 갈등이 벌어지는 경우가 흔합니다.

안타깝게도 우리는 제대로 된 대화법을 배운 적이 없습니다. 사회 전반에서 갈등을 어떻게 다뤄야 하는지에 대한 이해도 부족한 편입니다. 그래서 작은 갈등도 쉽게 극단적 분쟁이 되곤 합니다. 더구나 아이들은 본래 자기중심적 존재이기 때문에 상대를 존중하며 대화하는 법을 반복해서 배워야 합니다. 본래 '아이'란 자아가 독립되지 않은 어린 존재를 뜻합니다. 어른이 되기 전까지 아이들은 자아 성장을 위해 자기중심적 존재일 수밖에 없습니다. 갈등을 풀어 가면서 자아가 성장해 나갑니다.

모든 갈등은 괴로움을 담고 있지만 그렇다고 해서 갈등을 부정적으로 볼 필요는 없습니다. 오히려 어울려 살아가는 힘을 키우기 위한 학습의 과정으로 이해하는 것이 좋습니다. 아이들에게는 오히려 적절한 갈등 상황을 경험하는 것이 필요합니다. 아이들이 경험해야 할 고통의 기회를 어른들이 제거해 주는 것은 바람직하지 않습니다. 아이들은 갈등을 통해 자기 자신을 정확히 인식할 수 있고, 그럼으로써 더 어려운 상황에서 자기 자신을 지켜 낼 수 있습니다. 그렇게 스스로 바르게 선 사람만이 진정으로 건강한 관계를 만들어 갈 수 있습니다.

"동쪽으로도 가고 싶고, 서쪽으로도 가고 싶다." 우리의 마음은 이처럼 이중적입니다. '공부는 하기 싫지만 시험은 잘 보고 싶다'라거나, '일찍 일어나고 싶은데 밤늦게까지 놀고 싶다', 또는 '나는 다른 사람을 욕할 수 있지만 다른 사람이 나를 욕해서는 안 된다'처럼 모순된 욕구를 추구합니다. 이것을 딜레마dilemma라고 부릅니다. 두 개의 상반된 목적을 동시에 추구할 때 내적 갈등에 빠집니다. 그럴 때는 둘 중 하나를 선택해야 합니다. 하나를 선택한다는 것은 하나를 내려놓는다는 말입니다. 이것도 놓기 싫고, 저것도 놓기 싫은 마음을 욕심이라고 합니다. 욕심이 많은 사람일수록 내적 갈등에 빠질 확률도 높습니다. 만약 한 집단이 이런 상황에 놓인다면 집단 내 관계에서 갈등이 발생할 것입니다. '봄 소풍으로 놀이공원에 갈지, 박물관에 갈지' 또는 '자유 놀이 시간에 공놀이를 할지, 전래 놀이를 할지' 등을 정하는 일에서 적절한 규율과 원칙이 없다면 갈등이 벌어질 수밖에 없습니다. 이처럼 갈등은 상반된 욕구로 인해 모순된 행위가 발생할 때 생깁니다.* 하나의 욕구가 다른 욕구를 방해할 때 갈등이 벌어지는 것입니다.

모순 상황이 벌어졌다고 해서 다 갈등이 되는 것은 아닙니다. 불화할 수는 있지만 아직 갈등 전의 단계입니다. "갈등이 벌어졌다"라고 하는 것은 항상 가설로서 받아들여야 합니다. 갈등의 정확한 개념을 이해하지 못하면 모든 사건에 '갈등'이라는 딱지를 붙일 수 있습니다. 그렇게 되면 온전하게 해결할 수 있는 방법을 찾기가 더욱 어려워집니다. '학교폭력'도 마찬가지입니다. '폭력'이라는 말이 과잉되어 "이것도 폭력, 저것도 폭력, 그러니 모든 게 폭력"이라고 하면 본질이 왜곡되는 것처럼, 집단 내 갈등의 문제는 신중하게 접근할 필요가 있습니다. 물론 학교폭력은 증가하고 있고, 이로 인해 고소와 고발이 이어지며 극단적으로는 자살 사건이 벌어지기도 하는 만큼 진지하게 접근해야 하는 사안입니다. 다만 아이들 사이의 사소한 불화에까지 어른들이 개입하고, '폭력'이라는 말을 앞세우는 행위는 경계해야 합

---

* 데이비드 존슨·로저 존슨, 추병완·김영은 옮김(2000), 《갈등 해결을 통한 학교 폭력 예방》, 백의, 35쪽.

니다. 유연하게 풀어 갈 수 있는 문제임에도 '폭력'이나 '갈등'이라는 말에 의해 오히려 분위기가 경직되는 경우를 흔히 볼 수 있습니다. 상대를 괴롭히거나 다치게 하는 행위가 표면화될 때, 그래서 누군가 괴로움을 겪게 될 때 비로소 우리는 "갈등이 본격적으로 시작되었다"라고 결론을 내릴 수 있습니다.

우리는 누구나 욕구를 가진 존재로서 욕구가 충족될 때 행복감을 느끼고, 충족되지 않았을 때 고통을 느낍니다. 갈등 그 자체는 옳거나 그른 것이 아니지만 우리는 갈등을 통해 고통을 느끼고, 갈등이 잘 해결되었을 때 행복감을 맛봅니다. 우리가 갈등을 싫어하고 화해와 용서를 좋아하는 이유입니다. 그러나 화해와 용서는 간단한 일이 아니며, 늘 성공적인 것도 아닙니다. 우리가 할 수 있는 일은 갈등이 만들어 내는 에너지를 창조적으로 전환시키는 노력뿐입니다. 세계적 평화학자인 요한 갈퉁에 따르면, 갈등은 눈에 띄는 행위(B : behavior)와 눈에 띄지는 않지만 행위 저변에 깔려 있는 태도(A : attitude)로 구분됩니다. 상대방의 태도가 마음에 안 든다고 해서 갈등상태인 것은 아닙니다. 구체적인 말이나 행동 같은 행위가 나왔을 때 비로소 갈등상태가 됩니다. 이를 명시적 갈등이라고 합니다. 갈등이 벌어졌을 때의 행위와 태도는 갈등의 내용을 반영하는데, 이 갈등의 내용을 모순(C : contradiction)이라고 합니다. 모순은 관계 안에서 추구하는 욕구나 목표가 서로 어긋나게 된 구조적 원인입니다. 잠재적 갈등은 태도나 모순으로 나타납니다. 갈등은 태도(A)와 행위(B), 그리고 모순(C)의 합이며, 이 셋이 모여 갈등의 삼각형을 이룹니다.

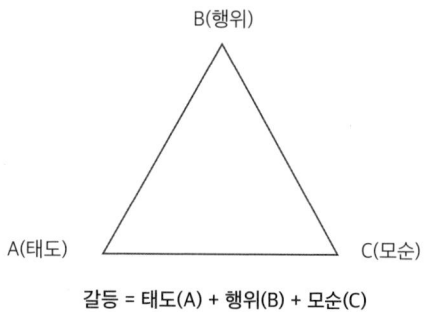

삼각형의 세 꼭짓점 중 하나인 모순(C)은 공격적 태도(A)와 공격 행위(B)로 인해 악화될 수 있습니다. 공격적 태도와 행위는 과거의 모순 위에 새로운 모순을 쌓아서 갈등 당사자들에게 더 많은 공격성과 공격 행위를 자극하게 됩니다. 이렇게 악화되는 과정은 꼭짓점 A와 B에서도 마찬가지입니다. 갈등 상황에서 행위는 강요, 상호 비방, 공격, 위협, 파괴의 표현 등으로 발전합니다. 대립을 야기하고 악화시키는 당사자들의 모든 행위는 사실 태도에서 비롯됩니다. 태도 역시 상대에 대한 적개심, 두려움, 무시, 편견, 차별 등으로 발전하며, 이러한 태도가 행위를 통해 표출됩니다. 꼭짓점 C는 갈등의 배경으로서 당사자들의 대립 행위와 태도에 영향을 미치는 모순된 환경이고, 당사자들이 공유하는 구조입니다. 이러한 모순이 곧 갈등을 만드는 근본 원인입니다.[**]

---

[*] 요한 갈퉁, 강종일 외 옮김(2000), 《평화적 수단에 의한 평화》, 들녘, 168쪽.
[**] 정주진(2016), 《갈등은 기회다》, 개마고원, 152~153쪽.

예를 들어, 어느 초등학교 6학년의 한 교실에서 여자아이들과 남자아이들이 패거리를 형성해 시시때때로 싸워 분위기가 아주 험악해졌습니다. 서로를 욕하고 비난하며 우는 아이도 속출했습니다. 담임 교사도 그런 사정을 알고 있지만 훈계를 하거나 나무랄 뿐 두 집단이 갈등을 해결할 수 있도록 도와주지는 못하고 있습니다. 여기에서 B는 서로에 대한 좋지 않은 언행입니다. A는 서로에 대한 불신과 미움, 무시 등입니다. 그런 태도 때문에 서로에게 좋지 않은 말과 행동을 하는 것입니다. 그런데 알고 보니 여자아이들과 남자아이들이 날마다 싸우는 이유는 사실 1학년 교실 청소 때문이었습니다. 아직 어려서 스스로 교실 청소를 못 하는 1학년 아이들을 대신해 한동안 6학년 아이들이 청소를 하기로 했는데, 그 결정 과정에 아이들은 참여하지 못했습니다. 일방적인 통보만을 받은 상황에서 남자아이들은 청소를 하기로 한 점심시간에 나가서 노는 일이 허다했습니다. 그래서 갈등이 벌어졌던 것입니다. 이것이 바로 C입니다. 근본 원인인 C의 변화 없이 A와 B의 변화를 바라는 것은 어려운 일입니다. 갈등을 해결하기 위해서는 대화모임을 통해 C를 인식하고 개선해야 합니다.

이처럼 교실 갈등에서 가장 주목해야 할 부분은 구조적 모순입니다. 당장 고칠 수는 없다 해도 구성원 모두가 인식하고 해법을 찾아 나가지 않으면 갈등은 반복되고 악화될 수밖에 없습니다. 근본 원인에 대한 문제 제기 없이 행위와 태도만을 문제 삼을 때, 오히려 모순은 강화되고 아이들은 무력감에 빠질 수 있습니다. 힘이 센 아이가 소리를 지르고 위협을 가해서 다른 아이들을 조용히 시킬 수는 있습니다. 언뜻 갈등 없이 평화로운 교실처럼 보일 수도 있습니다. 반장에게 전권이 위임된 교실이 그렇습니다. 그러나 이런 상황은 갈등이 억눌려 있을 뿐 사라진 것이 아니고, 오히려 다른 방식으로 증폭될 수 있습니다. 권위적인 담임 교사 아래에서 숨죽여 지내던 아이들이 교과 전담 교사나 보결 교사의 시간에 통제가 안 될 정도로 소란스러워지는 것도 마찬가지입니다. 구조적 모순을 보지 못하기 때문입니다. 권위적인 문화 아래에서는 대화가 불가능합니다. 대화는 대화에 참여하는 모든 사람이 인격적으로 동등하다는 전제 아래에서 가능합니다.

대화를 통해 모순이 드러나고, 모든 구성원이 서로에게 마음을 열 수 있을 때 갈등의 실마리를 찾을 수 있습니다. 중요한 것은 갈등이 없는 것이 아니라 갈등을 잘 풀어 가며 사는 것입니다. 기질이 다르고 욕구가 다르며 살아온 배경이 다른 사람들 사이에 갈등이 없을 수는 없습니다. 교실에서 교사는 특히 행위나 태도 뒤에 가려진 부조리한 교실 문화가 없는지를 살펴야 합니다. 만약 교실에 이너서클inner circle이 존재하고 폐쇄적 문화가 강하다면 개별 아이들이 아무리 선하다고 해도 갈등은 심각해집니다. 불만이 제기되는 것을 막고 갈등을 억누르는 불통의 집단에서는 '차가운 갈등'이 만연합니다. 차가운 갈등은 구조적 모순 속에서 태도끼리 부딪히는 잠재적 갈등 상황입니다. 어떤 집단 안의 두 그룹이 소통은 하지 않고 서로 적대적이며 서로에 대해 갖가지 오해와 억측, 편견이 난무하고 있다면 차라리 갈등이 표면으로 터져 나오는 게 낫습니다. 고여서 썩는 물은 흐르도록 해야 합니다. 만약 어떤 교장 선생님이 자기 학교는 갈등이 전혀 없는 평화로운 학교라고 주장한다면 사실 그 학교는 대단히 위험한 학교일 수 있습니다. 자연스럽게 발생하는 갈등을 강제로 억누를 것이기 때문입니다.

차가운 갈등과 달리 '뜨거운 갈등'은 명시적으로 드러난 갈등입니다. 여기에는 의견의 대립처럼 작은 갈등도 있고, 전쟁처럼 최악의 갈등도 있습니다. 뜨거운 갈등의 공통된 특성은 갈등이 벌어지고 악화될수록 서로의 입장이 극단화된다는 점입니다. 전쟁이 무서운 것은 중간 지점이 허용되지 않기 때문입니다. 갈등하는 두 집단은 극과 극으로 치닫게 되며 필연적으로 경직됩니다. 개인 간의 갈등도 마찬가지입니다. 오래되고 악화된 갈등일수록 만나기 힘들 정도로 마음이 멀어져 있고 딱딱하게 굳어 있습니다. 다시 만나 마음을 풀기까지 더 많은 에너지가 쓰일 수밖에 없습니다. 갈등의 진행 과정에서 갈등 당사자가 피해 의식에 사로잡혀 자신의 행동을 상대방의 행동에 대한 피치 못할 대응으로만 해석한다면 갈등은 더욱 첨예하게 고조될 수밖에 없습니다.

갈등은 관계 속에서 연결감을 약화시키고 단절감을 키웁니다. 갈등이 악화될수록 마음은 단절감에서 적대감으로, 적대감에서 혐오감, 증오심, 파괴 욕구로 치닫곤 합니다. 갈등이 고조되는 단계를 살펴보면, 초기에는 당사자 모두 합리적 해법을 통해 해결할 수 있는 기회가 있습니다$^{win-win}$. 그러나 갈등이 정점을 향해 치닫게 되면 당사자들이 자력으로 어찌할 수 없을 만큼 고조됩니다. 이기고 지는 승부가 되어 버리는 것입니다$^{win-lose}$. 제3자의 개입이 필요해지고, 그보다 더 악화되면 서로를 파괴하기 위해 모든 것을 희생하는 전쟁 상태가 되므로$^{lose-lose}$ 외부 권력의 개입만이 유일한 해결책이 됩니다. 그렇다면 구체적으로 갈등은 어떻게 고조되는 걸까요? 에스컬레이터처럼 고조되는 갈등 과정을 정확히 알아야 갈등을 중간에 멈추고 화해하는 작업이 가능할 것입니다.

갈등의
에스컬레이터

　종교 단체의 갈등 전문가인 스피드 리스는 집단 내의 갈등 수준을 나타내는 다섯 가지 '갈등의 단계'를 고안해 냈습니다. 이 다섯 가지 갈등의 단계는 갈등이 증폭되는 단계와 마침내 조직을 파괴하는 단계를 잘 설명하고 있습니다.*

- 1단계 : 문제 해결이 가능한 단계

---

* 데이비드 브루베이커·루스 후버 지머먼, 김홍석 옮김(2016), 《건강한 조직 만들기》, KAP, 90~91쪽.

특별한 사안에 대해 시각차가 존재하는 단계. 대화를 통해 해결할 수 있다.
- 2단계 : 의견 대립 단계

날카롭게 의견이 대립하는 단계. 협상을 통해 해결할 수 있다.
- 3단계 : 적대 단계

좀 더 개인화된 의견의 불일치 단계. 제3자의 중재를 통해 해결할 수 있다.
- 4단계 : 싸움/도망 단계

조직을 분열시키는 갈등의 표출 단계. 이 단계의 해결을 위해서는 외부 전문가의 자문이 필요하다.
- 5단계 : 풀기 어려운 갈등 단계

조직을 분열시키는, 통제하기 어렵고 난해한 갈등 상황. 외부 권위자가 필요하다.

전문가들의 조언에 따르면 갈등은 초기 단계에 있을 때부터 적극적으로 대처해야 합니다. 교실에서 갈등이 처음 1, 2단계를 넘어선 경우, 교사는 학생들에게 중재를 통한 해결을 권고할 수 있어야 합니다. 교실 안에서 갈등 당사자가 경험하는 갈등 수준이 4단계 또는 5단계에 이르면 서로 너무 첨예하게 대립하기 때문에, 갈등이 증폭되는 것을 예방하기 위해서는 1, 2단계, 늦어도 3단계에는 교사가 개입해야 합니다. 이러한 시도가 실패한다면 외부 전문가의 도움을 받을 수 있습니다.

오스트리아의 인지학자인 프리드리히 글라즐에 따르면 갈등이 고조되는 진행 과정에는 9단계가 있습니다. 그의 모델에서 갈등의 단계는 썰매를 타고 비탈길을 내달리듯이 가속화됩니다. 적절한 중재가 없다면 갈등 당사자들은 엄청난 에너지를 소모하면서 파국으로 치닫게 될 것입니다. 일단 갈등이 벌어지면 갈등은 내부 논리에 따라 발전할 수밖에 없습니다. 따라서 갈등 상황을 사전에 예방하는 것만큼 좋은 해결책은 어디에도 없을 것입니다. 갈등을 피하라거나 무시하라는 말이 아닙니다. 우리는 갈등이 조성되는 과정과 진짜 갈등 상황을 구분할 필요가 있습니다. 갈등 상황이란 이미 부딪히고 난 상황, 그래서 서로 얽히고설켜 버린 상황입니다. 올바른 의사소통 방법은 갈등을 미연에 방지해 줍니다. 우리가 올바른 대화법을 배우고, 또 인간에 대해 깊이 알아야 하는 이유입니다. 만일 잘못된 선택을 해서 결과에 만족하지 못하고 스스로를 불행하게 느낀다면, 이 때문에 진짜 갈등이 벌어질 것입니다.*

1단계 : 경직

갈등이 시작될 때 중재를 제대로 하지 못하면 갈등 상황은 내부 논리에 따라 확대됩니다. 갈등은 살아 있는 생물처럼 독특한 방식으로 발전하기 때문에 이에 저항하기 위해서는 의식적인 노력이 필요합니다. 갈등 고조의 첫 번째 단계는 관계에서 어떤 쟁점이나 욕구 불만의 문제가 해결되지 않을 때입니다. 갈등은 풀리지 않고 계속된 노력은 실패합니다. 당사자들의 입장은 점점 확고해지며, 변화의 가능

---

* [Thomas Jordan(2000), Glasl's Nine-Stage Model Of Conflict Escalation, www.mediate.com/articles/jordan.cfm] 참고.

성은 줄어듭니다. 서로 간의 입장은 양립 불가능한 것이 되어 갑니다. 대화를 시도해도 해결의 실마리를 얻기보다 서로에 대해 실망하고 상대방이 정말로 해결 의지가 있는지 의심하게 됩니다. 경직 또는 긴장 단계입니다.

이 상태에서는 입장에 따라 편이 갈리며, 단계가 올라갈수록 패거리가 형성됩니다. 집단의 구성원들은 상황에 대한 공통된 해석을 공유하고, 공통의 가치관을 만들어 똘똘 뭉칩니다. 중간 지대는 차츰 사라집니다. 사람들은 상대방에 대한 부정적 정보를 쉽게 찾아내는 반면 긍정적인 정보는 중요하게 여기지 않습니다. 집단 간의 차이점은 유사점보다 더 의미 있게 다뤄집니다. 이러한 차이를 극복하려는 양측의 노력은 좌절되기 일쑤입니다. 갈등이 쉽사리 해결되지 않으면서 양쪽 집단은 얽히고설킨 관계에 대해 알아차리지만 대화는 제대로 이뤄지지 않습니다. 해결 노력은 점차 시간과 에너지의 낭비로 치부됩니다. 공정한 논의가 불가능하다는 판단이 들면서 갈등은 두 번째 단계로 넘어갑니다.

2단계 : 논쟁

갈등 고조의 두 번째 단계는 논쟁의 단계입니다. 상대방이 자신의 합리적인 주장을 받아들이지 않는 것처럼 보이기 때문에 대화는 말싸움으로 발전합니다. 당사자들은 자신의 주장을 관철하기 위해 더 강력한 방법을 찾습니다. 그러나 발언을 강하게 하면 할수록 융통성은 사라지고 더욱 경직되어 갑니다. 말다툼은 이제 더 이상 명확한 쟁점을 갖지 않게 됩니다. 양측은 자신의 입장이 위태로워졌다고 느끼며 조바심을 냅니다. 주장의 합리성보다 상대방에게 자신이 어떻게 보이는지가 더 중요해집니다. 무능해 보이는지, 강하게 보이는지, 미숙해 보이는지, 능숙해 보이는지 등에 대해 더 많은 관심을 기울이게 됩니다. 어떻게든 이기는 게 중요해졌기 때문입니다. 만약 말이 통하지 않는다고 생각되면 다음과 같은 태도를 보이기도 합니다.

- 현재의 문제에 대해 근본주의적 원인을 제시해 책임 회피하기
- 상대방의 입장이 갖는 의미와 결과를 지나치게 과장하기
- 부차적인 문제까지 끌어와 현재의 문제를 확대 해석하기
- 정통성을 확보하기 위해 공인된 권위 또는 전통 언급하기
- 자기에게 이로운 타협이 되게 하기 위해 극단적 해법 제시하기

이러한 무리수를 두는 이유는 상대방을 감정적으로 흔들리게 하고, 싸움에서 우위를 점하기 위해서입니다. 따라서 대화는 합리적 논의에서 감정싸움과 권력 다툼의 양상으로 변합니다. 상대방의 말을 곧이곧대로 믿을 수 없기 때문에 당사자들은 서로의 말 속에 숨어 있는 의미를 찾으려고 애씁니다. 이제 진솔하게 속마음을 털어놓는 일 따위는 없습니다. 어떻게든 상대방을 이기기 위해 전술을 짜고 전략적으로 발언합니다. 사과를 하는 것은 굴복하는 것이고, 수긍하는 태도를 보이는 것은 약한 모습이 됩니다. 당사자들은 정의롭고 강한 자아상을 강조합니다. 어느 쪽도 이 대결에서 지지 않으려고 하기 때문에 사사건건 충돌하는 모습을 보입니다. 실제로 공격적인 말들이 무수히 오갑니다. 불신이 커지면서 불안감도 커지고 차츰 통제력도 잃어 갑니다. 더 이상 말을 주고받는 게 무의미하다는 생각이 들

면 갈등은 세 번째 단계에 빠져듭니다.

3단계 : 말보다 행동

갈등 고조의 세 번째 단계에서 당사자들은, 대화를 통해서는 더 이상 아무것도 해결할 수 없다고 생각합니다. 공통의 관심사를 향해 협력해 가는 관계는 끝이 났고, 당사자들은 서로를 오로지 승리를 놓고 다투는 경쟁자로 봅니다. 이 단계에서 가장 중요한 것은 상대방이 목표에 도달하는 것을 어떻게든 막고, 자신의 이익을 관철시키는 것입니다. 당사자들은 상대방을 일방적으로 굴복시키려고 하면서도 자신은 그 반대로 굴복하지 않으려고 필사적으로 노력합니다. 말보다 행동이 앞서고, 비언어적 의사소통은 갈등을 돌이키기 힘들 정도로 고조시킵니다. 갈등의 삼각형에서 행위(B)와 태도(A)가 함께 악화되는 상황입니다.

처음에는 어느 한쪽이 명백히 잘못을 했다 치더라도, 이 단계에 와서는 대응 양상이 서로 닮아 가기 때문에 차별성이 사라집니다. 양쪽 집단 내에서도 다른 생각이나 목소리가 나오지 않게 됩니다. 집단 내에서 입장이 점점 획일화되고 단순해지면서 상대방의 의도 역시 너무 쉽게 추측하고 예단합니다. 상대방의 전략과 동기를 넘겨짚고 규정하면서 합리적인 사고가 불가능해집니다. 일종의 환상에 사로잡히는 것입니다. 자신의 거친 행동은 상대방의 행동에 대한 대응일 뿐이라고 합리화하며, 갈등이 증폭되는 과정에서 상대방 탓만 할 뿐 자신의 책임은 부정하게 됩니다. 갈등이 벌어지게 된 쟁점은 산으로 가 버리고, 이제 상대방의 사회적 평판, 일상적 태도, 다른 사람들과의 관계에 공격을 집중하면서 갈등은 네 번째 단계에 접어듭니다.

첫 번째에서 세 번째 단계까지는 그래도 갈등 상황에서 양쪽 모두 비난받지 않고 해결할 수 있는 여지가 있습니다. 쉽지는 않지만 양쪽 다 만족할 수 있는 방안을 자체적으로 내놓을 가능성이 있습니다. 그러나 갈등 고조의 네 번째 단계에 와서는 양쪽이 함께 이기기란 불가능한 일이 됩니다. 어느 한쪽은 질 수밖에 없는 상황에 처합니다. 이 단계에서 갈등은 더 이상 구체적인 쟁점이 문제가 되지 않습니다. 승패가 가장 중요하고, 사회적 평판을 지키는 것이 주요 관심사가 됩니다. 마음의 문은 완전히 닫히고, 상대에 대한 배려는 더 이상 없습니다. 당사자들은 주변 사람들의 지원을 받기 위해 적극적으로 노력하며, 세를 불리기 위해 대립을 강화합니다.

4단계 : 이미지와 패거리 형성

두 번째와 세 번째 단계를 거치며 발전한 상대방에 대한 '전형성'은 보편적이고 틀에 박힌 특정 이미지로 통합됩니다. 이런 이미지는 하나의 편견으로써 양측은 새로운 정보를 거부하거나 비약시켜 받아들이고, 특정한 방향성을 제시합니다. 갈등 당사자들은 패거리를 형성해 상대방 패거리에게 집단적 특성을 부여하기 시작합니다. 게으르고 믿을 수 없다거나, 무능하고 무책임하다는 식으로 낙인을 찍는 것입니다. 저 인간들은 더러운 냄새가 난다든지, 구제 불능이라는 식으로 모욕을 주기도 합니다. 이러한 부정적 이미지는 갈등 당사자들이 서로를 바라볼 때 사실을 왜곡하는 색안경이 됩니다. 색안경을 끼고 보기 때문에 양측은 서로의 진정성과 개성, 그리고 복잡한 특성을 무시하게 됩니다. 물론 양측은 상대방이 부여하려는 이미지를 격렬하게 거부합니다. 동시에 자신의 고정 관념을 상대방에게 주입하려고 애씁니다.

이 단계에서는 중재자가 질문을 던졌을 때 상대방의 긍정적 자질을 언급하기 힘들어합니다. 상대방에 대한 이미지가 딱딱한 돌멩이처럼 머릿속에 들어와 박혀 있기 때문에 그 틀에서 벗어나지 못합니다. "그 인간(들)은 안 변해"라는 말을 흔하게 합니다. 이때 서로가 주고받는 행위는 상대편에게 피해를 주기 위한 것입니다. 다만 아직은 도덕규범에 어긋나지 않으려고 노력을 합니다. 최소한 겉으로는 그렇습니다. 예의는 차리지만 실제로 하는 일은 상대방을 모욕하고 비난하는 행위입니다. 모호한 말, 애매한 태도, 반어법 및 신체 언어를 통해 자극을 주면서도, 지적을 받으면 그런 의도가 아니었다고 항변합니다. 정색을 하고 말하기에는 애매한 방식으로 비슷한 행위가 계속되며, 그 정도도 더 심해집니다.

5단계 : 체면 손상

공개된 장소에서 상대방을 모욕하고 비난하며, 공격 사실을 부인하지 않는 상황이 되면 다섯 번째 단계에 도달한 것입니다. 더 이상 애매한 태도는 없습니다. 이 단계에서는 상대방의 체면을 깎아 내리는 게 직접적 의도임을 명확히 합니다. '체면'이란 공동체에서 한 구성원이 갖는 기본 평판을 뜻합니다. 남을 대하기에 떳떳한 존재로 여겨지는 한 그 사람은 온전한 체면을 갖고 공정한 대우와 존중을 받을 권리가 있습니다. 체면은 사적 험담이나 누군가의 개인적 견해 때문에 상처받는 게 아닙니다. 그것은 공적인 사건에 의해 타격을 입습니다. 공개된 장소에서 갈등 당사자가 상대방의 얼굴을 가리켜 "저건 가면이야. 저 사람은 부도덕한 범죄자에 지나지 않아!"라고 주장하는 것, 이것이 체면을 손상시키는 행위입니다. 이렇게 되면 갈등의 과정 전체가 새롭게 해석됩니다. 우리 사회에서는 주로 '빨갱이' 또는 '종북 세력'이라는 말이 많이 쓰였습니다. 아이들 사이에서는 장애인에 빗댄 표현이나 성적 욕설 등이 체면을 손상시키는 데에 쓰입니다. 더럽혀진 체면은 쉽게 회복되지 않기 때문에 낙인찍기는 공격의 주요 소재로 활용됩니다.

갈등 당사자들이 주로 쓰는 수법은 선악 대결 구도로 가는 것입니다. 일종의 마녀사냥이라고 할 수 있습니다. 자기들은 선하고 정의로운 반면 상대방은 파괴적이고 비인간적이며 파렴치한 집단으로 묘사합니다. 상대방에게 뒤집어씌우는 이미지는 무능하다거나 짜증스럽다는 걸 넘어서 악 그 자체, 다시 말해 도덕적 부패의 화신입니다. 이 단계에 와서는 몸으로도 욕지기를 느끼게 됩니다. 갈등은 이제 구체적인 쟁점을 완전히 잃어버리고, 도덕적 문제로 탈바꿈합니다. 당연한 얘기지만, 서로에게 악마의 이미지를 덧씌운 당사자들은 서로를 의심하고 부정할 뿐입니다. 부정적인 일 하나가 다른 부정적인 일들의 결정적 증거가 되며, 작은 제스처 하나만으로도 굴욕감을 느끼게 됩니다. 양쪽은 서로에게 공개 사과를 요구하지만 어느 쪽도 받아들이지 않습니다. 그런 일은 체면이 깎이는 일이라고 보기 때문입니다. 이러한 교착 상태에서 도덕적 우위를 확보하는 유일한 방법은 상대편을 더욱 거칠게 비난하는 일뿐입니다.

6단계 : 전략적 위협

체면을 잃고 보복 행위가 이어지면서 갈등 당사자들은 구경꾼들과 분리됩니다. 적 아니면 동지인 극단적 상태이므로 당사자가 아닌 사람들은 빠르게 주변화됩니다. 사태를 객관적으로 관찰하고 적절한 조언을 해 줄 수 있는 사람들이 구경꾼으로 밀려나면서 갈등은 더욱더 악화되어 갑니다. 대안이 없다고 생각하기 때문에, 당사자들은 자신이 원하는 방향으로 상대방을 압박하기 위해 위협을 가하기 시작합니다. 갈등 고조의 여섯 번째 단계에 이르면 상대방에게 양보를 강요하기 위해 전략적 위협을 적극 활용합니다. 전략적 위협은 다음과 같은 순서로 이루어집니다.

1. 갈등 당사자들은 뒤로 물러서지 않겠다는 의지를 보여 주기 위해 서로를 위협한다. 여기에서 요구 사항은 다음과 같다. 첫째, 자기들의 요구에 집중해 줄 것. 둘째, 논쟁의 의제를 구성할 수 있는 자율성과 능력을 존중해 줄 것. 셋째, 특정한 요구나 기준을 따라 줄 것.
2. 위협은 더욱 구체적이고 명확하며 확고해진다. 당사자들은 위협의 심각성을 높이기 위해 일방적으로 입장 표명을 한다. "이것은 거짓말이 아니며, 결코 물러서지 않겠다"는 내용이 담긴다.
3. 위협은 확고부동한 것으로 공식화되어 상대방에게 당장 결정을 내리라고 압박한다.

이러한 위협의 과정이 보여 주는 것은 당사자들이 점점 더 갈등 상황 전반에 대한 통제력을 잃어 가고 있다는 사실입니다. 강고해지는 마음과 달리 위협을 통해 상대방을 변화시킨다는 것은 불가능에 가까운 일입니다. 아무리 위협의 강도를 더해도 상대방은 뜻대로 움직여 주지 않습니다. 입장을 바꾸어 놓고 생각해 보면 자명한 일입니다. 이것은 자기중심적이고 현실감이 떨어지는 모습입니다. 위협을 하는 사람은 폭력적인 상황을 막기 위해 상대방이 자신의 요구를 들어줘야 한다고 믿습니다. 그리고 상대방이 압력에 굴복할 것이라고 기대합니다. 그러나 위협이 현실화된다고 해서 달라지는 것은 없습니다. 오히려 갈등은 악화되고, 상대방이 뜻대로 움직여 주지 않는 모습을 보며 무력감을 느낍니다. 이 무력감은 두려움으로, 또 통제 불능의 분노로 이어집니다.

전략적 위협이 성공하기 위해서는 행동에 거짓이 없어야 합니다. 큰소리를 쳤으면 정말로 실행해야만 꼴이 우스워지지 않습니다. 따라서 위협을 제기하는 당사자는 상대방과 구경꾼들에게 자신의 위협이 실제이고 심각한 상황이라는 것을 납득시켜야 합니다. 신뢰감을 높이기 위해 모두가 보는 앞에서 위협을 천명하거나 공격적인 행동을 단계적으로 실행해야 합니다. 그렇게 되면 상대방은 대응책을 모색할 수밖에 없습니다. 그러나 이것은 자신을 공개적으로 구속시키는 행위입니다. 전략적 위협에 자기 자신을 묶어 버림으로써, 당사자들은 운신의 폭을 스스로 제한합니다. 위협이 실행에 옮겨질 때 벌어질 결과에 대한 두려움이 갈등을 다음 단계로 이끕니다. 갈등 당사자들이 서로의 잠재적 위협을 제거하려 들면서 갈등은 일곱 번째 단계로 바뀝니다.

7단계 : 제한적 파괴 행위

위협은 갈등 당사자들의 안전에 대한 기본적인 믿음을 약화시킵니다. 이제 당사자들은 상대방이 매우 파괴적인 행위를 할 것이라고 예상합니다. 안전을 확보하는 일은 필수적인 관심사가 됩니다. 상대방의 안전까지 고려하는 해결책은 더 이상 가능하지 않습니다. 상대방은 제거해야 할 장애물로서 순수한 적이며, 인간성은 고려되지 않습니다. 단지 공격을 퍼부어야 할 대상일 뿐입니다. 공격은 상대방의 재정 상태, 법적 지위, 그리고 통제 기능을 파괴하고 훼손하는 것을 목표로 삼습니다. 두려움과 스트레스는 강력한 공격으로 전환되고, 이에 대한 보복은 다시 공격을 점점 더 과격하게 만듭니다. 이 단계에서 상대방이 입는 손해는 자신의 이익에 아무런 도움이 되지 않지만, 무조건 좋은 일로 간주됩니다. 적이 더 큰 손해를 입을 것으로 예상된다면 어떤 손해도 감수할 준비가 되어 있습니다. 악에 받친 적개심이 강력한 동기가 됩니다.

이 단계에서 당사자들은 갈등의 해결을 추구하는 것이 아니라 오로지 상대방의 패배를 목표로 합니다. 이로 인해 자신의 안전을 확보할 수 있다고 믿습니다. 더 이상의 유의미한 대화는 없습니다. 당사자들은 자신의 입장을 표명하는 것에만 관심이 있고, 상대방의 응답에는 신경 쓰지 않습니다. 이 단계에 이르면 이기고 지는 것도 의미가 없습니다. 양쪽 모두 상대방을 이길 생각이 없습니다. 어차피 둘 다 지는 게임이 됐다는 걸 알기 때문입니다. 이제는 전쟁 상태이며, 일반적인 규칙은 적용되지 않습니다. 생존하는 것, 그리고 피해를 덜 받는 것이 중요할 뿐입니다. 상대방의 심장부를 직접 겨냥해 공격하고, 적의 공격을 분쇄하고 파괴하기 위해 적의 시스템을 중대하게 손상시키는 수순에 이르면 갈등은 여덟 번째 단계에 도달합니다.

8단계 : 상대방의 제거

갈등 고조의 여덟 번째 단계에서 공격은 더욱 강화되고, 적의 주요 시스템과 권력 기반을 파괴하는 것이 유일한 목표가 됩니다. 상대방의 결정 능력을 붕괴시키기 위해 대표자, 협상가, 그리고 지도자는 공격의 표적이 됩니다. 이것은 상대방의 정체성을 무너뜨리고, 조직의 존립 자체를 위협하는 일입니다. 이러한 공격 방식은 갈등 당사자들의 스트레스와 내부 갈등을 키웁니다. 내부 갈등으로 인해 여러 파벌로 분열되어 싸우게 되고, 점차 통제 불능의 상태가 됩니다. 이를 해결하기 위해 적에 대한 공격은 더욱 강화되며, 주요 목표는 적의 존재 기반을 완전히 파괴하는 것입니다. 이 상황에서 유일한 억제 요인은 자신의 안전과 생존에 대한 관심뿐입니다. 이 억제 요인마저 무너지면 갈등은 마지막 아홉 번째 단계로 넘어갑니다.

9단계 : 공멸

갈등 고조의 마지막 단계에서는 상대방을 모두 제거하려는 노력이 너무 강해져 자신의 안전과 생존 욕구마저 무시됩니다. 파멸, 파산, 투옥, 신체적 손상 등 더 이상 위협이 될 만한 게 없습니다. 다리는 모조리 불에 탔고, 돌아올 길은 없습니다. 양심의 가책 따위는 사치에 지나지 않습니다. 무고한 희생자는 없으며, 중립적인 당사자도 없습니다. 말 그대로 '너 죽고 나 죽자'의 상태입니다. 나락으로 떨어지는 이 상황에서 남아 있는 유일한 관심사는 상대방 역시 처참하게 몰락하는지를 확인하는 것입니다.

파괴적 갈등과
건설적 갈등

한자말을 풀이해 보면, 갈등葛藤은 칡葛과 등나무藤가 서로 얽히는 것처럼 목표나 이해가 다른 두 사람 또는 집단이 복잡하게 뒤엉켜 풀어지지 않게 된 상황입니다. 칡은 다른 식물을 왼쪽으로 꼬면서 올라가고, 등나무는 오른쪽으로 감으며 올라갑니다. 그러니 칡과 등나무가 같은 나무를 한꺼번에 휘감아 올라가게 되면 나무는 더 이상 자라지 못하고 말라 죽게 됩니다. 갈등에 빠진 사람들은 갈등이 고조될수록 얽히고설킨 관계가 심해져 갈등 상황에서 쉽사리 빠져 나오지 못합니다. 갈등을 의미하는 영어 'conflict'는 '함께con- 부딪히다fligere'라는 뜻의 라틴어 'confligere'에서 왔습니다. 돌과 돌이 부딪히면 불꽃이 튀고 불이 붙는 것처럼 갈등은 힘과 힘의 충돌이기도 합니다. 우리가 "갈등 상황이 시작되었다"라고 하는 것은 이러한 충돌이 벌어졌을 때입니다.

갈등은 다채로운 모습을 갖습니다. 내적 갈등부터 양자 간의 갈등, 공동체 내부의 갈등, 그리고 다양한 신념과 이해관계를 가진 집단과 집단 간의 갈등도 있습니다. 공통점이 있다면, 어떤 갈등이든 괴로움을 낳는다는 것입니다. 갈등 상황이란 욕구가 좌절된 상태이기 때문입니다. 가장 기본적인 갈등 모델은 양자 간의 갈등으로, 이러한 갈등 개념을 유치원이나 초등학교 저학년 아이들에게 이해시키기 위해 '칡'과 '등나무'가 등장하는 이야기를 만들어 사용할 수도 있습니다. 가령 이런 이야기를 들려줄 수 있습니다.

"옛날옛날에 칡과 등나무가 작은 동산에 살고 있었어요. 등나무는 키 큰 참나무를 타고 올랐고, 칡은 무성하게 자라 양지 바른 땅을 뒤덮었어요. 어느 날부터 칡은 참나무를 타고 오르기 시작했어요. 더 이상 뻗어 나갈 땅이 없었기 때문이지요. 참나무의 가지 위에서 보라색 등꽃을 아름답게 피워 낸 등나무는 마음이 불편했어요. 칡이 참나무마저 뒤덮으면 등꽃이 떨어질 뿐만 아니라 참나무도 메말라 버릴 게 뻔했으니까요. 그러던 어느 날 ……"

갈등은 다음과 같은 방식으로 시작하여 발전합니다.*

---

* 문용갑(2011), 《갈등조정의 심리학》, 학지사, 136~137쪽.

1) 철수는 영희 때문에 자신의 주요 관심사가 침해 또는 위협받았다고 생각한다.
2) 철수는 그 책임을 영희에게 전가한다. 즉, 영희가 다르게 행동하거나 판단해야 했고, 그렇게 할 수 있었을 것이라고 생각한다.
3) 철수는 영희가 그 책임을 지고, 이후 발생하는 모든 비용 또는 위험에 대해서도 책임져야 한다고 생각한다.
4) 철수는 영희가 그 책임을 회피하거나 가해 행위를 합리화할 수 없다고 생각한다.
5) 철수는 영희가 의도적으로 권리를 침해했으며, 규칙을 위반했다고 간주한다.
6) 그렇다고 철수가 영희를 즉각 비난하거나 피해 보상 또는 사과를 요구하지는 않는다. 그러나 영희에 대한 부정적인 감정과 피해 경험을 마음속에 담고 있으며, 그럴 때 갈등은 잠재적 상태가 된다.
7) 어떤 계기를 통해 철수가 영희를 비난하고 피해 보상과 사과를 요구하기 시작하며, 영희가 이에 반격을 가할 때 갈등은 겉으로 드러난다.

철수와 영희가 갈등을 멈추고 화해를 하기 위해서는 다음과 같은 일이 벌어져야 합니다.

1) 철수가 주장하는 규칙에 대해 영희가 타당한 근거를 가지고 논박을 한다.
2) 영희가 철수의 책임에 대해서도 정당한 이유로 논박을 한다.
3) 영희가 철수를 설득할 수 있을 만큼 자신의 행위를 정당화한다.

4) 영희가 실수를 인정하고 철수에게 용서를 구한다. 또는, 철수가 스스로 자신이 주장하는 규칙과 요구를 내려놓거나 영희에게 과도한 책임을 부여하지 않는다.

이렇게 되면 갈등은 중단됩니다. 나아가 철수가 영희의 해명과 주장에 납득한다면 갈등은 해소될 것입니다. 이러한 과정은 다름 아닌 대화의 과정이기도 합니다. 평소에 올바른 의사소통 방법으로 대화를 해 왔다면 영희와 철수는 갈등 상황까지 오지 않았을 것입니다. 갈등이 벌어졌다고 해도 극단적으로 고조되는 일 없이 합리적인 타협점을 찾을 수 있을 것입니다.

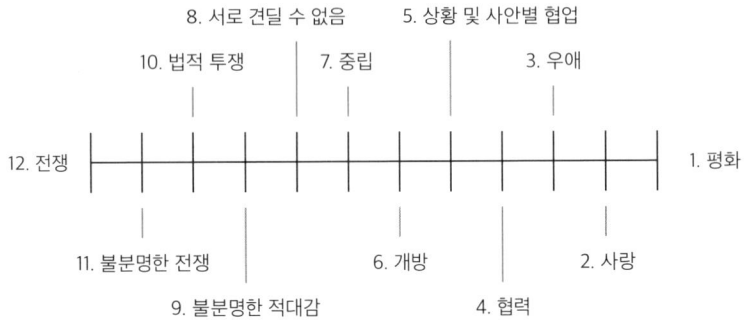

| 갈등의 스펙트럼* |

어떻게 보면 갈등은 의사소통의 한 방법으로, 우리 삶에서 불가피

---

* Joel Edelman·Mary Beth Crain(1999), *Das Tao der Verhandlungskunst*, Wilhelm GoldmannVerlag, p. 44.

한 요소이기도 합니다. 갈등이 벌어지지 않도록 사전에 예방한다면 더 없이 좋겠지만 무균실처럼 갈등을 근절할 수는 없습니다. 교실에서 갈등을 뿌리째 뽑아 버리려는 시도는 자칫 아이들의 역동적 에너지마저 제거해 버리는 우를 범할 수 있습니다. 따라서 아무리 사소한 갈등이라 해도 초기에 잘 드러내는 게 중요하며, 최대한 긍정적으로 바라보는 시선이 필요합니다. 이런 일은 감추거나 억제될 때, 또는 회피될 때 파괴적으로 변하기 때문입니다. 일상적으로 대화모임이 진행되어야 하는 이유입니다.

근본적 원인이 규명되고 다뤄지지 않는 한 갈등은 해결될 수 없고, 평화를 이룰 수 없습니다. 이 말은 갈등이 해결되기 위해서는 갈등의 뿌리에 놓여 있는 갈등 당사자들의 욕구와 이해관계뿐만 아니라, 실체적이고 감정적인 문제들까지도 반드시 갈등 해결 과정 속에서 다뤄져야 함을 뜻합니다.* 대체로 갈등은 파괴적 갈등과 건설적 갈등으로 성격을 구분할 수 있습니다. 파괴적 갈등은 누군가의 희생을 통해 내가 승리하길 바라는 마음에서 벌어집니다. 서로가 귀를 막고 이기적으로 자신의 욕구 충족에만 관심을 갖는다면, 갈등은 악화될 수밖에 없습니다. 그 과정에서 서로에게 상처를 주고 서로를 불신하는 상황이 됩니다. 그럴수록 갈등을 건설적으로 풀어 갈 가능성은 줄어듭니다. 이에 비해 건설적 갈등은 당사자 모두가 함께 각자의 목적을 달성할 수 있는 길을 찾습니다. 자신뿐만 아니라 상대방의 욕구 충족에도 관심을 기울일 때 합리적인 해결 방안을 찾을 수 있는 가능성도 더 커집니다. 이때는 갈등을 겪으면서도 서로가 서로를 더 신뢰하고

---

* 히즈키아스 아세파, 이재영 옮김(2007), 《평화와 화해의 새로운 패러다임》, KAP, 19~21쪽.

존중할 수 있게 됩니다.

  파괴적 갈등이 문제를 자기에게 유리한 쪽으로 이끌기 위해 상대방을 무조건 비난한다면, 건설적 갈등은 문제를 해결하기 위해 대화를 합니다. 비난은 대상을 가리지 않습니다. 기본적으로 비난은 상대를 향하지만 여의치 않을 때는 방향을 돌려 자기 자신을 향하기도 합니다. 이에 비해 대화는 서로의 느낌과 욕구에 집중합니다. 대화 역시 두 방향으로 진행됩니다. '내면의 대화'라고도 불리는 명상적 작업이 하나이고, 상대와의 '외부적 대화'가 다른 하나입니다. 스스로 원하는 게 무엇인지를 분명히 인식하는 과정이 내면의 대화라면, 그것을 표현하고 상대방의 욕구에 관심을 기울이는 작업은 외부적 대화입니다. 만약 '이기려고' 대화를 한다면 그것은 건설적 행위에 해당하지 않습니다. 파괴적 행위는 서로를 헐뜯고 관계를 파괴하지만 건설적 행위는 그야말로 평화를 건설하는 것peace-building입니다. 두 행위 모두 같은 장소에서 같은 사람들에게 일어날 수 있습니다.*

  갈등이 파괴적일지, 아니면 건설적일지를 결정하는 것은 갈등을 바라보는 관점에서 비롯됩니다. 건설적 갈등은 우리가 모두 연결되어 있고, 서로의 욕구를 충족하기 위해 협력해야 한다는 관점을 따릅니다. 반면 파괴적 갈등에서 우리는 파편화된 개인들이며, 삶은 만인의 만인에 대한 투쟁이라고 봅니다. 건설적 갈등에서 평화는 있는 그대로 갈등이 드러나 함께 합리적 해법을 찾아가는 과정입니다. 파괴적 갈등에서 평화는 갈등이 없는 상태입니다. 명령-복종의 권위적 위계를 만들어 갈등의 싹을 자르려 하고, 자유로운 표현을 억압합니다.

* 요한 갈퉁, 앞의 책, 166쪽.

과연 어떤 관점이 진실에 가까울까요? 이것은 반복되는 결과를 보면 알 수 있습니다. 갈등을 부정하는 교실은 갈등을 파괴적으로 다루지만, 갈등을 긍정하는 교실은 갈등을 건설적으로 다룹니다. 부정적인 교실은 모든 갈등을 가치 없는 것으로 가정합니다. 갈등을 무시하고 제거하도록 노력하는 것이 학급 운영의 목표가 됩니다. 이에 비해 긍정적인 교실은 수업과 교실 생활의 질을 높이기 위해 갈등을 건설적으로 다룹니다. 갈등으로 인해 고통스러울 수 있지만 불가피한 일이며, 갈등을 드러내는 것이 오히려 건강하고 가치 있는 일이라고 봅니다. 갈등은 문제가 아니라 해결의 일부라고 보는 것입니다.

| 갈등의 유형* |

파괴적 갈등 destructive conflict	건설적 갈등 constructive conflict
• 인간은 본래 이기적이고 폭력적이며 서로 분리된 개체이다. • 우리가 승리하기 위해서는 상대방의 희생이 필요하다. • 참여자들은 서로에게 화를 내고 상처를 주며 서로를 불신한다. • 앞으로의 갈등을 건설적으로 해결할 가능성이 줄어든다.	• 인간은 서로 연결되어 있으며 다른 사람들을 위해 기여하고자 하는 욕구가 있다. • 모든 참여자가 각자 자신의 목적을 달성한다. • 참여자들은 서로를 좋아하고 존중하며 더욱 신뢰한다. • 앞으로의 갈등을 건설적으로 해결할 수 있는 잠재력이 커진다.

아이들은 학교에 들어가기 전부터 이미 다양한 종류의 갈등과 폭력적인 언어를 접합니다. 그러나 갈등을 해결하는 방법을 제대로 배운 적은 거의 없습니다. 아이들이 갈등에 대해 이해하고 그 해결 방법을 습득하는 것은 주변 환경을 통해서입니다. 아이들에게 영향을

---

* 데이비드 존슨·로저 존슨, 앞의 책, 37쪽.

미치는 주변 환경은 가정과 학교뿐만 아니라 지역공동체, 대중 매체, 사회 전반의 가치와 문화, 규범 등을 포함합니다. 일반적으로 아이들의 갈등관은 우리 사회가 그렇듯 편협하고 부정적인 편입니다.

아이들은 갈등 상황과 폭력을 매우 분명하게 감지하고 두려워합니다. 일상생활에서 보고 듣고 겪게 되는 폭력은 당연히 교실 생활에도 큰 영향을 미칩니다. 폭력은 대부분의 대중 매체가 다루는 단골 소재이기 때문에 아이들은 이러한 매체를 접하는 것만으로도 폭력에 대해 허용적인 생각을 갖게 됩니다. TV 뉴스나 영화, 드라마 등을 통해 범죄와 폭력 장면을 일상적으로 접하는 아이들은 폭력에 대해 무감각해질 수밖에 없습니다. 특히 폭력적 게임에 빠져 있거나 폭력물을 많이 시청하는 아이라면 폭력을 옹호하고 선망할 수도 있습니다.* 나중에는 폭력이 사회적으로 용인된 것이며, 이기는 것이고, 결과를 보장하는 것이라는 잘못된 관념을 갖게 됩니다. 어린 나이일수록 모방의 힘도 크기 때문에 유치원이나 초등학교에서는 아이들이 자기가 보고 겪은 것을 교실에서 직접 해 보려고 합니다.

이와 함께 가정에서 부모의 권위를 온전히 체험하지 못한 아이들이 늘면서 전반적으로 아이들이 교실의 규칙이나 교사의 권위에 따르는 것을 힘들어하는 분위기가 되었습니다. 생활에 리듬이 없고 자기 통제력이 약한 아이들이 많을수록 교실 분위기는 더욱 산만해집니다. 힘을 과시하고 자기주장을 끝까지 고집하는 아이들, 다른 친구들을 굴복시키려 드는 아이들도 많아져서 상당수 교실에서 심각한 갈등 사건이 끊이지 않고 있습니다.

* [조엘 바칸, 이창신 옮김(2013), 《기업에 포위된 아이들》, RHK] 참고.

대조적으로 어떤 아이들은 갈등에 정면으로 맞서기를 꺼립니다. 갈등이 벌어지는 이유를 이해하지 못한 채, 갈등 상황을 단지 '이기느냐, 지느냐'는 식으로만 받아들여 버립니다. '진다'는 것 속에는 '체면의 손상'도 포함됩니다. 그래서 문제를 해결하려고 하기보다는 자신의 체면을 유지하려고 움츠러들거나 갈등을 피하고 덮어 둡니다. 무조건 이기려고 하는 태도와 마찬가지로 갈등 자체를 회피하는 자세는 교실 내 관계를 위태롭게 만듭니다. 어느 쪽이든 갈등은 해결되지 않은 채로 남아 있기 때문에 분노, 걱정, 불만, 긴장, 두려움, 외로움, 불안 등을 낳게 됩니다. 갈등이 해결되지 않은 채 오래 지속되면 될수록 신뢰 관계가 약해져 갈등을 다루기가 점점 더 힘들어집니다.* 가장 좋은 방법은 대화하는 것이고, 그 전에 교실을 안전한 공간으로 만드는 것입니다.

갈등의 창조적 전환

교실에서 교사는 교수자인 동시에 갈등 중재자입니다. 항상 명심해야 할 교사의 정체성입니다. 아이들과 함께 생활하다 보면 수업과는 별개로 기본 생활 지도가 더 근본적이고 중요하다는 사실을 깨닫게 됩니다. 날마다 교실에서는 지긋지긋할 정도로 많은 갈등이 벌어집니다. 교사는 갈등 당사자인 아이들의 이야기를 경청하고, 아이들 스스로 구조적 모순과 공격적 태도, 공격 행위 등의 문제를 파악하도록 도와야 합니다. 그렇게 하지 못할 때 아이들은 무조건 화를 내고 싸우거나 다른 친구를 언어적으로 괴롭히고 따돌릴지도 모릅니다. 심하

---

* 데이비드 힉스, 고병헌 옮김(1993), 《평화교육의 이론과 실천》, 서원, 84쪽.

면 물리적 폭력이 벌어질 수도 있습니다. 이때 교사는 갈등 중재자의 역할을 맡는 동시에, 근본적으로 갈등 사건의 본질에 대해 깊이 성찰할 필요가 있습니다.

모든 갈등에는 이유가 있는 법이고, '해결' 위주의 사고는 진정으로 필요한 변화를 덮어 버리는 방식이 될 수 있습니다. 작은 갈등도 견디지 못하고 바로바로 해결해 버리려는 태도는 갈등 자체를 무시하고 없어야 할 것으로 취급하려는 파괴적 갈등의 태도에 가깝습니다. '갈등 관리'라는 개념도 마찬가지입니다. 갈등을 관리한다는 발상은 현상 유지 쪽에 초점이 맞추어져 있습니다. 그래서 나온 대안적 개념이 '갈등 전환'입니다. 국제 분쟁 조정 전문가인 존 폴 레더락은 갈등 전환이 두 가지 현실에 근거하고 있다고 말합니다. 갈등은 인간관계에서 나타나는 자연스러운 현상이고, 변화의 동력이라는 점입니다.

| 갈등을 다루는 방식들* |

갈등 해결 conflict resolution	갈등 관리 conflict management	갈등 전환 conflict transformation
• 갈등은 신속하게 처리해야 할 하나의 문제로서 우리는 그 해답을 찾아내야 한다. • 문제 중심 • "어떻게 하면 원하지 않는 상황을 조속히 끝낼 수 있는가?" • 행위(B)에 초점	• 갈등은 필수불가결한 현상으로, 적절하게 관리되어야 한다. • 현상 유지 중심 • "어떻게 하면 현재 상황이 더 나빠지지 않도록 할 수 있는가?" • 태도(A)에 초점	• 갈등은 인간관계에서 나타나는 자연스러운 현상이며, 변화의 동력이다. • 관계 중심 • "어떻게 하면 갈등 상황을 멈추고 원하는 관계를 만들어 갈 수 있는가?" • 모순(C)에 초점

* [존 폴 레더락, 박지호 옮김(2014), 《갈등전환》, KAP] 참고.

갈등 전환의 관점에서는 인간관계의 중심에 평화가 있다고 여깁니다. 이때의 평화란 완성된 상태가 아니라 실현되어 가는 과정입니다. 고정된 '최종 상태'가 아니라 관계의 지속적인 진화와 발전의 과정으로 보는 것입니다. 따라서 평화를 만들어 가는 활동은 비폭력적이어야 하고, 서로를 존중하고 이해하며 평등의 가치를 키워 나가야 합니다. 폭력을 줄이려면 눈에 보이는 갈등의 내용과 문제뿐만 아니라 그 이면에 있는 패턴과 원인까지 파악해야 합니다. 갈등 해결이 즉각적 해답을 찾는 데 집중한다면, 갈등 전환은 근본적 변화를 지향합니다. 갈등 해결이 발등의 불을 끄는 데에 에너지를 집중하는 반면, 갈등 전환은 눈앞에 닥친 문제를 하나의 기회로 삼습니다. 이때 갈등은 위기를 가져온 교실 관계의 시스템과 패턴을 이해하고 탐구할 기회가 될 수 있습니다. 갈등으로 인해 발생하는 고통과 두려움은 우리에게 갈등을 빨리 없애고 문제를 처리해야 한다고 요구합니다. 하지만 이런 과정에서 도출되는 해결책이 과연 갈등을 유발한 근본적 차원의 문제를 다룰 수 있을지에 대해서는 더 깊은 성찰이 필요합니다.

그렇다고 갈등 해결과 갈등 관리의 기술이 불필요하다는 것은 아닙니다. 교실에는 문제 해결식 접근 또는 협상 등과 같이 단순한 해결책을 요구하는 갈등이 더 많습니다. 빠른 해결책이 요구되는 문제에 갈등 전환의 방식을 적용하기는 어렵습니다. 갈등의 삼각형을 떠올려 본다면 갈등 해결은 행위(B)에 초점이 맞추어져 있고, 갈등 관리는 태도(A)와 연관되어 있습니다. 갈등 전환은 구조적 모순(C)의 변화에 중점을 둔 방식이라고 할 수 있습니다. 갈등 전환은 장기간의 비전을 요구하며, 중장기적 차원에서 관계의 개선과 시스템의 변화를 모색합니다. 갈등 전환과 함께 갈등 해결과 갈등 관리는 상호보완적으로 사용될 수 있습니다.

　교실에는 당장 처리하고 넘어가야 할 일들이 무수히 벌어지기 때문에 다양한 방식으로 갈등에 접근해야 합니다. 동시에 우리는 장기적 계획 속에서 평화로운 교실 문화를 가꾸어 나가는 일에도 관심을 가져야 합니다. 교사로서 우리가 날마다 주의를 기울여야 할 일은 불화가 갈등으로 비화되지 않도록 예방하는 것과 갈등이 폭력으로 발전하지 않도록 아이들의 관계를 변화시키는 것입니다. 이러한 노력은 회복적 정의와 맥이 닿아 있습니다.

교실 속
평화 만들기

 갈등을 욕구와 욕구의 충돌, 또는 힘과 힘의 충돌이라고 보았을 때, 우리가 갈등에 긍정적으로 접근하는 방법은 사실 하나밖에 없습니다. 바로 대화를 하는 것입니다. 대화를 통해 갈등을 창조적으로 전환할 수 있습니다. 갈등에 대해 부정적으로 생각하기보다 중요한 학습의 기회를 제공한다고 여기는 게 더 유익합니다. 교실에서 갈등은 발전과 변화를 위한 창조적인 기회를 제공합니다. 갈등이 벌어졌을 때 아이들의 잘못을 꾸짖기보다 갈등을 해결할 수 있는 방법을 가르쳐 주어야 합니다. 갈등의 본질은 생각이나 가치, 혹은 목적들 사이에 존재하는 불일치입니다. 그러한 불일치를 파괴의 징조, 또는 피해야 할 골칫거리로 여기지 않고, 오히려 그것을 명확하게 이해하려고 노력한다면 발전적이고 긍정적인 기회가 될 수 있습니다.

교실 속 갈등의 원인

우리가 날마다 마주하는 갈등 중에는 분명하게 드러나는 것도 있지만 미묘하게 진행되는 것도 있습니다. 함께 웃으며 갈등이 마무리될 때가 있는 반면, 서로 마음이 다쳐 상처를 받는 경우도 있습니다. 교실 갈등의 원인에는 어떠한 것들이 있을까요? 갈등의 원인은 일반적으로 다음과 같은 여섯 가지 문제들로 구분됩니다.* 교실 분위기가 너무 경쟁적인지, 편협한지, 의사소통이 제대로 이루어지지 않는지, 서로 부적절한 감정을 드러내는 건 아닌지, 갈등 해결의 기술이 없는 건 아닌지, 아니면 교사가 지나치게 권위적인 건 아닌지를 살펴봐야 합니다.

1) 경쟁적 분위기 : 교실에 경쟁적 분위기가 고조될 때 아이들은 서로 함께하기보다 누군가와 대립하는 것을 배우게 됩니다. 갈등은 주로 다음과 같은 상황에서 벌어집니다.
    - 모든 사람이 자기 자신만을 위한 태도를 보일 때.
    - 관계 속에서 함께 일하는 기술이 부족할 때.
    - 자존감이 부족한 상태로 상대방을 이겨야 한다는 강압적 느낌을 받을 때.

* William J. Kreidler(1984), *Creative Conflict Resolution*, Good Year Books, pp. 4~5.

- 교사와 반 친구들을 신뢰하지 못할 때.
- 시간과 장소를 가리지 않고 경쟁을 할 때.

2) 편협한 분위기 : 편협한 분위기의 교실은 비우호적이고 불신에 가득 차 있습니다. 흔히 그런 교실은 패거리가 나뉘고, 지지와 관용, 친절함을 모르는 아이들로 인해 험악한 상황이 되곤 합니다. 갈등은 다음과 같은 경우에 발생합니다.
- 일부 아이들이 패거리를 형성하고 남들에게 책임을 전가할 때.
- 성별, 인종 또는 문화적 차이에 편협할 때.
- 외로움과 고립감에 빠진 반 친구들에 대한 지지가 부족할 때.
- 다른 사람의 성취, 소유, 또는 자질에 분개할 때.

3) 의사소통의 부족 : 의사소통이 잘 안 되는 문제는 갈등에 특히 더 많은 영향을 미칩니다. 많은 갈등은 다른 사람들의 관심과 느낌, 욕구, 또는 행동을 오해하기 때문에 생깁니다. 의사소통의 부족은 다음과 같은 이유로 교실 갈등의 원인이 됩니다.
- 자기 욕구와 바람을 효과적으로 표현하지 못할 때.
- 자기 감정과 욕구를 표현할 장이 없거나 그렇게 하는 것을 두려워할 때.
- 다른 사람의 말을 잘 듣지 못할 때.
- 주의 깊게 관찰하지 못할 때.

4) 부적절한 감정 표현 : 모든 갈등은 감정적 요소가 있는데, '자기 감정을 어떻게 표현하느냐'는 갈등이 고조되는 데 중요한 역할을 합니다. 갈등은 다음과 같을 때 고조됩니다.
- 자신의 감정과 느낌으로부터 동떨어져 있을 때.
- 분노와 좌절의 감정을 비폭력적으로 표현하는 방법을 알지 못

할 때.
- 자제력이 없을 때.

5) 갈등 해결 기술의 부재 : 교실 속 갈등은 아이들과 교사가 갈등에 창조적으로 대응하지 못해서 고조된다고도 할 수 있습니다. 부모를 비롯한 어른들은 갈등 상황에서 때로 폭력적이거나 공격적인 방법으로 대처하며, 이런 모습이 아이들 행동의 모델이 되기도 합니다. 텔레비전과 컴퓨터, 스마트폰도 큰 영향을 끼칩니다. 이 밖에도 아이들의 발달 단계와 기질적 차이에 따른 다양한 이유가 갈등 해결의 기술 습득에 영향을 줍니다.

6) 교사의 권위 남용 : 교실에서 교사가 권위를 남용하여 갈등이 발생한다는 것은 새로울 것이 없는 사실입니다. 위에서 언급한 요소들에 교사는 굉장히 강한 영향을 미칩니다. 교사는 스스로 권위를 지켜야 하지만 그것을 남용해서는 안 됩니다. 교실에서 교사의 권위는 아이들이 부여하는 것이기 때문입니다. 교사가 다음과 같이 행동할 때 교실 갈등의 원인이 됩니다.
- 아이들에게 비이성적이고 불가능할 정도의 높은 기대치를 요구하여 좌절시킬 때.
- 융통성 없는 규율로 교실을 운영할 때.
- 계속해서 권위적인 힘만을 사용할 때.
- 두려움과 불신의 분위기를 확산시킬 때.

위와 같은 여섯 가지 상황은 합리적으로 잘 운영되는 교실에서도 벌어질 수 있는 일입니다. 갈등은 의사소통의 기술, 사고방식, 문제해결 등에 발전을 가져오는 학습의 장입니다. 이때 교사가 주도적으로 모든 갈등을 혼자 해결하려고 하는 태도를 보이는 것은 좋지 않습니다. 가급적 아이들 스스로 해결할 수 있도록 도와야 합니다. 아이들 스스로 갈등 문제에 대해 자신들의 입장, 믿음, 태도 등을 이야기하고, 다른 사람의 의견을 주의 깊게 들을 수 있어야 합니다. 이렇게 될 때 갈등 당사자들은 당면 과제에 대해 함께 대화하면서 실질적인 해결책을 찾을 수 있습니다. 적극적 관점으로 본다면, 교실에는 오히려 갈등이 필요합니다. 대화의 과정에서 건설적 갈등이 될 수 있는 의견의 불일치와 불화를 허용할 필요가 있습니다.

갈등 그 자체는 좋은 것도 나쁜 것도 아닙니다. 단지 계기에 불과하며, 오히려 신뢰 관계를 회복하는 데에 갈등의 표출이 결정적 기회가 될 수 있습니다. 폭력적인 사건이 벌어지는 것은 단지 갈등 때문만이 아니라 다툼이 건강한 방식으로 해결되지 않았기 때문입니다.

학교폭력의 대처 방안

모든 불화가 갈등이 되는 것이 아닌 것처럼, 모든 갈등이 폭력이 되는 것은 아닙니다. 그러나 모든 폭력은 갈등이 악화돼 발생합니다. 폭력의 뿌리에는 해소되지 않은 갈등이 있습니다. 악화된 갈등은 당사자 간의 폭력 행위로 발전할 수 있고, 엉뚱하게도 갈등 문제와 전혀 관련이 없는 다른 약자에게 전가될 수 있습니다. 때로는 자기 자신을 학대하거나 자살로 이어지기도 합니다. 교실 안에 직접적 갈등이 없더라도 가정불화와 교실 밖에서 벌어진 갈등이 학교폭력으로 이어질 수 있습니다. 여기에 힘의 원리가 지배하는 권위적이고 위계적인 교실 내 지배 구조도 한몫을 합니다. 이렇듯 학교폭력은 여러 형태의 폭력이 복합적으로 얽혀 일어납니다.

학교폭력은 크게 다음과 같은 다섯 가지 양상으로 나타납니다.*

1) 구타하고 몸에 상처를 입히며 얼굴에 침을 뱉고 오물로 더럽히는 등의 신체적 폭력.
2) 자전거 타이어를 펑크 내고 책을 찢거나 가방을 던지고 책상에 낙서를 하는 등 소지품을 훼손하는 행위.
3) 대화 혹은 단체 활동에서 배제하고 친구들과의 교제를 방해하거나 무리에 끼워 주지 않으며 무조건 비판하고 반대하는 등의 무시와 소외 행위.
4) 욕설과 모욕적인 말을 하고 누명을 씌우며 안 좋은 소문을 퍼뜨리거나 괴롭힌 사실을 발설하지 못하도록 협박하는 등의 언어적 공격.
5) 숙제를 대신 하게 하거나 담배를 구해 오게 하는 등 하기 싫은 일을 억지로 시키고, 머리에 물을 뿌리거나 다리 사이로 기어가게 하고 옷을 벗기는 등 굴욕적인 행동을 강제하는 행위.

폭력적 행위는 갈등 고조의 단계처럼 차츰 발달해 갑니다. 핀란드 정부에서는 학교폭력 지수를 다음처럼 9단계로 나눕니다.** 가능한 1, 2단계에서부터 대응하고 갈등을 예방하는 작업이 필요합니다.

---

* 류보라(2016), 〈학교폭력에 관한 국내 연구동향 분석 : 2002년부터 2015년까지의 자료를 중심으로〉, 서강대학교 교육대학원 석사학위논문, 4쪽.
** 허승환·이보라(2016), 《교실 속 평화놀이》, 즐거운학교, 37쪽.

1단계 : 드러내지 않고 은근히 따돌리기
2단계 : 나쁜 표정을 짓거나 나쁜 눈빛으로 바라보기
3단계 : 나쁜 별명을 붙이고 놀리기
4단계 : 나쁜 소문을 내거나 모욕을 주기
5단계 : 못살게 굴거나 노골적으로 따돌리기
6단계 : 위협하고 협박하기
7단계 : 물건을 빼앗거나 망가뜨리기
8단계 : 발로 차거나 몸을 때리기
9단계 : 흉기로 위협하거나 상처를 입히기

대부분의 학생들은 폭력적 위계 구조 안에서 자기보다 강하고 소위 잘나가는 또래에게 굴복합니다. 자신이 공격당할까 봐 섣불리 나설 수도 없습니다. 대신 상대적으로 약한 아이에게 '장난으로', 또는 '마음에 안 들어서', '화풀이하려고' 폭력을 행사하거나 그러한 행위를 묵인하는 편입니다. 우리나라에서 '멈춰!Stop Bullying'라는 프로그램으로 많이 알려진 올베우스 프로그램의 창시자 단 올베우스는 괴롭힘bullying에 대해 이렇게 정의합니다. "괴롭힘이란 의도성을 가진 부정적 행위로서, 자기 자신을 보호할 수 없는 대상을 표적으로 삼아 반복적으로 가해진다." 학교폭력에서 괴롭힘과 함께 많이 벌어지는 일은 '따돌림'입니다. 학교폭력 예방법에 따르면 따돌림이란 "학교 내외에서 두 명 이상의 학생이 특정 학생이나 특정 집단의 학생들을 대상으로 지속적이고 반복적으로 신체적·심리적 공격을 가하여 상대방이 고통을 느끼도록 하는 일체의 행위"입니다.

괴롭힘과 따돌림은 타인의 권리를 침해하는 공격적 행위로서 일회적이고 우발적으로 일어나는 폭력 사건과는 다릅니다. 따라서 처음부터 임기응변이 아닌, 체계적이고 구조적인 방식으로 문제에 접근해야 합니다. 올베우스 프로그램은 3단계로 구성되어 있습니다. 1단계에서는 설문조사를 통해 해당 교실 또는 학교에서 벌어지고 있는 학교폭력의 방식을 구체적으로 파악합니다. 그리고 학교 총회를 통해 공론화하여 대책을 마련해 시행합니다. 2단계에서는 학생들에게 학교폭력으로 인한 피해의 심각성을 가르치는 예방교육을 합니다. 3단계에서는 학교폭력이 발생한 교실에 개입을 합니다. 당사자가 아닌 다른 학생들도 폭력을 방관한 것으로 보고 평화교육을 실시합니다.

이 프로그램의 원칙은 의외로 단순합니다. 어른들이 하나가 되어 학생들에게 학교폭력 예방 및 근절의 메시지를 분명하게 전달하는 것입니다. 이를 위해 프로그램에서는 우선 학생들에게 학교폭력이 무엇인지를 분명히 알리고, 교사와 학부모들이 프로그램에 능동적으로 참여하도록 유도하며, 폭력을 금지하는 명확한 규칙을 개발합니다. 끝으로 피해 학생들을 보호하고 지원해 주는 것을 강조합니다. 여기에는 4대 행동 규칙이 있습니다.

1. 우리는 다른 친구들을 괴롭히지 않을 것이다.
2. 우리는 괴롭힘을 당하는 친구를 도울 것이다.
3. 우리는 혼자가 된 친구와 함께할 것이다.
4. 만약 누군가 괴롭힘을 당하는 것을 알게 되면, 우리는 학교나 집의 어른들에게 이야기할 것이다.

교실에서는 이러한 4대 행동 규칙을 잘 보이는 곳에 게시하고, 유치원 때부터 다른 친구를 괴롭히는 행동을 하지 못하도록 철저히 교육합니다. 굉장히 단호하면서도 강력한 방식의 평화교육이라고 할 수 있습니다. 이와 같은 프로그램이 나오게 된 데에는 나름의 배경이 있습니다. 1982년 노르웨이에서는 세 명의 학생이 학교폭력을 견디다 못해 자살을 하면서 사회적으로 큰 파장이 있었습니다. 이 사건을 계기로 노르웨이 정부는 학교에서의 폭력 행동을 엄격하게 감시하고 강하게 제재함으로써 학교를 안전한 공간으로 만들기 위해 국가 수준의 캠페인을 2002년까지 전개했습니다. 1983년에 올베우스는 노르웨이의 초등학교와 중학교 42개교에서 실태 조사를 하면서 다음과 같은 사실을 밝혀냈습니다.*

첫째, 학교폭력 피해 경험이 있는 학생들이 전체 조사 대상 학생의 45~50%에 달했습니다. 지속적인 학교폭력으로 피해를 입은 학생도 15~17% 정도로 나타났습니다. 둘째, 학생들의 집단 괴롭힘 및 폭력 유형은 주로 놀리기, 상징적 인격 모독(침 뱉기 등)이며, 남학생이 여학생보다 세 배 이상 학교폭력을 가하거나 당할 확률이 높은 것으로 나타났습니다. 셋째, 가해자는 '정서적으로 불안하거나 근심이 있는' 학생보다는 특별히 부각된 문제가 별로 없는 '힘세고 공격적 성향의 학생(특히 남학생)'들인 경우가 많았습니다. 가해자의 공격적 성향은 보호자에 의해 형성된 부정적 감정이나 태도, 보호자가 아이의 공격적 성향을 묵인하고 체벌과 같이 힘으로 아이를 가르치는 양육 태도 또는 아이가 가진 기본적 성향 등의 요인들에 의해 형성되는 것으로 나

---

* 박효정(2012), 〈노르웨이의 학교폭력 실태와 대책, 그리고 한국교육에의 시사점〉, 한국교육개발원, 4쪽.

타났습니다. 넷째, 강하고 나이가 많은 학생들보다 약하고 어린 학생들이 학교폭력 피해를 더 많이 받는 것으로 나타났습니다. 학교폭력 피해자의 80%는 자신을 "심약하고 무능력하여 공격당해도 반항하지 못한다"라고 토로했습니다.

올베우스는 이처럼 학교폭력이 심각한 문제가 되고 있음에도 학교가 이에 대응하려는 조치를 거의 취하지 않고 있고, 부모들도 자녀가 학교에서 어떤 일을 겪고 있는지, 무슨 일을 하고 있는지 잘 알지 못하고 있는 상황을 지적했습니다. 더욱이 학교폭력의 피해자가 자살을 생각하는 경우가 적지 않다는 점을 중대한 문제로 인식하고, 어른들이 학교폭력에 적극적으로 대처해야 한다고 주장했습니다. 뿐만 아니라 학교폭력을 가하는 학생은 반사회적인 길을 걸어갈 확률이 다른 학생에 비해 커서 폭력적 행동을 사전에 방지하고 조정하려는 노력이 필요하다고 보았습니다.* 이러한 배경 아래 학교폭력의 예방 및 근절 프로그램을 마련하게 된 것입니다.

우리나라에서 학교폭력이 사회적 이슈로 공론화되고 세간의 관심을 끌기 시작한 것은 1995년부터였습니다. 그러나 본격적인 관심과 지원은 2004년에야 비로소 시작되었다고 볼 수 있습니다. 그해 〈학교폭력예방 및 대책에 관한 법률〉과 시행령이 제정되면서 학교폭력에 필요한 법과 제도적 기초가 마련되었고, 2005년에는 교육인적자원부가 주관하여 관련 부처와 함께 '학교폭력 예방 및 대책 5개년 기본계

---

* 후속 연구에 따르면 초등학교 6학년과 중학교 3학년 때 가해 경험이 있는 학생 69%가 24세 이전에 전과 1범이 된 것으로 나타났습니다. 이 연구는 폭력을 행사하는 학생이 어떻게 성장하는지 20년간 장기 추적을 한 결과입니다.

획'을 수립하여 시행해 왔습니다. 이어 2007년 2월에 정부는 '5대 폭력 관계장관회의'를 개최하여 2년간 추진해 왔던 정책의 성과와 문제점, 저해 요인 등을 심층 분석하여 중점 과제 15개를 선정하여 추진하였으며, 2009년에는 '2차 5개년 기본계획'을 수립하여 시행해 왔습니다.

이처럼 10여 년 넘게 끊임없이 학교폭력 예방 및 대처를 위한 정책 수립과 활동들이 시행되었지만, 학교폭력은 감소하거나 근절되는 실질적인 변화가 나타나지 않고 오히려 증가하는 현상을 보여 왔습니다. 학교폭력의 양상 또한 다양해지고 난폭해지는 등 학교폭력이 더 심각해졌다는 지적도 나오고 있습니다. 이와 같은 현상은 학교폭력이 사회적 이슈로 등장할 때만 관심을 두어 왔고, 학교폭력의 발생률이나 학생 자살자 수 등에만 연연한 채 근원적인 분석과 대응을 하지 못했기 때문입니다. 또한 학교폭력 문제의 직접적 당사자인 학생, 교사, 학부모가 함께 학교폭력을 근절하도록 지원하는 정책과 제도가 아니다 보니 내성만 키우는 결과를 초래하였습니다.

우리나라 학생 자살자 수는 2009년에 202명으로 정점을 찍었고, 이후 해마다 감소하긴 했지만 지금도 100명 안팎의 학생이 매년 목숨을 끊고 있습니다. 주된 이유는 과도한 학업 스트레스입니다. 경쟁적 교육 환경은 학교폭력의 직접적 원인이 됩니다. 입시 위주의 교육제도라는 구조적 모순을 개선하지 않는 한 학교폭력이 줄어들기는 어려울 것입니다. 노르웨이의 경우에는 다양한 진로교육을 바탕으로 자신이 하고 싶은 일을 어린 나이에 발견하여 준비할 수 있도록 도와줍니다. 학생들의 능력은 시험이라는 하나의 기준으로 평가되지 않으며, 다양한 능력과 기술을 존중하는 문화가 형성돼 있습니다. 또 과

중한 업무량 때문에 교사들이 교내에서 이루어지는 은밀한 폭력과 소외를 섬세하게 감지하지 못하는 상황을 막기 위해 폭력 문제 전담 상담원을 두고 있습니다. 이를 위해 양심적 병역 거부자들을 대체 복무의 일환으로 각급 학교의 폭력 예방 전담 요원으로 배치하는 것이 관례로 자리 잡고 있다고 합니다.

이와 함께 노르웨이는 세계에서 빈부 격차 수준이 가장 낮은 편이면서도 양극화 방지를 위해 다양하고 적극적인 정책을 펴 왔습니다. 그 결과 다른 유럽 국가와 비교했을 때도 사회적인 불평등 상황이 심하지 않고 사회적 불만도가 낮아 전반적으로 사회가 안정적인 편입니다. 이에 비해 우리나라는 '헬조선'이라는 말이 웅변하듯 삶의 질이 최악의 상황으로 떨어졌고, '흙수저'와 '금수저'라는 표현처럼 양극화가 팽배해졌습니다. '각자도생'은 삶의 철학이 되었으며, 정부는 국민들의 '노력'만을 강요해 왔습니다. 이러한 현상은 학교폭력이 단지 학교의 변화만으로 가능한 것이 아님을 말해 줍니다. 교사와 부모처럼 어른들뿐만 아니라 청소년 시기의 학생들에게도 정치에 참여할 수 있도록 이끌어 주고, 현실 정치의 개혁을 통해 교육 제도를 개선할 필요가 있습니다.

평화로운 학교 문화 만들기

무엇보다 학교에서는 학교폭력의 근절을 위해 평화로운 학교 문화를 만들어 가려는 노력을 해야 합니다. 학교는 학생들의 삶이 펼쳐지는 공간이기 때문입니다. 교실에서 우리가 할 수 있는 일은 학생들과 함께 평화 문화를 만들기 위해 노력하는 것입니다. 평화 문화를 교육

현장에서 만들어 내는 것이 곧 평화교육입니다. 평화 문화에 대한 비전은 다음과 같은 가치, 태도, 전통, 사고와 행동 양식을 반영하고자 하는 것입니다.*

- 차별이나 편견 없이 모든 사람의 존엄성과 인권, 생명을 존중한다.
- 모든 형태의 폭력을 거부하고, 대화와 타협을 통해 폭력적 갈등의 뿌리를 근절하고 방지하는 데 헌신한다.
- 현재와 미래 세대가 추구하는 개발과 환경의 요구를 공평하게 하는 과정에 온전하게 참여한다.
- 여성과 남성의 평등한 권리와 기회를 증진한다.
- 모든 사람의 표현, 의사, 정보의 자유를 인정한다.
- 국가와 인종, 종교, 문화, 그룹 간 그리고 개인 간의 자유, 민주주의, 관용, 연대, 협동, 다원주의, 문화적 다양성, 대화와 이해의 원칙에 헌신한다.

여기에서 평화란 단순히 전쟁이나 직접적 폭력의 부재뿐만 아니라, 권력과 자원의 불평등한 분배로 드러나는 구조적 또는 간접적 폭력의 극복까지를 의미합니다. 전쟁과 물리적 폭력이 없는 상태는 '소극적 평화'에 지나지 않습니다. 우리가 추구해야 할 '적극적 평화'는 갈등의 원인이 제거되고 정의가 바로서는 상태, 다시 말해 모든 사람의 기본 욕구가 충족되며 정의가 실현되고 갈등이 비폭력적 과정을 통

---

* 정현백(2002), 〈통일교육과 평화교육의 만남〉, 통일부 통일교육원, 85~86쪽.

해 해결되는 세계입니다. 나아가 내적 평화에 대해서도 생각할 수 있습니다. 세계적 평화운동가인 틱낫한 스님은 세상의 평화를 위해 일하는 사람이라면 스스로 내면의 평화를 가꾸기 위해 노력해야 한다고 말한 바 있습니다. 스님이 말하는 내면의 평화란 깨어 있는 마음의 상태를 뜻합니다. 평화 문화란 이처럼 내면의 평화와 함께 사회적으로 적극적 평화를 추구하는 노력인 평화운동과 밀접한 관련을 맺고 있습니다. 다양한 평화운동 가운데 하나가 평화교육입니다.

평화교육은 하나의 독립 과목이 아니라 전체 교육과정과 학교 문화를 두루 포함합니다. 교실에서 교사는 아이들과 평화의 본질에 대해 토론할 수 있습니다. 우리가 평화를 느꼈을 때가 언제인지 이야기 나누고, 평화를 파괴하는 것들에는 무엇이 있는지, 그리고 평화를 회복하기 위한 방법은 무엇인지에 대해 의견을 주고받는 것입니다. 또한 일상적 갈등을 분석하고 해결하는 법을 배울 수도 있습니다. 인간관계에서 필요한 능력들, 다시 말해 올바르게 대화하고 상대방을 이해하는 능력 역시 키워야 합니다. 교실에서 벌어지는 갈등을 해결하는 법을 배웠다면 이제 지역 사회에서 벌어지는 갈등에 관심을 쏟을 수 있습니다. 그러나 평화교육 역시 개별화 교육이 되어야 함을 잊지 말아야 합니다. 무엇보다 발달적 특성을 고려해야 합니다. 예컨대, 유치원이나 초등 저학년 교실에서 교사는 주지주의적 학습과 토론의 방식이 아닌, 하나의 문화로서 아이들이 평화를 체험할 수 있도록 이끄는 것이 필요합니다. 훈계를 하기보다 동화의 형태로 이야기를 지어내 들려주는 것이 좋고, 말이 아닌 행동으로 모범을 보여 주는 것이 훨씬 효과적입니다.

아침에 교사를 만나는 방식(포옹을 하거나 악수를 하고, 함께 노래를 부르는 등), 모두 함께 돌아가며 자기 마음을 표현하는 대화모임, 놀이와 식사, 그리고 수업과 수업 이외의 시간에 자연스레 접하는 평화의 문화가 아이들에게 더 깊은 영향을 끼칩니다. 추상적 사고의 힘이 탄생하는 시기(대략 초등학교 6학년) 이전의 아이들을 위해서는 머리보다 손발과 가슴에 집중하는 방식이 더 실제적이기 때문입니다. 교사는 유치원과 초등학교, 중학교와 고등학교에 다니는 아이들의 발달적 차이에 주목해야 합니다. 그리고 중요한 것이 학교생활 전반에서 지켜야 할 평화적 태도에 대해 교사가 적절한 권위를 통해 모범을 보이는 것입니다. 아이들은 놀이와 함께 예술적 활동을 통해서 평화 문화에 대해 자연스럽게 배워 나갈 수 있습니다. 또한 어려서부터 자신의 느낌과 욕구를 정확하게 표현하고, 또 공감을 바탕으로 다른 사람의 이야기를 경청하는 태도가 훈련되어야 합니다. 발도르프교육의 예술적 수업 방식과 함께 비폭력 대화와 회복적 대화모임은 평화 문화 형성에 큰 역할을 할 수 있습니다.

갈등과 잠재적 본성의 힘[*]

- 프리드리히 글라즐[**]

저는 집안에서 넷째 아이로서, 2차 세계대전 중 빈Wien에서의 마지막 전투를 경험했습니다. 전쟁의 몇몇 장면은 "인간은 어떻게 비인간화되는가?"라는 질문과 함께 여전히 제 안에 남아 있습니다. 오스트리아가 1955년 연합군에 의해 다시 해방되어 벨베데레Belvedere 궁전에서 조약이 체결되었을 때 저는 열네 살이었고, 궁전 바깥에 운집하여 박수를 보내던 수천 명의 군중과 함께였습니다. 사람들은 오스트리아가 스위스처럼 중립국을 선언하는 일에 환호했습니다. 더 이상 전쟁에 휘말리는 것을 원치 않았기 때문입니다.

1959년 저는 양심적 병역 거부자가 되었으며, 기독교 비폭력 행동에 기반한 평화운동단체인 '국제 화해 친교회International Fellowship of

---

[*] Friedrich Glasl, Translated by Christiana Beaven, *Social Conflict and the Influence of Sub-Natural Forces*, www.waldorflibrary.org/images/stories/articles/WJP6_glasl.pdf
[**] 프리드리히 글라즐은 1941년 오스트리아 빈에서 태어났습니다. 출판사와 지방 정부 기관에서 일했고, 국제 자원 봉사단의 오스트리아 책임자이기도 했습니다. 1967년부터 그는 네덜란드의 NPINetherlands Pedagogical Institute에서 일해 왔고, 영국 포레스트 로우Forest Row 지역의 에머슨 대학에서 사회 개발 센터 주최로 갈등 관리에 관한 세미나를 매년 개최하고 있습니다.

Reconciliation'에 가입했습니다. 저의 양심은, 제가 이해하지 못하는 전쟁의 공포에 대해 단순히 '아니오'라고 말하는 것을 용납하지 않았습니다. 저는 갈등을 극복할 수 있는 실천적인 방안을 찾고자 했습니다. 그래서 정치학, 특히 전쟁과 평화에 대한 문제를 연구했습니다. 훗날 저는 인지학에 대한 연구를 통해 갈등의 본질에 대해 더 깊이 있는 시각을 갖게 되었습니다. 지금은 연구소의 고문으로 일하며 인지학을 연구에 활용하고 있습니다.

사람들은 갈등을 통해 서로의 삶을 지옥으로 만듭니다. 그들은 서로를 고통으로 이끌면서 가장 심오한 질문과 씨름하도록 합니다. 중재자로서 저는 종종 실존적 질문에 직면합니다. "얽히고설킨 그들의 삶에서 갈등이란 무슨 의미이고, 어떤 조언이 필요한가?" "그것의 더 깊은 의미는 무엇인가?" "사람들 사이의 다툼에서 드러나는 힘은 무엇인가?" "그러한 다툼을 통해 우리가 발전할 수 있는 기회란 무엇인가?"

보통 중재자는, 대립하는 양측이 이미 그들의 입장을 확고히 하고 심연을 향한 격렬한 급류에서 더 깊이 빠져들 것이 임박했을 때 호출됩니다. 개별적으로 그들은 오직 곤경에 저항할 수 있을 뿐입니다. 갈등에 처한 사람들에게 무슨 일이 일어나게 될까요? 전쟁이 벌어졌을 때 제가 품었던 질문이 다시 등장합니다.

우리는 작은 긴장과 마찰이 어떻게 커다란 싸움으로 이어질 수 있는지를 경험합니다. 처음에 우리는 이러한 것들이 우리의 통제 아래 있다고 생각하지만, 불화가 더욱 도드라지면 그것들을 억제하기란 점점 더 어려워집니다. 당사자들은 갈등의 힘에 의해 점차 허물어지고, 그들의 사고력과 판단력은 계속해서 약화됩니다. 흑과 백으로 양극화되는 것입니다. 감정은 극단화되며, 의지는 명백한 장애물들에 의해 막히거나 난관에 봉착합니다. 우리는 폭력적 행위에 자극을 받아 훗날 양심에 위배되는 행동을 합니다. 갈등은 늘 우리의 더 어두운 면을 끄집어냅니다. 우리의 잠재의식 속에 잠들어 있던 정체불명의 비인간적 힘이 깨어나면 갈등은 더욱 고조됩니다.

왜 갈등 상황 속에서는 그렇게 많은 비인간적이고 인간 이하의 충동이 풀려나는 것일까요? 실제로 그러한 일에는 어떤 힘들이 작동하는 것일까요?

갈등 고조의 9단계

갈등에 대한 제 연구 작업 속에서 저는 갈등이 특정한 법칙에 따라 고조된다는 것을 알게 되었습니다. 갈등은 단계적으로 더욱 격렬해집니다. 각 단계의 문지방을 넘어설 때, 갈등 당사자 중 한쪽이라도 자신이 어디에 서 있는지를 스스로 깨닫는다면 갈등 행위를 멈추고 돌아설 수 있습니다. 갈등 고조의 각 단계마다 일관된 패턴에 따른 몇 가지 '징표'가 있습니다. 이러한 징표는 다음과 같습니다. 처음의 세 단계는 협력과 경쟁에 관한 것입니다.

1단계 : 긴장과 결정화結晶化

논의를 하면서 엇갈려 버린 서로 다른 관점은 경직되고 '결정화 crystallize'됩니다. 대립하는 양측은 스스로를 닫아걸고 입장을 고정시킵니다. 그들은 협력과 경쟁의 태도를 오가다가, 점점 당황스럽고 긴장감이 커지는 상황이 됩니다. 논의는 중단됩니다. 그 뒤에도 양측은 대화를 계속하기 위해 노력합니다.

2단계 : 논쟁

서로 다른 관점은 본래 활발한 소통을 가능케 하는 것입니다. 양측 사이에는 자연스러운 부침浮沈이 있습니다. 그러나 어느 시점에 이르면 상황이 바뀌고 갈등이 생깁니다. 이제 양측은 극단화되고 고착됩니다. 사고와 감정, 의지의 움직임이 극단적이며 상호 배타적으로 변합니다. 당사자들은 각자의 언어로 말하고, 상대방의 말을 편견 없이는 듣지 못합니다. 말다툼은 '유사 논리'라는 전술과 전략에 의해 좌우됩니다. 언쟁은 상대방의 감정을 공격하기 위해 사용되어, 상대방을 어처구니없고 불안하게 만듭니다. 의견 충돌은 더 이상 독창적이지 않고 기계적일 뿐입니다. 하나를 주장하면 하나의 반론이 따라오고, 반론에 반론이 끝없이 이어집니다. 양측은 자신의 지적 우위를 입증하기 위해 치고받는 두뇌 게임을 끝내지 않습니다.

3단계 : 기정사실화된 대립

이제 양측은 더 이상 다가설 수 없고, 서로를 말로 설득할 수 없습니다. 이로써 양측은 단순히 자기가 옳다고 생각하는 대로 일을 진행하며, 적대적인 관계를 완전한 사실로 인정합니다. 서로가 한 일을 지켜본 뒤 그것을 확대 해석하기도 합니다. 폐쇄된 집단으로서 당사자들은 상대편을 상호 배제합니다. 공감은 완전히 상실됩니다. 상대편의 생각과 느낌에 대해 더 이상 신경 쓰지 않습니다. 각자 '우리 그리고 그들'이라는 암묵적 개념으로 적합성이라는 도장을 찍기 시작합니다. 이어지는 4~6단계에서는 '승리 아니면 패배'가 중요해집니다. 양측은 더 이상 스스로 갈등을 해결하는 건 무리라고 생각합니다.

4단계 : 이미지와 패거리 형성

갈등 당사자들은 자기편에 특히 긍정적 그림을 형성하고, 그에 걸맞은 부정적 그림을 상대편에게 덧씌웁니다. 무식하고, 무능하고, 매력이 없고 등의 이미지는 단단히 고착화되며, 상대편을 만난다 해도 추가적인 정보를 통해 시정되는 일은 없습니다. 원래의 편견이 확인될 뿐입니다. 그러한 편견은 주로 심리적 투사의 결과입니다. 우리는 상대편이 우리를 무척 짜증 나게 하는 것들을 무의식적으로 찾아내는 데에 뛰어난 소질이 있다는 걸 알고 있습니다. 우리는 우리 눈 속의 들보를 놓아두고 이웃의 눈 속에서 티끌을 봅니다.* 또한 양측은 갈등을 주변으로 확산하기 위해 비슷한 생각을 가진 동조 세력을 끌어들입니다. 양측의 이러한 움직임은 서로를 극단적 역할에 빠져들게 하며, 오직 이런 방법으로만 싸우게 됩니다.

5단계 : 전면전과 체면 손상

이제는 상대방의 도덕적 고결성이 공격받습니다. 양측은 서로의 이중성(부정적 인격의 총합으로서)을 까발리기 위해 가면을 벗기려 듭니다. 더 이상 높은 자아 같은 건 없습니다. 그리고 이제 열렬한 배제의 의식이 행해집니다. 각자는 상대방을 악의 화신으로 규정하는 것

---

* "어찌하여 형제의 눈 속에 있는 티는 보고 네 눈 속에 있는 들보는 깨닫지 못하느냐", 〈마태복음〉 7장 3절.

이 자기들의 신성한 의무라고 생각합니다. 배제된 측은 사회적으로 고립되며 피해 의식에 빠집니다. 이때는 명예 회복조차 원치 않는데, 자존감이 깊이 흔들렸기 때문입니다.

6단계 : 위협의 확산

갈등 당사자들은 이제 서로에게 항복하기를 압박하고, 또 도발합니다. 만약 뜻에 따르지 않으면 엄청난 피해를 끼칠 과격 행위를 할 것이라고 협박합니다. 이것은 상대에게 강한 인상을 심어 주기 위해 의도된 것입니다. 심각하게 느껴지도록 하기 위해서는 부분적으로라도 위협을 실행해야 합니다. 개인적으로나 공개적으로 양측은 자신들의 위협이 압박을 가중시킨다는 것을 알고 있습니다. 이런 식으로는 나중에 전체 과정이 무의미해지고 개인적으로 피해를 입는다는 걸 알게 되더라도 되돌릴 수가 없습니다. 시간의 압박이 커지면서 양측은 최후통첩을 보내게 됩니다.

더 많은 동조자가 패거리의 갈등에 적극 참여하고, 위협의 영향력이 갈수록 광범위해지며, 상황은 그 어느 때보다 심각해집니다. 갈등 고조의 마지막 세 단계에 가서는 손상과 좌절의 문제만 남습니다. 양측은 상대방이 그러한 행동을 즉각 멈춰야 하고, 오직 그럴 때 갈등이 끝날 것이라고 생각합니다.

7단계 : 제한적 파괴 행위

'위협'은 상대방의 위협이 현실화되지 못하게 막는 '행동'으로 바뀝니다. 우선 위협적으로 제재를 가하는 수단을 파괴합니다. 양측은 적에게도 인간적 존엄이 있다는 믿음을 버립니다. 상대는 단지 물건과 같은 대상물일 뿐, 더는 얻을 게 없습니다. 만약 적이 자기편보다 더 큰 손실을 입는다면, 이것은 승리의 체험이 됩니다. 상대편의 손실이 곧 기쁨이자 즐거움이 됩니다(놀부 심보*). 상대에게 터무니없는 요구를 강요하는 것입니다. 전쟁 상태에서 거짓말은 미덕이 되고, 도덕적 가치는 뒤집힙니다.

8단계 : 적을 파괴하라

만약 집단이나 조직 간에 갈등이 생긴다면, 서로의 주요한 기능은 공격을 받고 무력화됩니다. 뒷배경이 되어 주었던 핵심 상대들과의 관계는 단절됩니다. 내부 응집력이 약화되고 중대한 기능들이 불구가 된 상대편은 두들겨 맞아 붕괴되며, 정신적으로나 신체적으로 회복할 수 있는 시점이 지나가게 됩니다.

9단계 : 파멸과 자멸

돌아갈 길은 없습니다. 최종적인 대결은 적의 완전한 파멸을 목표로 합니다. 양측은 비록 이것이 자멸을 불러올지라도 궁극적으로 최선을 다할 각오가 되어 있습니다. 자신과 함께 심연으로 던져진 적의 몰락 속에서 승리감에 도취됩니다.

---

* 본래는 'schadenfreude'라는 독일어 용어로, '짓궂고 고약한 즐거움' 또는 '남의 불행을 기뻐하는 심보'를 뜻합니다.

어떤 힘이 갈등의 고조에 작용하는가?

갈등이 고조될 때 우리는 잠재의식 속에 어떤 비인간적 힘들의 접근을 허락하고 움직이게 할 수 있습니다. 일단 사회생활 속에서 활동이 시작되면 그것들은 우리를 분열하도록 위협합니다. 그렇다고 해서 갈등이 항상 자동적으로 마지막 단계까지 고조되는 것은 아닙니다. 우리가 원한다면 우리는 각 단계 사이의 경계점에서 깨어날 수 있고, 그 이상 갈등이 고조되는 것을 막을 수 있습니다. 그러나 우리가 이러한 의식의 알람 소리를 무시한다면, 또는 표출되는 충동과 흥분에 굴복한다면 파멸의 규모는 즉각 커질 것입니다.

저는 오랜 기간의 작업과 연구를 통해 갈등 고조의 9단계에 대해 경험적으로 인식하고 설명했습니다. 그렇게 하자 비로소 동료 한 명이 루돌프 슈타이너에 대해 알려 주었습니다. 슈타이너는 지구 내부의 아홉 층위와 악과의 관련성을 묘사했습니다. 그는 지구의 정신적 내부가 아리만의 영향에 따라 아홉 개의 층위로 구분될 수 있음을 보여 주었습니다. 인류의 과오는 이처럼 대립되는 정신적 힘들이 우리를 통해 활동할 수 있도록 했다는 점입니다. 그 힘들은 인간이 벌인 짓을 확대하고 발전시켜 우리를 눈멀게 하고 족쇄를 채우며 부지불식간에 우리의 의식을 혼미하게 합니다.

갈등을 통해 우리는 단테가 말한 9층 지옥과 같은 지하 세계로 내려가고, 거기에서 우리의 싸움 속으로 돌진하는 강력한 괴물들을 깨우게 됩니다. 무의식적으로 그때 우리는 거대하고 부정적인 잠재력에 붙들립니다. 그것이 우리를 끔찍하고 비인간적인 행위를 할 수 있도록 만듭니다.

지구 내부의 9개 층위

9개의 층위를 다음과 같이 간단하게 특성화할 수 있습니다.

1층 : 광물 지구 Mineral Earth

지구의 광물층이 딱딱해지는 것처럼, 살아 움직이던 것들이 경직됩니다. 이것은 갈등의 첫 단계에서 분명하게 보이는 모습입니다!

2층 : 액체 지구 Liquid Earth

이 층위에 있는 존재들의 활동에 의해 살아 있는 모든 것은 생명력을 잃게 됩니다. 유기적이었던 움직임이 기계적인 것으로 됩니다. 양측은 극성을 띠기 시작합니다. 전기와 마찬가지로, 양측이 접촉하게 되면 서로를 소멸시키거나 파괴합니다.

3층 : 기체 지구 Air-Earth

'증기 지구 Steam-Earth'라고도 합니다. 이 존재들은 죽어 가는 느낌을 불러옵니다. 냉정과 무감각이 지배적입니다. 인간으로서 우리는 자신만의 사고와 감정, 의지 속에서 스스로를 고립시킵니다.

4층 : 물의 지구 Water-Earth

'형태 지구 Form-Earth'라고도 합니다. 내적 세계에서 살던 것들이 바깥 세계로 옮겨 갑니다. 갈등 상황에서 이것은 패거리를 형성하고 심리적 투사가 일어나는 과정 그 자체를 보여 줍니다. 형태는 상대편의 것으로 바뀌게 됩니다. 우리 자신과 우리 편의 정형화된 모습이 우리의 고유한 자아를 대체합니다.

5층 : 불의 지구 Fire-Earth

지구에서 이 층위의 존재들은 우리의 격정 속에 스며들어 부정적인 힘을 키웁니다. 강한 감정이 들끓는 상황에서 이들은 반란을 일으키고 우리의 의지를 굴복시키며, 더욱더 어두워집니다.

6층 : 열매 지구 Fruit-Earth

여기에서의 힘들은 인간의 몸에서 맹목적이고 악성으로 자라는 암 세포처럼, 모든 것을 자멸과 끝 간 데 없는 발달로 이끕니다. 이러한 발달은 의미도 없고 지혜로운 안내도 없습니다. 5층과 6층에서는 모든 것을 자기 영역의 영향력 안에 가둬 두려는 자력이 작용합니다.

7층 : 지구 반사체 Earth-Reflector

'지구 거울 Earth-Mirror'이라고도 합니다. 여기에서 악의 힘은 자질과 미덕을 그 반대로 왜곡합니다. 다른 이들의 고통은 기쁨이 되고, 몰락은 신나는 일입니다. 그러한 모습은 7단계의 갈등에서 특징적인 것입니다.

8층 : 해체자 The Fragmenter

여기에서는 모든 것이 무의미한 파편들로 나뉘어져 분해되고 붕괴됩니다. 이 힘은 방사능의 붕괴에도 작용합니다.

9층 : 지구의 핵 The Core of the Earth

이곳은 전형적인 악의 자리이자 흑마술의 원천으로서, 반-진화 Anti-

Evolution 그 자체입니다. 전형적인 악은 현재까지 인류가 쌓아 온 발전의 결실을 철저히 파괴하기 위해 노력합니다.

잠재적 본성을 자극하다

루돌프 슈타이너는 이러한 힘들에 대해 간략한 설명만을 남겼습니다. 그러나 임종 직전까지 그에게 가장 큰 관심사는 그 힘들의 영향력에 대한 것이었습니다. 미카엘 편지의 말미에도 그는 우리 모두에게 이 잠재적 본성의 힘과 대결하는 것이 얼마나 긴급한 일인지에 대해 당부합니다.

이 존재들은 현대적 기술을 통해 우리 문화에 훨씬 더 큰 영향을 끼칩니다. 갈등 상황에서 우리는 이 힘들이 우리의 영혼을 거쳐 사회적 삶에 다가오도록 허용합니다. 그렇지만 이런 악의 영향력은 인류의 진화에 나름 의미가 있습니다. 진보는 순탄하게 이루어지지 않습니다. 우리는 오로지 우리를 몰락시키려는 힘들과의 투쟁 속에서 의식적이고 진보적인 발전을 이뤄 낼 수 있습니다. 이러한 진보는 악의 세력이 갖고 있는 교묘한 술책의 힘들로부터 빼앗아 와야 합니다. 우리의 고유한 도덕성을 통해 우리는 우리 영혼에 자리 잡은 그들의 영향력에 저항하여 우리 자신을 바로 세워야 합니다. 그럴 때만이 진보는 가능합니다.

사회적 갈등 속에서 우리는 악의 존재들이 가진 영향력에 직면합니다. 그것들을 극복하기 위해 우리는 인간을 저 아래로 잡아당기길 원하는 악의 세력만큼이나 정신적 존재들에 대한 인식을 통해 저 높이 오르려는 노력을 게을리해서는 안 됩니다. 이것은 무엇을 의미할까요?

9개의 층위로 된 지하 세계 속 악의 존재들은 정신적 위계에 대한 반대 세력입니다. '광물 지구'는 천사들Angels의 살아 있는 힘을 뼈처럼 딱딱하게 만들려고 합니다. 집단, 민족, 언어의 영인 대천사들Archangels은 '액체 지구'의 사멸화하는 힘과 대조를 이룹니다. 고유성의 영인 권천사Archai가 펼치는 자유로운 행위는 '기체 지구'의 영역을 물구나무 세운 것입니다. 형태의 영인 능천사Exusiai는 '형태 지구'가 반대로 변화된 것입니다. 움직임의 영인 역천사Dynamis의 희화화된 모습은 '불의 지구' 속에서 찾아볼 수 있습니다. 그곳은 억제되지 않은 욕망이 풀려나는 곳입니다. 마치 암처럼 맹렬하게 성장하는 '열매 지구'는 지혜의 영인 주천사Kyriotetes의 영향력이 뒤집어진 것으로 보입니다. 제7층에 있는 '지구 반사체'는 미덕과 희생을 상반되는 특성으로 왜곡시켜서 의지의 영인 좌천사Thrones의 희생적 행위가 실패할 거라고 위협합니다. 조화의 영인 지천사Cherubim에 대한 반대되는 상은 '해체자'로서 총체적 불화와 혼돈을 창조하고자 노력합니다. 치천사Seraphim가 펼치는 사랑의 행위는 '지구의 핵'이 가진 힘으로 육성된 반-진화에 대립합니다.*

* 인지학에서 말하는 천사들의 위계는 다음과 같습니다.

위계	계급	이름(그 밖의 이름)
첫 번째 위계	1	치천사熾天使, Seraphim : 사랑의 영
	2	지천사智天使, Cherubim : 조화의 영
	3	좌천사座天使, Thrones : 의지의 영, 오파님Ophanim
두 번째 위계	4	주천사主天使, Kyriotetes : 지혜의 영, 주품천사
	5	역천사力天使, Dynamis : 움직임의 영, 역품천사
	6	능천사能天使, Exusiai : 형태의 영, 엘로힘Elohim, 능품천사
세 번째 위계	7	권천사權天使, Archai : 고유성의 영, 권품천사, 시대의 영 또는 세기의 영
	8	대천사大天使, Archangels : 불의 영, 민족령 또는 부족령
	9	천사天使, Angels : 수호천사, 정신세계의 신성한 사자

인간으로서 우리는 언제나 강력한 존재들 사이에 서 있습니다. 우리는 한쪽, 또는 다른 쪽에 다가설 수 있고 힘을 실을 수 있습니다. 우리는 또한 우리 안의 악을 변형시킬 수 있습니다. 자비로운 존재가 우리에게 대속代贖의 힘을 주기 때문입니다. 우리가 충분히 깨어 있고 또 우리 자신의 도덕성을 바탕으로 입장을 취한다면 이러한 일은 사회적 갈등 속에서도 벌어질 수 있습니다.

질병이 우리에게 영혼과 정신이 발전할 수 있는 기회를 주는 것처럼, 사회적 갈등도 우리의 의식혼 속에서 필요한 발달 단계로 나아갈 수 있도록 해 줍니다.

현재 우리는 이러한 도전의 한가운데에 놓여 있습니다. 해가 갈수록 과학 기술, 에너지 문제, 경제적 갈등과 사회적 갈등, 전쟁 등의 문제가 증가할 것입니다. 이러한 모든 상황에서 우리는 악의 세력과 직접 싸워야 합니다. 이를 통해 우리는 우리 자신을 치유하는 데 필요한 것들을 찾을 수 있고 계발할 수 있습니다. 인지학은 이러한 과제를 위한 인식에 가장 중요한 보조 도구를 제공해 줍니다.

2장 /

발도르프교육의
인간 이해

"무엇을 가르치고 교육해야 할지는 오로지 성장하는 인간과 개인의 소질에 대한 인식에서 나와야 한다. 진정한 의미의 인간학이 교육과 수업의 근거가 되어야 한다."

- 루돌프 슈타이너*

"9세쯤 되면 아이들에게는 하나의 위기가 닥친다. 인식의 힘이 생기기 때문이다. '어, 내가 세상과 나를 이렇게 떨어뜨릴 수 있네!' 이때는 거짓말을 할 수 있다. 어른들이 자기 생각을 알 수 없다는 것을 알게 된 것이다. 그러면서 자기를 개별화한다. 부모나 교사는 아이들의 개별성을 점점 분명히 알 수 있다."

- 존 커닝햄**

* 루돌프 슈타이너, 최혜경 옮김(2010),《사회 문제의 핵심》, 밝은누리, 194쪽.
** 존 커닝햄, 김훈태 옮김(2017),《연민의 대화, 공감에 깨어있기》, 퍼플, 54~55쪽.

마음을 알아야
갈등이 풀린다

갈등 문제에 온전히 접근하기 위해서는 구조적 모순의 문제와 함께 인간의 본성에 대해 깊이 이해할 필요가 있습니다. 우리가 아이들의 특성에 대해 잘 알고 있고, 나아가 인간의 본성을 정확히 이해한다면 갈등 해결의 실마리를 좀 더 쉽게 찾을 수 있을 것입니다. "인간이란 어떤 존재인가?"라는 질문은 갈등 문제에서도 필수적인 질문입니다. 여기에서는 발도르프교육의 인간학을 중심으로 마음의 특성과 함께 발달론과 기질론, 감각론 등에 대해 다루고자 합니다.

갈등이 일어나는 이유는 앞서 말했듯이 욕구와 욕구가 충돌하기 때문입니다. 우리는 욕구의 존재입니다.* 너의 욕구와 나의 욕구, 또는 내 안의 두 욕구가 부딪힐 수 있습니다. 아침에 일찍 일어나서 여유 있게 준비하고 싶은 욕구와 10분이라도 더 자고 싶은 욕구가 부딪히면 내적 갈등이 생깁니다. 마음은 일찍 일어나고 싶은데 몸은 더 자고 싶습니다. 이럴 때는 공연히 생각이 많아집니다. 일찍 잠자리에 들지 않은 어제의 나를 비난할 수도 있고, 일찍 일어나면 뭐가 좋은지 하나하나 열거하면서 자신을 타이를 수도 있습니다. 아니면 나는 왜 좀 더 자도 되는지 합리화한다거나 늦게 일어나면 어떻게 다른 준비 시간을 줄일 수 있을지 따져 보기도 합니다. 식사를 거르거나 차를 탄다거나 하는 식의 생각을 하며 이불을 붙잡는 것입니다. 물론 제일 좋은 방법은 제 시간에 그냥 일어나는 것입니다. 생각이 많아진다는 건 일어나려고 노력한 게 아니라 일어나기 싫다는 걸 드러내는 것입니다.

 교실 상황으로 눈을 돌려 보겠습니다. 점심시간에 한 아이는 엎드려 자고 싶은데 친구가 같이 매점에 가자고 떼를 쓸 때, 또는 남자아이들은 피구를 하자고 하는데 여자아이들은 발야구를 하자고 할 때, 적절한 해법을 찾지 못하면 갈등이 벌어질 수 있습니다. 바라는 게 서로 다를 때 힘으로 밀어붙이거나 서로를 비난하는 방식으로는 문제를 풀어 갈 수 없습니다. 물론 교실에는 이보다 심각한 상황이 많이 있습니다. 한 아이가 다른 아이들을 때리고 다닌다거나 몇몇 아이들이 한 아이를 따돌리고 놀리는 일도 드물지 않습니다. 잘못을 지적

---

* 이 말을 "우리는 의지의 존재입니다"로 바꾸어도 좋습니다. 욕구는 의지의 일종이기 때문입니다. 발도르프교육에서는 의지를 본능, 성향, 욕구, 동기, 소망, 의도, 결단의 7가지 단계로 나누어 봅니다. 여기에서는 그런 구분 없이 '욕구'와 '의지'를 사용하고자 합니다. 의지는 우리말로 '뜻'이라고도 합니다. 우리는 일이 뜻대로 되지 않을 때 화가 나거나 슬퍼집니다.

했다고 해서, 자는 것을 깨웠다고 해서 교사에게 욕하며 대드는 아이들도 있습니다. 이런 순간에 마음이 경직되지 않고 상황을 유연하게 바라보기 위해서는 어떻게 해야 할까요?

갈등이나 폭력 사건이 벌어졌을 때 우리가 첫 번째로 던지는 질문은 보통 "누가 그랬니?"입니다. 잘못한 사람이 누구인지 찾는 것입니다. 여기에는 가해자를 찾아내 처벌을 하려는 응보적 관점이 숨어 있습니다. 그러나 그렇게 해서는 문제의 실마리를 제대로 풀어내기 어렵습니다. 합리적인 질문은 "무슨 일이 일어났니?"이어야 합니다. 갈등 해결은 객관적인 사실을 파악하는 일에서부터 시작합니다. 그렇다고 드러난 행위만으로 갈등 상황을 전부 이해할 수는 없습니다. 행위 뒤에 숨어 있는 구조적 모순을 살펴야 하고, 당사자들의 태도와 마음까지 고려해야 합니다. 잘못을 저지른 아이의 처벌에 급급해 마음을 잘 살피지 못하면 상황은 더욱 악화될 수 있기 때문입니다. 이때, 무엇보다 먼저 살펴야 할 것은 그것을 바라보는 교사 자신의 마음일 것입니다.

갈등 상황이 발생했을 때 우리의 의식에서 가장 먼저 작동하는 것은 사고입니다. 온갖 생각이 다투듯 일어납니다. 행위의 의미를 따지고 분석하며 판단합니다. 이때 무의식의 차원에서는 욕구가 가장 먼저 일어나고, 그다음에 감정이 올라옵니다. 다만 우리가 알아차리지 못할 뿐입니다. 사고보다 더 진실한 것은 감정이라고 할 수 있습니다. 좋게 생각하고 적당히 넘어가려 해도 감정까지 속일 수는 없습니다. 예를 들어, 동료 교사 또는 관리자가 반말로 업무를 지시할 때, 또는 무언가를 지적할 때 갈등을 피하기 위해 좋게 생각하고 그 상황을 넘길 수 있습니다('나보다 나이가 많은 분이니 그럴 수도 있지. 나를 편하게 생각해서 그러실 거야'). 그러나 집에 돌아와서도 계속 생각이 나고 가슴이 답답하다면 감정이 식지 않은 것입니다. 강하게 억눌린 감정은 어느 순간 폭발해 버릴 수도 있습니다.

　이 감정의 뿌리에 욕구가 있습니다. 욕구가 충족되지 않으면 부정적인 감정이 올라옵니다. 동료에게 인간적으로 존중받길 원했는데 그게 무시되고 모욕감을 느꼈기 때문에 화가 난 것입니다. 의식적으로는 사고가 앞서지만 무의식적 차원에서는 욕구의 문제가 앞섭니다. 이것을 알아차리지 못했을 때 욕구와 욕구가 충돌하기 쉽고, 이어서 감정과 감정이 부딪히게 됩니다. 생각과 생각까지 부딪히게 되면 논쟁이 벌어집니다. '내가 옳고 네가 틀렸다'는 것을 증명하기 위해 말싸움을 하지만 사실 감정싸움인 경우가 많습니다. 더 깊이 들어가면 서로의 욕구가 해소되지 않은 것입니다. 충돌한 감정과 욕구를 외면하면 외면할수록 갈등은 가파르게 고조됩니다.

　욕구와 감정, 사고 모두 마음에 속하는 것들입니다. 갈등 문제를 다루기 위해 우리는 사고와 감정, 욕구에 의식의 빛을 비추어야 합니다. 특히 무의식 차원에 머물러 있는 감정과 욕구에까지 깨어 있어야 합니다. 이것을 명상법에서는 '알아차림' 또는 '마음 모음^{mindfulness}'이라고 부릅니다. 생각으로만 문제를 풀려고 한다면 시시비비를 따지다 끝날 뿐 온전한 해결책을 찾기 어렵습니다. 마음 전체, 특히 우리의 내적 욕구를 살펴야 합니다. 우리의 마음은 몸보다 힘이 세서 학교 가기 싫다는 아이를 억지로 교실에 데려다 놓을 수는 있어도 마음까지 데려오기는 힘듭니다. 반대로 친구들에게 괴롭힘과 따돌림을 당해도 마음이 굳건한 아이는 꿋꿋하게 학교에 갑니다. 아이들은 어른들보다 의지가 강합니다. 마음에 어떻게 접근하느냐에 따라 갈등을 예방할 수 있고,

또 잘 해결할 수도 있습니다. 우리의 마음과 마음은 본래 서로 연결되어 있기 때문입니다.* 교실에서는 이 연결이 끊어지지 않도록 주의하고 유대를 강화하는 작업이 일상적으로 일어나야 합니다.

인간의 마음

동물에게도 마음은 있습니다. 인간처럼 사고를 할 수는 없겠지만, 작은 강아지나 고양이에게도 욕구가 있고 감정이 있습니다. 그래서 자기들끼리 갈등을 벌이곤 합니다. 먹이를 두고 다툴 때 동물들은 대개 몸싸움을 합니다. 서열이 정해져 있지 않다면 싸움을 통해 누가 힘이 더 센지 판가름합니다. 어린아이들도 이와 비슷한 모습을 보입니다. 친구를 밀치거나 때리는 일이 흔히 벌어집니다. 종종 큰 아이들, 또는 어른들 사이에서도 똑같은 모습을 볼 수 있습니다. 특별한 경우를 제외하고는 동물의 세계에서 갈등은 힘을 통한 해결 외에 다른 방법이 없습니다. 다행히 인간은 동물과 달리 사고 능력이 있고, 무엇보다 마음을 표현할 수 있는 좋은 도구가 있습니다. 다름 아닌 '말'입니다.

인류학자들의 연구에 따르면 인간의 사고 능력은 말이 생기면서, 그러니까 언어가 발달하면서 급격히 성장했습니다. 사고와 언어는 상호 작용을 하면서 발전했을 것입니다. 언어는 다른 어떤 수단보다 우리의 마음을 정확히 표현할 수 있습니다. 덕분에 긴밀한 대화가 가능

---

* 카카오톡이나 페이스북 같은 SNS가 인기를 끄는 이유는 우리가 연결된 마음의 상태를 그리워하기 때문입니다. 사회적 관계가 단절된 상황에서 인간은 살 수 없습니다.

합니다. 루돌프 슈타이너는 인간의 가치와 존엄이 언어와 밀접한 관계가 있다고 말합니다.* 우리의 모든 감정과 의지는 언어를 통해 내적 삶으로부터 흘러나와 다른 사람과 연결되며, 주위로 확장되고 빛을 발한다는 것입니다. 그러나 우리는 언어가 우리의 마음을 완벽하게 표현하지 못한다는 사실 역시 알고 있습니다.

이때 그림이나 노래, 놀이, 춤과 같이 예술적 작업으로 마음을 표현하는 것이 도움이 되기도 합니다. 따라서 교실에서는 다양한 예술 활동을 풍부하게 활용하면 좋습니다. 수업을 시작하기 전에 함께 시를 외우고 노래를 한다거나 그림으로 자기 마음을 표현하고 서로의 마음을 이해할 수 있는 연극적 활동 등은 갈등을 예방하고 해결하는 데 유용합니다. 갈등이 벌어졌을 때 대화는 예술적 작업과 함께 우리의 마음과 마음을 다시 연결하기 위해 쓰이는 훌륭한 도구입니다. 단지 옳고 그름을 따지고 잘못한 사람의 문제점을 지적하기 위한 것이 아닙니다. 그런데 자기 마음을 정확히 표현하고 다른 사람의 말에 귀를 기울이는 일은 생각보다 힘든 작업입니다. 다른 사람의 입장에서 생각하고(역지사지), 공감하여 느끼기(이심전심) 위해서는 기존의 의사소통 방법을 반성하고 새로운 대화법을 찾아야 합니다.

서로의 마음을 알아주고 마음과 마음으로 연결될 때, 우리의 삶은 더없이 풍요로워집니다. 행복은 욕구의 충족과 함께 평화로운 관계 속에서 생겨나기 때문입니다. 구성원들이 평등한 관계를 추구하며 서로가 서로의 욕구를 채워 줄 때, 자유롭게 자신의 능력을 발휘

---

* [루돌프 슈타이너, 김광선 옮김(2010), 〈정신과학과 말〉, 《거듭나기》, 2010년 여름호, 슈타이너교육예술연구소, 41~48쪽] 참고.

할 수 있을 때 공동체는 평화롭습니다. 그래서 새로운 대화법은 무엇보다 우리의 욕구에 먼저 시선을 둬야 합니다. 우리에겐 누구나 생동하는 욕구가 있습니다. 욕구는 한 인간의 정체성과 관련되어 있습니다. '자기 자신이 되고 싶은 욕구', '자기 자신으로 살고 싶은 욕구'가 모든 욕구의 뿌리일 것입니다. 이것을 자아의 욕구라고 불러도 좋겠습니다. 우리는 누구나 자신의 고유한 욕구에 따라 온전한 존재로 성장하고 싶습니다. 아이들도 그렇고 부모나 교사도 마찬가지입니다. 인간을 '되어 가는 존재'로 볼 때, 교육은 이러한 근본적인 욕구를 토대로 펼쳐져야 합니다. 그렇다면 자아의 욕구에 귀 기울이기 위해 우리는 무엇을 해야 할까요?

마음으로 들어가는 문

마음과 마음이 부딪히는 것이 갈등이라면, 마음과 마음을 연결하는 것은 대화입니다. 평소에 속마음을 진솔하게 표현하고 서로가 서로의 이야기를 경청하는 문화가 자리 잡혀 있다면 갈등은 벌어지지 않을 수도 있습니다. 이미 부딪혀서 상처를 받은 마음이라 해도 대화를 통해 다시 연결할 수 있습니다. 굳어 버린 마음이 풀리고, 간장 종지보다 좁았던 마음이 다시 바다처럼 넓어질 수 있습니다. 마음이란 놀라운 것이어서 한 생각 돌이키기만 해도 무거웠던 마음이 바람처럼 가벼워질 수 있습니다. 오랜 세월 어둠에 갇혀 있던 동굴도 불을 탁 켜는 순간 어둠이 온 데 간 데 없이 사라집니다. 대화를 통해 잘 풀어 갈 수 있다면 갈등은 우리를 성장시키는 좋은 계기가 될 것입니다. 갈등으로 인해 벌어지는 일들은 우리가 어떤 사람인지를 알게 해 주기 때문입니다.

"가는 말이 고와야 오는 말이 곱다", "말 한마디에 천 냥 빚을 갚는다" 같은 속담은 말의 중요성을 강조합니다. 실제로 말 한마디로 천 냥 빚을 갚은 사람이 있습니다. 간디의 제자이자 뛰어난 사회운동가였던 비노바 바베가 그런 사람이었습니다. 그는 13년 동안 인도 전역을 맨발로 걸어 다니며 소작농과 갈등 관계에 있던 지주들에게 대화를 시도했습니다. 땅이 없는 가난한 소작농들을 위해 6분의 1의 토지를 나누어 달라고 지주들에게 호소한 것입니다. "도둑질은 범죄지만 많은 돈을 쌓아 놓는 것은 도둑을 만들어 내는 더 큰 도둑질입니다. 돈이 많다는 사실로만 존경받는 자리에 설 수 없습니다. 만약 당신이 다섯 명의 자녀를 두었다면 땅 없는 가난한 이들을 여섯째 아이로 생각하고 그를 위해 소유한 땅의 6분의 1을 바치십시오!" 마침내 그는 스코틀랜드만 한 땅을 헌납받았다고 합니다. 거짓말처럼 놀라운 결실입니다. 그가 사용한 대화법의 핵심은 마음의 문을 찾는 것이었습니다.

"한 집을 예로 들어 봅시다. 당신은 그 집에 들어가고자 하나 높은 담으로 둘러싸여 있습니다. 당신이 벽을 뚫고 들어가려고 머리를 부딪는다고 생각해 보십시오. 당신은 들어갈 수 없습니다. 당신은 어떻게 되겠습니까? 머리만 깨질 것입니다. 그러나 당신이 작은 문 하나를 발견한다면, 그 집에 들어갈 수 있고 또 당신이 원하는 곳 어디든 갈 수 있을 것입니다. 그러니 문을 찾아야만 합니다. 이와 마찬가지로 지주를 만나 보면 그는 많은 결함과 단점을 가지고 있습니다. 그의 이기심은 마치 벽과도 같습니다. 하지만 그는 작은 문을 가지고 있습니다. 그의 마음속에 남아 있는 작은 선함이 그것입니다. 당신은 그 문을 찾으려고 준비하면서 당신 자신의 이기심을 넘어서야만 합니다. 그래야 그의 삶 안으로 들어갈 수 있습니다. 그가 어떤 결함을 가지고 있든 개의치 말고 문을 찾으십시오. 가끔은 나도 문을 찾지 못하는 경우가 있는데, 그것은 내가 부족하기 때문입니다. 나의 결함은 내가 그의 단점들에 대항해서 내 머리를 부딪고 있다는 사실입니다."*

갈등이 벌어지면 마음의 문은 닫히고, 아주 작은 충격에도 무너질 수 있습니다. 무너진 마음을 다시 일으켜 세우는 데 드는 힘은 무너지지 않게 보살피는 힘의 갑절 이상일 것입니다. 그래서 마음이 상하고 멀어지고 떠나는 일련의 과정을 세심하게 살펴볼 필요가 있습니다. 잘 관찰해 보면, 갈등 전후로 마음은 미묘하게 변하다가 어느 순간 비약한다는 것을 알 수 있습니다. 갈등은 계단식으로 고조됩니다. 마찬가지로 갈등이 해결되는 과정에도 비약적 순간들이 있습니다. 갈등이 고조될수록 우리의 마음은 차갑게 식고 어두워지지만 어떤 계기를 통해 서로의 마음이 하나로 연결되었다고 느끼는 순간 우리의 마음은 다시 뜨거워집니다. 그 뜨거움에 갈등이 눈 녹듯 사라져 버리기도 합니다.

어떤 조직이나 사람에게서 마음이 떠나면 다음 수순은 몸이 떠나는 것입니다. 큰마음을 품고 함께 일을 시작했다가도 자꾸 갈등이 생기고 생각이 어긋나면 마음은 겉돌게 됩니다. 마음 붙일 데를 못 찾고 마음이 붕 떠서 공허해집니다. 집에서도, 교실에서도 마음을 잡지 못하는 아이들 역시 마찬가지입니다. 그렇게 마음이 힘들 때 누군가 무

* 칼린디, 김문호 옮김(2000), 《비노바 바베》, 실천문학사, 23~24쪽.

심한 척 마음을 다한 위로를 건네 준다면, 우리의 마음은 다시 뜨거워질 수 있습니다. 우리는 모두 다른 사람이 자기 마음을 알아주길 바랍니다. 그것도 말없이, 있는 그대로 알아준다면 더할 나위가 없습니다. 물론 마음은 말로 표현하지 않는 이상 올바로 파악하기 어렵습니다. 말로 표현하지 않고도 다른 사람이 내 마음을 알아주길 바란다면 그건 욕심일 것입니다. 마음과 마음이 연결되기 위해 우리는 더 많은 대화를 나누어야 합니다. 그 속에서 생기는 온기로 우리는 살아갑니다.

상대방이 내 마음을 몰라준다고 섭섭해하면서도 정작 마음이란 게 무엇인지, 내 마음을 어떻게 다스려야 할지를 우리는 잘 모릅니다. 교실에서 일어나는 수많은 갈등에 온전히 접근하기 위해 우리는 마음이 어떤 구조로 이루어져 있고, 또 어떻게 작용하는지에 대해 알아볼 필요가 있습니다. 마음은 몸과 달리 눈에 보이지 않고 손에 만져지지도 않습니다. 몸과 밀접한 관련이 있지만 비가시적 영역이기에 실증주의 과학의 시대에 와서는 종종 없는 것 취급을 받기도 했습니다. 인간의 본질인 정신은 오래전에 잊혔고, 마음마저 지워져 마치 몸과 행동만이 인간의 전부인 양 여겨지기도 했습니다. 그러나 마음은 인간 내면에 존재하는 실체로서 몸을 움직이고 삶을 이끌어 가는 내적 움직임의 총체입니다. 마음은 몸과 정신 사이에서 양쪽을 오가며 균형을 이루려고 합니다. 발도르프교육에서 영혼이라고도 불리는 이 마음은 사고와 감정, 의지로 이루어져 있습니다.

마음의 구조 : 사고, 감정, 의지

인간과 동물의 차이는 '사고를 할 수 있는가?'에 달려 있습니다. 동물이라고 해서 인지 능력이 없는 것은 아니지만 인간처럼 사고를 할 수는 없습니다. 흔히 동물에게도 '언어'가 있다고 말할 때의 그 언어와 인간의 언어가 근본적으로 다르듯 동물의 인지 능력도 인간의 그것과 비교하기는 어렵습니다. 동물 역시 인간처럼 감각 기관이 있고, 아주 짧은 시간 동안은 어떤 현상에 대해 주의를 집중합니다. 역시 아주 짧은 시간 동안은 무언가를 기억하기도 합니다. 침팬지처럼 고등 동물의 경우 필요할 때 도구를 사용하기도 하고, 무언가 궁리를 하는 모습도 보여 줍니다. 그러나 동물이 인간처럼 의도적으로 어떤 대상에 대해 주의를 집중하거나 기억을 하는 일은 없습니다. 논리적으로 사고를 하고 지나간 일을 반성하는 것 역시 불가능합니다. 개가 주인을 기억하는 것은 머리로 표상을 붙잡는 게 아니라 가슴으로 특정한 분위기를 품고 있는 것입니다.

결론적으로 인간은 사고를 할 수 있는 유일한 존재입니다. 인간과 달리 동물의 마음은 감정과 의지로만 이루어집니다. 기쁘고 슬프고 두렵고 화나는 등의 감정과 본능, 성향, 욕구 등의 의지를 동물은 있는 그대로 드러냅니다. 밝고 어둡고, 시끄럽고 조용하고, 쓰고 달고, 매캐하고 향기롭고, 춥고 덥고 등의 감각적 체험인 느낌이 기쁨과 슬픔, 즐거움과 괴로움, 성남과 평화로움 등의 감정으로 변화합니다. 감각 기관인 몸의 반응을 느낌(감각)이라고 한다면, 이 느낌이 마음에 들어온 것을 감정이라고 부릅니다.* 느낌은 쾌快와 불쾌不快로 나뉘며,

---

* 그러나 일상에서 우리는 느낌과 감정이라는 용어를 섞어서 쓰기도 합니다. 인지학에서는 감각체(느낌)와 감각혼(감정)을 구분하기도 하고 아스트랄체라는 말로 통합해서 보기도 합니다. 이 책에서는 느낌과 감정을 구분하지 않고 쓰는 경우가 많을 것입니다. 사고와 생각, 의지와 욕구도 마찬가지입니다.

감정은 호好와 불호不好, 다시 말해 좋고 싫음好惡으로 갈라집니다. 여름날 아주 뜨거운 햇볕 속에서 운동장을 걸으면 불쾌감을 느끼고 더위에서 벗어나고자 하는 욕구가 생깁니다. 그리고 에어컨이 나오는 교실에 들어와 차가운 물을 마실 때 쾌적한 느낌을 받습니다. 불쾌하다거나 쾌적하다는 느낌은 감정이 되어 행동에 영향을 줍니다. 감정은 의지로 변하며, 의지는 행동이 됩니다. 기본적으로 감정은 주변 환경의 변화에 대한 마음의 반응입니다.

호감과 반감

우리의 마음은 대부분 감정으로 이루어져 있습니다. 우리가 사용하는 일상 언어에서 '마음'을 일컬을 때는 '마음이 상했다'라거나 '마음이 편하다'와 같이 대개 감정을 표현하는 말입니다. 감정의 범주에는 느낌, 정서, 정조, 분위기, 기분, 감성, 심정 등이 포함됩니다. 크게 두 가지의 힘이 이 감정에 작용합니다. 하나는 호감sympathy이고, 다른 하나는 반감antipathy입니다. 호감이 껴안아 하나가 되려는 힘이라면, 반감은 밀어내어 분리되고자 하는 힘입니다. 이 두 힘이 감정 영역에서 양극적으로 작용합니다. 호감은 긍정적 감정을 불러일으키고, 반감은 부정적 감정을 일으킵니다. 유쾌한 자극을 받으면 호감이 생기지만, 불쾌한 자극은 즉각 반감을 일으킵니다. 그래서 감정은 늘 좋거나 싫음에서 시작합니다. 좋고 싫음은 감정의 기초가 됩니다.

호감과 반감이 오직 감정에만 영향을 끼치는 것은 아닙니다. 호감이 의지와 관련된다면, 반감은 사고로 연결됩니다. 반감은 의식을 깨웁니다. 주변 환경으로부터 자신을 분리시키므로 의식이 또렷해집니다.

감각 기관이 존재하지 않는 식물은 자연에 대한 반감이 없고, 따라서 동물과 달리 의식이 없습니다. 물론 식물도 동물처럼 외부로부터 자극을 받았을 때 동물과 비슷한 반응을 보이는 경우가 있습니다. 예를 들어, 미모사 잎을 손가락으로 건드리면 잠시 후 아래로 늘어지면서 오므립니다. 이러한 반응은 의식과 관련되지 않습니다. 의식이란 그 반응이 일어날 때 무언가를 내적으로 체험하는 현상입니다. 우리가 고무줄을 잡아당길 때 늘어났다고 해서 그것을 감각이라고 하지는 않습니다. 잡아당겼을 때 내부에서 아픔을 느꼈다면 그때 비로소 감각적 의식이 있다고 할 수 있습니다. 동물은 자연으로부터 자신을 분리해낼 수 있습니다. 그래서 운동, 즉 움직임動이 가능합니다.

사고 : 표상, 기억, 개념

동물이 반감을 통해 생존을 위한 운동을 한다면, 인간은 비교할 수 없을 정도의 강한 반감으로 사고 작용을 일으킵니다. 강하게 밀어내는 힘이 마음속에 표상表象을 만들어 냅니다. 외부 세계의 대상을 마음속에 형상으로 나타내는 것이 곧 표상입니다. 카메라로 사진을 찍는 것과 비슷하다고 보시면 됩니다. 이 표상이 사고의 재료가 됩니다. 감각 기관을 통해 받아들인 정보가 마음속에 그림의 형태로 떠오르기 위해서는 강한 반감이 작용해야 합니다. 자연에서 인간 내부로 밀려드는 힘을 강하게 밀어내야만 표상이라는 고정된 형태의 그림이 생기는 것입니다. 동물의 경우에는 그것이 마음을 통과해 버립니다. 따라서 동물은 무언가를 오랫동안 기억할 수 없습니다.

기억은 표상보다 더 강한 반감이 작용할 때 만들어집니다. 우리가 무언가를 떠올리는 것은 내적으로 힘을 주어 밀어내는 행위입니다. 기억이란 이전에 경험한 일을 마음속에서 다시 떠올리는 활동인데, 과거의 일을 떠올리기 위해서는 더 강한 반감이 필요합니다. 예전의 일을 정교하게 기억해 내기 위해서는 강력한 반감의 힘이 필요하다는 것을 느낄 수 있습니다. 이러한 기억보다 반감의 힘이 더욱 강해져, 응축되어 만들어지는 것이 바로 개념입니다. 개념은 판단을 통해 얻어 낸 관념입니다. 우리는 기억된 심상들을 분석하고 종합한 뒤 공통된 요소를 뽑아내어 개념을 만듭니다. 이러한 개념들이 모여 한 사람의 세계관이 형성됩니다.

표상에서 기억으로, 기억에서 개념으로, 그리고 세계관이 완성되어 갈수록 생각은 유연함을 잃고 딱딱하게 굳어 갑니다. 한 인간이 올바르게 사고하고 건강한 세계관을 만들어 가도록 돕는 일이 교육이라고 한다면, 암기 위주의 학습을 통해 돌처럼 굳은 고정 관념을 아이들의 머릿속에 집어넣으려 해서는 안 될 것입니다. 유연하고 자유로운 방식으로 사고할 수 있어야 갈등 상황에서 우리의 마음이 경직되지 않습니다. 관찰하지 않고 판단하는 사람은 갈등 상황을 온전히 인식할 수 없습니다. 유연하게 입장을 바꾸어 생각할 수 있다면 갈등 해결의 실마리를 찾기가 더욱 쉬울 것입니다. 교육을 통해 창조적인 방식으로 사고할 수 있도록 하기 위해서는 아이들 스스로 개념을 만들어 갈 수 있도록 수업을 구성해야 합니다. 여기에 의지의 요소가 들어와야 합니다. 의지를 통해 만들어지는 판타지와 상상력이 사고를 생동감 있게 해 줍니다. 그래서 교사는 수업에서 학습 주제를 규정하기보다 성격화하는 노력이 필요합니다. 또한 교사는 학습 주제에 대해 깊은 호감을 느끼고, 정의 내리기보다 묘사해야 합니다. 그럴 때 아이들도 수업을 좋아하며 스스로 개념을 형성해 나갈 수 있습니다.

의지 : 욕구, 동기, 소망

반감에서 사고가 발전하듯 호감에서 의지가 자랍니다. 의지는 대상을 감싸 안아 하나가 되려는 호감의 힘에서 나옵니다. 반감은 주저하게 하지만 호감은 무엇이든 호기롭게 행하려고 합니다. 마음의 의지는 몸의 행동을 불러옵니다. 또 반감으로부터 비판적 사고력이 나온다면 호감을 통해 우리는 상상하는 힘을 얻습니다. 의지는 사고와 달리 우리의 내면에 판타지와 상상을 불러옵니다. 감정은 사고와 의지 사이에 존재하며, 이 둘을 연결해 줍니다. 사고와 의지는 대립적이지 않고 오히려 서로 연결되어 있습니다. 의지가 없는 사고는 지나치게 경직되고 어두워지며, 사고가 없는 의지는 위험할 정도로 맹목적입니다. 그래서 극단화된 사고와 극단화된 의지는 일종의 병든 상태입니다.

의지는 무언가를 하려는 마음이자, 바라는 마음입니다. 그래서 흔히 욕구로 표현됩니다. 정확히 말하자면, 마음의 차원에 따라 의지는 일곱 단계로 구분할 수 있습니다. 아주 낮은 차원에서 의지는 물질적 몸과 연결된 본능이 있고, 이 본능이 생명력 속으로 내면화되면 충동 또는 성향으로 나타납니다. 이것이 마음속에서 발달하면 욕구가 되고, 욕구는 자아와 연결되어 동기가 됩니다. 동기는 행위의 이유로서 욕구와 달리 의미가 부여됩니다. 성숙해진 동기는 소망과 의도, 결단으로 변화됩니다. 동물과 달리 인간만이 자기가 원하는 것의 이유를 찾고, 의미 있는 삶을 살고자 합니다. 그것이 바로 동기입니다. 어린 시절에는 부모나 교사로부터 주어지던 동기를 성인이 되면 스스로 찾아야 합니다. 무엇을 하든 그 이유를 알고 있는 것, 자신이 원하는 것의 의미를 찾아 나가는 것은 동기에 따라 사는 것입니다. 이렇게 살아갈 때 우리 마음 깊은 곳에서 하나의 꿈, 즉 소망이 우러나옵니다. 이렇게 의지는 우리 마음의 가장 본질적인 영역을 이룹니다. 한 사람을 이해할 때 그 사람이 주로 하는 생각을 알고 감정 상태를 아는 것도 중요하지만, 그보다 더욱 중요한 것은 그가 어떤 욕구를 지니고 있고 어떤 동기에 따라 움직이며 어떤 소망을 갖고 살아가는지를 아는 것입니다. 사람과 사람 사이에 갈등이 벌어지는 이유가 욕구의 충돌이라고 한다면, 갈등 문제를 풀어 가기 위해 우리는 이렇게 내밀한 마음의 구조에 대해 살펴볼 필요가 있습니다.

 사고는 끊임없이 밀어내고 밀어내서 세상과 자신을 완전히 분리시킵니다. 따라서 전체적인 하나의 세계에서 인간이 서로가 분리되었다고 느끼는 것은 사고를 할 수 있게 되었기 때문입니다. 신학에서 이것은 '타락'입니다. 아기는 태어나서 몇 해 동안 엄마와 의식적으로 분리되지 않습니다. 그런데 세 돌쯤 되면 자의식이 생기고 자신을 '나'라고 지칭하며 엄마로부터 분리되기 시작합니다. 자기 생각이 생겼기 때문에 말을 잘 듣지 않습니다. 그래서 '미운 네 살'이라는 말이 생겼습니다. 이처럼 사고를 통해 인간은 우주의 전체성에서 따로 떨어져 나와 개별적으로 존재합니다. 우주 역시 커다란 반감으로 인간을 밀어내고, 인간은 반감을 통해 독립된 자아로 우뚝 서려 합니다. 인간에게 주어진 '자유'는 그런 것입니다. 결국 '나'라고 하는 자아-의식은 우주의 반감으로부터 밀어내어져 인간의 몸에 깃들게 되며, '나'는 생각을 통해 독립된 존재로서 내면에 하나의 고유한 우주를 창조합니다. 그래서 사회적 관계에서 분리된 개인들이 다시 연결되기 위해서는 아주 큰 의지를 내야 합니다.

자아와 에고

인간은 자기만의 우주를 마음속에 짓습니다. 생각을 통해 관념의 세계를 만들고, 그 세계 속에서 현실 세계를 이해합니다. 그런데 인간의 몸은 현실의 세계와 관념의 세계를 구별하지 못합니다. 관념 세계의 변화에도 똑같이 반응합니다. 위험한 상황을 단지 '생각하는' 것만으로도 우리의 몸은 실제의 위험한 상황과 똑같이 반응합니다. 마찬가지로 예전에 겪었던 안 좋았던 사건을 다시 떠올리는 것만으로도 몸이 떨리고 가슴이 뛰는 걸 느낍니다. 생각이 느낌을 일으키는 것입니다. 이렇게 생겨난 느낌은 감정이 되어 생각에 영향을 주고, 다시 생각은 자기 확신을 강화합니다. 인간의 마음은 동물과 달리 온갖 생각과 그로 인한 감정으로 변화무쌍한 그림을 그리게 됩니다. 그 그림은 물론 '내'가 그리는 것입니다. 나는 나만의 그림을 그리며 슬퍼하기도 하고, 두려워하기도 하며, 대체로 괴로워합니다. 나는 생각 속에 갇혀 현실을 왜곡합니다. 이럴 때의 '나'는 자아와 생각을 동일시한 '낮은 차원의 나'로서 에고^{ego}라고 부를 수 있습니다. 본질적으로 에고란 오래된 생각과 감정의 집착들이 뒤엉킨 쓰레기 더미입니다.* 에고는 진정한 의미의 '자아(I)'와 그 성격이 다릅니다.

좋아하거나 싫어하는 것에 집착하는 감정과 달리 생각은 옳고 그

---

* 누크 산체스·토머스 비에라, 황근하 옮김(2011), 《에고로부터의 자유》, 샨티, 11쪽.

름을 찾습니다. 판단하고 분석하고 분별하면서 '맞다, 틀리다'를 찾는 것입니다. 무엇이 맞고 무엇이 틀렸는가, 뭐가 옳고 뭐가 그른가, 이러한 시시비비를 끊임없이 따집니다. 그것이 생각의 속성입니다. 그렇게 관념의 세계를 건설합니다. 재미있게도 생각은 좋음을 옳음으로, 싫음을 틀림으로 합리화하려고 합니다. 왜냐하면 내가 감정적으로 좋은 것은 옳아야 하고 싫은 것은 틀려야 한다고 믿기 때문입니다. 자기중심주의에서 벗어나지 못한 에고는 어떤 생각이든지 자기를 강화하는 데 쓰려고 합니다. 나아가 자기 생각을 믿고 신성시합니다. 단지 생각일 뿐인데도 절대적 실재처럼 맹신합니다. 자기중심적인 사고방식으로 인해 생긴 신념은 한 사람의 삶뿐만 아니라 주변 사람들, 그리고 공동체 전체를 망가트릴 수 있습니다. '내가 옳다'는 한 생각을 증명하기 위해 벌이는 논쟁은 갈등을 해결할 수 없습니다.

많은 사람이 착각을 합니다. 생각과 실재를 구분하지 못하고 생각을 실재라고 믿습니다. 자기 틀 안에 사로잡혀 있기 때문에 생각을 실재로 여기는 것입니다. 그리고 혼란스러워합니다. '나는 상처받아서는 안 된다, 내가 마음먹은 일은 반드시 이루어져야 한다, 사람들은 내 말을 들어야 한다, 내 인생은 실패해서는 안 된다' 등의 생각을 뿌리 깊이 갖고 있습니다. 그래서 그렇게 일이 진행되지 않으면 혼란스러워지는 것입니다. 이것을 '뿌리-생각'이라고 부를 수 있습니다. 사실 우리의 생각은 있는 그대로의 실재를 불완전하게 재구성한 것에 지나지 않습니다. 너무나 당연시 여기며 살고 있지만 우리가 지금 보고 듣고 겪는 현실조차도 감각 기관을 통해 얻은 정보를 마음속에서 재생한 것입니다. 게다가 우리의 감각 기관은 완벽할 수 없습니다. 후각은 개를 따라가지 못하고, 시각은 매에 미치지 못합니다. 있는 그대로의 실재는 하나의 지향점일 뿐, 우리가 신체의 감각 기관에 갇혀 있는 한 결코 완전히 파악할 수 없습니다.

'나는 전지전능하고 죽지 않을 것이다'라든지, '세상은 내 뜻대로 돌아가야 하고 원하는 것은 반드시 이루어져야 한다'는 식의 생각은 일종의 환상이며, 에고는 보편적으로 그러한 환상을 신념처럼 갖고 있습니다. 그러면서 머릿속으로 싸웁니다. 일이 뜻대로 되지 않는다고 투덜거리는 것입니다. 그러한 환상의 핵심에는 뿌리-생각으로 이루어진 에고가 있습니다. 이 에고는 자기 우주의 절대자이자, 신입니다. 물론 현실에서도 내 뜻대로 모든 게 이루어지는 영역이 있긴 합니다. 바로 꿈입니다. 꿈속에서는 원하는 게 모두 이루어집니다. 잠에서 깨었다 해도 진실로 깨어 있지 않다면 우리는 사실 꿈속을 헤매는 것입니다.

내면의 교사

인지학에서는 우리의 마음, 즉 영혼을 세 차원으로 나누어서 봅니다. 감각혼과 지성혼, 의식혼이 그것입니다. 동물처럼 생리적 욕구와 감정에 사로잡히는 낮은 수준의 마음이 감각혼이라면, 의식혼은 우리 마음의 가장 높은 수준으로 에고가 극복된 상태입니다. 지성혼은 이성적이고 합리적인 사고가 가능한 수준의 마음이지만 보통은 자기중심적인 감각혼에 봉사하는 상태에 머뭅니다. 자기에게 더 이익이 되도록 계산하고, 잘못을 부인하기 위해 합리화하는 일을 지성혼이 합니다. 이처럼 자기중심적 사고에서 벗어나지 못하는 한 우리의 지성은 현실을 왜곡하고 모두를 고통에 빠트리는 방식으로 삶을 이끌 것입니다. 우리에게는 새로운 방식의 사고법이 필요합니다. 그러기 위해서는 자기 인식을 통해 자기중심성에서 벗어나야 합니다. 그럴 때 비로소 우리는 올바르게 사고할 수 있고, 공감을 바탕으로 현상을 바라볼 수 있습니다. 이것이 의식혼의 차원입니다. 의식혼은 영적 자아, 다시 말해 정신 자아와 연결되어 있습니다. 이 정신 자아가 우리가 흔히 말하는 '진정한 나', 또는 내면의 교사입니다.

우리가 내적으로 혼란스러울 때는 머리를 쥐어짜며 생각을 하기보다 차라리 침묵에 머무는 게 낫습니다. 침묵 속에서 내면의 교사가 들려주는 이야기에 귀를 기울이는 것입니다. 그것은 마치 가슴속에서 우러나오는 소망과 같습니다. 거짓 자아는 소유를 통해 자신의 존재 가치를 확인하고자 합니다. 에고는 소유물과 자신을 동일시합니다. 좋은 차를 타고 싶고, 멋진 옷을 입고 싶고, 큰 집에 살고 싶다는 욕구는 그 자체로 나쁘거나 좋을 게 없습니다. 그러나 소유의 방식이 자신의 정체성을 확인하는 유일한 길이라면 우리는 열등감과 우월감의 쳇바퀴에 갇혀 끊임없이 비교하고 경쟁하며 자책하는 삶을 살 수밖에 없습니다. 소유가 주는 만족감은 깊이가 얕고 수명이 짧습니다. 내면에는 언제나 깊게 뿌리내린 불만족과 불완전함, 즉 '충분하지 않음'이 감추어져 있습니다. "나는 아직 충분히 갖고 있지 않다"고 에고가 말할 때 실제로 의미하는 것은 "나는 아직 충분히 존재하지 않는다"입니다.* 좋은 학벌을 갖고 수많은 자격증을 따고 유학을 다녀온다고 해서 그것이 한 인간의 존재 가치를 높여 주지는 못합니다.

---

* 에크하르트 톨레, 류시화 옮김(2008), 《NOW : 행성의 미래를 상상하는 사람들에게》, 조화로운삶, 59쪽.

'교사들의 교사'라고 불리는 미국의 교육자 파커 파머는 너무나 많은 이들이 공허한 자아 때문에 고통받는다고 지적합니다. 자신의 정체성이 있어야 할 곳에 경쟁에서의 승리, 과소비, 차별, 약자 혐오 등 자기가 다른 이들보다 낫다는 환상을 심어 줄 무언가로 채우고자 하는 것입니다. 그런 현상은 우리 자신이 남보다 우월하다고 여겨서가 아니라 자아감을 전혀 갖고 있지 못하기 때문이라는 것입니다. 스스로 온전한 사람, 자기가 누구인지 아는 사람은 그런 방법을 쓰지 않습니다.* 거짓 삶을 거부하고 분리되지 않은 삶으로 계속 나아가기 위해서는 공동체가 필요합니다. 거짓 자아를 인식하고 깨어나는 일은 혼자서 해야겠지만 참된 삶을 살아가는 일은 좋은 벗 없이는 불가능합니다. 파머는 그러한 공동체를 신뢰의 공동체라 칭합니다. 우리는 고독 속에서, 그리고 더불어 살면서 존재의 충만함을 느끼고자 합니다.

---

* 파커 J. 파머, 윤규상 옮김(2007), 《온전한 삶으로의 여행》, 해토, 58쪽.

우리 내면의 사회적 힘과 반사회적 힘

　사회적으로 관계를 맺고 어울려 살아가는 일은 근본적으로 복잡한 문제입니다. 인간은 자연에서 오지만 자연보다 높은 수준의 존재입니다. 만약 인간이 본능에 따라서만 산다면 동물과 다름없는 게 아니라 오히려 동물보다 못한 존재가 됩니다. 동물과 달리 인간은 자아를 가진 존재이기 때문입니다. 사실 본능은 자연의 지혜이자, 동물의 지혜로운 본성입니다. 숲속의 다람쥐나 여우는 지혜로운 본성에 따라 자연과 갈등 없이 살아갑니다. 동물들은 과욕을 부리지 않기에 고통에 빠지지도 않습니다. 오로지 자아를 가진 인간만이 욕심을 내고 갈등에 시달리며 괴로움 속에서 살아갑니다. 그래서 인간에게 필요한 것은 질서 있는 공동체입니다. 지혜로운 자연의 본성을 잃어버린 대신 공동체를 이루어 서로를 의지하고 통제하며 살아갑니다. 이러한 공동체는 '도덕'이라는 수많은 규범과 규율을 내세웁니다. 그런데 어떤 공동체든 보편적이고 절대적인 도덕성이란 존재할 수 없습니다. 지역과 문화에 따라 도덕성은 다르고, 개별적인 상황에 따라서도 다르게 규정될 수 있습니다.

루돌프 슈타이너는 인간 내면에 녹아 있는 사회적 힘과 반사회적 힘에 대해 이야기했습니다.* 사회적 힘과 반사회적 힘은 우리가 누군가를 만날 때 관계 속에서 작용합니다. 우리의 내면에는 이미 반사회적 요소가 녹아 있습니다. '반사회적'이라는 말이 부정적으로 들릴 수도 있겠지만 거기에는 옳고 그름이라는 도덕적 가치 판단이 없습니다. 호감과 반감처럼 마음 안에서 작용하는 힘일 뿐입니다. 누군가를 만날 때 특별히 대화를 하지 않더라도 편안한 사람이 있는가 하면, 그저 옆에 있는 것만으로도 불편한 사람이 있습니다. 말이 잘 통하는 사람도 있고, 대화를 할수록 불쾌해지는 사람도 있습니다. 그런 일을 도덕적 관점으로 보아서는 안 됩니다. 도덕성이란 본래 개별적인 것입니다.

반사회적 힘이 있기에 우리는 독립된 인간으로 존재할 수 있습니다. 사회적 힘이 사람들을 하나로 결속시킨다면 반사회적 힘은 각자를 개별적 존재로 서 있게 합니다. 우리는 저마다 다르고, 이러한 차이에 의해 독립된 인격을 지닐 수 있습니다. 우리가 사용하는 반사

---

* [Rudolf Steiner, Translated by Christopher Schaefer(1982), *Social and anti-social forces in the human being*, Mercury Press] 참고.

회적 힘은 저마다 고유합니다. 우리의 외모나 성격이 다르듯 삶에서 쓰는 에너지도 사람마다 서로 다르기 때문입니다. 그리고 그 힘은 대개 자기중심적입니다. 우리가 누군가에게 자기 생각을 강하게 주장할 때, 다시 말해 '내가 옳다', '내 말이 맞다' 같은 태도를 보일 때는 반사회적 힘이 강해집니다.

우리 사회는 점점 개인주의화되어 가고 있는데, 이러한 사회적 개별화는 반사회적 힘이 커지는 경향성이라고 할 수 있습니다. 사실 우리 모두는 의식 진화의 과정에서 개별화의 선상에 있습니다. 공동체적 관심보다 개인의 관심이 더 중시되는 사회적 경향성을 보면 알 수 있습니다. 기존의 공동체가 구성원에게 늘 개인적 관심사보다 사회적 관심사를 강조하고, 사회적인 것에 개인적인 것을 종속시키라고 말해 왔다면, 이제는 모든 구성원이 개인적 관심사에 따라 살아갑니다. 여성인권과 청소년인권, 성소수자인권이 부각되고 당사자인권운동이 강화되는 것도 같은 선상에 있습니다. 개별화 교육이 힘을 얻는 것도 마찬가지 현상입니다. 우리는 누구나 다 자유로운 개인인 까닭입니다. 그러나 이러한 현상에도 그늘이 생기기 마련입니다. 사회적 개별화로 인해 세상에는 점점 공동체가 무너져 가고 있습니다. 독신 가구가 가파르게 늘어나고, 같은 마을 또는 아파트에 살면서도 교류가 전혀 없는 일이 흔합니다. 개별적 관심이 공동체의 관심을 넘어서고 있기 때문입니다. 모두 다 자기 관심사가 가장 중요한 것입니다. 이러한 현상은 교실에서도 벌어집니다. 아이들은 저마다 자기 관심사에 따라 살고, 학창 시절을 통과하면서 진정한 친구가 한 명도 없을 수 있습니다. 개별적 도덕성은 개별적 책임을 바탕으로 하기 때문에 개인이 책임을 다하지 않을 때 도덕성은 상대주의에 빠지게 됩니다. 무질서와 혼란, 고독이 사회를 지배할 수 있게 되는 것입니다.

슈타이너는 개별화의 과정이 인류 역사에서 지나치게 가속화된 측면이 있다고 지적했습니다. 이로 인해 서로 간에 마찰, 분쟁 등이 확대되었다고 말합니다. 반사회적 힘이 지나쳐서 균형을 잃게 되면 심각한 사회 갈등을 겪을 수밖에 없습니다. 그것은 교실에서도 마찬가지입니다. 우리가 사회적 관계에서 균형을 잡지 못하면 반사회적인 힘이 우리를 지배하게 됩니다. 이를 막기 위해서는 사회적 힘을 키워야 합니다. 그래야만 유대감 속에서 신뢰 관계가 형성될 것입니다. 비폭력 대화에서는 사람들이 자기가 원하는 것만을 얻기 위해 사용하는 힘을 '지배하는 힘'이라 하고, 이와 달리 모든 사람의 욕구를 충족하기 위해 사용하는 힘을 '협력하는 힘'이라고 합니다.* 이때 협력하는 힘, 즉 사회적 힘은 자연스럽게 생기는 것이 아니라 의식적으로 키워야 하는 것입니다. 반사회적 힘이 지배하는 경쟁 중심의 세상에서 서로 협력하는 사회적 힘의 필요성을 깨닫기란 쉽지 않은 일입니다. 오늘날 그것은 개별적인 노력에 의해서만 이뤄질 수 있습니다.**

누군가와 대화를 나눌 때 우리 내면에서는 어떤 일이 벌어질까요? 한 사람이 다른 사람을 만날 때 거기에는 특정한 힘이 작용합니다. 대화를 안 한다고 해서 같이 있는 상대방을 완전히 무심하게 대할 수는 없습니다. 내면에서는 자연스럽게 생각과 느낌이 일어납니다. 우리가 만약 어떤 사람과 관계를 맺는다면 그와 나 사이에는 유대감이

---

* 인발 카스탄, 김숙현 옮김(2013), 《자녀가 '싫어'라고 할 때》, 한국NVC센터, 12쪽.
** [존 커닝햄(2009), 〈비폭력 대화를 통한 교육의 질적 향상〉, 한국루돌프슈타이너인지학센터 초청 강연] 참고.

생기게 됩니다. 유대감은 사회적 삶의 토대입니다. 우리가 누군가를 만나 대화를 나눌 때 우리의 의식은 깨어 있거나 잠들어 있는 상태가 됩니다. 깨어 있는 동안에는 반사회적 힘이 작동하고, 잠들어 있을 때는 사회적 힘이 나옵니다. 이것은 상호적입니다. 말하는 사람은 듣는 사람을 항상 잠들게 하려고 합니다. 하지만 듣는 사람은 깨어서 자기도 말하려고 할 것입니다. 대화가 가능하기 위해서는 한 명은 깨어 있고, 다른 한 명은 잠자는 상태가 번갈아 일어나야 합니다. 둘 다 깨어 있으려고 한다면 대화는 불가능합니다. 우리는 그런 상황을 논쟁이라고 부릅니다. 대화를 할수록 불쾌해진다면 두 사람 모두 깨어 있기만 하려고 한 건 아닌지 살펴보아야 합니다. 양쪽 다 반사회적 힘만 사용한다면 말싸움이 될 수밖에 없습니다.

대화를 하면서 우리 의식이 잠에 빠져드는 순간 우리는 상대방의 내면을 수용하며 특정한 인상을 받습니다. 상대방의 자아를 인식하는 것입니다. 잠자는 상태는 다른 사람을 받아들이기 위해 자기를 여는 것이고, 깨어 있는 상태는 자기를 닫고 상대방의 내면으로 침투해 들어가는 것입니다. 그래서 우리는 무의식적으로 자기를 열고, 닫고, 다시 열고, 또다시 닫는 활동을 아주 빠른 속도로 합니다. 좀 더 구체적으로 살펴보자면, 어떤 사람을 마주 대할 때 나는 상대방을 지각합니다. 그때 상대방은 나에게 어떤 인상을 남깁니다. 나는 마치 공격을 받은 듯한 느낌을 받습니다. 그러면 나는 내적으로 방어하고, 점차 공격적으로 변하게 됩니다. 공격성이 강해져 상대방을 압도하게 될 때 나는 상대방에게 나의 인상을 심어 줄 수 있습니다. 나의 공격성이 약화되고 무력해지면 상대방은 나에게 또다시 인상을 심어 주며, 이런 일이 연속해서 일어납니다. 이것이 바로 한 사람이 다른 사람을 '자아'로 지각하면서 만날 때 성립되는 관계입니다.* 우리의 영혼은 호감과 반감, 다시 호감과 반감을 반복하면서 진동합니다. 호감이 형성되는 동안 우리는 상대방 속에서 잠이 들고, 반감이 형성되는 동안 깨어납니다.

이렇듯 대화란 사회적 힘과 반사회적 힘이 만나고 교차하는 일입니다. 이런 일이 가능한 이유는 우리에게 '자아 감각'의 기관이 있기 때문입니다. 인간의 12감각 중 가장 상위 감각인 자아 감각은 다른 사람의 자아를 인식하는 감각입니다. 의도된 사회적 힘은 바로 이 '자아 감각'에서 나옵니다.** 자아 감각은 사회적 관계 속에서 의도적으로 잠자는 상태를 말하며, 그럴 때 우리는 공감의 힘을 사용할 수 있습니다. 의도적인 노력으로 잠을 자고 깰 수 있을 때 우리는 자유로울 수 있고, 관계에서 균형을 이룰 수 있습니다. 이렇게 한 명 한 명이 진정으로 자유로운 존재가 될 때 우리는 새로운 공동체를 만들 수 있습니다. 과거의 공동체가 구성원들에게 지도자 한 명의 반사회적 힘만을 강요하며 개별 의식을 잠재우려 했다면 앞으로의 공동체는 사회적 힘과 반사회적 힘을 조화롭게 사용할 수 있는 사람들의 모임이 될 것입니다. 그러기 위해 교육은 인간을 자유롭고 책임감 있는 존재로 길러 내는 데 집중해야 합니다.

의식이 잠들어 있는 상태에서는 감각들이 완전히 노출됩니다. 어

---

* 루돌프 슈타이너, 최혜경 옮김(2007), 《인간에 대한 보편적인 앎》, 밝은누리, 181쪽.
** 사회가 갈수록 폭력적으로 변하는 현상은 구성원들의 자아 감각이 잘 발달하지 못했기 때문이기도 합니다. 자아 감각은 촉각과 밀접한 관련이 있는데, 현대 사회에서 아동의 촉각 발달에 문제가 많아지고 있습니다. 실제로 폭력을 저지른 범죄자들의 대다수 어린 시절 건강한 촉각 경험이 부족하다는 연구 결과가 있습니다.

린아이들은 아주 감각적인 상태입니다. 사실 초등학교 입학 전의 아이들은 줄곧 잠자고 있는 의식 상태입니다. 의식이 잠들어 있는 대신 손발이 깨어 있습니다. 다섯 살 아이가 자기 전에 동화를 듣는 건 완전히 감각 속에 들어가는 것입니다. 감각을 총동원해 듣기 때문입니다. 모든 상상력을 동원해서 자기 감각에 깊이 녹아 들어가기 때문에 다음 날 토씨 하나 안 빼고 다 기억을 하기도 합니다. 이렇듯 아이들은 세상과 하나가 되어서 세상을 모방하는 존재입니다. 열 살(3학년)쯤 되면 아이들에게는 하나의 위기가 닥칩니다. 인식의 힘, 즉 자아가 깨어나는 것입니다. '어, 내가 세상과 나를 이렇게 떨어뜨릴 수 있네!' 또는 '세상은 세상이고, 나는 나구나!'라는 깨달음이 불현듯 찾아옵니다. 이때는 의도적으로 거짓말을 할 수 있습니다. 자기가 속으로 하는 생각을 어른들이 알 수 없다는 것을 알게 된 것입니다. 그러면서 자기 자신을 개별화합니다.

부모나 교사는 아이들이 커 갈수록 아이들의 개별성을 점점 분명히 알 수 있습니다. 그것은 반사회적 힘이 뿜어져 나오는 것이기도 합니다. 이러한 경향이 사춘기에 이르면 온통 반사회적인 모습뿐입니다. 모든 일에 자기 의견과 자기 판단이 있습니다. 사고력과 인식의 힘이 강해진다는 것은 잠자던 의식이 깨어난다는 것을 뜻합니다. 이런 개별화 과정을 통해 아이들은 자기만의 길을 찾고자 노력합니다. '나는 내 삶을 살겠어!'라고 마음먹는 순간 삶은 도전으로 다가옵니다. 교실 관계에서도 그 점을 주시해야 합니다. 우리는 갈등이 가져온 고통을 통해 우리 안의 사회적 힘을 발전시키도록 요청받습니다. 사회적 힘을 발달시키는 방법 중 하나는 의도적으로 잠을 자는 것입니다. 상대방의 느낌과 욕구에 귀를 기울이는 경청이 바로 의도적인 잠입니다. 우리가 누군가를 만났을 때 대화가 잘 이루어진다면 무의식적으로 자신을 잠재웠기 때문입니다. 그렇게 해야 우리 안에 상대방의 생각이 들어옵니다. 이러한 작업을 의식적으로 하는 것이 사회적 힘을 키우는 방법입니다.

사회적 힘과 반사회적 힘 사이에서 균형을 잡아 나가는 노력은 의식혼의 단계와 연관이 있습니다. 슈타이너는 이 시대 인류의 과제가 '의식혼'으로 나아가는 것이라고 했습니다. 앞서 이야기한 것처럼 우리의 마음은 세 층위로 이루어져 있습니다. 자기중심적이고 감각적인 차원의 마음인 '감각혼', 자기 인식이 가능한 이성적인 차원의 마음인 '지성혼', 살아 있는 사고를 통해 자기중심성에서 벗어난 상태의 마음인 '의식혼'입니다. 감각혼이 '좋고 싫음'에 갇혀 있고, 지성혼이 '옳고 그름'을 따지려 할 때, 의식혼은 그것이 '참된가, 거짓된가'를 봅니다. 아이의 어떤 행동이 보기에 좋지 않고 도덕적으로 옳지 않을 수 있지만 특정 상황에서는 그 무엇보다 진실할 수 있습니다. 그것을 알아차리는 게 의식혼입니다. 마찬가지로 우리는 도덕적으로 매우 올바른 말을 하는 아이가 있지만 어떤 상황에서는 그 말이 거짓되었다는 것 역시 알 수 있습니다. 의식혼의 단계에서는 더 이상 다투지 않고 속단하지 않으며 두려워하지 않습니다.

생각과 감정의 드라마를 있는 그대로 바라보고 올바르게 사고할 때 의식혼은 가능합니다. 생각을 자아와 동일시하는 에고는 희로애락과 암투의 드라마가 끝나는 것을 두려워합니다. 아무리 괴로워도 그 드라마를 끝내려 하지 않습니다. 드라마의 종영은 에고에게 죽음을 의미하기 때문입니다. 그래서 에고는 심지어 영적인 세계를 지성으로 알아감으로써, 다시 말해 지식을 소유하는 것으로써 자신을 확장하려 듭니다. 좋은 직업과 명성을 소유함으로써 자아가 성장했다고 믿는 것과 똑같이 영적인 지식도 소유하려 듭니다. 어떤 조직의 우두머리가 되고 무소불위의 권력을 탐하는 것은 에고가 팽창하는 것이지, 영적 존재가 되는 것이 아닙니다. 에고가 팽창된 사람의 특징은 비판을 용납하지 않고, 낮아지지 못한다는 데에 있습니다. 영성은 오히려 에고의 죽음으로 다가설 수 있습니다.

우리는 직관적으로 진실을 알고 있습니다. 단지 '이것은 참된가?'라는 물음을 던지는 것만으로도 우리는 의식의 성장을 앞당길 수 있습니다. 의식혼으로 나아가기 위해 우선적으로 해야 할 일은 자신의 마음을 탐구하는 것입니다. 먼저 무의식에 머물러 있는 감정을 인식하고 있는 그대로 인정합니다. 나의 감정, 또는 상대방의 감정을 부정하거나 합리화하지 않고 그 자체를 인정합니다. 지금 화가 났음을, 원망스러움을, 괴로움을 솔직히 인정하고 느껴 봅니다. 긍정적인 감정도 마찬가지입니다. 그리고 질문해 봅니다. '이 생각과 감정은 진실한가? 나는 생각과 실재를 구분할 수 있는가? 단지 생각을 실재로 여기고 있는 것은 아닌가?' 왜냐하면 감정은 욕구에서 오지만, 그 욕구는 뿌리 깊은 한 생각 때문에 일어난 것이고, 그 생각은 검증되지 않은 믿음이기 때문입니다. 예를 들어, 버스가 제 시간에 오지 않아 화가 났다면 사실은 버스가 늦어 화가 난 것이 아니라 '버스는 제 시간에 와야 해!'라는 나의 무의식적 뿌리-생각 때문에 화가 난 것입니다. 그 생각은 물론 자기중심적인 것입니다.

감정을 억누르거나 도덕적으로 적합한 생각을 해야 한다고 스스로 강요할 필요는 없습니다. 그저 탐구하면 됩니다. 화가 난 이유는 욕구가 충족되지 않아서이기 때문에 욕구가 무엇인지 분명히 할 필요가 있습니다. 그리고 그 욕구는 어떤 뿌리-생각에서 온 것인지를 탐구해야 합니다. '이 생각은 진실한가? 이 생각을 할 때 나의 마음은 어떠한가? 만약 이 생각이 없다면 나는 어떤 존재가 되는가?' 하고 차분하게 진실을 묻는다면 고정 관념으로 굳어진 마음은 허물어질 것입니다. 그렇게 진실을 물을 때 관념으로 지은 집은 무너지며, 곧바로 실재에 다가설 수 있습니다. 생각을 버리려 애쓰는 게 아니라, 그 생각의 뿌리를 이해함으로써 생각이 나를 떠나가는 것입니다. 에고의 환상을 하나씩 탐구해 나갈 때 비로소 우리는 의식혼으로 나아갈 수 있습니다. 바른 질문, 살아 있는 생각이 우리를 진실한 삶으로 데려가 줄 것입니다. 이를 통해 우리는 사회적 힘과 반사회적 힘을 자유롭고 조화롭게 사용할 수 있습니다.

7년 주기 발달론

　우리의 마음은 크게 의존 단계와 독립 단계, 그리고 상호 의존 단계라는 세 단계를 거치면서 성장합니다. 어린 시절의 아이들은 의존 단계에 머물러 있고, 청소년기를 통과하면서 독립 단계에 이르며, 성인이 된 뒤에는 상호 의존 단계로 성숙해 갑니다. 영유아기와 아동기에 아이들은 스스로 할 수 있는 것이 많지 않기 때문에 자신의 욕구를 충족하기 위해서는 부모와 교사에게 전적으로 의존해야 합니다. 청소년기가 되면 점점 의존을 거부하고 오히려 저항을 통해 독립성과 자주성을 주장합니다. 그 이전에는 권위를 밖에서 찾았다면 청소년기부터는 자기 내부에서 권위를 찾기 시작합니다. 따라서 스스로 탐구하고 이해하려 하며, 자신의 힘과 지성에 의존하는 경향이 나타납니다.

아직 이기적이고 자기 이해관계에 따라 살아가는 독립 단계를 지나면 상호 의존 단계라는 성숙한 시기에 이릅니다. 상호 의존이란 자신의 이해를 다른 사람의 이해에 연결할 줄 아는 것입니다. 상호 의존성은 '내가 잘나서 이렇게 사는 것'이라는 인식에서 '삶이란 모두가 협력하고 노력하여 일하는 것'임을 깨닫는 데에서 출발합니다. 왜냐하면 우리는 모두 연결되어 있기에 누군가의 성공은 다른 사람들의 협력 없이는 불가능하기 때문입니다. 이런 관점에 따라 우리는 다른 사람의 욕구에 귀를 기울이고, 공동의 이익을 추구하기 위해 자신의 권한과 자주성, 심지어 독립성마저 양보할 수 있습니다.*

갈등을 해결하고 평화로운 관계를 형성하는 일은 인간관계를 새롭게 설정하는 것입니다. 교사로서 아이들과 새로운 관계를 맺기 위해 해야 할 첫 번째는 지금 만나고 있는 아이들을 깊이 있게 이해하는 일일 것입니다. 미국의 한 소아병동에서 있었던 일입니다.** 중증질환으로 병원에 온 아이들은 다양한 검사부터 받습니다. 특히 MRI는 시간이 오래 걸리고 장비가 위압적이어서 어린이 환자들이 종종 겁을 먹고 울면서 검사를 거부하곤 합니다. 그래서 진정제를 놓는 경우가 많은데, 이 사실을 깨달은 MRI 기기의 설계자는 병원의 아동 생활 전문가와 함께 MRI 기기를 범선처럼 꾸미고 '해적에게 들키지 않도록 배 밑바닥에 가만히 누워 있는 상황'을 이야기로 만들어 아이들

---

* 히즈키아스 아세파, 이재영 옮김(2007),《평화와 화해의 새로운 패러다임》, KAP, 22~23쪽.
** 버나드 로스, 신예경 옮김(2016),《성취 습관》, 알키, 122~123쪽.

에게 들려주었다고 합니다. 어린아이들은 그 상황을 즐겁게 받아들이고 진지하게 역할을 수행했습니다. 더 이상 진정제는 필요 없었습니다.

이 사례는 교육적으로도 의미가 크다고 봅니다. 그 의료진은 아이들이 어떤 존재인지 알고 있었고, 창의적인 방식으로 어려움을 해결한 것입니다. 발달 단계에 대한 이해가 얼마나 중요한지 잘 알 수 있습니다. 인간의 발달 단계에 대해 이해하기 위해서는 먼저 인간을 이루는 구성 요소부터 알아야 합니다.

인간의 네 가지 구성 요소

흔히 우리는 인간을 몸과 마음의 존재라고 합니다. 몸이 워낙 중요한 시대가 되어서 마음의 가치가 상대적으로 폄하되고 있지만, 어찌되었든 몸과 마음은 인간을 바라보는 기본적인 틀입니다. 그런데 몸과 마음으로만 인간의 본성을 이해하기에는 어려움이 있습니다. 너무 단순화한 관점이기 때문에 인간을 입체적으로 보기 위해서는 좀 더 구체적인 관찰이 필요합니다. 몸과 마음은 서로 이질적인 요소들입니다. 몸이 눈으로 볼 수 있고 손으로도 만질 수 있는 물질적이고 객관적인 요소라면 그에 비해 마음은 비물질적이고 주관적인 요소입니다. 직접 연결되기 힘든 관계입니다. 마음이 몸에 깃들기 위해서는 다른 무언가의 도움이 필요합니다.

우리가 아이들을 만날 때 아이들의 상태에 대해 바로 알 수 있는 게 있습니다. 이것이 '있다, 없다'로도 이야기하는데, 다름 아닌 기운입니다. 어떤 아이가 아침에는 기운이 넘쳤는데 하교할 때쯤에는 기운이 없어 보인다면 어떤 일로 마음이 상한 건 아닌지, 어디가 아픈 건 아닌지 살펴보게 됩니다. 기운은 몸과 마음을 연결하며, 우리에게 살아갈 힘을 줍니다. 기운은 생명력이자 형성력으로서 우리 몸의 형태를 형성하고 유지하며 발달하게 하고 신체 기관을 작동시킵니다. 그리고 사고 작용을 하는 데에도 쓰입니다. 이 몸과 마음, 그리고 기운은 유기적으로 연결되어 서로에게 작용합니다.

그런데 여기에는 하나의 방향성이 있습니다. 마음은 기운에 영향을 미치고, 기운은 몸을 통제합니다. 몸을 다스리는 것은 기운입니다. 기운이 안정될 때 몸도 건강합니다. 이 기운은 마음의 통제를 받습니다. 긍정적인 마음으로 생활하면 활기가 넘치고, 마음이 힘들어지면 생기가 사라집니다. 좋은 기분으로 교실에 들어갔는데 아이들이 서로를 비난하며 싸우고 있다면 마음이 상할 수 있습니다. 마음이 상하면 기운이 빠지고, 기운이 빠지면 몸도 약해지게 됩니다. 갈등은 대체로 우리의 마음을 괴롭게 만듭니다. 극심한 갈등을 겪고 나면 마음이 피폐해지고 기운도 소진됩니다. 날마다 그런 일이 벌어진다면 몸도 여기저기가 아파 올 것입니다.

그렇다면 마음을 잘 다스리는 것이 가장 중요한 일임을 알 수 있습니다. 마음은 주변 상황의 변화에 따라 기쁘기도 하고 화가 나기도 하며 슬프거나 즐겁기도 합니다. 이따금 두렵기도 하고 불안하기도 하지만 바라는 게 잘 충족되면 행복감을 느낍니다. 그런 마음을 다스릴 수 있는 주체는 바로 '나 자신'입니다. 다른 누구도 아닌 내가 내 마음을 다스릴 수 있고, 또 그래야만 온전한 인격체가 될 수 있습니다. 마음이 감정과 욕구로 이루어졌다면, 자아는 사고와 밀접한 관련이 있습니다. 마음을 잘 다스리기 위해서는 무엇보다 올바르게 사고할 수 있어야 합니다. 내 마음을 다른 사람의 생각이나 중독적인 음식 또는 물건에 맡겨 버린다면 성숙한 인격이라고 하기 어렵습니다. 성인이란 자아가 독립해서 세상을 살아갈 수 있는 존재이기 때문입니다.

이렇게 인간은 몸과 기운, 마음과 자아라는 네 가지 요소로 이루어져 있습니다.* 이 네 요소는 단계적으로 탄생하고 성장합니다. 교육은 궁극적으로 자아의 탄생 또는 독립의 시기까지 진행됩니다. 슈타이너에 따르면 인간의 발달은 기본적으로 7년을 주기로 합니다. 동양에서는 보통 여자는 7년, 남자는 8년 주기를 따른다고 보았습니다.** 여자아이들의 발달이 빠른 걸 보면 수긍이 가는 말입니다. 하지만 여기에서는 대략 7년으로 통합해 일반적인 발달 과정을 살펴보겠습니다.

우리의 구성 요소 중 가장 먼저 탄생하는 것은 몸입니다. 아기는 엄마의 뱃속에서 열 달 정도를 보내며 세상에 나가길 기다립니다. 인지학에서는 아기라는 존재가 엄마와 아빠의 우연한 만남과 생물학적 결합만으로 생긴다는 일반적 견해에 동의하지 않습니다. 아기가 이 세상에 오는 것은 정신적 존재가 고유한 과제를 해결하기 위해서라고 봅니다. 인간은 물질적 특성과 함께 정신적 특성 역시 갖는 존재이기 때문입니다. 아기가 보여 주는 수많은 특징, 즉 살결이 검거나 희고,

---

* 인지학에서 이야기하는 용어는 물질체, 에테르체(생명체), 아스트랄체(영혼체), 그리고 자아체이지만, 여기에서는 우리말로 쉽게 풀어 보았습니다.

** 《황제내경》이라는 중국의 의학서에는 여자아이가 7세가 되면 이갈이를 하고, 14세가 되면 생리를 시작하며 이차 성징이 나타난다고 합니다. 남자아이는 8세가 되어야 이갈이를 하고, 16세에 정기가 충만해져 생식기가 완성됩니다. 이 격차는 갈수록 커져 성인이 되는 시기가 여자는 21세, 남자는 24세로 다르고, 신체적 전성기도 여자가 28세, 남자가 32세로 남자보다 여자가 조숙함을 알 수 있습니다.

키가 크거나 작고 등의 신체적 특징을 포함해 어떤 능력이 뛰어나다든지, 장애가 있다든지 하는 것은 아기가 이번 생에 가지고 온 정신적 과제가 무엇인지를 암시하는 것입니다.

발도르프교육의 발달론

아이들은 주기적인 발달 과정을 거치면서 성장합니다. 각 주기마다 새로 태어나는 과정을 여러 차례 겪는다고 할 수 있습니다. 새로운 무언가가 탄생 또는 독립하고, 그로 인해 시작되는 또 하나의 과정을 거치면서 아이는 발달해 갑니다. 엄마의 뱃속에 있을 동안 아기의 세계는 오로지 엄마입니다. 슈타이너는 태교라는 것이 원칙적으로 무의미하다고 말합니다. 아기는 세상과 차단되어 있고 엄마의 뱃속이 세상의 전부이기 때문입니다. 굳이 태교를 한다면 엄마가 아기를 가진 동안 즐겁고 건강하게 생활하는 것입니다. 이는 엄마의 노력도 필요하지만 아빠의 배려와 사회적 지원의 역할이 더 크다고 할 수 있습니다.

아기가 태어날 때 아기의 몸은 엄마로부터 독립해 스스로 숨을 쉬고 젖을 찾아서 먹을 수 있을 정도가 됩니다. 이때의 아기는 완전히 감각적인 존재입니다. 감각이 세상에 완전히 열려 있다는 뜻입니다. 운전면허가 있는 사람이라면 처음 도로 주행에 나온 날을 잊지 못할 것입니다. 차가 뒤엉킨 시내 한복판에서 초보 운전자는 거의 무방비로 수많은 정보에 노출되기 때문에 정신이 하나도 없고 작은 변화도 충격으로 다가옵니다. 아기는 그보다 수십만 배, 수백만 배 더 얼떨떨한 상태입니다. 한 번도 경험해 보지 못한 시각, 청각, 미각, 후각,

촉각 등의 감각적 자극이 충격으로 다가오기 때문입니다. 그래서 갓난아기일수록 더 조심스럽게 수많은 자극으로부터 보호해 주어야 합니다. 어린아이들에게 스마트폰이나 TV 등 전자기기는 가급적 보여 주지 않는 것이 좋습니다. 그리고 인공적인 감각 경험에 노출되지 않도록 보호해 주는 것만큼 중요한 것이 건강한 감각 경험의 기회를 제공하는 일입니다. 특히 초등학교 입학 전까지의 영유아기에 이러한 감각적 배려는 매우 중요한 일입니다.

영유아기

생애 첫 3년 동안 아이들은 서기, 말하기, 생각하기를 차례대로 배웁니다. 머리를 가누고, 뒤집고, 배를 밀며 기고, 일어나는 과정은 두뇌의 발달과 함께 중앙 신경 체계의 반응 능력을 형성해 가는 과정이기도 합니다. 걸음마를 하면서 아이는 더욱 열심히 주변을 탐색합니다. 손으로 만지고 입에 집어넣으며 모든 감각을 동원해 세상을 만납니다. 첫돌까지의 과제가 서기라면, 두 돌까지의 과제는 말하기입니다. 아이들은 옹알이를 시작으로 부모와 교감하며 말을 배워 갑니다. 사물에 이름을 짓기 시작하고, 이것저것 궁금한 것이 너무나 많습니다. 세 돌 무렵이 되면 아이들은 점점 어른의 지시를 따르지 않는데, 자기만의 생각이 생겼기 때문입니다. 이제는 시키는 일을 순순히 받아들이지 않고 자기 생각을 표현합니다. 스스로를 지칭할 때도 더 이상 자기 이름이 아니라 '나'라는 말을 분명히 씁니다. "나 안 할 거야"라거나 "내가 할 거야"라고 말하는 아이는 생각하기라는 세 번째 과제를 충실히 이행하고 있는 것입니다.

아이가 스스로를 '나'라고 하기 이전에 오는 과정은 '아니야'입니다.

우리 나이로 한다면 보통 두세 살 즈음에 "아니야", "싫어"라는 말을 많이 사용하기 시작합니다. 반감이 나오는 것으로 자연스러운 발달 현상입니다. 반감에서 사고가 나오고 자의식이 형성되기 때문입니다. 그전까지 호감으로 가득했던 아이의 내면에 반감이 출현하면서 세상과 자신이 분리되었다는 것을 깨닫습니다.* 어느 날 아이는 자기 몸이 자기 자신이라는 것을 자각합니다. 그때 아이는 스스로를 '나'라고 호칭하면서 자기 멋대로 말하고 행동하는 모습을 많이 보여 줍니다. 우리가 흔히 '미운 네 살'이라고 말하는 시기입니다. 이 시기가 지나 다섯 살(만 4세)쯤 되면 '너'가 나옵니다. '아니야'에서 '나'가 나오고, 그다음에 '너'가 나오면서 친구들과 어울려 놀 수 있게 됩니다. 그 전까지 세상 모든 게 자기 것이었던 아이가 조금씩 친구를 존중하고 배려할 수 있게 되는 것입니다. '아니야'(부정)에서 '나'(자아 강조)의 단계로, '나'에서 '너'(관계 형성)의 단계로 나아가는 것은 이후에도 반복되어서 나오는 원형적 발달 과정입니다.

다섯 살쯤 되는 아이들은 친구와 장난감을 나누어 갖고 놀 수 있습니다. 아이들은 서너 살 무렵부터 소꿉장난을 하며 상상 놀이를 합니다. 유치원에서 아이들을 관찰해 보면, 다섯 살 아이들은 돌멩이나 나뭇가지, 솔방울처럼 손에 잡히는 물건으로 놀이 상황을 만들어 이야기를 하며 놉니다. 여섯 살 아이들은 종종 "심심해", "뭐하고 놀지?"라고 말하지만, 자기 생각에 맞춘한 물건을 찾아내 구상한 대로 노는 모습을 보여 줍니다. 이제 아이는 놀이를 구상하고 자기가 원하는 물

---

* 아주 어린 아이들은 엄마 아빠와 자기 자신이 분리되지 않은 상태입니다. 신생아의 경우에는 특히 엄마와 자신을 구분할 수 없습니다.

건을 만들어 내기도 하는 것입니다. 오랫동안 하나의 놀이 상황에 몰두할 수 있고, 다음 날에도 같은 생각으로 놀이를 유지합니다. 일곱 살이 되면 놀이의 모든 단계를 대화로 표현하면서 주로 말을 하며 놉니다. 구체물이 없어도 내적 상상력을 이용해 놀이를 하는 것입니다. 이 시기의 아이들은 자기 몸을 자유롭게 쓸 수 있다는 것에 만족감을 느끼며, 유치원 생활을 점점 지루하게 여길 수도 있습니다. 그리고 빨리 여덟 살이 되어 학교에 가고 싶어 하기도 합니다.

7년 주기 발달의 첫 7년은 엄마로부터 아이의 몸이 독립하여 탄생하는 시기인 동시에 신체 기관이 완성되는 시기입니다. 우리의 몸은 만 7세까지 형성된 신체 기관을 기본으로 하여 이후 삶을 살아갑니다. 아이들은 주변 세상을 모방하고 그대로 자신의 신체 기관을 형성해 갑니다. 그래서 부모는 아이에게 올바른 모범이 되어야 합니다. 아이의 첫 번째 선생님은 부모님입니다. 이 시기에 아이는 감각적 존재인 동시에 의지의 존재이며, 손과 발을 이용해 쉬지 않고 노는 존재입니다. 생명력이자 형성력이기도 한 우리의 기운은 몸을 형성하는 데에 오롯이 쓰이게 됩니다. 가장 연약한 부분부터 가장 단단한 부분까지 기본적인 틀이 만들어집니다. 이것은 머리에서 발끝을 향하는 방향입니다. 두뇌에서부터 감각 신경 체계, 그리고 폐와 심장 같은 순환 체계가 만들어지고, 이어서 신진대사 체계와 생식기, 사지의 뼈가 발달합니다. 인체에서 가장 단단한 부분은 뼈가 아니라 치아입니다. 젖니 갈이가 시작되면 이제 새로운 구성 요소의 탄생이 찾아왔음을 깨달아야 합니다.

우리의 기운은 몸을 완성하는 데에 전적으로 쓰이다가 유치가 빠지고 영구치가 올라오면서 그 과업을 완수합니다. 이제 이 기운은 새롭게 독립합니다. 기운은 신체 기관을 만들고 유지하는 데에도 쓰이지만 사고 작용을 하는 데도 쓰이기 때문에 기억하고 개념을 만드는 작업을 합니다. 종일 머리 쓰는 일에 매달리고 파김치가 되어 집에 들어간 날은 생각 자체를 하기가 싫어집니다. 집에 와서 맥이 풀린 상태인데 아이가 와서 수학 숙제를 도와달라고 하면 아무런 생각도 할 수 없을 것입니다. 기운이 다 빠졌기 때문입니다. 아이들은 몸으로부터 일부 독립한 기운을 가지고 본격적으로 학습을 시작합니다.

전세계에서 대부분 만 7세에 학령기가 시작되는 것은 인류의 지혜와도 같습니다. 영재라고 하여 그 이전에, 만 5세 정도에 입학하는 경우 많은 아이가 학습을 따라가기 힘들어합니다. 아직 아이들의 기운이 몸을 완성하는 데에 쓰여야 하기 때문에 과도한 학습은 아이들의 몸을 약하게 만듭니다. 대부분 조기 입학한 아이들은 교실에서 종일 공부하는 게 힘들어서, 견디지 못하고 중도에 집으로 돌아갑니다. 같은 이유로 조기 교육은 아이들의 성장에 해가 됩니다. 엄마 뱃속에서 태교가 필요 없었던 것처럼 학령기 이전에는 굳이 학습이 필요하지 않습니다. 발달에 대한 이해가 없다면 우리는 어린 시절부터 아이를 괴롭히는 것입니다.

아동기

어린아이들은 의지가 강하고 호감이 풍부하기 때문에 내면에 판타지가 가득합니다. 그림으로 사고를 하는 것입니다. 초등학교 저학년까지 아이들은 주로 논리적인 사고보다 형상적인 사고를 통해 세상을 이해합니다. 또 사랑하고 존경하는 선생님을 통해 가슴으로 세상을 만나게 됩니다. 이때의 아이들은 반감보다 호감의 힘이 강하여 무조건 선생님을 좋아합니다. 교사는 풍부한 예술성과 자신감을 바탕으로 아이들에게 권위를 인정받습니다. 초등학교 교사는 아이들과 친구가 되려고 해서는 안 됩니다. 아이들은 선생님이 믿고 따를 수 있는 권위의 존재이길 바라기 때문입니다.

1학년에서는 이야기가 수업의 핵심이 됩니다. 아이들은 아직 동화와 같은 세계에서 살아갑니다. 세상은 분리되지 않은 하나의 전체로서 판타지와 아름다움이 수업과 교실 곳곳에 녹아들어 갑니다. 교사는 아이들에게 교실 생활의 규칙을 정확히 습득할 수 있도록 해야 하고, 아이들이 서로를 좋아할 수 있도록 분위기를 형성해야 합니다. 2학년이 되면 아이들은 제 세상인 양 활개를 치고 다닙니다. 학교에 대한 적응이 끝났기 때문입니다. 교사는 적절한 권위로 질서를 유지해야 합니다. 아이들에게 세계는 여전히 하나로서 전체지만 한 현상의 이쪽과 저쪽, 양극성을 인식합니다. 이제 우화와 성인聖人 이야기를 들려줍니다. 우화는 아이들 영혼의 낮은 차원을, 성인 이야기는 영혼의 높은 차원을 만족시켜 줍니다.

3학년이 되어 점점 자의식이 커진 아이들은 이제 불안감을 느낍니다. 3학년 후반에서 4학년 초반 사이에 아이들은 세상과 자신이 분리되어 있음을 깨닫게 됩니다. 이것은 굉장히 큰 시련입니다. 만 3세 때 '내 몸이 나'라는 걸 깨달았다면 이때는 '내 마음이 나'라는 것을 알게 됩니다. 자의식은 분리 의식이기도 합니다. 내가 생각하는 것을 엄마가 모른다는 게 놀랍고, 엄마가 정말 우리 엄마가 맞는지 궁금해집니다. 때로는 교사의 권위를 시험하기도 합니다. 키가 급격하게 자라기 때문에 성장통으로 힘들어하기도 하고, 분리감에 따른 불안으로 예민해지기도 합니다. 이 시기에 아이들은 세상이 어떻게 창조되었는지에 대해 알고 싶어 합니다. 낙원 같던 세상에서 쫓겨난 듯한 심정이기 때문입니다. 3학년 시기에 아이들과 함께 텃밭 농사를 짓는다면 아이들은 서로 협력하여 살아가는 법을 배울 수 있을 것입니다.

4학년이 되면 안정감과 함께 힘이 넘칩니다. 아이들은 세상에 대해 배우고자 하는 열망이 더욱 커집니다. 이때 교사는 확고한 원칙을 바탕으로 아이들을 잘 이끌어 가야 합니다. 교사가 권위를 잃고 질서를 잡지 못하면 교실은 난장판이 될 것입니다. 아이들의 넘치는 에너지를 학습, 특히 외적 세상에 대한 탐구로 잘 이끌어야 합니다. 발도르프학교에서는 이때 분수를 도입합니다. 전체를 부분으로 똑같이 나눌 수 있는 힘이 이 시기에 생기기 때문입니다. 그리고 동네학이라고 해서 마을을 탐사하며 지도를 만들어 가는 수업을 합니다. 4학년 시기에는 전체 활동보다 모둠 활동을 주로 합니다. 여자아이들의 경우에는 사춘기의 전조 증상을 보이는데, 그룹을 만들어 어울려 다니는 일이 많아집니다. 교실에 다양한 그룹이 생겨나고, 그룹 간에 갈등과 반목이 벌어지기도 합니다. 사소한 다툼이 SNS를 통해 감정싸움으로 비약할 수 있으며, 따돌림 현상이 생길 수 있기 때문에 4학년 시기부터 교사와 부모는 함께 여자아이들의 관계 형성에 관심을 기울여야 합니다. 아직 남자아이들은 그런 모습을 보여 주지 않을 것입니다.

5학년이 되면 신체적 능력이 최고조에 달합니다. 아이들의 사지는 균형이 잘 잡힌 조화로운 상태이며, 의식적으로도 자신감이 생겨납니다. 4학년 아이들과 달리 5학년 아이들은 수업 활동에서 혼자 힘으로 해내려는 열망이 커집니다. 모둠 작업이 아닌 개인 작업을 하고 싶은 것입니다. 아이들에게는 도전거리가 필요합니다. 5학년 시기에 다양한 운동 경기를 배워 올림픽을 열고, 재량 활동 시간에 서커스 연습을 하는 것도 좋은 방법입니다. 근래에는 사춘기가 빨리 오는 편이라 5학년 2학기쯤 되면 여자아이들은 벌써 이차 성징과 사춘기 초기 모습을 보여 줍니다. 사춘기가 온다는 것은 이제 더 이상 어린아이가 아니라는 것입니다. 인격적으로 존중받고 싶어 하는 욕구가 커지기 때문에 교사도 아이들, 특히 여자아이들을 대하는 태도를 달리해야 합니다.

6학년 시기에 아이들은 점점 논리적인 사고 능력이 부각되며, 이때에 와서야 논거를 들어 주장하는 글을 제대로 쓸 수 있게 됩니다. 원인과 결과에 대해 관심이 많아지고, 세상에 대한 관심도 커집니다. 6학년이 되면 아이들의 팔다리는 더욱 길어져 5학년 때의 조화로운 균형감이 사라집니다. 아이들의 태도는 부자연스럽고 자기 팔다리를 잘 가누지 못하게 됩니다. 남자아이들에게도 이차 성징이 조금씩 나타나 수염이 거뭇거뭇 나는 아이가 있고, 변성기가 오는 아이들도 늘어납니다. 변성기가 오면 목소리가 변하기 때문에 노래를 하기 싫어하는 경우가 많아집니다. 아이들의 내면에는 부정적인 특성이 점점 강해지는데, 아동기가 끝나고 감정생활이 독립하는 사춘기 동안 아이들은 출산의 고통과 비슷한 어려움을 겪게 됩니다. 이때부터 교육 목표는 아이들의 개별성이 세상과 더욱 직접적으로 연결될 수 있도록 돕는 것이 되어야 합니다. 아이들은 세상을 위해 의미 있는 일을 배우고 싶어 합니다.

청소년기

중학교 1학년 시기의 아이들은 신체적 변화가 심리적 발달을 앞서면서 감정적으로 민감해지고, 알 수 없는 불안감에 시달립니다. 무언가를 막 해 보고 싶고, 따르고 싶은 사람이 생기며, 고독하다는 느낌도 갖게 됩니다. 몸은 더 이상 어린아이가 아니지만 그렇다고 마음이 어른이 된 것도 아니기 때문에 스스로가 낯설고 무얼 어떻게 해야 할지 모르는 상태입니다. 이때 남자아이들은 스포츠와 같은 외향적 활동에 몰두하면서 내면을 억누르는 반면, 여자아이들은 내적 세계에 집중하고 외부에 대한 관심을 적극적으로 드러내지는 않는 편입니다. 이 시기에 교사는 아이들에게 올바른 비전을 제시해야 합니다. 주관적인 태도와 사고방식은 도전받아야 하며, 대화를 통해 다른 사람의 관점을 이해할 수 있어야 합니다.

우리가 흔히 '중2병'이라고 하는 열다섯 살의 아이들은 두 번째 7년 주기의 종착점이자 세 번째 7년 주기의 출발점입니다. 이때 아이들 고유의 마음이 독립합니다. 이제부터 아이의 마음은 아이의 것입니다. 감정생활이 독립했다고 표현하기도 합니다. 더 이상 부모나 교사의 감정에 휩쓸리지 않습니다. 강해진 반감은, 자신을 하나의 독립된 인격체로 존중하지 않는 모든 사람을 향해 날을 세웁니다. 아이를 키우는 입장에서는 아주 힘든 시기입니다. 아이의 감정을 인정하고 존중해 주는 작업이 필요합니다. 하지만 아직 아이의 사고는 미숙한 상태입니다. 교사와 부모는 유머와 함께 전문성을 보여 줄 필요가 있습니다. 때로는 친구처럼, 그러나 자기 분야에서는 탁월한 전문성을 갖고 지도해 주는 어른을 이 시기의 아이들은 존경합니다.

중학교 3학년 정도가 되면 아이들은 이제 자신의 고유한 세계를 갖기 시작하며, 자신이 만나는 모든 것을 자기 것으로 받아들이고 참여하고자 합니다. 현대의 놀라운 기술적 성과인 컴퓨터와 스마트폰, 영화, 자동차 등은 아이들을 감탄과 놀라움으로 사로잡습니다. 아이들은 점차 세상의 모든 것과 개인적인 관계를 경험하게 되고, 이제 각자의 새로운 개별성이 태어나게 됩니다. 이 시기 아이들은 교사와 부모로부터 새로운 방식으로 인정받기를 기대합니다. 아동기와는 다른 방식으로 자신이 이끌어지기를 원합니다. 모든 것은 아주 개별적인 방식으로 일어나야 하며, 아이들은 스스로를 새롭게 발견하고 완전히 새로운 시각으로 마주 보게 됩니다. 따라서 청소년기에 막 들어선 아이들을 예전처럼 어린이로 대하거나, 아니면 다 큰 어른으로 대하는 방식은 둘 다 매우 위험한 접근으로 좋지 않습니다.

고등학교 1학년의 아이들은 내적으로 더 많이 안정된 모습을 보이게 됩니다. 세상을 보는 시선은 더욱 넓어졌고, 세상을 다시 하나의 커다란 전체로 바라보게 됩니다. 세상은 아이들에게 마치 인간의 운명을 싣고 비밀스럽게 항해하는 거대한 배처럼 보입니다. 이 시기 아이들에게는 이제 심오한 질문들이 떠오릅니다. 정의로움과 공평함, 다시 말해 왜 누군가는 더 많은 기쁨과 이익을 얻고, 다른 누군가는 슬픔과 손실을 운명적으로 겪게 되는지에 대한 질문들을 갖게 됩니다. 그리고 개개인 간의 관계뿐 아니라, 지구상의 민족 간의 관계와 갈등에 대한 질문도 서서히 생깁니다.

그런데 고등학교 2학년에 올라간 아이들에게서는 지금까지와는 또 다른 특징들이 눈에 띄게 나타납니다. 머뭇거리고 부끄러움을 타며 뒤로 물러서 있으려고 하는 경향을 보입니다. 이들의 삶은 예민하게 받아들여지고, 생각과 감정은 좀 더 섬세해집니다. 만 3세와 초등학교 3학년 때 나타났던 '자아의 위기'가 반복해서 나오는 것입니다. 이 시기에는 특히 주관적인 감정생활과 관련된 내면의 힘이 아주 섬세한 특성을 나타냅니다. 이를 통해 이 시기의 아이들은 존재의 의미와 사랑의 본질, 삶의 가치 등에 대한 질문을 가지게 됩니다. 여기에서 유의해야 할 것은, 아이들의 내면에서 떠오르는 이 모든 것이 너무나 쉽게 상처받을 수 있다는 것입니다. 그리고 원대한 목표가 손이 닿을 수 없을 정도로 너무 멀리 있다고 느낄 때, 아이들은 우울증에 빠질 수도 있습니다.

고등학교 3학년에 이르러서는 청소년기의 위험들로부터 균형을 이룰 수 있는 새로운 자기 신뢰가 생깁니다. 이 시기 아이들은 자신과의 싸움이나 세상에서 극복해야 할 상황을 접했을 때, 그리고 난관에 부딪혔을 때 대담한 용기를 낼 수 있습니다. 이러한 부딪힘은 아이들에게 더 높은 정신적 탄생을 준비하는 진통일 뿐입니다. 어른들은 이 과정에서 아이들의 동반자로서, 아이들이 이것을 달성할 수 있도록 많은 일을 하게 됩니다. 하지만 아이들 각자가 난관을 통해 인내심을 발달시키고, 자신의 존재 가치를 시험하는 상황을 겪어야 한다는 것을 잊어서는 안 됩니다. 어른들 스스로도 삶의 난관을 통과함으로써 얻는 열매인 자기 신뢰가 없다면, 어려움을 겪고 있는 아이들을 편안히 바라보고 응원할 수 없을 것입니다. 성장이라는 과제 앞에 서 있는 아이들에게 어른은 전체 삶의 행보에 진척을 가져올 수 있는 길을 제시할 수 있어야 합니다.

청소년기의 아이들은 밖에서 권위를 찾던 이전 시기와 달리 자기 자신 안에서 권위를 찾아야 합니다. 지적 능력이 최고조에 이르지만 정체성을 찾지 못한 상태이기 때문에 무척 혼란스럽고 힘들어합니다. 자칫 입시 위주의 교육만이 강요되고, 자기가 누구이고 어떻게 살아가야 하는지에 대한 탐구가 허락되지 않는다면 아이들은 술이나 게임 등에 중독될 수도 있습니다. 강력한 정체성을 부여하는 극우 커뮤니티의 유혹에 빠질 수도 있을 것입니다. 이 시기의 교사상은 전문가입니다. 아이들에게 전문적인 실력을 보여 주는 동시에 사고 활동에 빛을 던져 줄 수 있어야 합니다. 과학적인 탐구와 의미 있는 실습 기회를 통해 아이들은 사고의 힘을 키우고 세상과 더욱 긴밀하게 연결되어야 합니다.

자아의 탄생

만 21세가 되면 '자아'가 탄생합니다. 이 시기를 일컬어 '자기가 자기를 교육할 수 있는 시기'라고 합니다. 그 전까지 부모와 교사의 도움과 보호 속에 살았다면 이제는 자기 힘으로 사고하고 판단하고 결정을 내려야 합니다. 초·중등교육의 핵심적인 목표는 이렇게 건강한 자아가 탄생할 수 있도록 돕는 데 있습니다. 아이들은 이제 부모로부터 완전히 독립하여 자기 삶을 살아가게 됩니다. 수많은 시행착오를 겪겠지만 이 역시 자기 삶의 주인으로서 피할 수 없는 일입니다. 다른 측면에서 보자면, 이제 아이들은 더 이상 남의 말을 듣지 않습니다. 독립된 성인이기 때문입니다.

아이들에게는 영유아기에 가장 많은 애정을 쏟아야 하며, 단계마다 조금씩 아이가 독립할 수 있도록 도와야 합니다. 7년마다 아이는 몸과 기운과 마음이 탄생하고 독립합니다. 자아가 탄생하는 만 21세부터 아이는 자기 생각과 행동에 책임을 다해야 하는 어른이 됩니다. 그 이전에는 자아가 독립한 것이 아니므로 부모와 교사가 자아의 역할을 대신해 주어야 합니다. 특히 초등학교 시기의 아이들은 아직 자아뿐만 아니라 감정적인 마음도 독립한 상태가 아니므로 아이들 사이에 갈등이 벌어졌을 때 교사는 그러한 특성을 고려해야 합니다. 교실에서 아이들은 교사의 마음과 자아에 의존하기 때문입니다.

교사로서 우리는 진정한 자아를 찾아야 하고 지켜 내야 하며, 이를 통해 마음을 잘 다스려야 합니다. 기운을 너무 소진시켜도 안 됩니다. 어린아이들은 기본적으로 어른의 기운을 흡수하며 자라는 존재입니다. 이것은 유치원이나 초등학교 저학년 교사라면 항상 느끼는 일입니다. 종일 어린아이들을 상대하고 나면 한 일도 없이 기운이 쭉 빠지는 걸 느낄 수 있습니다. 기운을 안정되게 유지하기 위해서는 마음을 잘 다스려야 합니다. 그러기 위해서는 자아가 늘 깨어 있어야 합니다. 깨어 있다는 것은 '내가 지금 무엇을 하고 있는지' 인지하고 있는 것입니다. 그리고 내가 어떤 사람인지 늘 탐구해야 합니다. 아이들을 사랑하기 위해 아이들의 특성에 대해 잘 알아야 하는 것처럼, 나 자신을 사랑하기 위해서는 스스로에 대해 정확히 알아야 하는 것입니다. 자기 자신을 사랑하지 않고 아이들을 사랑한다는 건 거짓말일 것입니다.

아이들을 가르친다는 것은 교사로서 우리가 어떻게 살아가야 하는가의 문제와 연결됩니다. 우리는 지금 어디쯤 와 있는지, 현재 당면해 있는 삶의 문제는 무엇이고, 그것을 직면하고 있는지, 자기 자신을 사랑하고 어려움들을 잘 극복하고 있는지 등이 모두 아이들의 문제와 무관하지 않습니다. 아이들은 어른이 말하는 대로 크지 않고, 어른이 보여 주는 행동을 따라 하며 큽니다. 우리가 지금 자기 자신과의, 또는 주변 사람과의 갈등을 어떻게 받아들이고 해결하는지, 사회의 구조적인 문제들에 얼마나 관심을 갖고 참여하는지가 대단히 중요한 일인 것입니다.

기질을 알면
갈등이 보인다

　우리는 사람들 사이의 갈등 중 상당수가 서로의 기질적 차이에 대한 무지에서 온다는 점을 간과해서는 안 됩니다. 상대방의 기질에 대해 이해했다면 갈등 없이 풀 수 있는 문제가 공연히 증폭되고 확산되는 경우가 굉장히 많습니다. 보통 우리는 자기 세계 안에서만 살기 때문에 자기 기질이 전부인 줄 착각합니다. 그래서 자신의 기질적 특성이 보편적인 것이라 믿고 그것에서 벗어나는 사람을 이상하다고 말합니다. 세상에는 이상한 사람이 참 많지만 자기 자신도 남들이 보기에는 이상한 사람이라는 걸 모르고 사는 경우가 대부분입니다. 그렇다면 기질이란 대체 무엇일까요?

에니어그램과 MBTI

사람들은 기력과 체질의 특성에 따라 일정한 모습을 보여 줍니다. 예를 들어, 엘리베이터가 갑자기 정지되었다고 할 때 누구나 당황하는 건 똑같지만 그에 대처하는 모습은 다릅니다. 소위 머리형인 사람은 생각부터 할 것입니다. '왜 이런 일이 벌어졌지? 어떻게 해야 안전하게 빠져나갈 수 있나? 예전에 보았던 TV 프로그램에서 이런 경우 어떻게 하라고 알려줬는데……, 일단 안전 수칙에 적힌 대로 차근차근 시도해 보자.' 이렇게 머리가 먼저 돌아갑니다. 이에 비해 가슴형은 정서적인 반응이 큽니다. 두려움과 슬픔이 소용돌이치고 걱정하고 있을 가족들 생각에 목이 멥니다. 사지형 또는 장형은 문부터 두드리고 소리를 지를 것입니다. 화가 나서 발길질을 하고 무턱대고 닫힌 문을 열려고 애쓸 것입니다. 고층 건물에서 불이 난 상황을 가정해 보아도 비슷한 반응이 나옵니다. 머리형이 다급하게 주변을 살피고 생각을 쥐어짜 내는 동안 가슴형은 눈물을 흘리며 사랑하는 사람을 떠올릴 것입니다. 장형은 무조건 창문 밖으로 뛰어내리거나 온 힘을 다해 비상 계단으로 달려갈지도 모릅니다.

9가지 행동 유형에 대해 다루는 에니어그램은 기본적으로 이러한 머리형, 가슴형, 장형의 사람들을 상정합니다. 에너지가 기본적으로 어디에서 나오는지에 따라 사람들은 일관된 패턴을 보입니다. MBTI 에서는 4가지 기준을 통해 기질을 16가지로 나눕니다. 우선 외향형인지, 내향형인지에 따라 E^{Extroversion}와 I^{Introversion}가 나뉩니다. 외향형은 사람들을 만나야 에너지를 얻고, 내향형은 혼자 있을 때 에너지가 회복됩니다. 파티가 끝나고 집에 돌아올 때 또 다른 파티에서 오라고 전화를 받으면 외향형은 차를 돌릴 것입니다. 감각적인지, 직관적인지에 따라서는 S^{Sensing}와 N^{iNtuition}으로 나뉩니다. 감각적인 사람들은 어떤 현상에 대해 알고자 할 때 A부터 Z까지 차근차근 설명해 주길 바랍니다. 그러나 직관적인 사람들은 그렇게 해 주면 무척 답답해합니다. 본질적인 원리를 한두 문장으로 짚어 줄 때 단번에 이해하고 만족스러워합니다. 반대로 감각적인 사람에게 한두 문장으로 본질에 대해 말해 주면 너무 어려워할 것입니다.

정서형과 사고형을 F^{Feeling}와 T^{Thinking}로 나누는데, 저는 약간 다른 관점에서 봅니다. 정서형이 인간관계를 더 중시하는 사람들이라면, 사고형은 일을 잘 해내는 게 중요한 사람들입니다. 조직 안에서 갈등이 생기는 가장 큰 이유로 저는 이 두 유형이 서로를 이해하지 못하는 것을 듭니다. 물론 인간관계와 일 모두 중요합니다. 둘 사이의 균형을 맞추는 것도 당연한 목표가 됩니다. 하지만 관계냐, 업무냐 하는 것은 가치를 품고 있는 것이기 때문에 때로는 심각한 논쟁 사안이 되기도 합니다. 학교에서 어떤 행사를 진행할 때 인간관계에 상처가 생기더라도 일을 완벽히 잘 해낼 것인지, 성과는 못 내더라도 사람을 남길 것인지에 대해서는 가치관에 따라 첨예한 문제가 됩니다. 이로 인해 조직이 분열되거나 갈등이 가파르게 고조되기도 합니다.

MBTI의 기준 중 마지막은 판단형이냐, 인식형이냐입니다. 판단형은 J^{Judging}이고, 인식형은 P^{Perceiving}입니다. 간단하게 예를 들자면, 책상이 늘 깔끔하고 일을 칼같이 정확하게 하는 사람은 판단형이고, 자유로운 영혼으로서 책상이 지저분할 때가 많고 정리가 잘 되지 않은 채로 열린 자세를 갖는다면 인식형입니다. 이 네 가지 기준을 바탕으로 크게 SJ, SP, NF, NT 등의 기본 유형을 나눕니다. 이렇게 4×4의 형태로 ESFJ부터 INTP까지 16가지 유형이 구분됩니다. 이러한 기질 분류는 다소 애매하고 막연하다는 비판을 받지만 교육적으로 많은 도움이 됩니다. 지나치게 기질을 절대화하는 태도만 지양한다면 아이 관찰에 적절하게 사용할 수 있습니다.

발도르프교육의 4기질론

발도르프교육에서는 좀 더 단순한 방식의 기질론을 제시합니다. 담즙질, 다혈질, 점액질, 우울질이 그것입니다. 여기에서는 계절에 비유해 담즙질을 여름, 다혈질을 봄, 점액질을 겨울, 우울질을 가을 기질이라고 부를 것입니다. 왜냐하면 계절의 이미지와 네 가지 기질이 아주 잘 어울리기 때문입니다. 얼었던 냇물이 졸졸졸 경쾌한 소리를 내며 흐르고 새싹이 돋아나고 온갖 꽃들이 피어나는 봄은 다혈질입니다. 나비가 팔랑이며 날고 아지랑이도 피어오릅니다. 이처럼 봄의 기질은 공기처럼 가볍고 빛처럼 반짝이는 특성을 갖습니다. 이들은 외부적인 일에 관심이 많고 인간관계를 잘 맺습니다. 늘 새로운 것들에 흥미를 갖습니다. 반면에 하던 일을 끝까지 해내는 것을 어려워하고, 너무 많은 일에 관심을 갖다 보니 산만해지기 일쑤입니다. 장점이 곧 단점인 셈입니다.

나뭇잎이 무성해져 마치 불이 타오르는 듯한 느낌을 주는 여름은 담즙질을 상징합니다. 강렬한 태양이 세상을 지배하며 만물은 활발하게 움직입니다. 때로 햇볕이 너무 뜨거운 날에는 동물도 식물도 축늘어집니다. 여름 기질은 이처럼 강한 성격을 지닙니다. 자기주장이 분명할 뿐만 아니라 강하게 밀어붙이고 비판을 용납하지 못합니다. 어느 자리든 주인공이 되고 싶어 하며, 마음먹은 것은 반드시 실현해야 직성이 풀립니다. 언제나 에너지가 넘치기 때문에 심약한 사람을 이해하지 못합니다. 잘못하면 폭군이 되지만 인격적으로 성숙한 여름 기질은 멋진 보스가 되어 다른 사람들을 뒤에서 지원해 줍니다. 봄 기질이 호리호리한 몸집이라면 여름 기질은 다부지고 목이 짧은 편입니다.

낙엽이 떨어지고 날씨가 점점 스산해지는 가을은 우울질의 모습입니다. 나무는 결실을 맺는 동시에 잎을 떨구기 시작합니다. 바람은 점점 서늘해지며 밤이 길어집니다. 마음이 허전하고 옛날 생각에 잠이 잘 오지 않기도 합니다. 사색에 잠긴 채 고개를 숙이고 낙엽 진 거리를 하염없이 걷기도 합니다. 가을 기질은 행동보다 생각이 많은 유형입니다. 생각이 많은 만큼 부정적인 경향을 띠고 과거의 일에 사로잡히는 경우가 많습니다. 하지만 다른 사람들이 생각하지 못하는 부분까지 생각하고 아이디어가 풍부하며 과거에 했던 실수를 반복하지 않으려고 합니다. 대부분은 자기 생각에 사로잡혀 자기만의 동굴에 들어가 있지만, 성숙한 가을 기질은 자기중심성에서 벗어나 놀라운 통찰력과 연민의 마음을 갖습니다.

겨울 기질은 점액질로서 이런 그림을 떠올리면 정확할 것입니다. 한겨울 찬바람이 쌩쌩 불고 눈이 펑펑 내립니다. 세상은 꽁꽁 얼어붙었지만 집 안은 따뜻합니다. 난로에는 장작이 기분 좋은 소리를 내며 타오릅니다. 창문으로 슬쩍 바깥 풍경을 보고 고개를 돌려 맛있는 음식을 먹습니다. 집에는 맛있는 음식이 아주 많고, 특별히 해야 할 일도 없습니다. 그냥 가만히 누워 있어도 만족감이 차오릅니다. 겨울 기질은 대체로 그런 마음의 상태입니다. 바깥일에는 냉담해 보일 정도로 관심이 없습니다. 변화보다는 안정을 추구합니다. 꾸준히 무언가를 할 수 있지만 새로운 것을 익히려면 특별한 계기가 필요할 정도입니다. 이런 겨울 기질은 먹는 것을 좋아하고 쉬는 것과 자는 것도 무척 좋아합니다. 그래서 동글동글 통통한 체형이 많습니다. 마르고 키가 껑충하게 큰 가을 기질과는 대조되는 모습입니다.

자신이 어떤 기질인지를 아는 것은 매우 중요한 일입니다. 내가 나를 정확히 인식할 때 스스로 조심할 수 있고, 장점을 계발할 수 있기 때문입니다. 자기 기질이 마음에 안 든다고 자책하거나 억누르는 것은 좋은 태도가 아닙니다. 자아가 성장하기 위해서는 기질이라는 관문을 통과해야 합니다. 자기 기질을 인식하고 그 문을 열고 들어가야 계단을 밟고 오를 수 있습니다. 교사는 이 네 가지 기질을 모두 계발해야 합니다. 몹시 고통스러운 과제지만 피할 수 없습니다. 네 가지 기질이 골고루 발현되었을 때 우리는 자유로울 수 있고, 아이들에게 개별적으로 접근을 할 수 있습니다.

기질에 따른 접근법

사람은 기질마다 반응하는 감정과 기본 욕구가 다릅니다. 이러한 차이에 대한 이해 없이 하나의 기질 유형을 모든 아이에게 단일 모델처럼 적용하려고 할 때 아이들은 마음으로부터 저항을 합니다. 아이들 서로 간에도 기질적 차이를 이해하지 못해서 갈등이 벌어지는 경우가 많습니다. 이럴 때는 함께 놀이를 많이 해서 푸는 방법이 있고, 대화를 충분히 나누어서 서로에 대해서 잘 알아 가는 방법이 있습니다. 먼저 친밀함을 만들고 그런 다음에 대화의 기회를 많이 갖는 게 좋습니다. 그런 작업 없이 지내다 보면 쉽게 오해를 하고, 상대방의 의도를 잘못 추측해서 감정적으로 불편해지기도 합니다.

교사의 경우에는 기질적 특성에 대한 이해와 함께 기질에 따른 접근법에 대해 잘 알아 두는 것이 좋습니다. 그리고 아이들의 보편적 특성을 이해하는 것도 필요합니다. 우리는 서로 다르지만 공통된 욕구가 있습니다. 있는 그대로 자신이 받아들여지길 바라는 마음, 즉 존중받고자 하는 욕구입니다. 아이들의 기질을 세세하게 파악하지 못하더라도 개별적인 욕구를 인정해 줌으로써 갈등을 최소화할 수 있습니다. 구체적인 접근법은 다음과 같은 네 가지입니다.*

1. 기분 전환과 방향 제시 : 봄
2. 체계적인 준비와 지시 : 여름
3. 경청과 이해 : 가을
4. 의식 ceremony 과 리듬 : 겨울

교실에서 갈등이 생겼을 때 아이들의 마음으로부터 저항을 풀고 협력적인 분위기를 만들기 위해서는 먼저 서로의 이야기에 귀를 기울여야 합니다. 돌아가면서 자기 심정을 솔직하게 털어놓고 서로의 마음을 이해할 때 갈등 해결의 싹이 틉니다. 또한 교사는 아이들이 부여해 준 권위를 바탕으로 교실 생활 전반에서 체계적인 지시와 방

---

* 존 그레이, 윤규상 옮김(2003), 《화성남자 금성여자의 자녀교육》, 들녘미디어, 86쪽. (원제는 'Children are from heaven').

향 제시를 해 줄 수 있어야 합니다. 그럴 때 교실에 질서가 생깁니다. 안정된 질서를 세우기 위해서는 의식적 활동 역시 고려되어야 합니다. 대화모임을 할 때 교실 한가운데에 꽃이 놓인 탁자를 놓고 의자를 둥그렇게 배치해 앉는 것, 모임을 진행하기 전에 함께 시를 외우는 것 등 아이들이 진지하고 차분한 분위기의 의식을 경험하는 것은 교육적으로 큰 의미가 있습니다. 예전보다 들떠 있는 요즘 아이들에게는 그런 분위기의 체험이 더욱 필요합니다. 그리고 이런 활동은 반복적이고 규칙적으로 벌어져야 합니다.

교사가 자신들의 감정과 욕구에 항상 관심을 갖고, 깊이 이해하고 있다는 것을 느낄 때 아이들은 저항을 거두고 서로 협력하기 시작할 것입니다. 아이들은 네 가지 접근법 중 특정한 방법에 더 잘 반응합니다. 저마다 기질이 다르기 때문입니다. 아이들 각자의 우세한 기질적 특성에 대해 알게 된다면 갈등이 벌어졌을 때 좀 더 효과적으로 접근할 수 있습니다. 기질은 아이들이 주어진 상황에 어떤 식으로 반응하는지 이해하는 데 중요한 열쇠입니다.* 여기에서는 네 가지 일반적인 기질에 따른 접근법에 대해 알아보도록 하겠습니다.

봄 아이들 : 충동적인 아이들

디즈니 애니메이션으로 유명한 〈곰돌이 푸〉는 영국의 극작가 밀른에 의해 1926년 첫 선을 보인 판타지 동화입니다.** 이 작품에 나오는

---

* 메리 고든, 문희경 옮김(2010), 《공감의 뿌리》, 샨티, 111쪽.
** [알란 알렉산더 밀른·어니스트 하워드 쉐퍼드, 이종인 옮김(2016), 《곰돌이 푸 이야기 전집》, 현대지성] 참고.

등장인물은 작가의 아들이 가지고 놀던 동물 인형들을 의인화한 것으로 캐릭터마다 기질적 특성이 두드러집니다. 봄 기질을 뚜렷이 보여 주는 동물은 피글렛과 티거입니다. 곰돌이 푸의 단짝인 피글렛은 소심하고 겁이 많지만 호기심도 많아서 모험을 좋아합니다. 이에 비해 티거는 항상 겁 없이 뛰어다니고 허풍을 잘 떠는 데다 충동적으로 행동합니다. 유쾌함이 지나쳐 산만하고 가끔 사소한 말썽을 일으키기도 합니다. 피글렛이 겨울에 가까운 봄 기질이라면 티거는 여름에 가까운 봄 기질입니다.

봄 아이들은 사회적이고 사교적이며 말이 많은 편입니다. 이따금 충동적으로 행동하기도 하지만 세상과 잘 교감하며, 다른 사람들과 쉽게 관계를 맺습니다. 그래서 주변에 늘 친구가 많습니다. 봄 아이들은 세상에서 벌어지는 모든 일을 직접 보고 듣고 경험하고 싶어 합니다. 외부 자극에 대한 욕구가 크기 때문에 호기심이 많은 것입니다. 새로운 것을 경험할 때마다 자신의 새로운 특성을 발견하고 활기찬 모습을 보여 줍니다. 무슨 일이든 자기 마음대로 하고 싶은 욕구가 강하기 때문에 교실에 규율과 규범이 강해지면 힘들어합니다.

봄 아이들은 나비처럼 이 일에서 저 일로 아주 자연스럽게 옮겨 갑니다. 이 아이들에게는 인생을 탐구하고 경험하고 발견할 시간이 필요합니다. 아주 쉽게 주의가 산만해지므로 무엇을 해야 한다는 방향 제시를 꼭 해 주어야 합니다. 이 아이들이 교사의 지시를 잊어버리는 것은 교사를 괴롭히거나 교사에게 저항하기 위해서가 아니라 정말로 잊어버렸기 때문입니다. 이 아이들은 점차 오래 집중하는 법을 배워야 합니다. 봄 아이들의 저항을 최소화하려면 오히려 주의가 산만해지는 경향을 이용하는 것이 좋습니다. 갈등이 생기는 상황이 되면 관심사를 돌리기 위해 다른 활동을 할 수 있도록 해 주는 것입니다. "어, 잠깐만 저기 처음 보는 새가 날아왔네!"라고 말하며 시선을 돌리면 금세 거기에 빠져듭니다. 이처럼 논리적 설득이나 체계적 지시보다 시선의 방향을 다른 데로 돌려 주는 것이 좋습니다. 나이가 아주 어리다면 노래를 들려주거나 함께 부르는 활동도 큰 도움이 될 것입니다.

봄 아이들은 다른 기질의 아이들보다 더 즐겁고 기쁘게 생활하며 열중하는 편입니다. 감정의 기복이 크고 쉽게 주의가 흐트러지기도 하지만, 관계에 집착하는 일이 없기 때문에 상처를 받는 일은 거의 없습니다. 다만 원하지 않는 걸 계속해서 강요받으면 화를 내고 저항합니다. 이 아이들에게 인생은 일종의 모험입니다. 재미있게 놀고, 여기저기 돌아다니며 이것저것을 살펴볼 기회가 주어졌을 때 주의를 집중하는 힘을 발전시킬 수 있습니다. 또 교사의 굳건한 격려가 있을 때 오래 집중할 수 있습니다. 이 아이들에게 일을 자기주도적으로 해 나가기를 기대해서는 안 됩니다. 일을 하는 과정 내내 거듭 요청하고 확인해야 합니다. 올바른 지지를 받지 못했을 때 이 아이들은 책임감의 무게에 압도당해 쉽게 무책임해지고, 지나치게 소란스러워집니다. 신뢰받고 지지를 얻을 때만이 책임 있는 태도로 스스로 방향을 결정하고, 성취감을 느끼는 어른으로 성장할 수 있습니다.

여름 아이들 : 적극적인 아이들

〈곰돌이 푸〉에서 여름 기질의 특성을 가장 잘 보여 주는 동물은 래빗입니다. 래빗은 언제든 누구에게나 곧장 달려 갈 수 있는 숲 한가운데에 집이 있습니다. 어디를 가든 제일 선두에 서는 래빗은 늘 대장을 맡고 싶어 하며, 다른 친구들에게 명령조로 말합니다. 정의감에 가득 차 있지만 이런저런 일들에 불만이 많고, 자기 마음에 들지 않는 동물이 있으면 다른 친구들을 규합해 쫓아내려 합니다. 대담하게도 캥거루 가족인 아기 루를 훔쳐서 엄마 캥거루를 떠나게 하려는 계획을 세우기도 합니다. 이때 래빗은 여름 기질답게 이런 말을 하면서 피글렛의 마음을 사로잡습니다. "우리가 앞으로 해 나갈 모험에 네가 쓸모 있는 건, 피글렛 네가 아주 작은 동물이기 때문이야." 보통 봄 기질은 리더십이 뛰어난 여름 기질을 동경하고 따르고자 합니다. 좋고 싫음이 분명한 래빗은 자기가 말하고 있을 때 방해를 받거나 누가 요란하게 움직이는 것을 무척 못마땅해하는데, 그래서 티거를 아주 싫어합니다.

여름 아이들은 자신의 내적 욕구보다 다른 사람들에게 끼치는 영향력에 관심이 더 많습니다. 언제라도 자기 식으로 뭔가를 하거나 다른 사람들을 이끌고 앞으로 나갈 준비가 되어 있습니다. 그래서 '앞으로 무엇을 할 것이고, 그 결과는 어떻게 될지'에 신경을 많이 씁니다. 무엇을 할지 계획이 구체적으로 섰을 때 동기 부여가 되고 협력적인 모습을 보여 줍니다. 이런 아이들일수록 더욱 정교한 지시가 필요합니다. 그리고 그 지시가 정확히 실현되는가 역시 대단히 중요합니다. 교사가 말을 바꾸거나 하려던 것을 취소하게 되면, 교사의 통제에서 벗어나 권위에 도전할 것입니다. 여름 아이들의 저항을 최소화하려면 명백한 한계와 규칙, 그리고 방향을 미리 정해서 준비해야 합니다.

교사는 여름 아이에게 "자, 이제 우리는 10분간 더 글을 쓰고 밖에 나갈 거야. 밖에 나가서는 모두 한 줄로 서서 학교 주변을 청소할 거야. 각자 비닐봉지와 집게를 들고 30분간 쓰레기를 주운 다음 교실에 돌아와 수업을 끝낼 예정이야"라고 말해 줘야 합니다. 이처럼 분명한 지시를 받았을 때 더 잘 협조하기 때문입니다. 이 아이들은 늘 관심의 중심이 되고 싶어 하며, 사건이 일어나는 현장에 있고 싶어 합니다. 교사의 체계적인 지시가 없다면 교실에서 이 아이들은 오만하고 잘난 체하는 모습을 보여 줄 수 있습니다. 여름 아이들은 유능하고 자신만만한 리더를 존경하며, 자기도 성공적인 지도자가 되고 싶어 합니다. 따라서 교사는 이 아이들 앞에서 우유부단하거나 나약한 모습을 보이지 않도록 주의해야 합니다.

여름 아이에게 "네 생각에는 어떻게 하는 게 더 좋을 것 같니?"라고 먼저 물어서는 안 됩니다. 지시를 했음에도 다른 일을 하고 싶다며 아이가 저항한다면 일단 수긍해 준 다음 다시 결정해서 지시하는 게 좋습니다. "먼저 달리기를 하고, 그다음에 공놀이를 할 거야"라고 말했는데, 아이가 "공놀이가 더 재밌어요. 공놀이부터 해요"라고 한다면 고민하는 모습을 보인 뒤 이렇게 말하는 것입니다. "그거 좋은 생각이구나. 그럼 공놀이부터 하자. 하지만 달리기도 할 거야." 여름 아이들은 자기 제안이 인정받을 때 교사를 신뢰하고 따르려는 마음을 냅니다. 이 아이들의 저항을 최소화하는 가장 좋은 방법은 가능한 한 아이의 의견을 존중하고 아이에게 책임을 맡기는 것입니다. 남들과 차별화된 도전거리를 던져 줄수록 이 아이들은 활력이 넘칩니다. '나는 교실에서 꼭 필요한 사람이고, 선생님은 나를 믿어 준다'라고 생각해야 합니다.

여름 아이들은 분명한 지침과 함께 지휘자 역할을 맡겨 주면 최선을 다해 그 일을 완수합니다. 기본적으로 힘이 넘치는 이 아이들은 오랫동안 조용히 앉아 있을 수 없고 늘 무언가를 해야 하므로 이따금 생각 없이 행동해서 사고를 치기도 합니다. 그래서 교사는 이 아이들의 행동을 적절히 통제하여 여름 아이들이 풍부한 에너지를 잘 사용할 수 있게 해야 합니다. 또 이 아이들이 어떤 활동에 성공했을 때는 크게 칭찬하고, 실수했을 때는 격려를 아끼지 않아야 합니다. 다른 아이들보다 말썽을 일으킬 소지가 많은 여름 아이들이 처벌이나 비난을 두려워하게 된다면 교사가 안 보이는 어두운 곳에 숨거나 자기 실수를 방어하게 됩니다. 심하면 약한 아이를 괴롭히고 따돌릴 수도 있습니다.

가을 아이들 : 예민한 아이들

당나귀 이요르는 전형적인 가을 기질입니다. 숲 동남쪽 음침한 곳에 사는 이요르는 고개를 푹 숙이고 천천히 걸으며 심각하게 이 생각 저 생각을 합니다. 압정으로 박혀 있는 꼬리가 떨어지지는 않을지, 또 나무로 쌓아 올린 집이 무너지지는 않을지 항상 걱정거리를 안고 삽니다. 부정적인 생각이 너무 많아 우울해 보이는 이요르는 곰돌이 푸가 찾아오면 잠시 동안 생각을 멈출 수 있어서 좋아합니다. 어느 날 이요르는 강물에 비친 자기 모습을 보면서 애처롭다고 생각합니다. 이날은 이요르의 생일이기 때문입니다. 아무도 기억해 주지 않아서 생일 선물이나 케이크는커녕 쓸쓸하게 혼자 생일을 보내게 되었습니다. 사실 다른 친구들에게 자기 생일을 알리지도 않았습니다. 불평불만이 많고 늘 어두운 면을 바라보는 이요르지만 다른 친구들보다 아이디어가 풍부하고 생각이 깊다는 것은 장점입니다.

가을 아이들은 자신의 욕구를 충족시키려면 어떻게 반응해야 하는지를 아주 예민하게 자각하고 있습니다. 그만큼 상처받기도 쉽습니다. 또 자신이 무엇을 느끼고 있는지 알아보고자 하는 욕구가 강하고, 변화를 잘 받아들이는 편입니다. 이 아이들은 진심으로 이해해 주고 귀 기울여 들어 줄 때 가장 잘 반응합니다. 아이들은 누구나 이해받고 싶어 하지만, 가을 아이들은 특히 더 슬픔이나 울분 따위의 감정을 토로할 수 있도록 도와줘야 합니다. 이 아이들은 인생에서 겪는 자신의 경험을 다른 사람과 나누면서 자기 자신을 깨닫습니다. 따라서 가을 아이들의 한탄이나 하소연은 하나의 본성입니다. 이 아이들은 자신의 짐을 남과 나눌 때 마음이 가벼워지고 기분이 좋아집니다.

가을 아이들은 내면이 복잡하고 예민하기 때문에 속이 들여다보이는 칭찬이나 상투적인 위로는 오히려 역효과를 낳습니다. 막연하게 이야기하기보다 구체적인 지점을 들어서 칭찬이나 위로를 하고 무심한 척 내버려 둬야 합니다. 기본적으로 자신의 내적 고통에 대해 아무도 이해할 수 없을 것으로 생각하기 때문에 이렇게 말하는 게 좋습니다. "너의 마음을 다 이해하는 건 아니지만 네가 지금 얼마나 힘들지 알 것 같구나. 말하기 싫으면 말 안 해도 돼. 기분이 좀 나아지면 언제든 이야기해 주렴." 이 아이들은 약간만 인정을 해 주어도 다시 힘을 얻습니다. 반면에 공감을 얻지 못하면 문제를 과장하기도 합니다. "배가 아프다"고 했는데 아무런 반응도 얻지 못하면 "정말 배가 아파 죽겠는데 다들 관심도 없어!"라고 할 것입니다. 이해를 받지 못하면 아이의 고통은 실제로 더욱 커집니다.

가을 아이들이 힘들어할 때 그저 "힘내!"라고 격려하거나 어째서 우울해할 필요가 없는지 설명하는 일은 아무런 의미가 없습니다. 그저 아이의 말에 귀를 기울일 뿐 의도적으로 기분을 풀어 줄 필요는 없습니다. 아이의 하소연을 들으면서 적절한 질문을 던지는 것은 아이에게 도움이 됩니다. 대체로 아이의 생각은 나선형으로 복잡하게 꼬여 있기 때문에 무엇 때문에 속상하고 좌절했는지 스스로 분명히 할 필요가 있습니다. 또 그러한 고통을 아이 혼자만 겪는 게 아니라는 사실을 알려 주는 것도 좋습니다. 다른 친구들이나 교사, 부모도 비슷한 고통을 겪을 수 있고, 위인전의 인물들도 그렇게 힘든 일을 극복하고 위대한 사람이 되었다는 사실을 전해 주면 가을 아이들에게는 위로가 됩니다.

가을 아이들이 저항을 할 때에는 "나는 네가 실망했다는 것을 잘 알고 있어. 너는 이 일을 하고 싶어 하지만 나로서는 지금 네가 다른 일을 했으면 해"와 같이 공감해 주는 말이 필요합니다. 올바른 지지가 없다면 이 아이들은 자신의 저항감을 풀 길이 없습니다. 뿐만 아니라 자신을 희생자처럼 여기고, 피해 의식에 빠질 수도 있습니다. 자신의 고통에 대해 아주 깊이 생각하고 상대방을 원망하거나 또는 자기에게 잘못이 있다며 죄책감에 사로잡히기도 합니다. 이런 아이들에게는 짜증이나 분노와 같이 부정적인 감정을 표출해도 괜찮다는 메시지를 계속 보내 줘야 합니다. 이 아이들은 내적으로 남들과 다른 세계를 갖고 있어서 감정의 상처와 동요를 극복하는 데 더 오랜 시간이 걸립니다.

가을 아이들은 일반적으로 까다롭기 때문에 다른 사람과의 관계에서 우정을 맺기까지 오랜 시간이 걸립니다. 하지만 일단 친구가 되면 관계를 아주 소중히 여깁니다. 이 아이들은 봄 아이들과는 반대로 곁에 두는 친구가 다섯 손가락 안에 들며, 관계에서 배신을 당했을 때는 굉장히 큰 상처를 받습니다. 따라서 집착을 내려놓고 용서하는 법을 배우는 것이 살면서 가장 큰 과제 중 하나입니다. 이 아이들의 저항하는 소리에 귀를 기울이고 이해해 주지 않으면 아이는 인생에서 겪게 되는 실망에 대처해 나가기 어렵고, 다른 이를 용서해 줄 수 있는 능력도 키워 가기 어렵습니다. 온전한 이해 속에서 이 아이들은 자기만의 독특한 재능을 펼쳐 갈 수 있습니다. 궁극적으로는 이 아이들을 행동으로 이끌어 내는 게 중요합니다. 대체로 신중하고 창의적이며 감성이 풍부하고 남을 잘 돕는 가을 아이들은 다른 사람과 세계에 봉사함으로써 커다란 성취를 이뤄 냅니다.

겨울 아이들 : 수용적인 아이들

언제나 낙천적이고 느긋한 푸는 누가 봐도 겨울 기질입니다. 꿀 먹는 걸 너무나 좋아하는 푸는 날마다 오전 11시와 오후 4시에 꿀이 든 간식을 먹습니다. 푸의 주변에는 언제나 먹을 것이 있습니다. 꿀을 얼마나 좋아하는지 이요르에게 생일 선물로 주려 했던 꿀을 갖고 가는 도중에 다 먹어치운 채 빈 그릇을 선물로 주기도 합니다. 피글렛과 괴물을 잡겠다고 미끼로 던져 놓은 꿀을 다음 날 새벽에 일찍 일어나 먹으러 가기도 합니다. 기억력이 나빠 우둔해 보이기도 하지만 위기 상황이 닥치면 제법 영리한 말을 합니다. 항상 자기 자신에게 충실한 푸는 공상에 잠길 때가 많고 종종 시를 짓고 노래를 즐겨 부릅니다.

겨울 아이들은 삶의 규칙적인 리듬에 관심이 많습니다. 이 아이들은 다음에 무슨 일이 있을지, 무엇을 기대할 수 있을지 그 흐름을 이해할 때 가장 잘 협력합니다. 그래서 무엇을 해야 할지 모르는 새로운 상황이 닥치면 저항을 합니다. 가을 아이들처럼 겨울 아이들도 이전과 다른 일을 하거나 변화에 대처하기 위해서는 좀 더 시간이 필요합니다. 모든 게 사전에 잘 계획돼 있고, 빠짐없이 고려되어 있다는 확신이 필요합니다. 이 아이들은 익숙한 일을 반복하면서 편안함을 느끼고, 다른 아이들보다 확실히 덜 움직이는 편입니다. 조용히 앉아서 쉬고 먹고 보고 듣고 또 자는 것만으로도 만족감을 느끼기 때문에 게을러 보일 수도 있습니다.

겨울 아이들에게는 반복과 리듬, 정해진 일상사가 꼭 필요합니다. 밥 먹는 시간, 잠자는 시간, 노는 시간, 부모와 보내는 시간, 학교에 가는 시간, 내일 입을 옷을 고를 시간 등이 정해져 있어야 합니다. "자, 이제 씻고 잘 시간이다"라는 확인과 격려에 가장 잘 반응합니다. 대체로 겨울 아이들은 교사에게 가장 잘 협조하고 착하고 무던하며, 어떤 일을 하더라도 신중하게 접근합니다. 차분하게 자기 방식으로 일을 하기 때문에 다른 아이들보다 많은 시간이 필요합니다. 따라서 무언가에 대해 빨리 결정할 수 없습니다. 이 아이들에게는 "무엇을 원하고, 느끼고, 생각하는지" 물어보기보다 구체적으로 "무엇을 해라"라고 말해 주는 게 낫습니다.

겨울 아이들은 정해진 시간에 정해진 활동을 해야 한다는 욕구가 강합니다. "자, 이제 간식 먹을 시간이다. 정리하고 준비하자"라고 말을 하면 이 아이들은 모든 게 평소처럼 잘 이뤄지고 있다고 안심합니다. 그런 말이 없다면 앉아서 공상에 빠질 수도 있습니다. 이 아이들은 주로 바라보고 관찰함으로써 참여합니다. 다른 아이가 하는 활동을 수십 차례 보고 난 다음에야 따라 할 정도입니다. 이 아이들에게 권유할 때는 "같이 하지 않을래?"보다 "이제 너도 같이 할 때야"라고 말하는 게 좋습니다. 그래도 아이가 계속 저항하면 "좋아, 넌 그냥 보고만 싶구나? 네가 같이 하고 싶으면 아무 때나 얘기해"라고 말합니다. 겨울 아이들은 조용히 옆에서 구경만 하고 잘 요구하지 않기 때문에 종종 다른 아이들에게 무시당하기도 합니다. 이 아이들은 때로 싸우고 저항해야 할 필요가 있습니다. 내키지 않더라도 무언가 행동을 하고 도전받을 수 있도록 부드럽게 동기를 부여해야 합니다. 그렇지 않으면 이 아이들은 아무런 관심도 발전시키지 못한 채 무력감에 빠질지도 모릅니다. 시간이 오래 걸리기는 하겠지만 한 번 동기 유발이 되고 나면, 정해진 의식과 리듬과 일상의 안전함에서 빠져나와 점차 새로운 무언가를 하기 위해 서서히 위험을 감수할 것입니다.

겨울 아이들은 다른 사람이 자신의 일에 개입하는 것을 좋아하지 않습니다. 혼자 계속해서 마지막 세세한 데까지 들어가기를 원합니다. 이 아이들은 아무 탈 없이 일이 반복될 때 안도감을 느낍니다. 만약 교사가 일을 중단시키려고 하면 흔히 침묵으로 저항합니다. 문제를 야기하거나 관계가 불편해지는 것을 원하지 않기 때문에 화를 억누릅니다. 혹시 교사를 실망시키지나 않을지, 또는 교사로부터 거부당하지 않을지 두려워하기 때문입니다. 따라서 이 아이들에게는 자신이 괜찮은 사람이고 교사와 특별한 관계에 있다는 것을 경험하도록 특별한 의식을 마련할 필요가 있습니다. 일주일에 한 번은 교사와 같이 운동장을 걸으며 이야기를 나눈다거나 방과 후에 잠깐 수업 시간에 마무리하지 못한 활동을 하는 정도면 충분합니다. 이런 작업이 반복되면 하나의 의식이 되기 때문에 아이는 나중에도 기억하고 그리워합니다.

겨울 아이들은 하루 일과를 규칙적인 리듬에 따라 반복할 때 스스로 창조적인 힘을 발전시킬 수 있습니다. 그렇게 질서를 창조하고 유지할 때 평화롭고 실제적이며 목표를 성취하기 위해 어려운 장애물들을 극복합니다. 교실에 이 아이들이 있음으로 해서 교실의 분위기는 안정되고 편안해집니다.

기질을 거스를 수는 없다

어른과 달리 아이들은 아직 자기 기질을 인식하고 다스리는 것이 어렵습니다. 기질은 만 6세에서 14세 사이에 매우 두드러지며, 그 이전에는 덜 뚜렷합니다. 영유아 시기의 아이들에게 기질은 가능성으로 존재합니다. 이에 비해 초등학교와 중학교 시기에 기질은 매우 중요합니다. 이 시기 교사들에게 기질은 한 아이의 개별성은 물론 학급 전체를 이해하는 수단이 됩니다. 각각의 기질은 각자 다른 시각으로 세계를 보기 때문에 특정한 자극에 대해 서로 다르게 반응합니다.

기질과 싸우는 대신 기질과 함께하는 것이 얼마나 중요한지는 더 강조하지 않아도 좋을 것입니다. 교사는 항상 교실 안에 아이들의 기질에 부합하는 활동들을 배치해야 합니다. 부모와 상담하면서 교사는 아이가 집에서 보이는 기질에 대해 더 잘 이해하게 됩니다. 모든 기질은 다른 기질들과 완전히 분리되어 있는 것이 아니라 서로 섞여 있습니다. 색상환에서 이런 혼합이 어떻게 일어나는지 볼 수 있습니다. 어떤 아이가 오직 여름이나 가을, 혹은 봄이나 겨울에 해당된다고 말하는 것은 잘못입니다. 보통은 한 가지 기질이 우세하고 양쪽의 기질을 중간 정도로 갖고 있으며, 주된 기질의 대극적 기질이 약합니다. 봄과 여름, 여름과 가을, 가을과 겨울, 겨울과 봄 등 이렇게 맞닿아 있는 두 기질이 비슷하게 강한 기질도 많이 있습니다. 예외적으로 대극적 기질 둘이 강한 경우도 있긴 합니다.

교사와 부모가 함께 노력하여 아이의 기질을 알아차리고 건강하게 다듬을 수 있다면 아이는 더욱 조화롭게 성장할 수 있을 것입니다. 기질을 얘기할 때 초등학교 단계의 모든 아이들은 기본적으로 봄의 기질이라는 점을 기억해야 합니다. 봄은 아동기의 기질입니다. 모든 아이는 경이로움과 함께 세상을 탐험하고자 하는 열정으로 가득 차 있습니다. 청소년기 또는 청년기는 여름, 중장년기는 가을, 노년기는 겨울의 기질적 특성을 띱니다. 여름 기질이 미래를 내다보고 가을 기질이 과거를 돌아보는 경향이 있듯이, 봄 기질은 자기 밖의 현재를 즐기며 겨울 기질은 자기 안을 들여다보는 방식으로 현재에 머물러 있고 싶어 합니다. 아이들을 만날 때 우리는 이처럼 서로 다른 음영과 색들을 조화시키려고 노력해야 합니다. 교실에서 가을 아이들은 모든 아이들이 서로 다르게 반응한다는 것을 불현듯 알아차리고는 상황에 반응하는 다른 방식들을 깨닫기 시작합니다. 봄 아이들은 가을 아이들이 항상 심각한 질문을 던진다는 것을 깨닫고는 '글쎄, 난 심각한 질문 같은 걸 생각해 본 적이 한 번도 없네. 왜 그렇지?' 하고 생각합니다. 교실 안에서 공감이 생기기 시작합니다. 가을 아이들은 봄 아이들이 얼마나 활동적인지를 보고는 그들의 활기에 놀라워합니다. 학급 안에서 상호보완적인 활동들이 생겨나기 시작합니다.

봄 기질은 단호하고 리더십이 강한 여름 기질에게 끌립니다. 봄 아이들에게 도움이 되기 위해 교사는 성숙한 여름 기질의 모습을 보여 주면 좋습니다. 네 가지 기질의 성격이 서로 다르듯 같은 기질이더라도 미숙한 상태와 성숙한 상태는 상당히 다른 모습입니다. 예를 들어, 미숙한 여름 기질은 싸움꾼에 자기주장만 고집하는 고집불통이지만 성숙한 여름 기질은 자기를 내세우지 않습니다. 오히려 한 발 뒤로 물러나서 다른 사람들의 뒷배가 되어 줍니다. 훌륭한 보스처럼 자기 뜻대로 사람들을 휘두르는 게 아니라 사람들이 마음껏 능력을 발휘할 수 있도록 책임을 져 주는 것입니다.

여름 기질의 아이들에게 가장 많은 도움을 줄 수 있는 것은 성숙한 가을 기질입니다. 여름 기질은 부정적이고 생각만 많은 가을 기질의 미숙한 모습을 싫어하지만, 차분하고 논리적으로 설득할 수 있는 성숙한 모습은 존경합니다. 미숙한 가을 기질은 세상에서 자기가 제일 괴롭고 불행하다고 생각하며 자기 합리화에 빠지거나 하소연을 늘어놓기 일쑤입니다. 이에 비해 성숙한 가을 기질은 자기중심성에서 벗어나 현실을 있는 그대로 통찰합니다. 세상의 이치에 깨어 있고, 사람들의 마음을 깊이 이해하기 때문에 흥분하거나 조급해하는 일 없이 적합한 조언을 해 줄 수 있습니다.

가을 기질의 아이들을 위해 교사는 성숙한 겨울 기질처럼 행동할 수 있어야 합니다. 피해 의식에 빠지지 않고 담담하게 할 일을 성실하게 해내는 겨울 기질의 태도에서 가을 아이들은 감명을 받습니다. 미숙한 겨울 기질은 세상일에 무관심하고 게으른 모습을 보여 주지만 성숙한 겨울 기질은 변화에 적응하려고 애쓰며 책임감 있는 자세를 갖춥니다. 서두르거나 조바심을 내지 않고 맡은 바 일을 묵묵히 해내는 겨울 기질은 성실하고 훌륭한 교사의 표상입니다.

겨울 기질의 아이들은 성숙한 봄 기질을 좋아합니다. 사실 겨울 기질과 봄 기질은 다른 기질들보다 매우 밀접한 관련을 맺고 있습니다. 두 기질 모두 현실에 만족하며 가슴 영역이 발달한 정서형인 까닭입니다. 겨울 아이들은 늘 밝고 재미있는 봄 기질의 선생님에게 매력을 느낍니다. 성숙한 봄 기질은 자신이 산만하고 오래 집중하지 못한다는 것을 잘 알기 때문에 한 가지 일을 끝까지 해내려고 노력합니다. 그 과정에서 스스로 성취감을 느끼고 자신감을 찾습니다. 성숙한 봄 기질은 여전히 아이 같은 마음을 지니고 있기 때문에 어린 학생들을 잘 이해하고 실수나 치기 어린 모습도 여유롭게 바라볼 수 있습니다. 겨울 아이들은 그런 교사의 도움으로 흥미를 갖고 수업에 참여합니다.

아이들은 교실에서 다른 기질들을 인정하는 법을 배우고, 고유한 개인이 될 준비를 합니다. 사춘기를 통과한 십 대들은 자신의 다듬어지지 않은 기질을 더 이상 계속 가져가기 힘들다고 느끼는 시기에 접어듭니다. 이들은 스스로 뭔가를 해야만 한다고 느낍니다. 노련한 교사는 이 시기 아이들의 기질을 알아보고 갈등 속에서 조화를 찾도록 돕습니다. 교사는 다양한 갈등 상황 속에서 이 기질들이 어떻게 작용하는지에 대한 감각을 키워야 합니다.

여자아이들과 남자아이들

기질과 함께 교사로서 꼭 알아야 하는 것은 여자아이들과 남자아이들의 차이입니다. 일반적으로 여자아이들은 남자아이들보다 1~2년 정도 발달이 빠른 편입니다. 그래서 사춘기도 빨리 오고 감정 생활이 활발해져 남자아이들과 대화가 잘 안 통한다고 느낍니다. 대략 초등학교 4학년이 되면 여자아이들은 사춘기의 초기 모습이 나타납니다. 이에 비해 남자아이들은 5~6학년이 되어야 사춘기적 징후를 보입니다. 그것은 남자아이들의 자아가 몸과 긴밀하게 연결되어 있는 반면, 여자아이들은 자아가 일찍부터 마음과 연결되기 때문입니다.*

여자아이들은 일찍부터 "나는 누구인가?", "나는 다른 사람들과 어떤 관계를 맺고 있는가?" 같은 정체성에 관한 문제에 많은 관심을 갖습니다. 자기 자신과 자신의 감정을 분리해서 생각하기 어렵기 때문에 지나치게 예민하고 쉽게 상처받습니다. 다른 사람이 한 말에 대해 오래 생각하며 말의 뜻이 무엇인지 여러 방향에서 해석하려고 합니다. 교실에서 자기 의견을 분명히 제시하고 끝까지 관철시키려고 하는 것도 대부분 여자아이들입니다. 4학년 때부터 단짝 친구들과 함께 여러 가지 일에 대해 의논하고 계획을 짭니다. 주말에 무엇을 할 건지, 다 같이 모여서 어디에 놀러 갈지, 또 무엇을 입고 화장은 어떻게 할 것인지에 대해 시시콜콜 이야기 나누기를 즐깁니다.

이에 비해 남자아이들은 둔하고 단순합니다. 여자아이들이 벌이는 온갖 소동과 복잡한 관계 맺기를 불편해하며, 일상에서 감정을 내보이는 것을 내켜 하지 않습니다. 개인적으로 충격적인 일을 겪는다 해도 밖으로 드러내기보다 내면 깊숙이 감추어 버립니다. 자신을 감정보다 행동에 동일시하는 남자아이들은 힘든 일이 생길수록 격렬한 운동이나 물건을 조작하는 일 등에 더욱 몰두합니다. 여자아이들이 항상 남들이 자기를 어떻게 생각하는지에 대해 궁금해한다면, 남자

---

* 베티 스탤리, 과천자유학교출판국 옮김(2009), 《형식과 자유 사이 : 발도르프교육에서 바라본 청소년기》, 과천자유학교출판국, 71~84쪽.

아이들은 남들의 관심을 부담스러워하고 감정적으로 복잡한 상황을 피하려고 합니다.

　사춘기에 가까워질수록 여자아이들은 교사의 특성을 재빨리 파악합니다. 교사의 약점과 모순을 순식간에 파악하여 교사가 마음에 들지 않을 때는 솔직함을 핑계로 상처가 될 만한 공격적인 말을 스스럼없이 내뱉기도 합니다. 특히 남자 교사에게는 면전에서 건방지고 무례한 태도를 보일 때가 많습니다. 이럴 때는 화를 내기보다 유머로 넘긴 뒤에 섬세하게 대하는 게 좋습니다. 대놓고 친절한 것보다 세심함을 살짝 암시하는 수준으로 대하는 게 민감한 여자아이들에게 맞습니다. 물론 남자아이들에게는 다르게 접근합니다. 남자아이들이 교사에게 화를 낼 때는 자기가 상처받았다는 것을 인정하기보다 불공정한 규칙이나 방침을 핑계 삼아 분노를 터뜨립니다. 이때 교사는 상황이 차분해지기를 기다려 무슨 일이 있었는지 알아내고 끝까지 해결해 주어야 합니다. 남자아이들에게는 원하는 것을 암시하거나 장황하게 설명하면 오히려 역효과를 낳습니다. 요구하는 것을 짧고 굵게 지시하는 것이 좋습니다.

　남자아이들과 여자아이들은 서로 다른 만큼 서로에게 끌리게 됩니다. 여자아이들은 남자아이들의 고요한 힘과 객관성을 부러워합니다. 이해심이 부족하고 지나치게 초연한 모습에 실망하기도 하지만 쉽게 흥분하지 않고 매사에 논리적인 남자아이들 덕분에 여자아이들은 안정감을 느낍니다. 또한 남자아이들은 여자아이들의 기분을 맞춰 주기가 힘들다는 사실을 알지만, 여자아이들의 직관력에 매혹되며 감정을 표현하는 능력을 부러워합니다. 물론 이것은 일반적인 이야기일 뿐 모든 아이에게 통용되는 것은 아닙니다. 아이들은 저마다 다르고 개별적인 존재로 존중받아야 합니다. 사람들을 억눌러 왔던 성별에 따른 편협한 기준과 제약은 바로잡아야 합니다. 그럼에도 여자아이들과 남자아이들의 차이점은 타고난 것이며, 그것이 얼마나 중요한지를 간과해서는 안 될 것입니다.

하위 감각의 문제와
치유적 접근

　기질적 차이에 따라 인간의 특성을 달리 파악하는 것은 갈등 해결에서 중요한 관점입니다. 갈등이 욕구와 욕구의 충돌임을 전제했을 때, 인간의 욕구는 발달 단계에 따라서도 달라지지만 기질에 따라서도 분명한 차이를 보이기 때문입니다. 기질에 대해 정확히 이해함으로써 불필요한 오해와 억측을 피할 수 있고, 상대방의 말에 더 귀를 기울일 수 있습니다. 그런데 단순히 기질의 차이라고 볼 수 없는 일이 있습니다. 두려움과 걱정이 너무 많거나, 잠시도 가만히 있지 못하고 불안해하거나, 낙담한 채 침울한 상태로 지내는 경우 등이 그렇습니다. 이런 경우는 하위 감각에 어려움이 있는 것으로 치유적 접근이 필요합니다.
　감각론의 관점에서 보았을 때, 우리가 살아가는 것은 그 자체로 놀라운 일입니다. 집에서 학교까지 가는 것만 해도 간단한 일이 아닙니다. 감각 기관들이 제대로 작동하지 않고 협업하지 않으면 걷는 행위는 불가능합니다. 길을 걸으며 우리는 신호등을 보고, 자동차의 경적 소리를 들으며, 이런저런 냄새도 맡습니다. 우리는 보통 시각, 청각, 후각, 미각, 촉각 이렇게 다섯 가지 감각만을 주로 생각하지만 우리 삶에는 더 많은 감각 기관이 작용합니다. 뜨거움과 차가움을 알아차리는 온각, 움직임을 조절하는 운동 감각, 균형을 잡아 주는 균형 감각, 그리고 살아 있음을 느끼는 생명 감각도 있습니다. 발도르프교육에서는 촉각과 생명 감각, 운동 감각, 균형 감각을 신체와 연결된 하위 감각이라고 해서 매우 중요하게 다룹니다. 후각, 미각, 시각, 온각은 중위 감각이라고 부릅니다. 그리고 청각, 언어 감각, 사고 감각, 자아 감각이라는 상위 감각의 영역이 또 있습니다.[*]

오늘날 실제로 많은 아이들이 이미 감각적 손상을 입은 채로 학교에 옵니다. 우리 아이들이 현재 살아가는 환경은 감각 발달에 도움이 되는 공간이 아닙니다. 오히려 감각을 왜곡하고 손상시키는 상황입니다. 특히 아이들의 하위 감각에 관해서는 가정과 학교가 함께 의식적으로 보호해 줄 필요가 있습니다. 유치원과 초등학교 교실에서 우리는 얼굴이 창백하고 쉽게 지치는 아이들을 자주 보게 됩니다. 밤이 오는 것을 무서워하고 새로운 일을 두려워하는 아이, 가 본 적이 없는 곳은 안 가려는 아이들이 있는가 하면, 잠시도 가만히 있지 못하고 계속 움직이는 아이, 신경질적이거나 초조해하면서 안절부절못하는 아이, 종종 의자에서 굴러 떨어지기도 하는 아이들도 늘어났습

---

[*] [볼프강 아우어(2012), 〈12감각론과 교육〉, 서울자유발도르프학교 초청 강연] 참고.

니다. 늘 표정이 어둡고 아무 말도 안 하며 혼자 웅크리고 있는 아이들도 있습니다. 이런 아이들은 함께 하는 놀이에 잘 끼지 못하고, 끼더라도 자연스럽게 어울리지 못합니다. 그리고 작은 접촉에도 과도한 반응을 보이고 감정적으로 불안정합니다. 또 지나치게 편식을 하기도 합니다. 어떤 아이들은 유치원이나 학교의 급식을 제대로 먹지 않고 자기가 좋아하는 음식만 달라고 하기도 합니다.

 이런 변화들은 관계의 측면에서도 나타납니다. 아이들은 예전처럼 서로 잘 어울려 놀지 못합니다. 예전보다 갈등 상황이 늘어난 것은 분명합니다. 자유 놀이 시간을 채우던 유치원의 흥겨운 분위기는 많이 사라졌습니다. 둥그렇게 돌며 춤을 추는 시간에도 아이들은 쉽게 흐트러지고, 교사의 제스처를 따라 하지 못하는 모습을 보입니다. 그리고 영혼과 정신에 양식을 제공하는 이야기 시간에 아이들은 교사의 말에 주의를 기울이지 못하고, 내적으로도 상상력이 풍부한 그림을 만들어 내지 못합니다. 학교에서도 다 함께 노래를 부를 때 화음을 맞추기가 더욱 어려워졌습니다. 어느 교실이든 어수선하고 들뜬 분위기, 또는 무겁게 내려앉은 분위기가 지배적입니다. 반면 어제 본 TV나 스마트폰 동영상의 캐릭터들을 행동으로 표출하는 아이들을 쉽게 찾아볼 수 있습니다. 동영상이나 게임의 자극적인 경험을 소화시키고자 하는 것입니다. 아이들은 전자기기의 이미지들을 제대로 소화하지 못하고, 소화되지 못한 이미지들은 아이들의 일상을 조화롭지 못하게 만듭니다.*

---

* [Nancy Blanning·Laurie Clark(2016), *Movement Journeys and Circle Adventures - Therapeutic Support for Early Childhood*, Volume 2, WECAN Publications] 참고.

이러한 현상에 대해 인지학적으로 말하자면, 아이들은 지상의 삶에서 자신의 길을 찾는 데 어려움을 겪고 있는 것입니다. 편안하고 조화로운 방식으로 하위 감각을 발달시키는 방법을 찾지 못하고 있다고도 할 수 있습니다. 발도르프교육에서는 아이들이 이 땅에 내려와 잘 육화하도록 돕는 것이 교사의 과제라고 말합니다. 아이의 정신과 영혼이 신체 안에 제대로 자리 잡을 수 있도록 돕는 것입니다. 루돌프 슈타이너가 묘사한 12감각론에서 우리는 인간의 영혼과 정신이 하위 감각의 4개 영역, 즉 촉각, 생명 감각, 운동 감각, 그리고 균형 감각을 통해 물질적이고 구조적인 신체 안으로 향하는 길을 찾는다는 것을 알고 있습니다.* 여기에서는 두려움이 많은 아이와 촉각의 관련성, 소란스러운 아이와 생명 감각의 관련성 그리고 침울한 아이와 운동 감각, 균형 감각의 관련성에 대해 다룹니다.

두려움이 많은 아이들 : 촉각

촉각은 만져지거나 만져야만 알게 되는 감각입니다. 우리가 의자에 앉아 있음을 느끼고, 또 안경을 쓰고 있거나 옷을 입고 있다고 느낄 수 있는 것은 촉각 때문입니다. 촉각이 있기에 탁자의 촉감을 느낄 수 있고, 신발의 편안함도 느낄 수 있습니다. 눈으로 본다고 해서 여기에 있는 손이 정말 내 손이라는 것을 알 수 있는 건 아닙니다. 남의 손일 수도 있고 가짜 손일 수도 있습니다. 직접 만져 봐야 확실히 알

---

* 어드리 맥알렌, 김광선·임신자 옮김(2009),《발도르프 도움 수업》, 슈타이너교육예술연구소, 34쪽.

수 있습니다. 우리가 자다가 발이 저리면 발이 느껴지지 않습니다. 발을 꼬집어도 아무런 느낌이 없습니다. 마치 내 발이 아닌 것처럼 느껴집니다. 이렇게 발이 무감각해지는 것은 촉각이 잠들어 버렸기 때문입니다. 발을 열심히 주무르고 시간이 좀 지나야 겨우 감각이 돌아옵니다. 그럴 때 비로소 내 발이 내 것임을 알 수 있습니다. 이처럼 촉각이 있어야만 내 몸이 나임을 알 수 있습니다. 내가 나 자신임을 알게 되는 것은 오직 촉각을 통해서입니다.

아이들이 태어날 때, 자연 분만의 경우에는 온몸이 다 만져지는 과정을 거칩니다. 촉각은 출생 과정에서 처음으로 깨어나게 됩니다. 자궁에서 시작해 산도를 지나는 동안의 강한 수축은 아기의 온몸을 마사지하며 촉각을 깨우고 활성화하게 해 줍니다. 이때 촉각이 너무 적게 자극되어진다면, (제왕 절개 수술을 하거나 인큐베이터 안에 벌거벗은 채 누워 있게 되는 것을 통해) 아이들은 종종 촉각적으로 예민해질 수 있습니다. 대부분의 사람들에게 별다른 느낌을 주지 않는 자극도 이 아이들에게는 매우 공격적일 수 있습니다. 그리고 촉각을 통해 세상을 탐색하는 자연스러운 행동을 회피하기도 합니다. 이런 아이들은 종종 옷의 질감, 압박 상태, 방의 온도 같은 것에 신경질적으로 까다로운 모습을 보입니다. 갓난아기를 포대기로 꼭 싸매 주는 것은 이러한 이유 때문입니다. 그러면 아기는 엄마의 자궁에 싸여 있던 상태로 돌아간 느낌을 받으며 편안해집니다.*

반대로 너무 오랫동안 과도한 자극에 혹사당한 아이들이 있습

---

* [수잔 하워드(2013), 〈하위 감각에 어려움이 있는 아이들을 어떻게 도와줄 것인가〉, 2013 AWTC 초청 강연] 참고.

니다. 이 아이들의 촉각은 '자기 방어의 제스처'로 차단되었을 수 있습니다. 이 아이들은 자신이 친구들을 만지고 있다는 것이나 자기 손이 모래와 진흙으로 덮여 있다거나, 혹은 신발을 잘못 신고 있다는 것을 인식하지 못할 수도 있습니다. 촉각은 내 몸이 어디에서 끝나고 세상이 어디에서 시작되는지를 알려 주는 경계에 대해 경험하게 해 줍니다. 이 경계는 나와 세상과의 경계를 말합니다. 스스로 그 경계를 명확히 느낄 수 있다면, 나는 내 안에서 안정감을 갖습니다. 이러한 자기 경계를 충분히 느끼지 못하게 되면 아이들에게 두려움과 무서움이 생깁니다. 가정 폭력에 노출되거나 성적인 학대를 겪은 아이들의 경우에는 경계감 자체를 박탈당한 것이기 때문에 오랜 시간 고생을 하게 됩니다. 아이들은 무의식적으로 자신의 경계감을 회복하기 위해 노력합니다. 청소년기에 자해를 하는 아이들이 종종 있는데, 이것은 자신의 경계를 느끼고자 하는 노력일 수 있습니다.

　이 몸이 나라는 인식, 그리고 나와 나 아닌 것에 대한 경계를 아는 것, 이 두 가지를 아이들은 촉각을 통해 배웁니다. 이를 통해 아이들은 내적 안정감과 자아 정체성을 확립하고, 타인의 자아를 인식할 수 있게 됩니다. 다른 사람의 자아를 느끼는 감각을 자아 감각이라고 합니다. 촉각은 자아 감각과 밀접한 관련이 있습니다. 자아 감각을 통해 우리는 다른 사람을 존중하고 배려할 수 있습니다. 만약 자아 감각이 건강하게 형성되지 않는다면 다른 사람을 물건 대하듯 할지도 모릅니다. 폭력적인 범죄를 저지른 사람들에게 공통적으로 나타나는 것도 이 자아 감각의 미숙함입니다. 그 원인을 거슬러 올라가면 촉각 경험의 문제에 도달할 수 있습니다. 어린 시절에 만져지고 만지는 활동을 충분히 경험하지 못한 아이들은 교실에서 친구들을 툭툭 치고 다니거나 공격적인 모습을 보이기도 합니다. 이 아이들에게는 자신의 경계를 확인하고자 하는 욕구가 있기 때문에 그렇게 표출됩니다. 교사는 아이들의 행동에 대한 배경을 잘 이해해야 합니다. 무턱대고 혼낼 것이 아니라 아이들이 정말로 찾고자 하는 것을 찾을 수 있도록 도와주는 것입니다.

학령기에 들어서기 전까지가 촉각의 발달에서 매우 중요한 시기입니다. 따라서 어린이집과 유치원에서는 촉각을 발달시킬 수 있는 놀이를 많이 하는 것이 좋습니다. 이야기와 함께 상황을 설정하여 책상과 의자 아래처럼 좁은 곳을 통과하고, 여러 명이 몸을 겹쳐 쌓는 등의 놀이는 촉각 발달에 큰 도움이 됩니다. 이불로 몸을 꼭 싸 주는 것을 아이들은 무척 좋아합니다. 낮잠을 잘 안 자는 아기도 꽁꽁 싸매 주면 잘 잡니다. 자기 몸을 느끼면서 편안해하기 때문입니다. 집에서는 부모님이 아이를 따뜻한 물로 목욕시켜 주고 오일이나 로션으로 마사지를 해 주는 것이 좋습니다. 전신 마사지를 싫어한다면 발 마사지를 해 줍니다. 여름에 바닷가에 갔다면 모래찜질을 하는 것도 아주 좋은 방법입니다. 날마다 시간을 정해 아이와 몸으로 놀아 주고, 같이 손을 잡고 산책을 하는 것도 꼭 필요한 일입니다. 이런 일은 불규칙적으로 하면 효과가 없습니다. 꾸준히 반복적으로 작업하는 것이 중요합니다.

소란스러운 아이들 : 생명 감각

생명 감각은 '안녕 감각'이라고도 합니다. 누군가 우리에게 안녕하냐고 물어볼 때 우리는 굳이 거울을 볼 필요가 없습니다. 내가 안녕한지, 안녕하지 않은지는 내 몸이 느끼기 때문입니다. 잠재의식 속에서 우리의 몸 상태를 느끼는 감각이 바로 생명 감각입니다. 배가 고픈지, 목이 마른지, 감기가 올 것 같은지, 피곤한지, 자야 하는지, 더 일할 수 있는지 등 생명의 작용에 대해 생명 감각은 예민하게 반응하고 신호를 줍니다. 흔히 이 신호를 몸이 들려주는 이야기라고 하며, 이 이야기에 귀를 기울이지 않으면 병이 찾아옵니다. 우리가 잠들어 있을 때도 생명 감각은 활동을 합니다. 덕분에 아침에 일어날 때 몸 상태가 상쾌한지, 거북한지 바로 알 수 있습니다.

우리 몸의 생명 작용에는 일정한 리듬이 있습니다. 쉽게 관찰할 수 있는 것은 호흡과 혈액의 순환입니다. 해가 뜨고 지는 것처럼, 또 계절이 순환하는 것처럼 들숨과 날숨, 그리고 맥박을 통해 우리는 우리 몸이 자연처럼 고유의 리듬이 있다는 것을 압니다. 다른 신체 기관도 자기만의 긴장과 이완의 리듬을 갖습니다. 이러한 리듬은 한 순간도 멈춰 있지 않습니다. 끊임없이 움직여 흐름을 만들어 냅니다. 그리고 모든 신체 기관은 전체 유기체로서의 조화로운 리듬을 만들어 냅니다. 마치 진자가 운동을 하는 것처럼 반복해서 움직이는 이 리듬은 세 가지 주요 지점이 있습니다. 양극점과 중심점입니다. 과하고 부족하고, 또 적절한 상태를 오가는 리듬은 아이들의 발달과 관련해 중요한 의미를 갖습니다. 발달은 저절로 이루어지지 않습니다. 결정적 시기마다 적절한 도움이 필요합니다.

양극점에 치달았을 때 생명 감각은 고통을 호소합니다. 너무 많이 먹어도 괴롭지만 굶주려도 괴롭습니다. 너무 적게 자도 몸이 힘들지만 그렇다고 너무 오래 자는 것도 몸에 좋지 않습니다. 역설적으로 이때의 고통은 발달에 도움을 줍니다. 아이들을 너무 부족함 없이 키우려는 태도가 오히려 아이들에게 해가 될 수도 있습니다. 항상 배불리 먹는 아이들은 어느 정도로 먹는 것이 적절한 것인지를 파악하지 못하게 됩니다. 아이들에게는 배부름과 함께 배고픔의 체험도 필요합니다. 하지만 요즘 아이들은 배고프기 전에 항상 무언가를 먹습니다. 감각적으로 부족함을 느끼지 못하고 크는 것은 교육적으로 보았을 때 안타까운 일입니다. 또 아이들은 심심하고 지루한 시간도 보내야 합니다. 놀이 습관이 수동적으로 된 아이들은 유치원이나 학교에 가면 중요한 순간에 참지 못하는 경향을 보입니다. 이야기를 잘 듣다가 중요한 부분에서 갑자기 소리치거나 일어나 돌아다니기도 합니다. 아이가 조금만 힘들어해도 바로 개입하고, 짧은 거리도 늘 차로 태워 주는 것은 아이를 도와주는 게 아닙니다. 아이들은 추운 날씨도 겪어 보고 무더위도 이겨 내는 경험 속에서 생명 감각이 강해집니다. 자기에게 적정한 식사량과 수면량, 옷을 입는 정도까지 아이들은 양극점을 오가며 스스로 찾아가게 됩니다.

만 3세 이후의 아이들은 관심을 가진 일을 하기 위해 기본적 욕구를 참아 내기도 해야 합니다. 이를 통해 자신의 경계를 체험하는 것이 중요합니다. 그것은 자기 신뢰, 즉 자기가 할 수 있다는 것을 알아 가는 일입니다. 자기를 극복하는 체험이라고 할 수 있습니다. 마찬가지로 아이들에게는 과제를 수행하는 것과 규율을 지키는 것도 중요합니다. 우리는 힘든 과제를 끝까지 해낼 수 있는 기회를 아이들에게 주어야 합니다. 어려운 일을 스스로 해낼 때 아이들은 자신감을 얻게 되며, 교실에는 성숙한 질서 의식이 자라게 됩니다. 경력이 쌓이다 보면 가끔 굉장히 혼란스럽고 질서가 안 잡히는 교실을 만나게 됩니다. 아이들 수준에 맞게 과제를 내었음에도 거부를 하고, 수업 시간에 어떤 활동을 하자고 하면 하기 싫다고 난리를 칩니다. 수업 시간이 시작되었음에도 몇몇 아이들은 자리에 앉지 않고 돌아다니며 소란을 피우는 게 대표적인 예입니다.

　이런 경우는 부모 또는 그전 교사들에 의해 아이들이 그렇게 커 온 것입니다. 아이들이 싫다고 난리를 치면 하기로 했던 것을 포기하고 항상 다른 것으로 넘어간 것입니다. 과제를 정해진 기한까지 제출하지 않아도 그것에 대해 교사가 적절하게 대응하지 않았을 수도 있습니다. 이런 일이 반복되면 아이들은 교사가 요구하는 힘든 작업을 거부하고 노력해서 해내는 일을 경험할 수 없습니다. 이렇게 해서 교실은 원칙이 없는 반이 되는 것입니다. 그 결과 아이들은 스스로를 믿지 못하고 쉽게 자포자기합니다. 누군가 좋은 아이디어를 내어도 끝까지 해낼 거라는 믿음이 없기 때문에 노력해서 이겨 내지 못합니다. 이런 학급을 맡았다면 교사는 강력한 의지를 내야 합니다. 갈등 상황이 벌어진다 해도 교사가 원칙을 꺾어서는 안 됩니다. 물론 폭력적인 방식으로 흘러가서는 안 됩니다. 규모가 큰 연극 공연을 준비해서 올리거나 신체적 한계를 경험하는 여행을 함께 가는 것도 좋은 방법입니다. 이를 통해 아이들은 책임감을 배우게 됩니다.

　생명 감각은 신체 기관의 편안한 상태 또는 쾌적한 상태에 대한 느낌을 줍니다. 그래서 생명 감각은 우리가 아프거나 불편함을 느낄 때에야 비로소 인식할 수 있습니다. 어른들은 피곤하면 쉬거나 일찍 잠자리에 들지만 아이들은 너무 피곤하거나 자극을 많이 받은 날에는 오히려 잠을 잘 못 잡니다. 생명 감각에 문제가 생긴 아이들은 항상 마음이 불안하며 좌불안석인 모습을 보여 줍니다. 자기 몸 안에서 편안한 상태를 느끼지 못하기 때문에 그 불편함을 몸으로 표출하는 것입니다. 생명 감각의 혼란된 상태는 리듬적 일상생활에서 드러납니다. 유치원이나 학교에서 이루어지는 일과 활동의 안정된 리듬은 건강한 생명 감각을 위해 도움이 됩니다. 반복되고 안정적인 경험들, 신체적인 따뜻함뿐만 아니라 교사의 영혼적인 따뜻함, 편안하고 아늑한 교실 환경은 아이들에게 큰 도움이 됩니다.

침울한 아이들 : 운동 감각과 균형 감각

교실에는 가만히 못 있고 행동이 과잉된 아이들도 있지만 아무런 행동도 없이 침울한 모습으로 잘 어울리지 못하는 아이들도 있습니다. 이 아이들은 움직임의 즐거움을 모르는 것처럼 보입니다. 스스로 소외되었다고 느끼고 심하면 따돌림을 당하기도 합니다. 이런 경우에는 아이의 운동 감각과 균형 감각에 어려움이 있는지 살펴봐야 합니다. 인간은 움직임을 통해 기쁨과 자유로움을 느낍니다. 운동 감각은 움직임에 관한 감각입니다. 팔 하나를 움직인다고 했을 때 움직이는 것은 팔 하나뿐이 아닙니다. 온몸의 근육이 함께 움직입니다. 몸 안에서 근육들은 모두 연결되어 있고 작은 움직임 하나에도 조화로운 상호 작용이 벌어집니다. 무언가를 보거나 들을 때도 마찬가지입니다.

아이들은 모방을 통해 다양한 움직임을 배웁니다. 주변의 모든 움직임을 관찰하고 내적으로 받아들인 다음 그 움직임을 흉내 냅니다. 만약 갓난아기 주변에 일어서서 걷는 사람이 없다면 아기는 걷기를 배울 수 없을 것입니다. 늑대에게 길러진 아이들은 늑대처럼 네 발로 걸을 뿐 일어서서 걷지 못했다고 합니다. 이처럼 아이의 운동 감각은 주변 어른의 움직임에 큰 영향을 받습니다. 아이들에게는 마음껏 움직일 수 있는 기회가 주어져야 합니다. 요즘 아이들은 확실히 예전보다 움직임이 적습니다. 자동차를 많이 타서도 그렇지만 스마트폰이나 TV, 컴퓨터를 보는 시간이 많아져 그만큼 움직이며 놀이를 하는 시간이 줄어들었기 때문입니다. 그래서 간단한 율동과 손유희도 머리로는 어떻게 하는지 알아도 직접 하는 것은 어려워합니다. 이렇게 운동 감각에 어려움이 있는 아이들은 리듬 있게 전개되는 놀이나 활동에 잘 끼어들지 못합니다. 세상이 너무 빨리 움직여서 거기에 어떻게 들어가 모방해야 할지 모르는 상태이기 때문입니다.

사람들은 저마다 고유의 움직임이 있어 함께 움직이며 놀 때 특정한 리듬이 생깁니다. 새로운 사람이 거기에 들어가려면 전체의 리듬에 어울릴 수 있는 힘이 있어야 합니다. 만약 그런 힘이 없다면 문제가 발생합니다. 아이들끼리 긴줄넘기를 할 때 리드미컬하게 잘하다가도 어떤 아이가 들어가기만 하면 리듬이 깨지는 경우를 종종 보게 됩니다. 줄을 잡은 사람 둘이 줄넘기를 돌리면 아이들은 뛰어들기 전에 기다리면서 몸 전체로 줄넘기의 리듬을 탑니다. 그 리듬을 타고 있으면 언제 들어갈지를 알 수 있습니다. 운동 감각에서 민첩함만큼이나 중요한 게 바로 이 타이밍을 아는 능력입니다. 이 능력이 부족한 아이들은 움직임이 경직되어 있고 모두와 함께 어울리는 힘도 약할 수밖에 없습니다. 수업에서도 마찬가지인데, 수업의 리듬에 잘 들어오지 못하는 아이들은 전체 과정에 자연스럽게 참여하지 못하고, 참여한다 해도 오래 버티지 못한 채 전체의 리듬 밖으로 튕겨 나와 버립니다. 어떤 아이들은 노력을 통해 들어오긴 하지만 너무 많은 시간이 지나 수업이 금세 끝나 버리곤 합니다. 이런 경험이 반복되면 아이들은 좌절하고 점점 학교에 가기 싫어집니다. 이런 경우는 심리 치료가 별 도움이 되지 않습니다.

운동 감각이 건강하지 못한 아이는 자신의 손과 발이 공간적으로 어디에 있는지 지각하지 못할 수 있습니다. 자기 팔로 다른 친구가 20분이나 걸려 만든 장난감 집을 무너뜨렸으면서도 자신이 한 것이라고 믿지 못하기도 합니다. 건강한 운동 감각은 자신의 움직임을 조절하고 억제할 수 있는 능력을 줍니다. 아이들은 놀이를 통해서 그런 능력을 키워 갑니다. 놀이를 할 때 적절한 근육의 긴장을 유지하도록 하는 것은 운동 감각에서부터 나옵니다. 또한 우리가 직립 자세를 유지하는 것 역시 운동 감각의 중요한 기능 중 하나입니다. 운동 감각에 어려움이 있는 아이들은 바르게 서 있는 것이 괴로운 일인 것처럼 보이기도 합니다. 다른 사람이나 물건에 자주 부딪히고, 왠지 움직임이 서툴러 보이며, 힘이 없거나 구부정한 자세를 가진 아이들은 운동 감각에 어려움이 있을 수 있습니다.

균형 감각은 운동 감각과 특히 밀접한 관련이 있습니다. 직립 자세는 운동 감각과 함께 균형 감각이 기능하지 않으면 불가능한 자세입니다. 균형 감각은 일반적으로 '전정 감각'이라고 알려져 있으며, 중력과 관련하여 안정감을 느끼게 해 줍니다. 전정 기관인 세반고리관은 복잡하고 섬세한 구조로 귀의 가장 안쪽에 위치합니다. 여기에 문제가 생기면 자아는 몸속에 깃들어 의식을 유지할 수 없는 상태가 됩니다. 우리 몸은 균형을 잃고 자아를 잃어버리게 됩니다. 이럴 때 어지러움, 즉 멀미가 납니다. 심하면 기절하기도 합니다. 우리가 직립을 할 수 있는 이유는 균형 감각이 있기 때문이며, 이 말은 우리 몸에 자아가 제대로 자리 잡았다는 뜻이기도 합니다.

균형 감각을 통해 우리는 공간의 방향을 인지할 수 있습니다. 방향이 전환되는 놀이를 할 때 정확하게 방향을 잡을 수 있게 해 줍니다. 또한 균형 감각은 걸을 때 빨리, 천천히, 그리고 멈추는 것을 가능하게 합니다. 균형 감각이 잘 발달한 아이들은 어느 정도의 속도로 달리고 멈춰야 다른 사람과 부딪히지 않는지를 잘 압니다. 이것은 신체적인 움직임뿐만 아니라 심리적으로도 다른 사람에게 어느 정도로 다가가야 하는지, 또 언제 멈춰야 하는지를 알게 해 줍니다. 이런 균형 감각이 잘 발달된 아이는 밖이 아무리 소란스러워도 방해받지 않고 자기가 집중하고 있는 일을 할 수 있습니다. 자기 자신을 잘 지켜낼 수 있기 때문입니다. 그에 비해 균형 감각이 덜 발달된 아이들은 옆에서 무슨 일이 일어나면 쉽게 휩쓸려 집중을 하지 못하게 됩니다. 어른이 되어서도 자기 삶의 방향성을 찾는 것을 힘들어할 수도 있습니다.

균형 기관에 어려움을 가진 아이들은 두 가지 극단적인 모습을 보입니다. 어떤 아이들은 움직임에 아주 민감하여 회전을 하거나 머리를 돌리는 것과 같은, 균형 기관을 자극하는 움직임을 회피합니다. 이런 아이들은 가급적 움직이지 않으려고 합니다. 이와는 달리 항상 움직임을 갈구하는 아이들이 있습니다. 이 아이들은 회전 그네를 타고도 어지러워하지 않습니다. 그리고 이 아이들은 의자에 앉아서도 안절부절 못하고 계속 흔들거립니다. 마치 계속해서 움직임이 필요한 것처럼 보입니다. 또한 위험한 상황에 대한 주의력이 부족해 무모한 행동만 골라서 하는 악동처럼 보일지도 모릅니다. 이런 아이들의 균형 감각은 자극에 반응을 잘 하지 못하고, 몸의 균형 중심이 어디에 있는지를 끊임없이 확인하고자 합니다. 이런 아이들을 위해 유치원과

학교에서 교사는 서두르지 않고 차분한 모습을 보여 주는 것이 좋습니다. 말을 할 때는 천천히 또박또박 말하고 아이가 잘 이해하지 못한 것 같으면 반복해서 들려줍니다. 이 아이들에게는 교사의 잘 형성된 언어와 움직임이 중요합니다.

운동 감각과 균형 감각에 어려움이 있는 아이들에게 세상은 너무 빠르고 복잡합니다. 제대로 활동에 참여하지 못하고 실수를 반복하며 주저하는 아이를 비난하거나 혼내는 것은 좋지 않은 방법입니다. 감정적으로 화를 내거나 실망하는 모습을 보이는 것도 마찬가지인데, 그런 태도는 아이에게 아무런 도움이 되지 않습니다. 오히려 더 움츠러들게 할 뿐입니다. 이런 아이들에게는 직접적으로 지적하는 것보다 이야기를 지어내 들려주거나 음악적인 분위기로 감싸 줄 수 있다면 아주 좋습니다. 전래놀이를 많이 할 수 있도록 하는 것도 좋은 방법입니다. 어떤 활동을 하더라도 천천히 따라 할 수 있도록 배려하는 게 필요합니다. 하지만 아이들이 옳지 않은 행동을 했을 때는 반드시 교사로서 반응을 해 주어야 합니다. 그 반응을 느껴야만 아이들은 경계를 체험합니다. 체벌이나 비난이 아닌 방식으로 아이들에게 경계를 느끼게끔 반응하는 것이 중요합니다.

네 가지 하위 감각의 건강한 발달과 감각 통합은 지상의 삶을 위해 필요한 더 높은 차원의 능력인 인지적, 사회적, 정신적 능력을 위한 토대가 됩니다. 하위 감각이 건강할 때, 아이들은 물질적 몸 안에 머무는 것이 즐겁고 기쁠 것입니다. 그럴 때 아이들은 세상을 탐색하고 싶어 하고, 모든 감각의 영역에서 새로운 경험을 환영합니다. 하위 감각이 건강하게 발달한 아이들은 좋은 균형을 지니며, 또한 적절한 신체적, 사회적 경계를 이해하게 될 것입니다. 그러나 우리가 교실에서 매일 만나는 아이들의 행동을 보면, 이 네 가지 하위 감각을 통해 자아가 신체 안으로 육화하는 데에 어려움을 겪고 있는 것을 보게 됩니다. 이러한 감각적 어려움은 생활 방식life style의 문제에 기인하며, 특히 전자기기의 과도한 사용이 그 원인 중 하나입니다.

전자기기의 영향

어린아이들이 TV나 스마트폰을 보는 것을 관찰해 보면 약간 긴장한 채 입을 반쯤 열고 시선을 빼앗긴 상태입니다. 아이들은 전자기기를 보면서 '혼미한 긴장 상태'에 빠집니다. 방송 제작자들은 이를 이용해서 어린이 시청자의 관심을 끌기 위해 지속적인 충격을 주려고 합니다. 프로그램을 제작하면서 예기치 못한 잡음이나 갑작스러운 소리와 빛의 변화를 넣는 것입니다. 이러한 충격은 일종의 스트레스가 되어 교감 신경계에서 신체와 뇌로 특정한 호르몬을 계속해서 분비되도록 합니다. 이 호르몬은 보통 위험한 상황에 처했을 때를 위해 저장되어 있지만 신경계가 과도한 자극과 스트레스를 받으면 양을 조절하지 못하고 더 많은 양을 정상으로 받아들이게 됩니다. 그리고 다시금 더 강한 자극이 아이들의 흥미를 이끄는 데 필요해집니다. 이것이 방송 제작자들이 해 온 방식입니다. TV를 비롯해 컴퓨터와 스마트폰으로 동영상을 보는 아이들은 그래서 호르몬의 포화를 맞게 된다고 할 수 있습니다. 우리는 전자기기의 과도한 자극으로 인해 아이들에게서 주의력 부족, 걱정, 불안, 예민함 등이 증가하는 것에 대한 연관성에 주목해야 합니다. 이로 인해 작은 일로도 쉽게 갈등이 벌어지고, 벌어진 갈등이 잘 해결되지 않는 모습을 볼 수 있습니다.

전자기기에 의한 감각적 자극에 더해, 아이들은 자유롭고 즐겁게 움직일 수 있는 기회를 점점 잃어가고 있습니다. 오늘날 우리는 더 많이 운전하고 더 적게 걷습니다. 아이들도 카시트에서 오랜 시간을 보내며, 걷기보다 차 타는 것을 더 선호합니다. 안전하게 동네에서 노는 것이 힘들어졌고, 창조적인 놀이를 만들어 내거나 친구들과 동네 이곳저곳을 탐험하는 것도 과거의 일이 되어 버렸습니다. 다들 학원에 가기 때문에 친구들과 놀기 위해서는 같이 학원을 다녀야만 하는 상황입니다. 몸을 써서 직접 놀기보다 연예인들이 어울려 노는 것을 TV로 구경하는 시간이 더 많아졌습니다. 하위 감각을 강화하고 연습할 수 있는 자연스러운 기회가 되었던 작업과 집안일들이 줄어든 것도 아쉬운 일입니다. 전자기기를 많이 사용할수록 아이들은 움직일 필요가 없습니다. 이는 발달 지체로 이어질 수 있습니다. 그래서 많은 아이가 학교에 입학할 때 이미 발달 지체 상태가 됩니다. 자유롭게 뛰어놀고 움직임 활동을 하는 것은 주의력과 학습 능력에 절대적인 영향을 끼칩니다. 아이들의 부정적인 행동과 갈등 사건이 증가하는 것은 일종의 위기 신호입니다. 필요하지만 충분히 누리지 못하는 감각 활동에 대해 보충해 주기를 아이들이 요구하고 있는 것입니다.

아이들의 보호자로서 우리는 전자기기에 대해 특히 경각심을 가져야 합니다. 미국 소아의학과 협회에서는 만 2세 이하의 아이들에게 전자기기 자체를 금지해야 한다고 주장합니다. 덧붙여 3세에서 5세의 유아는 하루 한 시간, 6세에서 18세는 하루 2시간 이내로 노출을 제한해야 한다고 합니다. 가능하면 초등학교 때까지는 스마트폰이나 태블릿 피시, 컴퓨터, TV 등을 사용하지 않도록 하는 것이 가장 좋습니다.* 실리콘밸리의 첨단기기 산업 종사자들의 자녀에게 전자기기 과잉 사용으로 인한 문제가 발생하자 부모들이 발도르프학교를 세운 것은 유명한 이야기입니다. 발도르프학교에서는 원칙적으로 TV 시청을 금지하고, 상급 과정 전까지 스마트폰을 갖거나 컴퓨터로 정보를 검색하는 일도 허용되지 않습니다. 과학자들에 따르면 만 2세까지 아기의 두뇌는 세 배로 성장하고, 7세가 될 때까지 급속도로 발전합니다. 초기 두뇌의 발달은 주변 환경의 감각적 자극에 좌우됩니다. 이때 자연물을 통한 건강한 자극을 주는 것이 중요한데, 전자기기와 같은 인위적 자극으로부터 보호하는 일도 매우 중요합니다.

12세 이하의 아이가 전자기기를 사용하면 발달과 학습에 해로운 영향을 끼친다는 것은 이미 과학적으로 밝혀졌습니다. 전자기기를 많이 사용하는 아이들에게 우울증, 불안감, 애착 장애, 주의력 결핍, 자폐증, 조울증, 행동 과잉의 비율이 높게 나타납니다. 빠른 속도의 화면 전환은 집중력과 기억력을 퇴화시킬 뿐만 아니라 주의력 결핍의 원인이 되기도 합니다. 집중할 수 없으면 배우지도 못합니다. 또한 미디어에서 나오는 폭력적인 내용은 아이들의 공격성에 영향을 줄 수 있습니다. 어린아이들은 오늘날 미디어를 통해 성적이고 폭력적인 내용을 너무나 많이 접하고 있습니다. GTA 5^{Grand Theft Auto V} 같은 인기 게임에는 노골적인 성행위, 살인, 강간, 고문, 절단 등의 내용이 나옵니다. 통제가 불가능하고 폭력성을 띠는 아이들의 수가 증가하는 현상과 연관이 없을 수 없습니다.

---

* ["12세 미만 아이에게 전자기기를 금지해야 하는 10가지 이유", The Huffington Post korea, 2014년 3월 15일자(www.huffingtonpost.kr/2014/03/15/story_n_4961932.html)] 참고.

전자기기가 '만악의 근원'이라는 말은 아닙니다. 동영상 시청이나 게임만 금지하면 모든 문제가 해결되는 것도 아닙니다. 교육적인 관점에서 핵심은 아이들의 삶을 회복시키는 것입니다. 그러기 위해서는 아이들의 발달에 관한 이해가 우선 갖춰져야 하고, 아이들의 일상생활에 대한 더 큰 관심과 보호가 필요합니다. 부모와 교사는 아이들이 내적으로 요구하는 활동들을 더 많이 제공해 주어야 합니다. 어린아이들일수록 어른들의 올바른 모범 속에서 마음껏 놀 수 있는 시간과 공간, 그리고 놀이의 방법과 재료가 요구됩니다. 교실에서 벌어지는 수많은 갈등의 뿌리에 아이들의 채워지지 않은 욕구가 있다는 것을 더 이상 외면할 수 없습니다.

인간 의식의 발달 단계
: 그레이브스의 나선형 모델

인간의 발달 단계에 관한 연구는 폭넓고 다양합니다. 루돌프 슈타이너의 발달론도 탁월하지만, 그에 못지않게 심오하고 또 훌륭한 발달 체계를 제시한 연구자들이 많습니다. 정신분석학의 전통에서 출발한 에릭 에릭슨의 '심리사회적 단계psychosocial stages' 연구는 대중뿐만 아니라 수많은 연구자들의 공감을 얻었습니다. 장 피아제와 제임스 마크 볼드윈의 연구에 이어서 에릭슨 역시 발달의 각 단계는 서로 다른 욕구와 과제, 그리고 딜레마가 있다고 보았습니다. 이러한 관점은 개인적 차원에 그치는 게 아니라 사회적 차원, 다시 말해 인류 차원의 의식 발달과도 관련됩니다.

발달 심리학자 클레어 그레이브스는 연속된 존재의 각 단계를 다른 존재 상태로 나아가기 위한 하나의 상태로 보았습니다. 그에 따르면, 인간의 심리는 당면한 실존적 문제에 따라 낡고 낮은 차원의 행동 체계에서 점차 새롭고 높은 차원의 체계로 종속되고 펼쳐지며 흔들리는 나선적 과정입니다. 발달하는 인간이 존재의 어느 한 상태에서 중심을 잡으면, 다시 말해 자아의 무게 중심이 특정한 의식 수준에 머무르면 그 사람은 그 상태 특유의 심리를 갖게 됩니다.* 그리고 새롭게 다가오는 실존적 문제에 의해 인간의 자아는 새로운 의식 수준으로 나선 형태로 이동해 중심을 잡아 나갑니다.

나선역학Spiral Dynamics 이론은 그레이브스의 이론을 그의 제자인 벡과 코완이 정립한 8단계 가치 시스템입니다. 브이밈즈vMEMES라고 부르기도 하는 이 분석표에 관심 있는 분들은 사이드 돌라바니의 《밈노믹스》라는 책을 참고하시기 바랍니다.** 여기에서 밈meme이란 진화생물학자 리처드 도킨스가 저서 《이기적 유전자The Selfish Gene》에서 처음 사용한 용어로, 생물학적인 유전자 '진gene'처럼 개체의 기억에 저장되거나 다른 개체의 기억으로 복제될 수 있는 문화적 유전자를 뜻합니다.

밈은 인간 본성을 규정하는 정보의 전달자 진과 마찬가지로, 문화적 특성을 규정하는 정보를 전달하는 기능을 수행합니다. 우리 주변에서 일어나는 모든 현상의 이면에 밈이 작용하고 있는 것입니다. 이러한 밈과 가치value 시스템이 결합해 8단계의 가치 체계 밈 이론으로 발전한 것입니다. 관점을 확장해 우리 사회의 의식과 문화 수준이 어디에 위치해 있고, 또 어디로 나아가야 할지를 알아보기 위해 8단계의 특징들에 대해 살펴보겠습니다.

이 단계들은 그저 지나가거나 건너뛸 수 있는 단계가 아닙니다. 각각의 인간과 인류는 차례대로 단계를 밟아 가며 성장합니다. 여기에는 크게 두 가지 층이 있는데, 앞의 여섯 단계는 '생존 수준'이라 부르

---

* 켄 윌버, 조옥경 옮김(2008), 《켄 윌버의 통합심리학》, 학지사, 73쪽.
** 사이드 돌라바니, 박세연 옮김(2014), 《밈노믹스 : 21세기 경제 시스템》, 엘도라도.

고, 뒤의 두 단계는 '존재 수준'이라고 부릅니다. 두 번째 층위인 존재 수준에서 인간의 의식은 혁명적 변화가 일어납니다.

색깔에 따라 구분되는 단계들을 하나씩 살펴보자면, 1단계는 베이지색으로 기본적 생존 수준입니다. 최초의 인간 사회, 신생아처럼 원시적이고 본능적입니다. 음식과 물, 온기, 안전 등이 우선시됩니다. 생존하기 위해 습관과 본능이 사용되고, 이 단계에서는 교육이랄 게 없습니다. 이 의식 단계를 볼 수 있는 곳은 신생아들만을 모아 놓은 보육원이나 아주 노쇠한 노인들이 지내는 요양병원, 최후의 단계에 있는 알츠하이머병 환자 또는 기억 상실증 환자들의 병동 등입니다.

다음으로 2단계는 보라색입니다. 여기에서의 사고는 마술적이고, 혈연 및 부족의 가치를 지향하며, 생존을 위해 뭉치는 단계입니다. 혈족 관계와 혈통이 정치적 연결을 형성합니다. 이 단계에서 사람들은 부족 또는 집단을 위해 충성하고 희생하며 전통과 관습을 지켜 나갑니다. 교육은 가족 내에서 이뤄지고 의식과 관습에 크게 의존합니다. 학생들은 수동적이며 개인의 창조성은 허락되지 않습니다. 부두교와 유사한 저주에 대한 믿음, 피로 맺은 맹세, 미신, 인종적 신념, 스포츠 팀, 지하 조직 등에서 이 단계의 특징을 엿볼 수 있습니다.

3단계는 빨강입니다. 부족과 구분된 자아가 최초로 출현합니다. 강력하고 충동적이며 자기중심적인 영웅 또는 악당이 나타납니다. 여기에서 세계는 위협과 약탈로 가득 찬 정글입니다. 신화적 신, 용, 괴물 등이 출현하고 봉건지주가 복종과 노동의 대가로 신하를 보호합니다. 권력과 영광만이 봉건 왕국의 근거가 됩니다. 조폭이나 제국, 독재 국가 등에서 이런 가치 시스템을 볼 수 있습니다. 미운 네 살, 반항적인 젊은이, 개척자 정신, 007식 악당, 파리 대왕 등도 마찬가지입니다. 의사 결정은 가장 힘센 사람이 하고 추종자들은 그저 따라야 합니다. 이 단계에서의 교육은 가치에 대한 구체적인 기준과 엄격한 사랑의 모습으로 이루어집니다.

4단계는 파랑입니다. 여기에서는 절대적이고 불변하는 진리에 근거를 둔 질서가 행동의 규약을 집행합니다. 규약을 따르면 보상을 얻지만 그것을 위반했을 때는 심각하면서도 영구적인 대가를 치러야 합니다. 단 한 가지의 올바른 방향이 있고, 권력에 대한 복종을 기반으로 하며, 인간의 개성은 희생되어야 합니다. 이슬람이나 유대교의 강력한 율법, 근본주의, 애국심, 해병대, 스카우트 등에서 이 가치 체계를 볼 수 있습니다. 교육은 엄격하고 처벌적이며, 이분법적 특성을 보입니다. "매를 아끼면 아이를 망친다"라고 믿는 사람들이 따르는 단계입니다. 최고의 시민이란 자신의 자리를 알고 규범을 따르는 사람입니다. 여기에서는 응보적 정의가 사회를 지배합니다.

5단계는 주황입니다. 파랑의 집단적 희생 개념이 과거의 영광을 잃어버릴 때 등장하는 주황은 기술과 혁신, 과학의 상징입니다. 과학적 발견과 자본주의 시장 경제에서 볼 수 있듯 이 단계에서 인간은 매우 성취 지향적이고 물질적 이득을 추구하는 데 거리낌이 없습니다. 공동체는 성공을 거둔 이들을 존경하고 경쟁을 신성시 여깁니다. 경제적 풍요는 이들의 최종적 목표입니다. 세계는 자신의 탁월함으로 승리한 자가 패배자에게 거드름을 피우는 게임의 현장입니다. 월스트리트, 식민주의, 냉전, 패션 산업, 유물론, 신자유주의 등이 대표적입니다. 이 단계를 지나고 있는 사람들은 이렇게 묻기 시작합니다. "이 모든 게 정말로 우리의 삶을 위한 것인가?" 이 단계는 아마 얼마 전까지 우리가 겪어 왔던 경쟁 사회의 민얼굴일 것입니다.

다음으로 6단계는 초록입니다. 이 단계는 공동체와 감성을 기반으로 이뤄지고 생태계를 소중히 여깁니다. 계층 구조에 대항하며 수평적 유대와 연결을 만듭니다. 여기에서 중요한 가치는 경쟁이 아니라 내적 평온, 평등하고 개방적인 태도, 모든 도덕적 입장에 대한 상대주의적 태도, 집단의 조화, 경험의 공유, 그리고 협동입니다. 요약하자면 평등주의와 인도주의입니다. 자기중심적이지 않은 자아, 관계의 회복, 폭력적이지 않은 대화 등이 강조됩니다. 그러나 빛이 있으면 그림자가 있기 마련입니다. 이 단계의 그림자는 끝나지 않는 회의, 합의에 도달하기까지 너무나 많은 에너지의 낭비, 모든 권위와 위계에 대한 거부감, 지나치게 허용적인 태도 등입니다. 초록 단계는 결코 진보의 최종 목적지가 아닙니다. 혁신학교나 발도르프학교의 궁극적 지향도 이 단계일 수 없습니다. 초록 밈이 완성되면 인간의 의식은 '두 번째 층의 사고'로 비약을 할 태세를 갖춥니다.

첫 번째 층의 각 단계(1-6단계)는 자기만의 세계관이 옳고 가장 최선의 관점이라고 생각합니다. 만약 외부의 위협을 받으면 자신의 도구를 사용해 맹렬히 공격합니다. 파랑의 질서는 빨강의 충동성과 주황의 개인주의 모두를 매우 불편하게 여깁니다. 주황의 성취는 파랑의 질서를 애송이 같다고 생각하며, 초록의 유대를 나약하면서도 떼를 쓴다고 생각합니다. 초록의 평등주의는 탁월함, 가치 순위, 큰 그림 혹은 권위적으로 보이는 모든 것과 쉽게 같이할 수 없습니다. 파랑은 우리가 흔히 말하는 전근대이고, 주황은 근대, 초록은 탈근대에 가까워 보입니다. 우리나라의 정당들과 각 단계를 연결 지어 보는 것도 재미있을 것입니다.

수십 년 동안의 많은 노력에도 불구하고 그다지 많은 것이 바뀌지 않았다는 사실을 일부 구성원들이 깨닫는 순간, 초록은 그다음 단계로 넘어갈 준비를 합니다. 두 번째 층의 사고와 함께 모든 것이 질적으로 변하기 시작합니다. 두 번째 층의 의식을 이용하는 개인은 본질적으로 계층 구조와 위계를 모두 사용해서 수직적인 동시에 수평적으로도 사고할 수 있습니다. 우선 초록의 집단적 접근 방식에서 다시 한 번 개인적인 접근 방식에 길을 내주게 됩니다. 두 번째 층에서 우리는 어느 한 수준에서만 사고하는 것이 아니라 존재의 모든 나선에서 사고합니다.

7단계는 노랑입니다. 여기에서 인간은 지금 어디까지 와 있으며 어디로 나아갈 것인지 비로소 이해하기 시작합니다. 이 단계는 초록과 주황, 파랑, 빨강, 보라의 건강한 측면들을 포함하며 이들 모두를 통합해 더욱 효과적인 시스템을 만들어 냅니다. 거시적인 관점으로 세상을 바라보고 문제 해결을 위해 새로운 접근 방식을 창조합니다. 필요하다면 평등주의는 타고난 탁월성의 정도에 따라 보완되어야 합니다. 지식과 능력이 계급, 권력, 지위, 집단을 대신하게 됩니다. 노랑 단계에서는 첫 번째 층에서 빚어진 건강치 못한 여러 활동들로 인해 산산조각 나 버린 세상을 하나로 통합하고자 합니다. 그러나 노랑의 개별적인 접근 방식은 한계가 있습니다. 이 단계의 사고방식이 점차 퍼져 나가고 생활 환경이 변화하기 시작하면서 점점 협력적인 활동이 필요하다는 사실이 드러납니다. 이제 마지막 단계로 이동합니다.

8단계는 신비한 청록입니다. 이 단계에서는 물질적인 것과 정신적인 것, 그리고 객관과 주관을 결합함으로써 삶과 존재에 관한 문제를 탐구하게 됩니다. 모든 것은 다른 것들과 서로 연결돼 있으며, 거시적이고 직관적인 사고방식과 협력적인 활동이 요구됩니다. 다원적 수준이 하나의 의식 체계로 통합되는데, 외적 질서(파랑)나 집단 유대(초록)에 기초하지 않은 살아 있고 의식적인 모습을 지닌 보편적 질서가 모습을 드러냅니다. 발도르프교육에서 말하는 의식혼적 사고, 비폭력 대화의 기린 문화, 그리고 회복적 정의가 궁극적으로 추구하는 이상이 이 단계에 맞닿아 있습니다. 그러나 청록의 가치 체계가 사회적으로 어떤 형태로 출현할지 지금 우리가 예상하기란 쉽지 않습니다. 지금까지의 그 어떤 체계와도 비슷하지 않을 것이기 때문입니다.* 수백 년은 아니어도 아마 수십 년의 시간은 족히 걸릴 것입니다.

여기서 제가 말하고자 하는 것은 우리의 미래는 초록의 단계가 결코 아니라는 점입니다. 물론 초록이 상당히 축적되어 있을 때만이 두 번째 층이 출현할 수 있습니다. 그러나 우리 아이들이 살아갈 미래는 첫 번째 층인 생존 의식에 따른 것이 아니라 두 번째 층인 존재 의식을 바탕으로 건설되어야 함을 분명히 하기 위해 이 체계를 살펴보았습니다. 이 책은 초록색 밈을 더 풍부하게 하고 직관력을 일깨워, 두 번째 층으로 한 발 더 나아가자는 제안이기도 합니다.

---

* 이 책에서는 5장 마지막 부분에 슈타이너의 사회적 비전을 소개하고 있습니다.

| 나선형 발달 단계 |

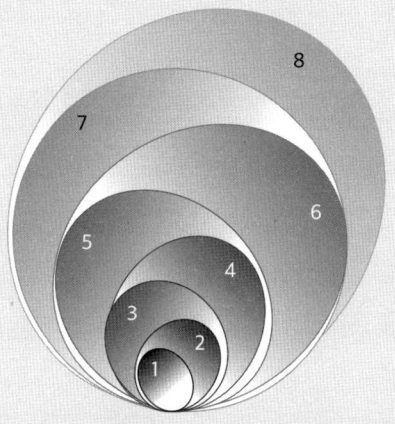

8. 거시적 전망 　상승 작용과 거시 관리
7. 탄력적 흐름 　체계를 통합하고 정렬하기
6. 인간적 유대 　내적 자아를 탐구하고, 사람들을 평등한 존재로 대우하기
5. 투쟁의 원동력 　번영을 위한 분석과 전략
4. 진실의 힘 　목적을 발견하고, 질서를 수립하며, 미래에 대비하기
3. 강력한 신 　충동적으로 표현하고, 자유를 추구하며, 강해지기
2. 동족 의식 　신비스런 세상에서 조화와 안전을 추구하기
1. 생존 본능 　타고난 본능과 감각을 예민하게 만들기

3장 /

비폭력 대화와
회복적 대화모임

"우리는 전혀 '폭력적'이지 않다고 생각하면서 말할 때도 종종 본의 아니게 자기 자신이나 다른 사람에게 상처를 입히고 마음을 아프게 한다."

- 마셜 로젠버그*

"인디언이 하는 모든 일은 하나의 원 속에 있다. 세상의 힘은 항상 원으로 작용하고, 모든 것은 둥글어지려고 노력하기 때문이다."

- 블랙 엘크**

---

* Marshall B. Rosenberg(2003), *Nonviolent Communication : A Language of Life*, PuddleDancer Press, pp. 2~3.
** John G. Neihardt(2014), *Black Elk Speaks*, Bison Books, p. 121.
　블랙 엘크는 수우족의 치료 주술사로 리틀 빅혼 전투에 참가했고, 운디드 니 학살에서 살아남은 북아메리카 인디언.

평화로운
대화의 조건

　최근 들어 각광을 받고 있는 긍정훈육법Positive Discipline의 모토는 '친절하면서도 단호한 교사'입니다.* 친절함과 단호함은 얼핏 모순되는 성향 같기도 합니다. 보통 친절하고 부드러우면 우유부단하기 쉽고, 단호하고 명확하면 경직되기 쉽다고 생각합니다. 그러나 친절함과 단호함은 양극단을 피한 조화로운 태도입니다. 물론 친절함이 지나치면 자유방임이 될 수 있고, 단호함이 지나치면 엄격함이 될 수 있습

---

* 제인 넬슨, 김선희 옮김(2010),《내 맘대로 안 되는 아이 제대로 키우는 긍정의 훈육》, 프리미엄북스, 23~24쪽.

니다. 자유방임의 훈육은 지나친 허용으로 아이들을 무책임하게 만들고, 엄격한 훈육은 지나친 통제로 아이들을 억압할 수 있습니다. 이러한 극단성을 인지학에서는 악에 비유합니다. 악의 반대말은 선이 아니라 또 다른 악이라는 것이 슈타이너의 관점입니다. 악의 반대에는 늘 또 다른 악이 있습니다. 지나친 허용의 반대가 지나친 통제이듯, 인색함의 반대는 낭비이고, 독단의 반대는 무관심이며, 비겁의 반대는 만용입니다.*

악이 극단과 또 다른 극단이라면, 선은 그 사이의 균형 또는 조화를 뜻합니다. 이때의 균형과 조화란 기계적인 것이 아닙니다. 균형 잡힌 사람은 유연하고 변화에 열려 있습니다. 이와 달리 극단적인 사람은 경직되어 항상 같은 패턴의 모습에 안주합니다. 비겁한 사람은 항상 겁이 많고, 만용을 부리는 사람은 언제나 분별없이 날뜁니다. 독단적인 사람은 너그럽기 힘들며, 세상일에 무관심한 사람은 자기 신념이란 게 없습니다. 인색한 사람은 늘 지갑을 닫고, 낭비가 심한 사람은 늘 지갑을 엽니다. 극단적인 패턴에 갇히면 자유로울 수 없습니다. 그런 사람은 자아를 잃어버린 듯 자기중심이 없습니다. 자기중심이 없는 사람은 객관적으로 자신을 볼 수 없고 자기 인식이 안 되니 오히려 자기중심성에 빠져 있게 됩니다.

악과 선이라는 말 대신 병과 건강이라는 말을 써도 좋습니다. 열이 지나치게 높거나(고열 증세) 열이 너무 떨어지는 것(저체온증)은 모두 건강한 상태가 아닙니다. 지나치면 모자람만 못하다고 하지만 너무 모자라도 큰일입니다. 갑상선 기능 항진증도 병이고, 갑상선 기능 저

---

* Michael Debus, Das Wesen des Guten, Die Christengemeinschaft, November, 2002.

하증도 병입니다. 너무 많이 먹어도 문제지만 먹는 걸 거부해도 문제입니다. 건강한 삶을 사는 사람은 때로 신중하고 때로 용기를 냅니다. 자기 신념이 있는 사람이 관용적 태도를 보일 수 있고, 원칙이 확고한 사람만이 유연해질 수 있습니다. 마찬가지로 검소하게 생활하다가 필요할 때는 여유 있게 베풀 줄 아는 사람이 건강한 사람입니다. 선 또는 건강이란 하나의 흐름이자 살아 있음입니다.

자유방임	←	< 친절	~	단호 >	→	엄격함
낭비	←	< 여유	~	검소 >	→	인색
무관심	←	< 관용	~	신념 >	→	독단
비겁	←	< 신중	~	용기 >	→	만용
극단		←	균형	→		극단

갈등이 고조될수록 우리는 극단적인 태도에 빠지기 쉽습니다. 갈등의 당사자들은 극과 극이 되어 대립하고, 상대방에게 극단적인 이미지를 덧씌워 비난합니다. 칡과 등나무처럼 얽히고설킨 이런 경우에 우리는 대개 자아를 잃고 특정한 관념에 빠지기 일쑤입니다. 이럴 때는 생각을 멈추고 몸을 움직이는 것이 낫습니다. 들이쉬고 내쉬는 호흡에 집중하거나 산책을 하고, 밤새 고민을 하기보다 잠을 푹 자는 게 좋습니다. 생각에 생각을 더하는 대신 한 발 물러나 자신을 객관적으로 바라볼 수 있어야 합니다. 그럴 때 감정과 욕구에 의식을 집중하여 문제의 본질이 무엇인지를 깨달을 수 있습니다. 극단과 극단을 벗어난 자리에서 우리는 만날 수 있고 대화가 가능해집니다. 대화가 만병통치약인 것은 아니지만 최소한 대화를 통해 접점을 찾을 수 있고 극단에서 벗어날 수 있습니다. 그러기 위해서는 커다란 용기를

내야 한다는 전제가 있습니다.

바이올린의 현이 너무 팽팽하면 소리가 날카롭고 너무 느슨하면 소리가 둔한 것처럼 균형과 조화는 아름다운 선율과 같습니다. 대화는 악기를 조율하는 것처럼 잘 듣는 일에서 시작합니다. 적극적으로 다른 사람의 의견을 듣는 것은 갈등 해결의 기초입니다. 우리는 종종 자신의 불만에 지나치게 사로잡힌 나머지 상대방의 말에 귀를 기울이지 않습니다. 이럴 때는 갈등 상황을 다시 구체적으로 떠올려 보는 것이 도움이 됩니다.* 무슨 일이 있었는지 돌아가며 이야기를 하고, 빠진 내용이나 왜곡된 부분은 서로 보완하는 것입니다. 이렇게 하면 어떻게 해서 문제가 생겼고 오해가 발생했는지 객관적으로 접근할 수 있습니다. 다만 교실에서 이러한 작업을 할 때 고려해야 할 점이 있습니다. 전체 앞에서 스스로를 '내보이는 것'은 아이들, 특히 어린아이들에게 무척 어렵고 두려운 일일 수 있다는 사실입니다. 교실이 안전한 공간이라는 믿음이 없다면 더욱 그렇습니다. 아이들은 사람 수가 적을 때, 예를 들어 3~5명 정도일 때 좀 더 편안해질 수 있습니다. 어린아이들이거나 내성적인 아이들의 경우, 소수의 인원으로 먼저 활동을 한 다음 더 많은 사람과 이야기를 하는 방식이 좋습니다.

우리는 대화를 통해 마음을 나누고 올바르게 생각할 수 있는 기회를 얻습니다. 대화를 뜻하는 영어 'dialogue'는 그리스어 'dialogos'에서 유래했습니다. 'dia-'는 'through', 즉 '-를 통하여' 또는 '-를 꿰뚫어'라는 뜻이고, 'logos'는 '말씀', '(우주적) 이성', '의미' 등을 뜻합니다. 어원에 따르면 대화는 우리 내부와 사람들 사이를 통과하여 흐

---

* 데이비드 힉스, 고병헌 옮김(1993), 《평화교육의 이론과 실천》, 서원, 92~93쪽.

르는 '의미의 흐름'이라고 할 수 있습니다. 대화는 전체 집단 안에서 의미의 흐름을 가능하게 해 주며, 이를 통해서 새로운 이해가 출현할 수 있습니다.* 따라서 갈등이 벌어졌을 때 대화는 서로를 이해하고 새로운 대안을 만들어 내기 위한 방법이 됩니다. 그러나 우리가 이야기의 주변부에 집착할 뿐 핵심을 꿰뚫지 못한다면 대화는 실패하고 맙니다. 대화의 목표는 새로운 이해에 도달하는 것이고, 이 과정에서 완전히 새로운 생각과 행동의 기반을 형성하게 됩니다. 한 걸음 더 나아가 대화는 사람들이 관계 속에서 함께 생각하고 성장하는 데 기여합니다.

함께 생각한다는 것은 자신의 주장을 결정적인 것으로 여기지 않는다는 뜻입니다. 확신에 대한 집착을 풀고, 다른 사람들과의 관계 속에서 생기는 가능성에 귀를 기울이는 것입니다. '내 생각이 옳다'는 확신에 사로잡힌 사람들이 나누는 이야기는 대화가 아니라 논쟁discussion입니다. 'discussion'은 'percussion(충돌)'이나 'concussion(충격)' 등의 말과 같은 어원을 갖고 있습니다. 대화는 논쟁과 다릅니다. 논쟁이 한 가지 주제에 대한 찬반양론의 대결이라면, 대화는 서로의 생각과 감정을 나누며 접점을 찾아가는 방식입니다. 마음을 나누기 위해 어느 한쪽에 서야 할 필요는 없습니다. 자기 입장을 고정시키기보다 양극 사이에서 균형점을 찾아야 합니다. 섣부르게 타협점을 찾는 것도 좋지 않습니다. 우리는 흔히 문제의 해결책을 독점한 채 상대방을 변화시키려고 합니다. 그러나 진정한 대화는 그런 행동을 요구하지 않습니다. 이미 존재하는 온전함에 귀를 기울이고, 상대방이 표

---

* 데이비드 봄, 강혜정 옮김(2011), 《창조적 대화론》, 에이지21, 67쪽.

현할 수 있는 모든 관점에 대해 진지하게 듣기를 요구합니다.

| 대화와 논쟁의 차이[*] |

대화	논쟁
1. 대화의 목적은 상호 간의 이해를 높이는 것이다.	1. 논쟁의 목적은 상대방에게 나의 입장을 성공적으로 주장하는 것이다.
2. 대화에서 듣기는 나의 이해를 위한 것이고, 나의 성장을 위해 상대방의 이야기 속에서 좋은 점을 들으려 한다.	2. 논쟁에서 듣기는 내가 들은 것을 반박하기 위한 것이고, 상대방의 주장에서 약점을 찾고자 한다.
3. 자기 자신의 경험이나 이해를 바탕으로 이야기한다.	3. 상대방의 주장이나 동기에 기초한 가정과 추측을 바탕으로 이야기하기 쉽다.
4. 이해를 높이기 위해 질문을 한다.	4. 반박을 하기 위해 질문을 한다.
5. 중간에 끊지 않고 상대방의 말이 끝날 때까지 듣는다.	5. 종종 말을 끊거나 주제를 돌린다.
6. 상대방의 감정에 주의를 기울인다.	6. 자신이 펼칠 다음 주장에 초점을 맞춘다.
7. 상대방의 경험을 현실적이고 긍정적으로 받아들인다.	7. 상대방의 경험에 대해 왜곡되었거나 비현실적이라고 비난하기 쉽다.
8. 상호 간의 감정을 이해하려 한다.	8. 상대방의 입지를 좁히기 위해 감정을 표출하고, 상대방의 감정을 이용하려 한다.
9. 침묵을 존중한다.	9. 침묵을 상대방의 패배로 간주한다.

갈등을 풀기 위해서는 상대를 마주할 수 있는 용기와 자기 입장을 유보할 수 있는 겸손이 필요합니다. 상대를 마주하기 두려워 폐쇄된 커뮤니티에서 비난을 쏟아 낸다거나, 자기를 내려놓기 두려워 냉소적으로 행동할수록 우리의 삶은 불행해집니다. 갈등이 흔히 그렇듯이 본래 대화는 우리 내면에서 먼저 시작합니다. 우리는 끊임없이 자기 자신과 대화합니다. 내적으로 해결되지 않은 어떤 일이 떠오르면 그

[*] 박수선, 〈효과적인 의사소통의 이해와 실제〉, 국민대통합위원회·한국사회갈등해소센터 (2014), 《소통과 갈등 관리 방법 찾기》, 교보문고, 44쪽.

것에 대해 어떤 입장을 갖는 게 좋을지 끊임없이 궁리합니다. 이렇게도 생각해 보고 저렇게도 생각해 보는 것 자체가 자기 자신과의 대화입니다. 그러나 혼자 하는 대화는 주관적이기 때문에 편협해지기 쉽고 비합리적인 결론에 빠지기도 합니다. 우리는 다른 사람 또는 여러 사람과 대화를 하면서 객관적인 시선을 회복할 수 있고, 가장 합리적인 해결책에 도달할 수 있습니다.

| 대화의 기본 규칙* |

1. 경청의 힘 인식하기
   자신의 입장을 방어할 생각을 하며 듣는 것이 아니라 다른 사람의 관점을 이해하기 위해 듣는다.

2. 다른 사람을 존중하고 서로 비방하지 않기
   다른 사람에 의해서가 아니라 자기 스스로 자신을 정의할 권리가 있다.

3. 개인적 경험을 말하기
   "너는"이나 "그는"보다 "나는"으로 문장을 시작해 본다.

4. 방해와 간섭 최소화하기
   한 사람이 말을 끝낼 때까지 직접 또는 그 사람을 놓고 양옆에서 말을 주고받는 식으로 방해해서는 안 된다.

5. 비밀 보장하기
   대화를 나눈 내용을 밖에서 다른 사람에게 옮기지 않는다.

* 리사 셔크·데이비드 캠트, 진선미 옮김(2015), 《공동체를 세우는 대화기술》, KAP, 56쪽.

비폭력 대화란 무엇인가?

　비폭력 대화는 간디의 비폭력주의를 그 뿌리로 여깁니다. 무장 투쟁이 아니라 비폭력 저항운동을 통해 영국으로부터 독립을 이끌어 낸 간디의 정신은 대화의 방법에서도 유용합니다. 아무리 조심해도 대화를 하다 보면 우리는 언제든지 상대방에게 상처를 줄 수 있고, 또 상처를 받을 수 있습니다. 우리의 삶이 이미 폭력적이기 때문입니다. 폭력적인 삶의 방식은 특히 우리의 일상적인 언어에 깊이 배어 있습니다. 일상 언어는 우리의 가치 체계를 통해 만들어지고, 그 가치 체계는 다시 우리의 언어생활로 유지됩니다. 언어는 우리가 세상을 보는 시각과 더불어 우리의 인식을 만들고 표현합니다.* 우리가 쓰는 언어가 얼마나 폭력적인지는 글로 옮겨 적어 보면 더욱 명확해집니다. 아이들에게 글쓰기를 시킬 때 일상에서 쓰는 말을 있는 그대로 써 보라고 하면 욕설이 상당수라는 것을 알 수 있습니다. 욕설보다 더 심각한 문제는 느낌과 욕구를 무시하는 방식의 언어생활입니다.

비폭력 대화는 우리의 본성이 무엇인지에 대해 질문을 던집니다. 인간의 본성은 본래 폭력적인 걸까요? 이에 대해 마셜 로젠버그는 그렇지 않다고 힘주어 말합니다. 그는 르완다와 팔레스타인, 스리랑카 같은 유혈 분쟁 지역에서 폭력 사태를 수없이 목격하면서도 폭력성은 인간의 본성이 아니라고 말합니다. 그렇다면 세상은 왜 이렇게 폭력적일까요? 로젠버그는 그것이 구조적 모순 탓이라고 주장합니다. 우리는 소수가 다수를 지배하는 구조에 순응하도록 교육받았습니다. 이런 사회에서는 권력을 가진 사람이 우리를 어떻게 생각하는지가 중요합니다. 우리 자신보다 권력자의 입장에서 생각하도록 교육을 받은 것입니다. 권력자들이 우리를 "나쁘다, 틀렸다"라고 판단한다면 우리는 벌을 받을 것입니다. 반대로 그들이 우리를 좋게 평가한다면 보상을 받을 수 있습니다.** 스스로 생각하고 판단하며 느낄 수 있는 힘을 빼앗는 이런 방식의 교육을 통해 우리는 주체성을 잃어버렸다고 할 수 있습니다.

로젠버그는 우리에게 중요한 질문을 던집니다. "우리 안에서 살아 움직이는 것은 무엇인가? 우리의 가슴을 뛰게 하는 것은 무엇인가?" 안타깝게도 우리는 이 질문에 제대로 답하는 법을 배운 적이 없습

---

* 멜라니 시어스, 이광자 옮김(2014), 《우리 병원 대화는 건강한가?》, 한국NVC센터, 63쪽.
** 마셜 B. 로젠버그, 캐서린 한 옮김(2009), 《삶을 풍요롭게 하는 교육》, 한국NVC센터,

니다. 생동하는 삶의 언어로 교육받은 적이 없기 때문입니다. 우리의 교육은 도덕주의적 평가를 기준으로 삼아 왔습니다. 인간은 근본적으로 이기적이고 악하다는 믿음의 토대 위에 생활지도교육이 서 있었습니다. 이러한 토대 위에서 교육은 획일적 기준에 따라 아이들이 자신의 행동을 돌아보며 스스로를 미워하도록 만들게 됩니다. 이것은 우리의 교육이 지배 체제를 강화하는 교육이었음을 보여 줍니다. 자치교육과 개별화 교육이 필요한 이유입니다. 우리는 저마다 다릅니다. 기질이 다르고 성격이 다르며 추구하는 이상 역시 다릅니다. 교육은 한 사람이 자신의 동기와 소망에 대해 분명히 알 수 있도록 좀 더 섬세하게 접근해야 합니다. 비폭력 대화는 우리 안에서 살아 움직이는 무언가를 자각하고 상대방이 알 수 있도록 전하는 법을 가르쳐 줍니다. 동시에 상대방의 내면에서 생동하는 무언가를 알아차리고 그것과 연결되도록 돕습니다.

로젠버그는 한 발 더 나아가 이렇게 묻습니다. "삶을 더 풍요롭게 하기 위해 우리가 할 수 있는 일은 무엇인가?" 이 질문은 이렇게 바꾸어야 할 것입니다. "더 풍요로운 삶을 위해 우리에게 요구되는 것은 무엇인가?" 파커 파머는 "진리에 대한 순종"에 대해 말합니다. "가르친다는 것은 진리에 대한 순종이 실천되는 공간을 창조하는 일"이라는 것입니다.* 비폭력 대화 역시 우리를 진리에 대한 순종으로 이끕니다. '순종obedience'이란 말의 뜻은 귀 기울여 듣는다는 것이며, 이치에 따른다는 것입니다. 공자가 말하는 이순耳順도 같은 뜻입니다. 이것은 권력에 대한 굴종을 뜻하지 않습니다. 풍요로운 삶이란 우리가 서

---

* 파커 J. 파머, 이종태 옮김(2000), 《가르침과 배움의 영성》, IVP, 157쪽.

로의 내면에서 살아 움직이는 무언가에 귀를 기울이고 그것에 따라 살 때 가능하기 때문입니다.

우리는 머리로 계산하지 않고 마음으로 주고받을 때, 그리고 서로가 서로의 삶에 기여하려 할 때 순수한 기쁨을 느낍니다. 비폭력 대화는 우리가 자신을 표현하고 다른 사람이 말하는 것을 들을 때 습관적이고 자동적인 반응이 아니라 현재 내가 관찰하고 있는 것과 느끼고 있는 것, 그리고 내가 원하는 것을 명확히 의식하면서 솔직하게 대화할 수 있도록 도와주는 대화 방법입니다. 비폭력 대화를 통해서 우리는 다른 사람들로부터 비난을 들었을 때에도 변명이나 반격을 하기보다는 그 비난 뒤에 숨어 있는 상대방의 욕구에 공감하며 들어줄 수 있습니다. 또한 주어진 상황에서 서로가 무엇을 원하는지를 알게 되어 더 효과적으로 서로의 삶에 기여하는 기쁨을 느낄 수 있습니다.

비폭력 대화의 원리

비폭력 대화 모델은 단순하지만 효과는 강력합니다. 우리의 마음을 정확하게 반영한 방법이기 때문입니다. 사고와 감정, 의지로 이루어진 마음의 구조에 대해 잘 이해하고 있다면 비폭력 대화를 어렵지 않게 배울 수 있을 것입니다. 이 대화 방법은 우리 삶에서 일어나는 모든 상호 작용에 적용할 수 있습니다. 자기 자신과의 대화에서 감정과 내적 욕구를 심층적으로 들어 주고 이해함으로써 내적 평화를 얻을 수 있습니다. 또한 힘들거나 괴로웠던 이전의 인간관계에서 받은 상처를 치유할 수 있습니다. 주변 사람들과 더 친밀한 관계를 형성하는 데 도움이 되고, 어느 상황에서나 일어날 수 있는 갈등 해결에도 많이 쓰이고 있습니다. 비폭력 대화의 핵심 원리는 다음과 같습니다.*

첫째, 우리는 가슴에서 우러나와서 주는 것을 즐긴다.

자신의 욕구, 그리고 상대방의 욕구를 충분히 의식하면서 강요나 의무감에서가 아니라 자신의 선택으로 기꺼이 누군가에게 무엇을 주어 그 사람의 삶에 기여할 때 우리는 진정한 기쁨을 느낍니다.

둘째, 모든 사람은 같은 욕구를 공유하고 있고, 그 에너지로 서로 연결되어 있다.

욕구는 보편적인 것으로 누구에게나 다 있으며, 욕구 그 자체로는 갈등이 없습니다. 욕구를 충족하기 위해 자기만의 수단이나 방법을 고집할 때 갈등이 생깁니다. 문화적 차이라고 말할 때도 그건 욕구를 충족하려는 방법의 차이일 뿐, 욕구 자체가 다른 것은 아닙니다.

셋째, 세상에는 모든 사람의 기본적인 욕구를 충족하기에 충분한 자원이 있다.

전 세계 많은 사람이 결핍과 빈곤을 경험하는 것은 정치적 문제입니다. 사회 구조 자체가 왜곡되어 모든 사람의 욕구를 충족시키도록 되어 있지 않기 때문입니다. 이 구조적 모순을 해결하기 위해 우리는 올바른 정치적 비전과 방법을 가져야 합니다. 지금 이 세상에는 누구나 다 자신이 필요로 하는 것을 얻을 수 있는 충분한 자원이 있습니다.

---

* 캐서린 한 싱어(2014), 〈일상에서 쓰는 평화의 언어 '비폭력 대화'〉, 《사목정보》, 제7권, 미래사목 연구소, 108~111쪽.

넷째, 우리의 모든 행동은 어떤 욕구를 충족하기 위한 시도이다.

우리가 하는 모든 행동에는 의식적이든 무의식적이든 어떤 욕구를 충족하려는 의도가 있습니다. 자신이 그 순간에 진정으로 무엇을 원하는가에 대한 의식이 없으면 그것을 충족하기 위한 효과적인 방법을 찾기가 어렵고, 오히려 자신이나 다른 사람의 욕구 충족을 방해하는 폭력적인 행동을 선택하게 됩니다.

다섯째, 우리의 감정은 충족되었거나 충족되지 않은 욕구를 알려주는 신호이다.

다른 사람의 행위가 우리의 감정을 자극할 수는 있지만, 감정의 원인은 그 순간 우리의 내면에 있는 욕구입니다. 욕구가 충족되지 않았을 때 우리는 분노와 슬픔, 두려움과 불안 등을 느낍니다. 우리가 욕구를 의식하고 그 에너지와 연결될 때는 평화롭고 만족스러우며 행복한 느낌을 받게 됩니다. 순간순간의 감정은 사실 그 상황을 어떻게 바라보느냐 하는 우리 자신의 선택에 달려 있습니다. 이러한 시각에는 어렸을 때의 트라우마나 교육을 통해 갖게 된 개인적 신념에 영향을 받기도 합니다.

여섯째, 모든 사람에게는 사랑과 연민의 능력이 있다.

우리 모두는 사랑할 수 있는 능력을 갖고 세상에 태어났습니다. 그러나 우리 대부분은 이 능력을 계발하고 활용하는 것이 서툴러 서로 사랑을 주고받는 데 어려움을 겪습니다. 스스로 두려움에서 벗어나 이런 사랑의 능력을 기르는 것은 우리 모두의 욕구가 평화롭게 충족될 수 있는 사회를 이루는 데 기여하는 것입니다.

일곱째, 우리는 항상 선택할 수 있다.

어떤 상황에서든 우리에게는 선택의 자유가 있습니다. 외부로부터 어떤 자극이 오든, 내부에서 어떤 생각이 일어나든, 그에 대한 반응을 일으키는 원인은 나 자신입니다. 그 순간 깨어서 자신의 욕구를 의식하고, 그 욕구를 충족할 수 있는 행동을 선택함으로써 자율성을 지킬 수 있습니다. 이것은 항상 내면의 선택에서 시작됩니다.

요약하자면 비폭력 대화의 태도는 질적인 연결을 만들어 냄으로써 연민의 마음으로 기여하는 것을 가능케 하는 것입니다.* 이러한 연결을 통해 서로의 욕구를 이해하고 존중하면서 모두의 욕구를 평화롭게 충족할 수 있는 방법을 같이 찾아볼 수 있습니다. 화가 나 있거나 연결되고 싶지 않은 때라도 이런 연결이 우리가 선택한 가치라는 것을 기억함으로써 매 순간 비폭력 대화의 태도를 유지할 수 있습니다. 그 반대로 우리의 의도가 사람과 사람을, 마음과 마음을 연결하는 데 있는 것이 아니라 물건을 팔거나 인맥을 확장하는 등의 어떤 특정한 의도에 있다면, 아무리 비폭력 대화 모델에 따라서 말을 잘하더라도 그것은 비폭력 대화를 흉내 낸 기술에 지나지 않습니다.

비폭력적 의사소통

비폭력 대화로 의사소통을 한다는 것은 솔직하게 말하고 공감으로 듣는 것입니다. 솔직한 표현은 상대를 비난하거나 비판하지 않으면서 자기 내면의 움직임을 관찰, 느낌, 욕구, 부탁의 방식으로 전하

---

* 마셜 B. 로젠버그, 정진욱 옮김(2016), 《갈등의 세상에서 평화를 말하다》, 한국NVC센터, 23쪽.

는 것입니다. 그런 다음 내가 한 말이 내가 의도한 대로 전해졌는지를 확인합니다. 이런 방식으로 말을 주고받으며 자신이 원하는 것과 상대방이 원하는 것을 동등하게 존중하면서 모두의 욕구가 평화롭게 충족될 수 있는 방법을 찾을 때까지 대화를 계속합니다. 이렇게 하는 것은 의무나 강요 때문도 아니고 처벌에 대한 두려움이나 보상에 대한 기대, 죄책감이나 수치심 때문도 아닌, 우리의 본성에서 우러나오는 것입니다. 서로에게 기여하는 것을 즐기는 것이 우리의 본성이기 때문입니다. 비폭력 대화는 우리의 본성이 드러나게 함으로써 우리가 서로 연결되도록 돕습니다.

일상의 대화는 흔히 자기표현을 위해 존재하기보다 수단으로 쓰입니다. 단순히 자신의 진실을 말하기보다는 다른 목적을 달성하려는 데 초점이 맞춰져 있습니다. 말하기가 수단에 지나지 않을 때 우리는 정보를 주거나 단언하거나 꾸짖거나 동조함으로써 듣는 이에게 어떤 영향을 미치고자 합니다. 그러나 표현 그 자체에 집중할 때는 자기 내면의 소리에 귀 기울이고 있음을 알리고, 자기 안의 진실을 드러내기 위해 말합니다. 우리의 목적은 다른 사람들에게 무엇을 가르치는 것이 아니라, 내면의 교사에게 우리를 가르칠 기회를 주는 것입니다.[*]

대화와 달리 논쟁에서는 상대방의 주장에서 잘못된 점이나 부족한 부분을 찾기 위해 상대의 이야기를 듣습니다. 논쟁의 주된 의도는 상대방 주장의 결함을 찾고, 그 결함을 노출하고, 허점을 찌르기 위해서입니다.[**] 대화의 목적이 다른 관점을 이해하고 다른 이의 관점을

---

[*] 파커 J. 파머, 윤규상 옮김(2007), 《온전한 삶으로의 여행》, 해토, 162~163쪽.
[**] 리사 셔크·데이비드 캠트, 앞의 책, 16쪽.

배우려는 것임에 비해 논쟁은 자신의 관점은 부각시키고 상대의 관점을 폄하함으로써 대화에서 이기는 것입니다. 올바른 대화가 기린의 문화를 만들어 간다면, 논쟁은 자칫 자칼의 함정에 빠지기 쉽습니다. 기린과 자칼은 의사소통을 다른 방식으로 접근합니다.

상대방의 경험이 어떻게 그 사람의 신념에 영향을 미쳤는지 이해하기 위해 듣는 것이 기린의 방식이라면, 자칼은 상대방의 주장에서 결함을 찾기 위해 듣습니다. 기린은 상대방의 경험을 진실하고 타당한 것으로 받아들이지만, 자칼은 상대방의 경험이 왜곡되었거나 타당하지 못하다고 비난합니다. 기린은 '유보하기'를 통해 이야기 주제에 대한 자신의 이해를 어느 정도 넓히려고 노력합니다. 그러나 자칼은 확신에 사로잡혀 자신의 의견을 고수하려는 강한 의지를 보입니다. 자칼은 스스로 모든 진실을 알고 있다고 생각하며, 그렇기 때문에 다른 이의 이야기에 오랫동안 귀를 기울일 필요가 없다고 여깁니다. 우리가 깨어 있지 않다면 우리 내면은 자칼이 지배하게 될 것입니다. 우리의 대중문화는 기린보다 자칼에 가깝기 때문입니다. 그래서 교실에서 어떤 문화를 만드느냐는 매우 중요한 문제입니다.

자칼의 대화법과 기린의 대화법

기린의 문화와 자칼의 문화

자칼과 기린은 비폭력 대화에서 많이 언급하는 상징적 동물입니다. 비폭력 대화의 창시자인 마셜 로젠버그는 평화의 언어가 갖는 특징을 기린의 생김새와 특성을 통해 설명합니다. 우선 기린은 목이 매우 긴 동물입니다. 키가 크고 목이 길기 때문에 주위를 두루 내려다볼 수 있고, 멀리까지 내다볼 수 있습니다. 덕분에 주위에서 무슨 일이 벌어지고 있는지 잘 알고 있습니다. 어떤 일을 편협하게 바라보거나 조급하게 서두르지 않고, 전체적인 상황을 고려하여 있는 그

대로 현상을 관찰하려 합니다. 배가 고프면 여유롭게 나뭇잎을 따 먹고 천천히 곱씹으며 거친 잎을 소화시킵니다. 그리고 커다란 심장을 갖고 있어서 공감의 힘도 큽니다. 기린은 육지에 사는 동물 중 심장이 가장 큰 동물입니다. 머리로 옳고 그름을 따지기 전에 가슴으로 느끼고 공감을 바탕으로 소통을 하고자 합니다.

이에 비해 자칼은 야행성이어서 해가 질 무렵부터 활동하며 주로 동물의 사체나 썩은 고기를 뜯어 먹고 황량한 땅을 배회합니다. 그렇기에 늘 부정적인 감정에 사로잡혀 있습니다. 뜯어 먹을 수 있는 사체나 병들고 허약한 동물이 어디 없는지 눈을 희번덕거립니다. 성경에서 자칼은 죽음과 멸망, 황폐화를 상징합니다. 다윗은 자신의 목숨을 노리는 원수들이 자칼의 먹이가 되기를 기도하고("나의 영혼을 찾아 멸하려 하는 그들은 땅 깊은 곳에 들어가며 칼의 세력에 넘겨져 자칼의 먹이가 되리이다", 시63:9-10), 욥은 고통 가운데 황폐해진 자신의 심정을 자칼에 비유해 노래합니다("나는 자칼의 형제요", 욥30:29). 우리말 성경에는 자칼이 승냥이나 들개, 또는 이리로 번역되어 있습니다.

자칼은 날카로운 이빨로 자신을 보호하며, 상대보다 먼저 공격해야 살 수 있다는 본능적 성향이 있습니다. 또한 땅바닥에 낮게 몸을 숙여 살아가므로 시야가 좁고 편협한 관점에 사로잡히기 쉽습니다. 그래서 가슴으로 느끼기보다 판단이 앞서며 자기 생각을 끝까지 고

집합니다. 자칼은 상대의 어떤 행위가 자기에게 해를 끼친다고 판단하면 그 즉시 상대를 비난하고 낙인찍습니다. 실제로 해를 끼치는 게 아니라 해를 끼칠 것 같다는 추측만으로도 비난을 퍼붓습  니다. 만일 행위자가 자신이라면 자기를 비난할 것입니다. 이런 식의 사고방식은 분노와 죄책감, 수치심, 좌절감 같은 감정으로 이어지며, 대개 갈등, 공격, 방어, 변명 등의 행위를 낳습니다. 이해와 소통으로 이어지는 경우는 아주 드뭅니다.*

  자칼의 문화를 군사주의에 연결해 볼 수 있습니다. 군사주의는 인간의 본성이 폭력적이고 공격적이며 경쟁적이라고 가정하는 가치 체계입니다. 따라서 사회 질서는 힘과 권력에 의해 유지되어야만 하고, 폭력에 대해서는 더 강력한 폭력으로 맞서야 한다는 신념을 갖고 있습니다. 그렇기 때문에 전쟁을 인간 본성의 일부라고 보는 것입니다. 이런 문화는 항상 적을 필요로 합니다. 필요하다면 적대적인 대상을 만들어 내기도 합니다. 그것은 다른 나라일 수도 있고, 종교나 사상, 인종이 다른 소수 집단일 수도 있습니다. 적에 대한 태도와 행동은 모두 폭력적입니다. 모든 것을 옳고 그름, 좋고 나쁨 등으로 보는 이분

---

* 군디 가슐러·프랑크 가슐러, 안미라 옮김(2008),《내 아이를 위한 비폭력 대화》, 양철북, 36쪽.

법적 사고방식이 이러한 적대적 대상을 필요로 하며, 이는 다른 집단을 비인간화하고 낙인찍는 결과를 낳습니다. 이러한 군사주의 문화는 가부장제와 관련이 깊기 때문에 근본적으로 성차별적입니다.[*]

  자칼과 같은 개과 동물은 무리를 지어 생활할 때 서열을 절대적으로 중시합니다. 서열은 서로 간의 싸움을 통해 정해지는데, 수컷들은 싸움이 끝나면 진 쪽에서 자신의 서열이 낮다는 것을 받아들이고 상대에게 복종합니다. 이렇듯 자칼의 문화는 힘을 추앙하고 남성 중심의 권력 구조와 가치를 반영합니다. 권력은 위계적이며 경쟁, 투쟁, 억압, 가부장제 등의 실천을 유도합니다. 이러한 문화 환경에서는 창의적 호기심과 다원주의를 불허하고, 비판적 태도는 금지됩니다. 규칙은 비판이나 질문 없이 따라야 하고, 평등은 불가능합니다. 위계 질서는 진술한 감정 표현이 허용되지 않는 불통의 문화를 만들며, 권위에 대한 복종의 미덕은 교육과 종교적 교리 등을 통해 확보됩니다.

  자칼의 문화에서 갈등의 해결책은 폭력입니다. 가해자를 찾아내 잘못한 만큼 응징을 가하는 것이 일반적 방식입니다. 이때 가해자의 잘못은 법적 권위를 훼손한 것으로 피해자에 대한 배려는 찾기 힘듭니다. 자칼의 정의는 응보적 정의입니다. 자칼의 문화에 대한 성찰과 반성에서 기린의 문화가 나옵니다. 단순한 대립 구도로 볼 수는 없겠지만, 자칼이 폭력을 상징한다면 기린은 비폭력의 상징입니다. 기린은 무리를 지어 생활한다 해도 서열을 따지지 않습니다. 보통 암컷 기린들이 10여 마리 남짓 무리지어 생활하며, 간혹 젊은 수컷이 포함되기

---

[*] 홍순정(2007), 《평화교육탐구》, 에피스테메, 62쪽.

도 합니다. 수컷들은 대개 혼자 생활하거나 수컷들끼리 무리를 짓기도 하는데 세력을 형성하지는 않습니다. 아프리카 초원에서 다양한 초식 동물은 기린과 함께 지내는 것을 선호합니다. 키가 큰 기린이 멀리 넓게 볼 수 있기 때문에 포식자를 먼저 발견하고 함께 피할 수 있기 때문입니다.

기린의 문화는 평화롭습니다. 서로가 서로를 존중하며, 억압하거나 강요하지 않습니다. 위급한 일이 벌어지지 않는 이상 각자의 삶에 간섭하지 않습니다. 모두가 평등하고 자유로우며, 신뢰의 관계가 형성되어 있습니다. 그렇다면 인간은 본래 자칼에 가까울까요, 기린에 가까울까요? 비폭력 대화는 두 가지 질문에서 시작되었습니다. 첫째, 무엇이 인간으로 하여금 폭력적이고 공격적으로 행동하게 하는가? 둘째, 이러한 상황에서도 인간의 보편적 감정인 연민compassion을 유지하는 사람들은 어떤 교육을 받았는가?* 폭력과 공격성이 인간의 본성이라고 주장하는 학자들도 있지만, 모든 인간이 악하고 이기적인 것은 아닙니다. 물론 다른 사람의 고통을 즐기는 사람이 존재한다는 사실을 부인할 수는 없습니다. 그러나 그것은 일종의 정신 질환이며 그렇지 않은 사람이 더 많다는 사실 역시 부정할 수 없습니다. 폭력과 공격적 성향은 본성보다 오히려 환경에 더 큰 영향을 받습니다.

우리는 본래 즐거운 마음으로 서로 주고받는 것을 기뻐하는 기린의 마음을 갖고 태어났다는 것이 비폭력 대화의 관점입니다. 왜냐하

---

* 마셜 B. 로젠버그, 김온양·이화자 옮김(2016),《NVC 비폭력 대화》, 북스타, 7~8쪽. 이때의 '연민'은 '자비'의 뜻에 가깝습니다.

면 우리는 본래 서로 연결되어 있기 때문입니다. 자칼의 존재론은 우리가 파편화된 조각들이며, 이기적이고 악하기 때문에 언제든 상대를 해치거나 상대의 소유물을 빼앗을 수 있다는 가정 위에 서 있습니다. 그런 인간들이 모여 살기 때문에 강력한 규율이 필요하고, 권력에 의해 강제될 필요가 있다는 것입니다. 그러나 존재의 실상이 그러한가요? 인간은 파편이 아닙니다. 세상에 어떤 존재도 다른 존재에게 의지하지 않고 따로 서 있을 수 없습니다. 틱낫한 스님은《반야심경》을 해설하면서 아름다운 비유를 듭니다.* 종이 한 장 속에 구름이 있고 태양이 있으며 나무가 자라고 있다는 것입니다. 구름이 없으면 비가 내릴 수 없고, 비가 내리지 않으면 나무는 자랄 수 없습니다. 종이는 나무가 없다면 존재할 수 없습니다. 사실 종이는 종이 아닌 모든 것으로 이루어집니다. 인간 사회도 그렇습니다. 우리는 전체인 하나로 연결되어 있고, 더불어 있는 것입니다. 이러한 연결이 끊어졌다고 느낄 때 두려움과 외로움, 불안이 생겨납니다.

여기에서 또 다른 질문이 생깁니다. 본래 우리가 서로 연결되어 있고, 우리의 본성이 선하다면 세상은 왜 이렇게 폭력적인 걸까요? 그것은 의식 발달과 밀접한 관련이 있습니다. 벡과 코완의 나선역학 이론에 따르면 인간과 인류의 의식은 단계적 성장을 합니다. 1에서 5단계까지는 생존과 경쟁, 승자 독식과 응보적 정의를 기반으로 합니다. 자칼의 문화라고 할 만합니다. 그러나 6단계부터 의식 발달은 평등주의와 인도주의를 지향하고, 마침내 7단계와 8단계에 와서는 인간의

---

* Thich Nhat Hanh(1988), *The Heart of Understanding - Commentaries on the Prajnaparamita Heart Sutra*, Parallax Press.

내적 본성에 주목합니다. 성숙해진 의식은 파편화된 세상을 새롭게 통합하고 유기적으로 연결합니다. 루돌프 슈타이너의 발달론에 의하면 감각혼과 지성혼 단계에서 의식혼 단계로 넘어가는 것입니다. 자기중심성에서 벗어난 사람들은 공감과 연민에 바탕을 둔 관계 형성에 마음을 모을 것입니다. 이때 공감하는 능력과 연민을 느끼는 능력에 커다란 영향을 미치는 것이 바로 우리가 쓰는 일상적 언어입니다.* 우리는 언어에 의해 폭력적 문화를 습득하게 되지만, 동시에 언어를 통해 우리의 인간적 본성을 회복할 수 있는 것입니다.

비폭력이란 우리 마음 안에서 폭력이 가라앉은 뒤 자연스럽게 연민이라는 본성으로 돌아간 상태를 가리킨다고 로젠버그는 말합니다. 그가 말하는 '비폭력'의 개념은 간디에게서 온 것입니다. 간디는 비폭력주의를 인도 해방의 정신으로 삼았습니다. 간디에게 비폭력은 불의한 법에 불복종하고 비타협적으로 저항하는 길인 동시에 지극한 사랑을 뜻하며, 불복종의 결과를 감수하려는 의지를 뜻하기도 합니다. 이 모든 일이 진리에 대한 헌신의 과정입니다. 여기에서 사회의 변화와 내적 변화는 분리되지 않습니다. 세상의 평화는 내적 평화를 바탕으로 합니다. 내적 평화라고 해서 사회적 고통의 현실을 외면하는 상태인 것은 아닙니다. 오히려 인간의 고통이 어떠한 구조적 폭력 또는 물리적 폭력에 의해 발생하는지를 규명하는 것이 진리에의 헌신입니다.** 자신이 죽음에 이르게 되는 한이 있더라도 남에게 폭력을 휘두르지 않겠다는 간디의 비폭력주의는 이후 마틴 루터

---

* 마셜 B. 로젠버그, 캐서린 한 옮김(2004), 《비폭력 대화》, 바오, 18쪽.
** 이언 M. 해리스·메리 L. 모리슨, 박정원 옮김(2011), 《평화교육》, 오름, 198~199쪽.

킹, 넬슨 만델라, 함석헌을 비롯한 수많은 평화운동가에게 영향을 끼쳤습니다.

폭력은 타인은 물론 자기 자신에게도 상처를 주기 마련입니다. 적극적 비폭력은 이 상처를 마주 대할 수 있게 합니다. 치유는 상처를 직면하는 일에서 시작합니다. 중요한 것은 가해자를 응징하거나 비난하는 것이 아니라 피해자가 입은 피해를 회복하는 것이고, 무너진 공동체의 신뢰 관계를 다시 세우는 것입니다. 물론 폭력을 저지른 사람은 응당한 대가를 치러야 합니다. 그러나 피해자뿐만 아니라 가해자에게도 치유의 기회가 주어져야 합니다. 자칼 속에 웅크려 있는 기린을 꺼내는 작업이 필요합니다. 가해자는 피해자를 만나 피해자의 이야기를 들어야 하며, 피해를 회복하기 위해 할 수 있는 일을 자발적으로 찾을 수 있어야 합니다. 또한 폭력을 저지른 이유에 대해 냉정하게 돌아봐야 합니다. 피해자 역시 파괴된 자아의 힘을 회복하기 위해 용기를 내야 합니다. 나아가 공동체 전체의 신뢰 관계를 회복하기 위해 피해자와 가해자뿐만 아니라 모든 성원이 이야기를 나눌 필요가 있습니다. 이것이 응보적 정의에 대비되는 회복적 정의의 가치입니다.

하나의 상징으로서 기린은 비폭력과 회복적 정의를 추구합니다. 자칼이 폭력과 위계를 통해 갈등을 억누른다면, 기린의 문화에서는 대화를 통해 갈등에 접근합니다. 마주 앉거나 둥그렇게 모여 앉아 대화를 함으로써 갈등을 풀어 나가는 것입니다. 그 자리에서는 누구나 평등하고 온전한 존재로서 존중받습니다. 그러나 많은 경우 우리의 대화는 실패로 끝납니다. 우리가 대화라고 말하는 것이 사실은 '번갈아 하는 독백'인 경우가 대부분이기 때문입니다. 서로의 말에 귀 기울이지 않고 자기 목소리만 높이는 것은 갈등을 해결하기보다 악화시키고 서로에게 더 큰 상처를 줄 위험이 있습니다. 우리가 상대의 이야기를 경청하고 진심으로 말하는 법을 훈련해야 하는 까닭입니다. 우리는 너무나 오랫동안 자칼의 문화에서 살아왔습니다. 이제는 새로운 문화를 만들어 가야 합니다. 교실에서 우리는 기린의 문화를 꽃피워야 합니다.*

	자칼의 문화 : 지배 문화	기린의 문화 : 협력 문화
목표	• 누가 옳고 그른가를 입증한다. • 자신이 원하는 것을 획득하는 것만이 중요하다.	• 삶을 더욱 멋지게 만든다. • 모든 사람의 욕구를 충족시킨다.
동기	• 권위에 복종한다. • 처벌, 보상, 죄책감, 수치심, 책임감, 의무감	• 자신과 타인에게 공감한다. • 타인의 행복에 기여하기 • 타인에게서 기꺼이 받기
평가	• 꼬리표 달기, 판단	• 무엇이 인간의 욕구를 채워 주며, 무엇이 그렇지 않은가? • 무엇이 나와 다른 사람의 삶을 더욱 멋지게 만들어 주는가?

자칼의 대화법

일상생활에서 우리는 소통을 위해 많은 말을 하지만 바라는 바를 늘 만족스럽게 표현하지는 못합니다. 그래서 좋은 의도에도 불구하

---

* 마셜 B. 로젠버그, 캐서린 한 옮김(2009),《삶을 풍요롭게 하는 교육》, 한국NVC센터, 31쪽.

고 서로 상처를 주기도 하고, 논쟁을 벌이기도 합니다.* 우리의 의도와 달리 상대를 힘들게 하고 관계를 해치는 것을 자칼의 대화법이라고 할 수 있습니다. 실제로 우리의 대화법 중 상당 부분은 자칼을 따릅니다. 예를 들어, 누군가 우리에게 "당신은 왜 그렇게 경솔해?"라고 말을 합니다.

이런 말을 들었을 때 자칼은 그것을 개인적으로 받아들이거나 일종의 공격으로 생각합니다. 개인적으로 받아들일 때 우리는 그 말을 도덕적으로 판단하고 자신의 경솔함을 비난합니다. 그래서 스스로 수치심과 죄책감, 우울함에 빠져듭니다. '내가 잘못했고, 그래서 비난한다'를 선택한 것입니다. 상대방의 말을 공격으로 받아들이는 사람은 무슨 말이든 비판적으로 판단하고 방어적으로 반응합니다. "그렇지 않아요. 어떻게 그런 말을 할 수 있어요!" 이때 우리는 '무조건 상대방이 잘못했고, 그래서 비난한다'를 선택한 것입니다.**

자칼은 항상 무엇이 옳고 그른지를 안다고 생각합니다. 그리고 자신의 관점이 모든 일에, 그리고 모든 사람에게 적용된다고 확신합니다. 그래서 우리의 머릿속은 '좋다, 나쁘다, 옳다, 그르다, 잘못이다, 틀리다, 이기적이다, 이타적이다, 게으르다, 무능하다, 어리석다'와 같은 단어들로 가득 차 있습니다. 그리고 '~해야 마땅하다', '~받는 것이 당연하다' 같은 응보적 정의의 사고방식에 길들여져 있습니다. 우리는 흔히 이렇게 생각합니다. "네가 나쁜 일을 한다면 너는 벌을 받아 마땅해." "네가 좋은 일을 하면 너는 보상을 받는 게 당연하지." 불

---

* 군디 가슐러·프랑크 가슐러, 앞의 책, 40쪽.
** 존 커닝햄, 김훈태 옮김(2017), 《연민의 대화, 공감에 깨어있기》, 퍼플, 12쪽.

행히도 우리는 아주 오랫동안 이런 방식의 교육을 받아 왔습니다. 이러한 사고방식은 우리가 마음으로 연결되는 것을 방해합니다.

도덕적 비판이란 자신의 가치관과 부합되지 않는 행동을 하는 사람은 무엇인가 잘못되었다고 판단하는 것입니다. 흔히 기질이 다른 사람을 오해하고 비난할 때 많이 쓰는 방식입니다. 비판의 세계에는 시시비비를 따지는 말투성이입니다. 이러한 말들은 협박조로 느껴지고 위협하는 것처럼 보일 수 있습니다. 그래서 상대방의 방어나 공격을 유발하는 동시에 다른 사람들이 우리에게 기여하는 것을 즐기지 못하도록 한다는 점에서 비극적입니다. 여기에서 중요한 것은 가치 판단과 도덕적 판단을 혼동하지 않아야 한다는 것입니다. 가치 판단은 우리가 일상생활에서 항상 하는 것으로, 그 기준은 이 선택이 과연 모든 사람의 삶에 기여하는가에 있습니다.

자칼은 높은 자존심과 자기 비하를 오갑니다. 자신에 대한 기대치가 아주 크기 때문에 쉽게 만족하는 법이 없습니다. 자칼이 자기를 높이는 방식은 끊임없이 비교를 해서 다른 사람들을 깎아내리는 것입니다. 주변의 땅을 파내서 낮추면 결과적으로 자기가 높은 위치가 되긴 합니다. 그러나 상호 경쟁적으로 그런 일이 벌어지기 때문에 함께 위신이 떨어지게 됩니다. 우리 자신을 다른 사람과 비교하여 경쟁을 하거나 비교를 당하게 되면 우리는 상대방뿐만 아니라 자기 스스로에게도 연민을 느낄 수 없게 됩니다. 경쟁과 비교로 인해 불안하고 두려운 마음이 되기 때문입니다.

자칼은 다른 사람에게 무언가를 요구할 때 상대가 무엇을 해야 하고 어떤 의무가 있는지에 대해 강압적으로 말합니다. 반사회적인 힘만을 사용하는 것입니다. 자신이 바라는 것을 다른 사람에게 강요하는 것도 연민의 대화를 차단하는 한 방식입니다. 요구를 들어주지 않으면 벌이나 책망을 받을 것이라는 위협이 말 속에 담겨 있으면 아무리 부드럽게 말한다 해도 그것은 강요입니다. 우리는 노예가 되기 위해 태어난 것이 아니기 때문에 강요당하면 자율성과 자아 정체성, 선택의 자유가 크게 위협받았다고 느낍니다. 따라서 우리는 강한 반감을 느끼고, 대개 굴복 아니면 반항으로 반응합니다. 강요로 인한 행동은 누구에게도 행복을 주지 못합니다. 자발적인 마음에서 나온 행동만이 결과적으로 모든 사람에게 도움이 됩니다.

기린의 대화법

기린은 자칼이 하는 말에 똑같은 방식으로 보복을 가하지 않습니다. 먼저 자기 자신과 상대방의 마음을 이해하려고 합니다. 누군가의 마음을 이해한다는 것은 상대방이 현재 어떤 상태이고 무엇을 원하는지를 안다는 것입니다. 기린은 관찰, 느낌, 욕구, 부탁이라는 4단계를 통해 공감하는 의사소통을 합니다. 일차적으로 기린은 객관적인 해결책을 찾는 것이 아니라 인간적인 만남을 우선합니다.

누군가 "당신은 왜 그렇게 경솔해?" 같은 말을 했을 때 기린은 자신의 느낌과 욕구에 집중하거나 상대방의 느낌과 욕구에 마음을 모읍니다. 우리는 상대방이 어떤 말을 하든 차분하게 숨을 고르고 자극과 원인을 구분할 수 있습니다. 중요한 것은 지금 내 마음에 떠오르는 느낌과 욕구입니다. 상대방의 말을 듣고 낙담하고 실망했는지, 당황했는지, 두려움을 느꼈는지를 살피고, 그런 느낌의 뿌리에 있는 욕구를 명확히 하는 것입니다. 자기 자신과 공감으로 연결되는 방식입니다.

상대방과의 공감을 선택할 수도 있습니다. 그 말을 듣고 상대방이 어떤 감정에 사로잡혀 있는지, 그리고 진정으로 바라는 게 무엇인지를 찾는 것입니다. 상대방의 마음을 제대로 이해했는지 알아보기 위해 조심스럽게 추측할 수도 있습니다. 만일 그 추측이 맞다면 상대방은 이해받았다고 느낄 것입니다. 그렇지 않다면 상대방은 반복해서 똑같은 사안에 대해 말하거나 더 많은 정보를 줄 것입니다. 대체로 추측은 정확하지 않으므로 여러 번 시도할 수 있습니다. 물론 공감을 바탕으로 해야 합니다. 마셜 로젠버그는 공감을 이렇게 정의했습니다. "공감이란 다른 사람이 경험하는 것을 존중하는 마음으로 이해하는 것이다. 우리는 공감을 하기보다는 충고하거나 안심시키려 하고 자기 자신의 입장이나 느낌을 설명하려 하는 경우가 많다. 그러나 공감은 자신의 마음을 비우고 존재 그 자체로서 다른 사람에게 귀를 기울이는 것이다."

공감을 하는 데 가장 중요한 요소는 나의 의견이나 선입관을 내려놓고 의식적으로 상대방 속으로 잠드는 것입니다. 슈타이너에 따르면 이것은 사회적 힘을 사용하는 것입니다. 말을 통해 흘러나오는 상대방의 에너지와 우리 자신을 연결하려면 사회적 힘, 다시 말해 호감의 힘을 사용해야 합니다. 상대의 말 뒤에 있는 느낌과 욕구에 우리 마음을 연결함으로써 공감이 가능하며, 연결되어 하나가 된 에너지에는 치유의 힘이 있습니다. 상대가 무슨 말로 자신을 표현하든 공감하는 사람은 관심의 초점을 그 사람이 하는 말 뒤에 있는 느낌과 욕구에 맞춥니다. 이때 상대방 내면에서 생동하는 것을 추측하고 물어봅니다. 그 사람만이 그 자신의 느낌과 욕구를 확실하게 알기 때문입니다. 우리의 추측이 정확하지 않다 해도 그 사람의 느낌과 욕구에 연결하는 것이 우리의 의도임이 전해지면, 상대는 자신의 느낌과 욕구를 더 깊이 찾아갈 수 있습니다.

상대가 자신의 고통에 대한 책임을 다른 사람에게 전가할 때, 그것은 단지 자신의 충족되지 않은 욕구를 비극적으로 표현하고 있다는 것을 기억해야 합니다. 해결 방법을 찾기 전에 상대방이 자신을 충분히 표현하고 이해받았다고 느낄 수 있도록 시간을 넉넉히 갖는 것이 중요합니다. 상대가 충분한 공감을 받았을 때는 대개 안도의 숨을 내쉬거나 몸에서 긴장이 풀리는 것을 느낄 수 있습니다. 공감의 대상은 내가 가르치는 아이들이나 학부모, 동료, 이웃, 또는 공동체일 수도 있습니다. 또 내가 싫어하고 미워하는 사람들도 나의 공감 대상이 될 수 있습니다. 그러나 누구보다 중요한 공감의 대상은 자기 자신일 것입니다. 누군가를 공감하기가 힘들거나 하기 싫을 때는 우리 자신에게 우선 공감이 필요하기 때문입니다. 또한 우리 자신의 몸과 마음이 피곤하고 기운이 없기 때문일 수도 있습니다. 이런 경우에는 다른 사람을 공감하기 전에 우선 자기 자신부터 돌보는 것이 필요합니다.

자기 공감은 자기 자신을 표현하거나 다른 사람을 공감하고 그의 이야기를 들어 주기 전에 우선적으로 필요한 비폭력 대화의 핵심적인 과정입니다. 다른 사람을 공감할 때와 똑같이 연민과 관심으로 자신의 이야기를 들어 주고 수용하는 것입니다. 자기 공감은 자신의 부족한 모습을 있는 그대로 인정하여 또다시 같은 선택을 반복하지 않을 수 있도록 해 줍니다. 내면의 자책의 메시지들은 삶의 생동감을 빼앗고 우리를 무기력하게 만듭니다. 그래서 우리는 실수를 직시하는 대신 쇼핑이나 게임, 음주 등의 방법으로 회피하려고 합니다. 아니면 다른 사람에게 의존하려고 합니다. 자기 공감이란 이런 내면의 자책하는 소리들을 마주하고 그 안에 숨어 있는 삶의 에너지와 연결되는 것입니다. 자기 공감을 통해 우리는 자신이 본래 온전하고 충만한 존재라는 것을 알게 되어, 본성으로부터 흘러나오는 내면의 즐거움, 편안함, 자유로움, 감사함, 책임감을 되찾게 됩니다.

비폭력 대화에서 감사를 표현하는 것은 무엇인가를 받고 싶어서가 아니라 서로 기쁨을 나누기 위해서입니다. 그 기쁨은 우리 모두가 서로의 삶에 기여할 수 있는 능력이 있다는 것을 축하하는 데에서 나옵니다. 비폭력 대화 모델로 감사를 표현하면 듣는 사람도 만족스럽고 깊은 감동을 받지만, 말하는 사람도 자기표현의 기쁨을 경험하게 됩니다. 그런데 왜 우리 일상에서는 감사가 자연스럽게 오가지 못할까요? 우리는 무엇이 잘되었는가보다는 무엇이 잘못되었는가에 주목하는 경향이 있습니다. 또 우리 안에 공감받지 못한 아픔이나 두려움이 많을 때는 그 무게에 눌려 감사하고 싶은 마음이 묻혀 버립니다. 감사와 칭찬은 생산성이나 점수를 올리기 위해 사람들을 조종하는 데 많이 사용되기도 했습니다. 그런 이유로 서로 기쁜 마음으로 주고받는 순수함이 퇴색하기도 했습니다.

감사를 제대로 표현하지 못할까 봐 두려워하는 마음도 감사에 인색한 이유입니다. 감사의 의도가 제대로 전해지지 않고, 오히려 오해를 받을까 봐 두려울 때가 있습니다. 혹시나 상대방이 '숨은 의도를 가지고 있다'거나 '가짜다', '진실하지 않다', '감상적이다' 등으로 볼까 봐 두렵기도 합니다. 아니면 내가 고마워하고 있다는 것을 상대방이 이미 알고 있을 것이라고 넘겨짚는 경우도 있습니다. 막연한 추측으로 상대의 마음을 넘겨짚는 것은 위험한 일입니다. 돌다리도 두들겨 보고 건너듯이 비폭력 대화에서는 말을 통해 확인하는 것을 불필요하게 여기지 않습니다.

우리는 누구나 진정한 감사의 말을 듣고 싶어 합니다. 일상생활에서는 보통 눈으로, 또는 웃는 얼굴로 고마운 마음을 간단히 표현할 수 있지만 비폭력 대화 모델로 감사를 표현하면 더 깊은 마음이 전해질 수 있습니다. 날마다 만나는 학생들에게도, 학부모나 동료 교사에게도 그렇습니다. 상투적이거나 막연한 말로 하는 감사가 아니라 올바른 관찰을 통해 구체적으로 감사한 일을 말하고, 그것에 대한 자신의 느낌과 그 느낌의 뿌리가 되는 욕구를 표현함으로써 우리는 진실한 감사의 이야기를 할 수 있습니다. 작은 일에도 감사하는 습관을 기른다면 표현 욕구가 더욱 커질 것입니다. 매일 감사하는 습관을 들이면 우리 삶은 근본적으로 바뀌게 될 것입니다. 이러한 방법은 칭찬하기에도 동일하게 적용할 수 있습니다.

공감의 의미

서구에서 '공감empathy'이란 말은 비교적 최근에 만들어진 개념입니다. 이 말은 1872년 독일의 철학자 로베르트 피셔가 자신의 미학 논문에서 사용한 신조어 'einfühlen'에서 유래합니다. 독일어 'einfühlen'(명사형은 Einfühlung : 감정 이입)의 'ein-'은 '안에'라는 말이고, 'fühlen'은 '느끼다'라는 뜻입니다. 피셔는 이 말을 예술 작품을 감상하고 즐기는 원리를 밝히기 위해 만들었습니다. 본래 그는 인간 이외의 대상에 인간의 감정을 투사한다는 의미로 사용하였으나 훗날 그 의미가 심리학으로도 확장되어 사물뿐만 아니라 우리가 다른 사람의 자아를 알아차리는 방법을 설명하는 데에도 사용되었습니다. 빌헬름 딜타이는 자신의 철학에 이 용어를 가져와서 '다른 사람의 입장이 되어 그들이 어떻게 느끼고 생각하는지 이해하는 것'이라고 설명했습니다.*

보통 'Einfühlung'은 호감 또는 동정Sympathie과 뚜렷이 구별되지 않았습니다. 영어로 이 말을 처음 번역한 에드워드 티치너**는 독일어의 'Sympathie'와 동일한 단어인 'sympathy'를 그대로 사용하기에는 의미가 다르다고 생각하여 그리스어 'empatheia'를 가져왔습니다. 'empatheia'는 '안'을 뜻하는 'em-'과 '고통' 또는 '열정'을 뜻하는 'pathos'의 합성어로 '다른 사람이 겪는 고통의 정서적 상태로 들어가 그들의 고통을 자신의 고통인 것처럼 느끼는 것'을 의미합니다. 그는 'Empathie'라는 신조어를 만들었고, 이 말을 'empathy'로 옮겼습니다.

흔히 '감정 이입'으로 번역되는 'empathy'는 동양에서 더욱 친숙한 개념입니다. 처지를 바꾸어서 생각해 보는 '역지사지易地思之'와 마음과 마음이 통한다는 '이심전심以心傳心'은 성숙한 인격의 발로로 여겨져 왔습니다. 타인의 의견이나 주장, 감정 등에 대해 자기도 그렇게 느끼는 것이 곧 공감입니다. 자신이 직접 경험하지 않고도 타인의 사고와 감정을 거의 같은 수준으로 이해하는 마음의 작용입니다. 우리는 자신과 타인이 분리되었음을 인식하면서도 마음과 마음을

---

* 제러미 리프킨, 이경남 옮김(2010), 《공감의 시대》, 민음사, 19쪽.
** 독일 구조주의 심리학의 창시자인 빌헬름 분트의 제자로 영어권에 구조주의를 적극적으로 소개한 심리학자입니다.

통해 연결되어 있음을 알 수 있습니다. 이는 인지적 과정과 정서적 과정, 의지적 과정을 모두 포괄하는 것으로 공감이 단순히 감정의 투사가 아니며, 또한 이성적인 사고만으로는 이해하기 어려운 작용임을 뜻합니다.

공감은 호감과 반감의 길항 작용에서 벗어나는 개념입니다. 호감이 다가가 융합하려는 힘이라고 한다면, 반감은 밀어내 분리되려는 힘입니다. 이것이 우리의 의식 위로 떠오르면 호감은 좋아하는 마음, 반감은 싫어하는 마음으로 성격화됩니다. 동물도 호감과 반감을 갖고 있습니다. 인지학에서는 이러한 차원의 마음을 감각혼이라고 부릅니다. 동물과 달리 인간만이 갖고 있는 이성 차원의 마음을 지성혼이라고 합니다. 지성혼이 있기에 우리는 사리분별을 하고 현상의 원인을 분석합니다. 종종 지성혼은 '좋음'을 '옳음'으로, '싫음'을 '그름' 또는 '틀림'으로 합리화합니다. 옳고 그름을 따지는 수많은 논쟁이 사실 좋고 싫음에 기인한다는 것을 우리는 알고 있습니다.

그러나 감각혼을 객관화하고 역지사지할 수 있는 힘 역시 지성혼에서 나옵니다. 지성혼의 이성적 사고를 통해 우리는 자기중심성을 인식하고 극복할 수 있습니다. 좋거나 싫은 감정의 상태에서 벗어나 가치 판단에서 무엇이 옳고 무엇이 잘못되었는지를 정확히 따져 묻는 것은 중요한 일입니다. 관건은 자기중심성에 빠지느냐, 자기중심성을 극복하느냐에 달려 있습니다. 의식혼의 단계에서 우리는 기존의 관점을 전환할 수 있습니다. 아이들 앞에 선 교사가 '나는 이 아이들을 위해 무엇을 할 수 있는가?'라는 질문을 던지는 것은 합당한 일입니다. 그러나 질문을 이렇게 바꿀 수 있습니다. '이 아이들은 지금 나에게 무엇을 요구하는가?' '지금의 교실이 나에게 요구하는 것은 무엇인가?' 비슷한 말 같지만 그 의미는 다릅니다. 앞의 질문이 여전히 자기중심성에 한 발을 담그고 있다면, 뒤의 질문은 그것에서 벗어났습니다. 자기중심성에서 벗어났기에 더욱 실제적이고 객관적입니다.

  공감과 호감은 구분되어야 합니다. 호감이 합리적 숙고 없이 무조건적으로 대상을 자아와 동일시한다면 공감은 대상으로부터 거리를 갖는 동시에 하나처럼 느끼는 행위입니다. 호감이 동정심에 가깝다면 공감은 연민입니다.* 교사가 아이들에게 호감을 갖는 것은 당연히 필요한 일입니다. 또한 교사는 가르쳐야 할 수업 내용에 대해서도 깊은 호감을 가져야 합니다. 아이들은 교사가 수업 내용을 진심으로 좋아할 때 그 수업을 좋아하게 됩니다. 교사는 교실에서 아이들과 수업 내용 모두에 호감의 마음을 가져야 합니다. 그러나 일부 아이에 대한 일방적 편애에 사로잡혀서는 안 된다는 것도 의식해야 합니다. 아이들 사이에 갈등이 생겼을 때 교사는 입장이 다른 두 아이, 또는 가해 아이와 피해 아이 모두에게 공감을 해 주되 객관적으로 접근할 수 있어야 합니다. 공감은 좋거나 싫음, 옳거나 그름의 차원이 아니라 참되거나 거짓됨의 관점에서 접근합니다. 한 아이의 행동이 그 순간만을 보면 잘못한 것일 수도 있지만 아이의 전체 생활을 통해서 본다면 거짓이 아닐 수 있습니다. 오히려 일견 잘못된 그 행동이 그 아이에게는 꼭 필요한 일, 진실한 일일 수도 있습니다. 따라서 아이의 특정 행동에 반감을 갖거나, 무조건적 호감을 갖기보다 온전한 이해를 통해 공감해야 합니다. 그것이 비폭력 대화에서 말하는 기린의 마음입니다.

---

* 로먼 크르즈나릭, 김병화 옮김(2014), 《공감하는 능력》, 더퀘스트, 13쪽.

| 지배 체제와 협력 체제* |

사회적 형태	지배 체제 domination system	협력 체제 partnership system
성별 gender	가부장적 : 서로 다르다는 것은 우월함과 열등함을 의미한다.	성의 평등 : 서로 다르다는 것은 전 문화에 이르게는 하지만, 지위의 차이에 이르게 하지는 않는다.
권력	군림하는 권력 : 인간의 삶을 통제하고 억압하고 파괴한다.	서로 나누는 권력 : 베풀고 지원하고 양육한다.
정치	정복, 독재 정치, 권위주의, 관료주의	외교, 민주 정치, 탈권위, 탈중심
경제	착취, 탐욕, 특권, 불평등	나눔, 자족, 책임, 평등
종교	남성 신 : 시샘, 분노, 처벌, 율법	여성 신 : 포용적인 신의 형상
관계	지배를 위한 위계 설정, 노예, 계급주의, 인종 차별주의, 경직됨	연결을 위한 위계 설정, 기회의 균등, 유연함
변혁의 형태	폭력, 강제, 전쟁, 갈등을 억제	비폭력적 갈등 해결, 협상, 포용, 공감
생태학적 자세	착취, 통제, 경멸	조화, 협력, 존중
논리	이것이냐, 저것이냐 둘 중 하나 (분석적)	이것도 저것도 둘 다 모두 (종합적, 분석적)
자아의 역할	자기중심적	관계 지향적
교육	사상 주입식	능력 부여식

| 느낌의 어휘들** |

기쁨과 만족			
대담한	열망하는	흥미로운	흡족한
다정한	황홀한	활기찬	고무된
생생한	들뜬	즐거운	놀란
놀라운	애정이 깃든	감사하는	

* 월터 윙크, 한성수 옮김(2004), 《사탄의 체제와 예수의 비폭력》, 한국기독교연구소, 107쪽.
** 존 커닝햄, 앞의 책, 19~24쪽.

흥겨운	매료된	감동적인	짜릿한
깜짝 놀란	친근한	환희의	감동받은
고요한	아찔한	평화로운	조용한
자신 있는	반가운	마음에 든	신뢰하는
만족하는	고마운	의기양양한	명랑한
진기한	행복한	상쾌한	
기뻐하는	희망찬	편안한	
결연한	영감을 받은	안심한	

두려움과 걱정

두려워하는	혼란스러운	신경질적인	무서워하는
겁먹은	당황한	압도된	충격을 받은
걱정스러운	어지러운	공황 상태의	스트레스가 쌓인
염려하는	의심스러운	어찌할 바를 모르는	오싹한
당혹스러운	난처한	곤혹스러운	근심스러운
조심하는	성급한	마지못한	
우려하는	초조해하는	침착하지 못한	

분노와 좌절

악화된	섬뜩한	실망한	격노한
흥분한	까다로운	사나운	초조한
성난	욕지기나는	참을 수 없는	성마른
괴로운	분노한	분개한	뒤집힌

슬픔과 비탄

싫증난	의기소침한	상처받은	어수선한
우울한	절망한	쓸쓸한	비통한
실망한	소진한	침울한	
낙담한	무기력한	슬픈	
낙심한	희망을 잃은	지친	

가짜 감정 : 감정처럼 연기하는 생각

자포자기한	기만적인	조작된	급작스러운
학대하는	무시하는	오해된	인정받지 못한
공격적인	벌벌 떠는	경시된	낡은
배신하는	감추어진	학대받은	
들볶는	부진한	거부된	

| 욕구의 어휘들 |

생존

깨끗한 공기와 물
식량
휴식
피난처

애정

교제
친밀함
친절
한 사람의 일에 관여하기

여가

축하
위안과 여유
놀이와 재미
오락

이해

고려
공감
마음의 평화
경청하기

자유

자치
선택
누군가의 마음을 이야기하기

초월

아름다움
사랑
평화
리듬

참여

성취
행동
재능
생산력
공동체
역량
연결
신뢰성
격려
조화
상호 관계
타인을 도울 수 있는 기회
한 사람의 세계 내부의 힘
인식
존경
지원
삶을 풍요롭게 하기
생명을 위해 봉사하기

창조

창조성
표현
영감

보호 / 보안

공평
정직
정의
계약의 존중
양육
솔직함
질서
안전
안정
신뢰

정체성 / 의미

인정
식별
도전
명쾌함
성실
새로운 기술을 학습하기
사생활
자기 계발
현실 공유
한 사람의 노력 알아주기
한 사람의 의도 알아주기
다른 사람이 되어 보기
한 사람의 세계 이해하기

비폭력 대화의 4단계
: 관찰, 느낌, 욕구, 부탁

비폭력 대화는 아무래도 말을 사용하는 작업이기 때문에 아주 어린 아이나 장애가 있는 아이, 또는 한국말이 서투른 아이와 작업하기 어렵다고 생각할 수 있습니다. 그러나 실제로 비폭력 대화에서 말은 주변적인 역할을 합니다. 대화의 핵심은 말보다 마음이고, 우리 자신과 다른 사람들의 마음을 연결할 수 있는 원칙과 접근법이 중요합니다. 자칫 말의 형식에 집착하게 되면 본질을 놓칠 수 있습니다. 연결을 우선시하는 태도, 모두의 욕구를 존중하는 자세, 마음에 들지 않는 행동 뒤에 숨어 있는 욕구를 찾아보기 위해 의지를 내는 것, 권력을 사용하기보다 권력을 나누는 것 등의 노력에 더 중점을 둘 필요가 있습니다.* 비폭력 대화는 그러한 노력을 네 가지 기본 단계를 통해 안내합니다.

관찰, 느낌, 욕구, 부탁이라는 비폭력 대화의 4단계는 우리의 마음을 단계적으로 짚어 가면서 진행됩니다. 마음은 사고(생각)와 감정(느낌), 의지(욕구)로 이루어져 있습니다. 첫 번째 단계인 관찰은 우리의 사고를 반영합니다. 무슨 일이 있었는지, 무얼 보고 듣고 경험했는지를 떠올리는 행위는 표상, 즉 사고 행위입니다. 올바르게 사고하지 못하는 사람은 관찰을 제대로 할 수 없습니다. 편협한 사고는 왜곡된 관찰을 불러옵니다. 자기중심적인 사람일수록 사고가 편협해집니다. 순수한 사고는 객관적이고 이성적입니다. 우리가 주관적이고 편의적으로 사고를 할 때 자주 사용하는 것이 판단과 평가입니다. 여기에는 작위적 추측과 결론이 담겨 있습니다. "하나를 보면 열을 안다"는 속담은 비폭력 대화에서는 적절하지 않습니다. 좋은 관찰이란 주관성을 내려놓고 있는 그대로 보고 묘사하는 것입니다. 이것은 과학의 기본 태도와도 같습니다. 올바른 관찰은 과학적 사고를 위해 훈련해야 할 첫 번째 덕목이라고 할 수 있습니다.

두 번째 단계인 느낌은 사고와는 전혀 다른 방식으로 작동합니다. 우리가 느낌에 집중하기 위해서는 생각을 멈춰야 합니다. 생각은 거짓 느낌을 양산합니다. 현상을 해석해 놓고 느낌이라고 착각하기 일쑤입니다. 해석과 느낌은 그 차이가 미묘하기 때문에 착각하기 쉽습니다. 어떤 일을 겪었을 때 머리를 쓰지 않고 가슴으로, 온몸으로 느낄 수 있다면 우리는 무엇을 알 수 있을까요? 느낌 속에서 우리는 살

---

* 인발 카스탄, 김숙현 옮김(2013),《자녀가 '싫어'라고 할 때》, 한국 NVC 센터, 61쪽.

아 있다는 것을 알게 됩니다. 우리가 온전하게 느끼는 삶을 산다면 우리의 삶은 더욱 풍요로워지고 깊어질 것입니다. 거기에는 내가 어떤 사람인가, 하는 직관적 통찰이 담겨 있습니다. 왜냐하면 우리의 감정은 고유한 것이기 때문입니다. 한 가지 현상을 놓고도 사람마다 다른 느낌을 받습니다. 감정은 언어가 아니라 그림이나 노래, 춤 등 예술로 표현할 수 있습니다. 언어적으로 표현하기 어려운 감정은 예술적인 방식으로 먼저 표현한 뒤 그다음에 말로 풀어내는 것이 더 효과적입니다.

세 번째 단계인 욕구는 우리의 정체성을 드러냅니다. 내가 무엇을 바라는지 드러내는 것은 실존의 문제입니다. 그러나 헷갈려서는 안 되는 게, 우리는 흔히 모방하거나 주입된 욕구를 자신의 것이라고 여기고 살아가기 때문입니다. 그래서 관념의 외피를 벗고 자기 욕구를 정확히 응시하는 노력이 필요합니다. 욕구는 감정보다 더욱 고유한 특성을 지닙니다. 욕구는 또한 불과 같아서 우리의 삶을 뜨겁게 데우고, 살아갈 힘을 줍니다. 우리가 자신의 욕구를 정확히 인식하지 못할 때 자아는 길을 잃고 무기력해지거나 중독에 빠집니다. 쇼핑이나 음주, 게임, 도박 같은 중독 현상은 정체성을 찾지 못한 자아가 길을 잃고 주저앉은 모습입니다. 자신의 개별성과 고유한 과제에 대한 이해가 없다면 평생 가짜 욕구에 끌려 다니며 거짓된 삶을 살 수 있습니다. 따라서 어려서부터 우리는 자기 욕구에 충실할 필요가 있습니다. 내가 정말 바라는 게 무엇인지, 의식적인 질문을 던지고 그것을 솔직히 드러내는 작업은 내가 나로 살아가기 위한 연습이라고 할 수 있습니다. 이러한 욕구는 마음 깊은 곳에 잠들어 있기 때문에 사고나 감정보다 더 많은 의지를 내어야 인식할 수 있습니다. 우리는 보통 느낌을 통해 욕구를 알아차립니다.

네 번째 단계인 부탁은 우리가 바라는 것을 성숙하게 표현하는 행위입니다. 우리는 누구나 욕구가 충족되길 원합니다. 어떻게든 욕구를 관철하기 위해 전략적으로 행동하고 강요를 하기도 합니다. 그러나 그것은 반사회적인 태도입니다. 상대방 역시 나와 똑같은 자아를 갖고 있기 때문에 존재성을 인정해 주지 않는다면 갈등이 벌어질 수밖에 없습니다. 우리가 할 수 있는 일은 다만 초대하는 것입니다. 우리의 욕구를 솔직하게 표현하고 그것을 요청하되 결정은 상대방의 몫입니다. 간절함이 집착이 되지 않도록 해야 합니다. 부탁이 받아들여지지 않았을 때 대화를 더 이어 나갈 수는 있겠지만, 화를 내거나 관계를 끊는다면 비폭력 대화를 잘못 배운 것입니다. 처음에 우리는 기린과 자칼의 두 세계를 오락가락하면서, 한동안 마치 외국어로 말을 주고받는 듯한 어색함을 떨쳐 내기 어려울 것입니다. 그러나 시행착오 속에서 차츰 기린의 언어가 익숙해지기 시작한다면 우리의 삶은 좀 더 풍요롭고 아름다워질 것입니다.

[1단계] 관찰 : 평가하지 않고 관찰하기

내가 ……을 보았을 때(보고, 듣고 등등)
- 무엇을 관찰하고 있는가? 평가를 뒤죽박죽으로 하는가? 빙빙 돌리는가? 보편적 화제로 만들 수 있도록 구성할 수 있는가?

관찰은 대화를 시작하게 된 원인이 정확히 무엇이었는지에 대해 말하는 것입니다. 우리가 처한 상황에서 어떤 일이 일어났는지를 객관적이고 구체적으로 묘사해야 합니다. 이때 중요한 것은 말을 하는 도중에 어떠한 평가도 섞지 않는 것입니다. 왜냐하면 누군가에게 말할 때 평가를 섞으면 상대가 이를 비판으로 듣고, 우리의 말에 반감을 갖기 때문입니다. 그러면 상대는 대개 자기 행동을 변명하면서 자신을 방어하거나 우리를 공격할 준비를 하는 데 에너지를 쓰게 되어 대화가 더 이상 진전되지 못합니다. 평가는 듣는 사람뿐만 아니라 말하는 사람에게도 부정적인 영향을 미칩니다. 만약 "넌 수업 종이 친 지 10분이나 지나서야 교실에 들어왔어!"라고 말한다면, 이는 관찰한 것을 표현한 것입니다. 그러나 "너는 맨날 지각이야!"라고 한다면, 이는 평가를 포함시킨 말입니다.

관찰에는 상대를 비난하거나 상대의 잘못을 들춰내려는 의도가 없습니다. 지금 상황에서 느끼는 강한 감정은 다음 단계인 느낌에서 충분히 표현할 수 있습니다. 관찰은 추상적인 평가가 아닌 구체적인 상황, 말, 행동 등을 묘사하는 것입니다. 비디오카메라로 그 상황을 찍었을 때 어떻게 기록될까를 상상해 보면 도움이 될 수 있습니다.* 상대가 한 말을 그대로 옮기거나 인용한 경우도 관찰로 볼 수 있으며, 내면에서 일어나는 생각도 관찰의 대상이 될 수 있습니다.

▶ 어떤 상황에서 있는 그대로, 실제로 무엇이 일어나고 있는가를 관찰합니다. 나에게 유익하든 그렇지 않든 상대방의 말과 행동을 있는 그대로 관찰하는 것입니다. 상대방의 행동을 내가 좋아하느냐 싫어하느냐 여부를 떠나, 판단이나 평가를 내리지 않으면서 관찰한 바를 명확하게 그대

---

* 멜라니 시어스, 앞의 책, 25쪽.

로 말하는 것입니다. 관찰에 평가를 섞으면 듣는 사람은 이것을 비판으로 듣게 되고, 우리가 하는 말에 저항감을 느끼기 쉽습니다.

- 평가 – "네가 무례하게 행동했을 때."
- 관찰 – "네가 '선생님은 그것밖에 못 해요?'라는 말을 나에게 했을 때."

[2단계] 느낌 : 해석하지 않고 느끼기

나는 ……을 느낀다
- 무엇을 느끼고 있는가? 느낌인가, 생각인가? 거짓 느낌인가? 다른 이들과 함께 나 자신의 느낌을 나누고 있는가?

느낌이란 외부 또는 내부의 자극에 대해 우리 몸과 마음에서 일어나는 반응입니다. 느낌은 우리에게 필요한 것을 알려주는 경보기 같은 존재로서 욕구가 충족되었는지, 그렇지 못한지의 상태를 알려주는 메신저 역할을 합니다. 욕구가 충족되었을 때는 즐겁고 행복하고 편안하며 흐뭇하고 만족스럽습니다. 그러나 그러한 욕구가 충족되지 않았을 때는 화가 나고 불안하고 우울하고 허전하며 슬프고 괴롭게 됩니다. 우리는 대개 힘들고 불편한 느낌이 들 때 그 느낌의 책임을 다른 사람에게 지우는 식으로 책임을 돌리는 데 익숙합니다. 그러나 느낌 뒤에 있는 욕구를 의식하고 그 욕구의 에너지와 연결됨으로써 괴롭고 힘든 느낌에서 해방될 수 있습니다. 예를 들어, 학생들의 수업 태도가 좋지 않아 기분이 상한 상황에서 "이제는 너희들까지 날 무시하니?"라고 하는 대신 "섭섭하네. 속상하기도 하고"라고 말해 보는 것입니다.

  자신의 느낌을 명확하게 인식하고 솔직하게 표현할 수 있을 때 우리는 좀 더 쉽게 다른 사람과 원만하고 부드러운 정서적 유대 관계를 이룰 수 있습니다. 특히 부부, 가족, 부모, 자녀 등 친밀한 관계에서는 서로가 어떻게 느끼고 있는지를 알고 배려하는 것이 더욱 중요합니다. 학생과 교사, 학급 친구들, 동료 교사들, 교사와 학부모의 관계에서도 마찬가지입니다. 같은 상황에서 같은 말을 들어도 모두가 다 다르게 느낄 수 있으며, 오직 자신만이 자기의 느낌에 확신을 가질 수 있습니다. 비폭력 대화에서는 실제 우리의 느낌을 표현하는 느낌 말과 느낌을 나타내는 말처럼 들리지만 사실은 생각을 나타내는 말을 구별합니다. 왜냐하면 느낌을 표현할 때 생각(대개 분석, 비교, 비난, 해석, 스토리 만들기 등 머리에서 나오는 사고 작용)이 섞인 말을 하면 자기 느낌의 책임을 상대에게 미루게 되기 때문입니다. 생각이나 평가가 섞인 말 대신 그 밑에 있는 진정한 느낌을 찾아 표현하는 것이 중요합니다.

> ▶ 어떤 행동을 보았을 때 어떻게 느끼는가를 말합니다. 괴로움, 무서움, 기쁨, 즐거움, 짜증 등의 느낌을 표현하는 것입니다. 느낌을 명확하고 구체적으로 표현할 수 있는 어휘를 활용함으로써, 우리는 좀 더 쉽게 유대관계를 맺을 수 있습니다. 비폭력 대화에서는 실제 우리의 느낌을 표현하는 말과, 우리의 생각·평가·해석을 나타내는 말을 구별합니다. 보통 우리는 "느낀다"는 말을 많이 쓰지만, 실제로는 느낌보다는 생각을 표현하는 경우가 많습니다. 가령 "나는 소외되었다고 느낀다"는 우리의 느낌이 아니라, 다른 사람의 행동에 대한 나의 해석을 드러내는 말입니다.

비폭력 대화의 4단계 : 관찰, 느낌, 욕구, 부탁

- 관찰 – "네가 '선생님은 그것밖에 못 해요?'라는 말을 나에게 했을 때."
- 느낌 – "나는 당황스럽고 서운했어."

[3단계] 욕구 : 전략 대신 욕구 표현하기

나는 ……을 원하기 때문에 / 가치 있게 여기므로
- 무엇을 원하는가? 어떤 욕구가 주의를 불러오는가? 전략과 헷갈리고 있는가?

 욕구는 비폭력 대화의 핵심 요소입니다. 우리의 모든 느낌은 우리 내면의 어떤 욕구와 연결되어 있습니다. 지금 이 순간 우리의 욕구(의식주, 이해, 지원, 사랑, 선택의 자유, 공감 등)가 충족이 되면 우리는 즐겁고 행복하고 만족스러우며 편안한 느낌을 갖게 됩니다. 욕구가 충족이 되지 않으면 슬프고 외롭고 화가 나는 등 불편한 느낌을 갖게 됩니다. 이때 다른 사람의 말과 행동이 우리 감정의 자극제는 될 수 있지만 감정의 원인은 아니라는 것, 자신의 느낌에 대한 원인이 그 순간의 자기 욕구에 있다는 것을 인식할 때 우리는 자신의 느낌에 좀 더 책임을 질 수 있게 됩니다.

 욕구는 우리 삶에 생명력을 불어넣어 주는 근원입니다. 욕구는 지역·종교·언어를 넘어 만인이 공통으로 갖고 있어서 우리가 서로의 욕구를 인식하고 이해할 수 있게 되면, 우리는 서로 연결되고 그래서 모두가 하나임을 체험하게 됩니다. 그러나 그것을 충족시키기 위한 수단과 방법은 사람이나 시대 혹은 문화권마다 다를 수 있습니다. 특히 아이들의 경우에는 발달 연령에 따라 주된 욕구가 다르다는 사실을 아는 것이 도움이 됩니다. 기질에 따라서도 욕구는 달라집니다. 아이들은 서로 다르며, 날 때부터 자기의 고유성을 표현하는 저마다의 특이한 방법을 갖고 태어납니다. 서로 다른 아이들을 가르치는 교사로서 우리는 아이들의 특성을 개별적으로 이해할 필요가 있습니다.

상상력을 통해 서로의 욕구를 충족할 수 있는 다양한 방법을 찾을 수 있다면 우리의 삶은 더욱 풍요로워질 것입니다. 하지만 자신만의 수단과 방법이 옳다고 주장하며 집착하는 경우 갈등이 생기고 우리의 삶은 아주 궁핍해집니다. 우리는 대개 욕구를 의식하면서 살도록 교육받지 못했기 때문에 안타깝게도 지금 이 순간 우리가 무엇을 진정으로 원하는가를 찾는 데 어려움을 느낄 수 있습니다. 오랜 세월 동안 여성이나 어린이, 성소수자, 이주노동자 등 약자의 경우 욕구가 무시되기 일쑤였습니다. 심지어 없는 사람처럼 취급받기도 했습니다. 스스로의 욕구를 명확히 인식할수록 우리는 그것을 성취할 가능성이 높아지기 때문에 매 순간 자신과 상대방의 욕구를 파악하며 대화할 수 있도록 연습해야 합니다.

▶ 자신이 포착한 느낌이 내면의 어떤 욕구와 연결되는지를 말합니다. 비폭력 대화는 다른 사람의 말이나 행동이 우리의 느낌을 불러일으키는 자극이 될 수 있어도, 결코 우리 느낌의 원인이 아니라는 인식을 새롭게 해 줍니다. 우리가 갖게 되는 느낌은 당시 나의 필요와 기대에 따른 것이기도 하지만, 다른 사람의 언행을 받아들이는 우리 자신의 마음 자세에 달린 것이기도 합니다. 비폭력 대화의 세 번째 요소인 욕구는 우리 내면의 선택에 대한 책임을 우리 스스로가 지도록 합니다. 다른 사람을 탓하기보다는 자신의 욕구와 희망, 기대, 가치관이나 생각을 인정함으로써 우

리는 자신의 느낌에 대해 책임을 집니다.

"네가 A를 하면 나는 B를 느낀다"라는 말은 책임을 상대방에게 떠넘기는 표현입니다. "나는 C를 원하기 때문에 네가 A를 하면 B를 느낀다"는 표현으로 바꾸면 자신의 책임에 대한 인식을 깊게 할 수 있습니다. 예를 들어, "네가 음식을 남기면 선생님은 실망한단다"라는 말을 "선생님은 네가 건강하게 크기를 바라기 때문에 네가 음식을 남기면 실망한단다"라고 바꾸면 사실 아이 때문에 실망한 게 아니라 자신의 욕구 때문에 그런 느낌이 든다는 것을 명확히 알 수 있습니다. 아이도 교사가 바라는 것을 분명히 알 수 있습니다. 감정의 원인은 언제나 우리 자신 안에 있습니다. 밖에서 오는 것들은 모두 자극에 지나지 않습니다. 이것을 깨달을 때 우리는 책임 있는 존재로 거듭날 수 있고 비로소 자유로운 성인이 될 수 있습니다.

비폭력 대화에서는 한 걸음 더 나아가 '나'에게 자신이 무엇을 원하는지, 곧 자신의 어떤 욕구나 기대, 희망, 가치관이 충족되지 못했는가를 확인하도록 권합니다. 우리가 욕구와 느낌을 잘 연결하면 할수록, 다른 사람들에게서 공감의 반응을 더 잘 불러일으킬 수 있을 것입니다. 대부분의 사람들은 비난처럼 들리는 이야기를 들으면 자기 방어에 나서거나 저항을 하게 됩니다. 때문에 다른 사람들의 공감을 얻기 원할 때 다른 사람의 행동을 비판하거나 분석함으로써 자신의 욕구를 표현하면 도리어 역효과를 거둡니다. 대신 우리 느낌을 좀 더 직접적으로 욕구와 연결하면 상대방은 우리 욕구에 긍정적으로 반응하기가 더 쉬울 것입니다. 사람들이 서로를 탓하기보다 자신이 서로에게 무엇을 원하는가를 말하기 시작하는 순간부터 모두의 욕구를 충족할 수 있는 방법을 찾을 가능성이 매우 커집니다.

- 관찰 – "네가 '선생님은 그것밖에 못 해요?'라는 말을 나에게 했을 때."
- 느낌 – "나는 당황스럽고 서운했어."
- 욕구 – "왜냐하면 내 상황에 대해서 이해받고 싶었거든."

[4단계] 부탁 : 강요 대신 부탁하기

당신은 ……을 해 줄 수 있는가?
- 원하는 것을 요구하고 있는가? 이해를 바라는가, 아니면 당장 할 수 있는 부탁을 명확히 하는가? 승낙과 거부 양쪽에 열려 있는가?

비폭력 대화의 네 번째 요소는 부탁입니다. 부탁이란 자신의 욕구를 의식한 다음 자신이 원하는 삶을 구현하기 위해서 구체적인 행동을 요청하는 것입니다. 이때 우리의 부탁이 강요가 아니라 진정한 부탁이라는 것을 우리 자신이 먼저 확인해야 합니다. 즉, 상대방이 우리의 부탁에 "아니오"라고 하더라도 그것을 공감으로 받아들일 마음의 준비가 되어 있을 때 진정한 부탁이 됩니다. 부탁은 크게 연결 부탁과 행동 부탁으로 나눌 수 있습니다. 연결 부탁은 대화가 끊어지지 않고 유연하게 이어져 흐를 수 있도록 상대를 대화에 초대하는 방법입니다. 자신과 동등하게 존중하면서 상대의 이야기를 들으려는 의사를 전달할 수 있습니다. 행동 부탁은 구체적이고 긍정적인 언어를 사용하며 의문형으로 말합니다.

▶ 우리 삶을 더욱 풍요롭게 하기 위해서는 다른 사람이 우리에게 해 주길

바라는 것을 표현해야 합니다. 표현하지 않아도 내 마음을 알아줄 거라고 기대해서는 안 됩니다. 이때는 막연하고 추상적인 말이나 애매모호한 말을 피하고, 우리가 원하지 않는 것보다 우리가 원하는 것을 말함으로써 긍정적인 행동을 부탁하는 것이 중요합니다.

- 관찰 – "네가 '선생님은 그것밖에 못 해요?'라는 말을 나에게 했을 때."
- 느낌 – "나는 당황스럽고 서운했어."
- 욕구 – "왜냐하면 내 상황에 대해서 이해받고 싶었거든."
- 연결 부탁 – "내 말 듣고 좀 어때?"
- 행동 부탁 – "내가 어떤 상황이었는지 말하고 싶은데 지금 들어 줄 수 있어?"

부모와 교사가 아이들보다 먼저 자신의 느낌과 욕구에 집중하고, 자기 자신을 잘 지켜 내는 일이 중요하다고 말하면 그것은 이기적인 태도라고 지적하는 분이 계실지도 모르겠습니다. 그러나 우리가 자신의 욕구를 먼저 돌볼 때 실제로 아이들은 더욱 온전한 돌봄을 받을 수 있습니다. 우리가 자신의 욕구를 돌보지 않으면 쉽게 지쳐 버려서 다른 사람을 원망하기 시작하고, 화를 내게 되며, 우울함에 시달리게 됩니다. 자신의 욕구를 먼저 돌보게 되면 다른 이를 돌볼 수 있는 에너지 역시 더욱 많이 생깁니다.* 우리는 자기 공감에 좀 더 많은 시간을 들여야 합니다.

혁신학교나 대안학교, 발도르프학교 같은 곳에서 일하는 선생님들

---

* 멜라니 시어스, 앞의 책, 94~95쪽.

일수록 몸이 더 아픈 경우가 많고, 빨리 소진되는 경향이 있습니다. 이는 분명 자신의 욕구는 포기한 채 다른 사람들의 욕구를 돌보아야만 한다는 믿음과 헌신의 강요, 지나치게 과도한 업무 등과 관련이 있을 것입니다. 자아가 독립된 어른으로서 우리의 과제는 두 가지가 있다고 할 수 있습니다. 자기중심을 분명하게 세우는 것, 즉 자기 자신을 지키는 것이 하나이고, 다른 하나는 자기중심성에서 벗어나는 것입니다. 두 번째의 과제는 첫 번째 과제를 온전히 수행했을 때 가능합니다.

관찰
- 평가와 구별된다.
- 무슨 일인지를 돌려 말하지 않는다.
- 사실에 입각하며, 관찰 가능한 현상이다.
- 비디오카메라가 기록하는 것과 같다.
- 공통의 지점을 찾도록 돕는다.
- 다른 이들에 의해 설명되는 것을 환영한다.

느낌
- 생각과 구별된다.
- 우리에게 정보를 준다. 생각은 해석을 한다.
- 우리의 성장이 어떻게 나아갈지 말해 준다.
- 원인은 외부 자극이 아니다.
- "난 그것을 ……하게 느껴", "난 ……처럼 느껴" 또는 "난 너/그/그들을 ……하게 느껴"가 아니다.

욕구
- 전략과 구별된다.
- 보편적이다. 전략은 개별적이고 특정한 것이다.
- 우리의 인간적 성장에 관한 언어이다.
- 느낌의 뿌리이다.
- 우리를 공통된 인간성에 연결한다.
- 연민에 따른 연결을 촉진한다.

부탁
- 강요와 구별된다.
- 아무런 조건이 없다. 강요는 그렇지 않다.
- 최선은 명확하고 구체적이며 당장 할 수 있는 것이다.
- 모두의 욕구를 충족하기 위해 노력한다.
- 무엇을 들었고, 지금 무엇을 느끼며, 어떤 행동이 욕구를 충족할 것인지를 분명하게 한다.

| 학부모 상담의 예시 |

교사가 부모에게 : "민준이는 스마트폰을 너무 오래 보는 것 같아요. 그래서 교실에서는 전혀 집중을 하지 못합니다."

고쳐 말하기
- 민준이가 수업에 집중하려고 어떤 노력을 기울이는지 살펴볼 때, 또 그 아이가 자기는 대부분의 시간을 스마트폰을 보는 데

보낸다고 저에게 말해 줄 때, 그래서 감각 통합과 아동 발달에 관해 제가 알고 있는 내용을 떠올려 볼 때, (관찰)
- 저는 염려스럽고 무력감을 느낍니다. (느낌)
- 왜냐하면 저는 어린 시절에 벌어지는 일들이 발달 단계에 맞도록 보호해 주려는 제 노력이 지지받길 원하기 때문입니다. (지지에 대한 욕구)
- 제가 말씀드린 것을 어떻게 들으셨는지 말씀해 주실 수 있나요? (부탁)

부모의 자기 비난 : "저는 좋은 부모가 되기에는 너무나 부족해요. 제가 할 수 있는 건 아무것도 없어요."

공감하기
- 민준이가 교실에서 집중하지 못하는 어려움과 그것이 스마트폰을 들여다보는 시간과 관련되는지에 대해 제가 우려하는 바를 나누었을 때, (관찰)
- 당황스럽고 낙담하셨나요? (느낌)
- 부모님의 노력에 대해 인정받고자 하시기 때문인가요? 그리고 가정에서 이러한 변화를 가져오기가 얼마나 어려운지에 대해서도 이해를 받고 싶기 때문이신가요? (인정과 이해에 대한 욕구)
- 민준이를 도울 수 있는 공동의 작업에 대해 이야기 나누기 위해 시간을 내 주실 수 있는지 알고 싶습니다. (부탁)

부모가 교사에게 : "교실은 엉망진창이고, 내 딸은 불쌍해요."

고쳐 말하기

- 제 딸이 행복하지 않아 보일 때, 그러니까 그 아이가 집에 돌아와 학교에서 일어난 일들에 대해 말해 줄 때, (관찰)
- 저는 속상하고 불안해요. (느낌)
- 왜냐하면 저는 제 딸에게 일어나는 일에 대해 명확히 알고 싶기 때문이에요. 그 애가 안전한지, 학교에서 보호받고 있는지 알고 싶어요. (명확성과 자녀에게 최선을 다해 줄 것에 대한 욕구)
- 선생님이 알고 계시는 사건들, 그리고 아이들 간에 화합을 키워 주기 위해 하시려는 계획에 대해 공유해 주실 수 있나요? (부탁)

좌절한 교사의 대답 : "부모들은 교사에게 바라는 게 너무 많습니다. 정작 집에서는 아이들에게 신경도 쓰지 않으면서요."

공감하기

- 서윤이가 학교에서 겪고 있는 어려움과 그 아이가 이야기해 준 몇 가지 행동에 대해 제가 우려를 표했을 때, (관찰)
- 당황하고 실망감을 느끼셨나요? (느낌)
- 그런데 선생님은 선생님의 노력에 대한 지지와 함께 선생님이 직면한 도전들에 대해 이해를 받고 싶으신 거죠? (이해와 지지에 대한 욕구)
- 선생님이 하고자 하시는 바를 제가 이해했는지, 혹시 더 공유하고자 하시는 것이 있는지 알고 싶습니다. (부탁)

비폭력 대화를 혼자 또는 여럿이 모여 연습하고자 한다면 루시 루의《비폭력 대화 워크북》을 권해 드립니다. 이 워크북에는 비폭력 대화의 핵심 내용이 잘 정리되어 있고, 연습 방법이 구체적으로 안내되어 있습니다. 마셜 로젠버그의《비폭력 대화》와 함께 읽으면 좋을 것입니다. 비폭력 대화를 교육 영역으로 확장하여 안내한 로젠버그의《삶을 풍요롭게 하는 교육》과 김미경의《어린이를 위한 비폭력 대화》,《청소년을 위한 비폭력 대화》도 도움이 될 것입니다. 사춘기 아이를 키우고 있다면 이윤정의《아이는 사춘기 엄마는 성장기》를, 유치원에 다니는 아이를 키우고 있다면 수라 하트·빅토리아 킨들 호드슨의《내 아이를 살리는 비폭력 대화》와 군디 가슐러·프랑크 가슐러의《내 아이를 위한 비폭력 대화》를 추천합니다.

비폭력 대화에 따른 애도

애도는 남겨진 자들을 위한 것입니다. 사랑하는 존재를 잃었거나 삶의 희망을 잃었을 때, 그것을 삶의 일부로 받아들이기 위해 우리는 애도를 합니다. 아이들은 단짝 친구가 멀리 전학을 가거나 키우던 반려동물이 무지개다리를 건넜을 때, 부모님이 이혼을 하시거나 가족 중 누군가가 돌아가셨을 때 슬픔을 어떻게 이겨 내야 할지 모르는 경우가 많습니다. 애도의 방식으로는 골방에 들어가 홀로 하는 것이 있을 테고, 신뢰하는 사람들과 함께 둥그렇게 앉아 할 수도 있을 것입니다. 우리는 흔히 어려움을 겪었을 때 타인을 만나지 않고 자기만의 골방으로 들어가 버리곤 합니다. 쉽고 익숙한 방식입니다. 그러나 홀로 하는 애도는 위태롭습니다. 자기중심적인 생각이 지나쳐 슬픔에서 헤어 나오지 못하고 극단적인 선택을 할 수도 있기 때문입니다. 분노와 비난의 화살을 세상과 자기 자신에게 무차별적으로 쏘아 댈 수 있습니다. 이는 진실하지도, 평화롭지도 않은 방식이 되기 쉽습니다.*

우리는 비폭력 대화를 애도의 방식으로 사용할 수 있습니다. 마셜 로젠버그가 정립한 비폭력 대화는 우리의 삶을 관찰, 느낌, 욕구, 부탁의 네 측면으로 살펴봅니다. 간혹 단계를 뛰어넘거나 통합될 수도 있지만 일반적으로 어떤 일이 벌어졌는지 객관적으로 관찰하고, 벌어진 일에 대한 느낌을 살핍니다. 그리고 느낌을 불러일으킨 원인이 되는 욕구를 찾는데, 그 이유는 우리가 행하는 모든 일의 근본 원인에 내적 욕구가 있다고 보기 때문입니다. 외부에서 우리에게 다가오는 일들은 단지 자극에 지나지 않습니다. 중요한 것은 우리의 욕구이며, 그것이 진정한 원인이 됩니다. 욕구를 알아차렸다면 바라는 그것을 올바르게 표현해야 합니다. 그것은 '반드시 그렇게 되어야 한다'가 아닌 '나는 이것을 바란다'의 방식입니다.

루돌프 슈타이너는 인간이 신체와 영혼, 정신의 삼지적 요소로 이루어져 있다고 말했습니다. 또한 인간의 영혼은 사고, 감정, 의지로 구성되어 있다고 하였는데, 여기에서 의지는 욕구의 상위 개념이라고 할 수 있습니다. 우리는 비폭력 대화를 심화하는 데에서 인지학적 인간학의 도움을 받을 수 있습니다. 벌어진 일에 대한 관찰은 생각을 바탕으로 합니다. 우리는 어떤 사건이나 상황에 대해 먼저 지각하고 인식합니다. 관찰이란 감각 기관을 통해 받아들인 정보를 표상하고 기억하는 것입니다. 최상의 관찰이란 있는 그대로 보는 것이지만 주관적인 우리의 사고는 한계가 있습니다. 또 생각은 보통 의식의 표층

* [NVC 애도 프로세스, 한국NVC센터, (www.krnvc.org)] 참고.

에 머물기 쉽습니다. 그래서 생각 속의 느낌을 살펴야 하는 것입니다.

우리가 내적으로 어떤 느낌을 받는지 살펴본다면 표층의 사고가 진실하지 않을 수도 있음을 알 수 있습니다. 보통 느낌은 생각보다 힘이 셉니다. 아무리 생각을 다잡으려 해도 감정이 그것을 부인하는 경우를 우리는 자주 경험합니다. 분노를 참거나 슬픔을 외면하기 위해 도덕적인 당위를 내세운다 해도 감정은 사그라지지 않습니다. 오히려 부인된 감정은 더욱 강력하게 마음을 뒤흔듭니다. 우리가 감정에 휩쓸리면 자아를 잃어버리게 되지만 감정을 심하게 억누르면 우리의 마음이 마비됩니다. 감정을 차분하게 바라보고 인정할 때 비로소 마음은 진정이 되고 평온을 찾을 수 있습니다. 느낌 역시 인식이 필요합니다.

느낌보다 심층의 의식은 의지, 즉 욕구입니다. 바라는 행위는 강력한 마음의 작용입니다. 많은 경우 감정은 욕구로부터 태어납니다. 충족되지 않은 욕구가 슬픔과 분노를 가져오며, 충족되지 못한 욕구는 무력감과 두려움을 낳기도 합니다. 이러한 내적 욕구는 대체로 무의식의 차원에 머물기 때문에 욕구를 인식한다는 것은 지극히 어려운 일입니다. 슈타이너는 우리의 자아가 사고에서는 깨어 있지만 의지에서는 잠자고 있다고 말합니다. 느낌 또는 감정에서는 꿈꾸는 상태와 같습니다. 그런데 우리는 누군가, 특히 가까운 사람이 나의 마음을 알아주길 바랍니다. 어린아이들의 경우 그 마음을 알아주기만 해도 많은 갈등이 사라지게 됨을 우리는 경험으로 알고 있습니다. 욕구가 꺾이거나 무시될 때 우리는 고통을 겪게 됩니다. 고통은 마음이 보내는 신호입니다.

생각과 느낌, 욕구를 인식한 뒤, 그다음으로 해야 할 일은 자신이 바라는 바를 올바르게 표현하는 것입니다. 감정과 욕구의 책임이 전적으로 자신에게 있다는 것을 아는 사람은 그 표현을 부탁의 형태로 할 수 있을 것입니다. 이것은 책임의 소재를 자기 자신에게 두는 일입니다. 바이런 케이티의 말처럼 세상의 모든 일은 나의 일과 남의 일, 신의 일로 나누어집니다. 신의 일이란 나와 너의 관계 밖에서 벌어지는 모든 일입니다. 그리고 나는 나의 일만 할 수 있을 뿐입니다. 우리는 흔히 자신이 할 수 있는 일과 할 수 없는 일을 뒤섞으며 남의 일과 신의 일에 매달리느라 정작 나의 일을 도외시하곤 합니다. 오로지 내가 할 수 있는 일에 집중할 때 우리는 삶의 주인으로 살아갈 수 있습니다. 그렇지 않다면 우리가 표현하는 욕구들은 강요의 형태가 될 것이고, 그것이 이루어질 확률도 줄어들게 됩니다.

| 사랑하는 존재를 잃은 아이를 도울 때 |

▶ 아주 천천히 진행한다.

① 슬픈 마음을 충분히 표현하도록 지원하기
언제 그가 제일 그리운지? 언제 가슴이 많이 아픈지? 언제 제일 생각이 나는지?
- 슬픔을 충분히 표현할 수 있게 돕습니다. 깊이 애도할 수 있게 합니다. 슬퍼하지 않도록 떠난 사람을 생각하지 못하게 하는 것은 애도가 필요한 사람을 더 힘들고 외롭게 할 수 있습니다. 자기 마음을 진정으로 이해하는 사람이 아무도 없다고 생각하면 더 외롭다고 느낄 수 있습니다.

② 슬픔이 물러간 뒤에 떠오르는 추억 돌아보기

떠난 이가 무엇을 좋아했는지? 함께 즐거웠던 기억은 어떤 것이 있는지?

- 깊이 애도를 하고 나면(대개 한숨을 쉬거나 몸에서 긴장감이 나가는 것을 느낄 수 있을 때) 즐거운 추억에도 마음을 돌릴 수 있게 됩니다. 그와 함께 했던 즐거운 추억을 말할 수 있게 돕습니다.

③ 감사하는 마음으로 안내하기

무엇이 가장 감사하게 느껴지는지? 감사함을 느끼는 특정한 장면이 있는지?

- 원하는 만큼 오래는 아니었어도 그와 함께 보낼 수 있었던 시간에 대해 감사할 수 있습니다. 그가 주고 간 선물이 어떤 것인지 떠올릴 수 있도록 돕습니다.

④ 감사에 보답하기

그가 주고 간 선물을 어떻게 지속할 것인가?

- 감사하는 마음에서 더 나아가 그의 뜻을 어떻게 기릴 수 있을지 생각해 볼 수 있도록 돕습니다.

⑤ 역할극(선택)

- 이 부분은 시작하기 전에 애도하는 아이에게 그와 이야기를 해 볼 의사가 있는지 동의를 구합니다. 그를 상징하는 꽃, 인형, 사진 등을 이용하거나 교사가 그 사람의 역할을 합니다. 상

징물을 보면서, 아니면 진행을 하는 교사에게 그 사람에게 하고 싶은 말을 다 해 볼 수 있도록 안내합니다. 이 과정을 진행하는 교사는 들으며 그의 역할로서 공감을 해 줍니다. 서두르지 않고 시간을 들여 천천히 진행합니다. 역할을 바꾸어 애도하는 아이에게 그가 되어 보겠느냐고 물어봅니다. 이 과정을 진행하는 교사는 애도하는 아이의 역할을 하며 들은 말을 되풀이해 줍니다. 침묵으로 지금까지 한 과정을 돌아봅니다.

⑥ 마음 돌아보기
- 지금 마음이 어떤지 물어봅니다.

평화를
만드는 원

　대화모임은 둘 이상의 사람이 모여 비폭력적 방식으로 대화를 나누는 것입니다. 갈등이 벌어졌을 때 더 이상 고조되지 않도록 하고, 그 에너지를 창조적으로 전환할 수 있는 방법은 함께 모여 마음을 터놓고 이야기를 나누는 것입니다. 여기에는 특별한 기술이 필요하지 않습니다. 우리가 마음의 본성을 이해했다면 그 원칙에 따라 자연스럽게 대화를 나누면 됩니다. 기술적인 방법이 문제가 아니라 상대를 향해 마음을 여는 것이 중요합니다. 그러나 말이 쉽지, 현실적으로는 함께 모이는 일이 가장 어렵습니다. 갈등이 생겼다는 것은 이미 서로에 대한 신뢰가 깨졌다는 것이기 때문입니다. 이런 상황에서 마음을 낸다는 것은 크나큰 용기가 필요한 일입니다.

대화모임에서는 서로가 서로에게 용기를 주며 존중하는 태도를 훈련합니다. 이것은 하나의 문화처럼 어렸을 때부터 습관화되는 것이 좋습니다. 자의식이 확고해진 어른들의 경우에는 나이가 들수록 특별한 계기 없이는 마음을 내기가 어려워집니다. 어린 시절부터 교실에서 대화모임에 참여하는 것이 필요한 이유입니다. 갈등이 벌어지지 않았더라도 평소에 대화모임을 자주 갖는 것은 교실의 평화 문화를 가꾸는 데 아주 좋은 영향을 줍니다. 우리는 누구나 표현의 욕구가 있습니다. 이것은 기린이든 자칼이든 한마음입니다. 자기 마음을 진솔하게 표현하고 대화를 나누는 것은 기본적으로 즐거운 일입니다. 인간의 본성이 그렇기 때문입니다. 이러한 대화모임을 통해 우리의 마음과 마음은 더욱 단단히 연결될 것입니다. 갈등으로 인해 단절되었던 마음은 대화 속에서 다시 이어질 것이며, 갈등 이전보다 더욱 굳건하게 연결될 수 있습니다.

원이 상징하는 것

대화모임에서 우리는 둥그렇게 둘러앉아 이야기를 나눕니다. 가능하면 원의 형태를 만드는 게 좋습니다. 원은 특별한 도형이기 때문입니다. 그래서 대화모임을 흔히 '서클Circle' 또는 원형 대화모임이라고 부릅니다. 수학적으로 원은 '일정한 점에서 같은 거리에 있는 점들의 집합'을 뜻합니다. 중심점으로부터 동등한 거리에 있는 점들은 평등합니다. 누구 하나 소외되지 않는 점들은 곡선을 이루고, 이 곡선은 유연하고 완벽한 형태로 도형 전체를 휘감아 돕니다. 여기에서 중

　심점은 인간의 심장과 같은 것으로 원의 씨앗이자 핵심입니다. 중심점을 통해 원은 팽창하며 자기 자신을 완성합니다. 중심이 제대로 버티지 못하면 모든 것이 무너지고 맙니다. 춤을 추는 사람은 움직이는 동안 몸의 무게 중심을 이용해 균형을 잡으면서 아름다운 동작을 취합니다. 움직이지 않고 가만히 있을 때조차 우리에게는 마음의 무게 중심이 있습니다. 우리 마음의 중심에는 사고, 감정과 함께 세상을 확인하고 바라보고자 하는 인식의 욕구가 있습니다. 이것은 신비로운 인식 능력의 씨앗입니다. 우리가 원의 형태로 둘러앉을 때에도 그 중심에는 고요하고 신성한 인식의 씨앗이 있습니다. 이러한 원의 특성 덕분에 세계 많은 지역의 문화와 종교에서는 원을 특별한 도형으로 여깁니다.

　모든 원은 모양이 같습니다. 다만 크기가 다를 뿐입니다. 어린아이에게 색연필과 종이를 주고 무엇을 그리는지 관찰해 보면, 아주 어릴 때는 선을 지그재그로 그립니다. 그러다가 조금 자라면 아이는 선의 끝부분이 출발점과 만날 수 있다는 사실을 발견하고 그 고리 모양에 기뻐합니다. 고리 모양은 끝없이 빙글빙글 돌고, 내부와 외부의 공간을 분리합니다. 그러다가 마침내 아이는 원을 그리게 됩니다. 원은 고리를 완전한 모양으로 만들어 어느 방향으로 가더라도 둥글게 됩니다. 원을 발견하고 즐거워하는 아이를 통해 우리는 어린 시절에 원형적으로 느끼는 우주의 전체성과 통일성, 그리고 신성한 질서를 엿볼 수 있습니다. 일부 심리학자들에 따르면 원의 발견은 아이가 자아를 발견하고, 자신과 타인을 구별할 때 비로소 일어나게 된다고 합니다. 어른이 되고 나서도 우리는 여전히 최면에 걸린 듯 우리가 만들거나 보는 물체들에서 원과 그 중심에 끌리는 것을 느낍니다.*

김이 서린 창문이나 바닷가 모래밭에 낙서를 할 때 우리는 자기도 모르게 원을 그리는데, 그 속에서 우리는 우리의 자아를 인식합니다. 원에는 세계와 우리 자신의 깊은 완전성과 통일성, 전체성, 그리고 자연의 신성함이 투영돼 있습니다. 원형 대화모임의 세계관은 세계가 통합된 하나이며 세상 만물은 서로 연결되어 있다는 것입니다. 이것은 인지학을 비롯해 인류의 위대한 사상들이 한목소리로 말하는 보편적 인식입니다. 우리는 다른 사람과 자연물, 그리고 우주 전체와도 연결되어 있습니다. 만약 다른 존재에게 어떤 일이 생기면 그것과 연결된 우리 자신도 영향을 받게 됩니다. 마찬가지로 우리 자신이 변화하면 다른 존재들에게도 긍정적 영향을 줄 수 있습니다. 이러한 관점을 완전히 체화했을 때, 우리는 서로를 전체의 일부로서 반드시 필요한 존재로 여기고 존중하게 됩니다. 갈등은 당사자 간의 욕구가 충돌

---

* 마이클 슈나이더, 이충호 옮김(2002),《자연, 예술, 과학의 수학적 원형》, 경문사, 2쪽.

하는 것이지만 더 깊이 들여다본다면 대화의 실패이며 건강하지 못한 관계를 드러내는 현상입니다. 폭력적 범죄는 공동체의 신뢰 관계가 파괴되었고 병들었음을 보여 줍니다.

시간적으로 원은 순환을 상징합니다. 정지해 있는 중심과 달리 원주는 바퀴처럼 회전 운동을 합니다. 원은 자연의 보편적 주기와 순환, 규칙성, 리듬을 뜻합니다. 리듬은 우주의 모든 곳에 스며 있습니다. 우리는 호흡과 심장 박동, 낮과 밤, 계절처럼 주기적 리듬 속에서 살아갑니다. 우리의 삶은 앞으로 나아가지만 규칙적인 주기를 따르고, 무언가 잘못되더라도 제자리로 돌아와 회복될 수 있다는 믿음이 우리에게는 있습니다. 이 믿음이 윤회관으로 확대됩니다. 새싹이 돋는 봄이 오고 잎이 무성해지는 여름이 가며 열매가 열리는 가을을 지나 낙엽이 지면 겨우내 씨앗은 땅에 묻혀 차갑고 어두운 땅 속에서 봄을 기다립니다. 현재의 삶에서 겪게 되는 고통과 성취를 가지고 언젠가 우리는 정신세계로 돌아갈 것입니다. 그리고 그곳에서 여러 단계를 거친 뒤에 다시 이곳 지상으로 돌아올 것입니다. 돌아오면서 또 새로운 카르마, 즉 삶의 과제를 부여받게 될 것입니다. 이러한 믿음이 우리 문화의 윤회관입니다. 그런데 이러한 유전은 당장의 삶에서도 일상적으로 벌어집니다. 누군가와 어떤 일로 갈등을 겪다가 다른 곳으로 도망치듯 가 버리면 그곳에 또 비슷한 사람, 아니 더 심한 사람이 있어서 다시 갈등을 겪게 되는 경우가 흔합니다. 저학년 때 다른 친구들을 괴롭히던 아이가 고학년이 되어서는 괴롭혔던 친구들에게 오히려 괴롭힘을 당하는 경우도 종종 있습니다. 그래서 우리는 돌고 도는 세상이라고 말합니다.

교실에서 갈등 사건이 벌어졌을 때 서둘러 해야 할 일은 일단 둥그렇게 앉는 것입니다. 원형 대화모임은 좀 더 깊은 연결을 만들어 내고, 그 안에서 갈등은 관계를 회복하는 계기가 됩니다. 원 안에서 우리는 모두 평등합니다. 이것은 모임을 진행하는 사회자도 마찬가지이며, 어떤 사람이 중심이 되는 일은 없습니다. 원의 중심점은 비어 있거나, 촛불과 꽃처럼 우리 마음을 차분하게 해 줄 수 있는 경건한 물건만이 허락됩니다. 원 안에는 갈등의 당사자뿐만 아니라 교사를 포함한 학급의 구성원 모두가 발언의 권리와 함께 다른 사람의 말을 경청해야 할 의무를 동등하게 갖습니다. 여기에는 특별한 사상이나 전략이 필요치 않습니다. 다시 한 번 강조하지만, 우리가 만일 인간의 본성에 대해 잘 이해하고 있다면 자연스럽게 마음을 열어 이야기 나누고, 마음을 모아 지혜로운 해결 방안을 찾아낼 수 있을 것입니다. 진솔한 이야기에는 이야기만이 갖는 힘이 있어서 대화모임을 통해 자기 이야기를 털어놓으면 무거웠던 마음이 풀리고 속이 시원해지는 느낌이 듭니다. 여기에 원이 주는 신비한 힘까지 더해져 대화모임은 갈등으로 불편해진 관계를 회복하고 교실에 신선한 기운을 가져올 것입니다.

신비한 마술의 힘, 이야기막대

교실에서 대화모임은 다양한 방식으로 활용할 수 있습니다. 갈등이 벌어졌을 때뿐만 아니라 수업을 하는 과정에서도 쓸 수 있고, 학급회의의 방법으로도 이용됩니다. 하루를 열고 닫는 의식으로 둥그렇게 앉아 이야기를 나눌 수도 있습니다. 의외로 우리는 교실 생활을 함께 하면서 서로의 마음을 잘 알지 못합니다. 사춘기가 시작된 아이들의 경우에는 따로 면담을 하지 않는 이상 속마음을 알기가 어렵습니다. 교사로서 한 명 한 명 아이들의 마음을 이해하고 있는 것과 그렇지 못한 것은 수업뿐만 아니라 학급을 운영하는 데에서 큰 차이가 있습니다. 지속적으로 에세이 쓰기를 숙제로 내 주는 것과 함께 날마다 가볍게 대화모임을 하는 것은 아주 좋은 방법입니다. 아침에 하는 대화모임의 이름을 '마음출석부'라고 부를 수 있습니다. 방법은 간단해서 영어의 "How are you?"에 해당하는 정도의 질문을 던지고 돌아가면서 한두 문장으로 자유롭게 답을 하는 것입니다. 아래의 표는 서울대 도덕심리연구실에서 만든 감정과 상태에 대한 예시입니다.

1	가슴이 벅차요	15	두근거려요	29	존경해요
2	걱정이 많아요	16	심통나요	30	지긋지긋해요
3	감사해요	17	마음이 뜨거워요	31	즐거워요
4	두려워요	18	슬퍼요	32	지루해요
5	궁금한 게 많아요	19	만족스러워요	33	행복해요
6	답답해요	20	안타까워요	34	질투가 나요
7	그리워요	21	신나요	35	홀가분해요
8	무서워요	22	우울해요	36	죄책감이 들어요
9	기대감이 커요	23	양보하고 싶어요	37	희망차요
10	미워요	24	야릇해요	38	짜증나요
11	기대돼요	25	용서해요	39	창피해요
12	섬찟해요	26	외로워요	40	피곤해요
13	기뻐요	27	참고 있어요	41	후회돼요
14	서운해요	28	아파요	42	허전해요

월요일이라면 "지난 주말에 별일 없었나요?"라고 물을 수 있고, 특별한 행사가 있는 날에는 "오늘 행사가 있는데 마음이 어떤가요?"라는 질문을 던질 수 있습니다. 그 밖에도 "요즘 힘든 일이 있나요?"나 "오늘 특히 열심히 참여하고 싶은 수업이 있나요?", "요즘 어떻게 지냈는지 이야기해 볼까요?" 같은 말을 할 수 있습니다. 하루를 닫는 하교 시간에는 "오늘 하루 어땠나요?"라거나 "집에 가기 전에 감사함을 전하고 싶은 친구가 있나요?" 등의 질문이 좋을 것입니다. 질문은 상황에 따라서 다채롭게 바꿀 수 있지만 짧게 대답할 수 있는 가벼운 질문일수록 좋습니다.

교사의 질문에 돌아가며 이야기를 할 때 흔히 '토킹스틱talking stick'이라고 부르는 작은 막대 또는 상징물을 사용합니다.* 여기에서는 '이야기막대'라고 하겠습니다. 이야기막대는 주로 조각이 된 나무 막대나 깃털, 돌멩이 등을 씁니다. 아이들의 연령에 따라 작은 인형이나 털실 공을 쓸 수도 있습니다. 급할 때는 주변의 물건을 사용할 수도 있지만 가급적 의미 있는 물건으로 미리 준비하는 게 좋습니다. 학급에 특별한 의미가 있는 물건이면 더욱 좋습니다. 이야기막대는 보통 진행자를 중심으로 시계 방향으로 돌리며 규칙은 단순합니다. 첫째, 이야기막대를 소중히 다룰 것. 이야기막대로 장난을 치거나 함부로 다루다가 떨어뜨려서는 안 됩니다. 둘째, 이야기막대를 가진 사람만 말할 것. 발언권은 이야기막대를 가진 사람에게만 있고, 할 말이 있다면 자기 순서를 기다립니다. 말을 할 때는 남에 대해서가 아니라

---

* [필리스 크런보, 이소희·김정미 옮김(2014),《함께 토론하고 소통하는 기적의 토킹스틱》, 북허브] 참고.

자신의 생각과 느낌, 욕구 등을 솔직하게 표현합니다. 셋째, 말하고 싶지 않을 때는 옆으로 돌릴 것. 대화모임은 초대에 응하는 형식으로써 원할 때는 침묵을 선택할 수 있습니다.

대화모임에서 이야기막대를 사용하는 방식은 북아메리카 원주민의 전통 문화에서 유래한 것입니다. 북아메리카 원주민들은 원형 대화모임을 시작하기 전에 주술원medicine wheel을 돌며 걷고, 방위에 따라 앉는 자리를 지정했습니다. 그러나 현대에 와서는 굳이 그렇게까지 하지 않아도 좋습니다. 이야기막대를 신성하게 다루는 것만으로도 충분합니다. 주술원은 인간이 몸, 기운, 마음, 자아의 통합적 존재라는 것을 가르쳐 줍니다. 이 네 요소가 동그라미 안에서 균형을 이루어야 한다는 것입니다. 대화모임인 서클을 한 그루 나무라고 한다면 서클은 구성원들이 함께 공유하는 가치와 서클의 원칙, 주술원의 가르침이라는 뿌리에서 자라납니다. 그 뿌리 위에 서클의 진행자, 대화모임을 할 때 필요한 소품, 기본 지침, 경건한 의식, 합의에 기반을 둔 의사 결정이 나무를 지탱하는 튼튼한 줄기와 가지가 됩니다. 나무의 잎과 열매는 사람들이 서클에서 얻고자 하는 결과에 해당합니다. 대화모임을 통해 사람들은 마음으로 서로 연결되고 공동체가 건강하게 형성됨에 따라 자연스럽게 치유가 일어납니다.*

이야기막대를 돌리며 대화를 나누는 것은 효율성을 위한 것이기도 하지만, 모임에 참여한 사람들의 자존감을 높이고 서로에 대한 존중심을 이끌어 내기 위해서이기도 합니다. 대화모임에 참가한 사람들은 초대를 받아들여 참여를 선택한 것으로, 신성한 이야기막대를 잡

---

* 케이 프란시스·배리 스튜어트·마크 웨지, 백두용 옮김(2016), 《평화 형성 서클》, KAP, 127쪽.

고 책임 있게 말해야 합니다. 또한 말하는 사람의 이야기를 들을 때는 공감하며 경청할 수 있도록 노력해야 합니다. 이야기막대를 넘길 때는 옆 사람과 눈을 맞추면서 천천히 주고받는 것으로 존중하는 마음을 표현합니다. 대화모임의 분위기에는 반드시 존중하는 분위기가 깃들어 있어야 합니다. 아이들이 장난을 쳐서 분위기가 어수선하다면 잠시 기다렸다가 차분해진 다음에 모임을 다시 시작하는 것이 좋습니다. 모임을 시작할 때 경건한 시를 들려주거나 노래를 함께 부르는 것, 또는 교사가 악기를 연주하는 것도 도움이 됩니다. 분위기가 너무 무거우면 재미있는 놀이를 먼저 할 수 있고, 때에 따라서는 종을 치고 잠깐 고요한 시간을 가질 수도 있습니다. 대화모임에서는 다른 사람을 무시하거나 무안을 줘서는 안 됩니다. 또 이야기막대로 장난을 치지 못하도록 미리 규칙을 알려 줍니다. 대화모임을 시작하기 전에 진행하는 사람은 내면에 편안함과 고요함을 갖추어야 합니다.

대화모임에서 진솔한 이야기가 나오기 위해서는 무엇보다 공간이 안전해야 합니다. 여기에서 말을 잘못했다가 놀림을 당한다거나 부모나 다른 반 친구에게 내 이야기가 전해질 위험이 있다면 아무도 속내를 털어놓지 못할 것입니다. 대화모임 안에서는 그 누구에게도 이야기할 수 없던 것조차 이야기할 수 있어야 합니다. 그러기 위해서는 자신이 말한 것에 대해 처벌받거나 보복을 당할 것이라는 공포가 없어야 합니다. 따라서 참가자들은 대화모임 안에서 이야기된 것은 그것이 무엇이든 학급 전체가 합의하지 않는 이상 외부 사람에게 말하지 않는다는 것을 약속해야 합니다. 진실로 자기 마음에서 우러나온 이야기를 하기 위해서는 그 공간에 두려움이 없어야 합니다.

다른 사람의 말을 잘 이해하지 못했을 때 다시 말해 달라고 요청하는 것은 그 사람을 무시하는 행위가 아닙니다. 그렇다면 자기가 이해했다는 것을 어떻게 이야기막대를 통해 전할 수 있을까요? 방법은 매우 간단합니다. 이야기를 들은 사람은 말한 사람이 만족스러워할 때까지 자기가 들었던 이야기를 반복해서 말할 수 있어야 합니다. 만일 이야기한 사람이 느끼기에 들은 사람이 잘 이해하지 못한 것 같다면 의견을 다시 말할 권리가 있고, 사람들이 이해했다고 느껴질 때까지 그 과정을 반복합니다. 그런 다음에 이야기막대가 전달됩니다. 그럼으로써 이야기하는 사람이 이야기막대를 쥐고 있을 때 다른 사람의 의견에 흔들리지 않게 합니다. 반 전체가 자신의 입장을 이해했다고 느낄 때까지 이야기막대가 허락되는 것입니다.

대화모임의 기본 규칙
1. 이야기막대를 가진 사람만 이야기할 수 있다.
2. 다른 사람의 이야기를 경청한다.
3. 대화모임은 처음부터 끝까지 유지되어야 한다.
4. 대화모임에서 나온 이야기는 비밀이 보장되어야 한다.

회복적
대화모임이란?

　회복적 대화모임은 회복적 정의를 실현하기 위한 구체적인 방법 중 하나입니다. 갈등이나 폭력 사건이 발생했을 때 잘못한 사람에게 벌을 가하는 것에서 끝나는 응보적 정의가 아니라, 피해자를 돌보고 가해자의 인간성을 회복해 다시 공동체에 기여하는 일원이 되도록 돕는 방식입니다. 우선 갈등 상황의 당사자들과 사건에 영향을 받은 구성원들이 함께 모이도록 합니다. 교실 밖에서 회복적 대화모임을 할 때 참여할 수 있는 사람은 가족, 친구, 동료, 판사, 사회복지사, 교사, 이웃, 증인 등 그 사건에 직간접적으로 영향을 받은 사람은 누구나 포함됩니다. 어떤 식으로 관련이 됐든, 어떤 직업적 관계가 있든, 모든 사람이 공동체의 행복을 함께 책임진다는 의식을 갖고 회복적 대화모임에 옵니다.

회복적 대화모임 안에서는 오직 한 명의 인간으로서, 이미 일어난 일과 앞으로 일어날 일들을 함께 만들어 가는 데 각자가 책임을 진다는 것을 분명히 합니다. 이때 모임은 대표자가 혼자 주관하는 방식으로 운영되지 않습니다. 대화모임은 힘이 공유되는 공간입니다. 한 사람에게 권위를 부여하는 방식이 아니라 원 안에서 모두가 평등하게 발언하는 방식으로 대화가 이루어집니다. 회복적 대화모임은 대화로 내면을 치유하고, 자발적 책임 이행과 공동체 복원의 방식으로 갈등 상황을 전환합니다. 평화 그 자체로 갈등을 해결하는 새로운 패러다임인 것입니다.

회복적 대화모임의 창시자로 알려진 도미닉 바터는 "각자가 자신의 가치와 사회의 공통적인 가치를 인식하고 서로 기여해 더 안전하고 강한 사회를 만드는 것이 회복적 대화모임의 목적"이라고 말합니다.* 생명, 평화, 존중, 사랑, 안전 등 세계가 보편적으로 추구하는 삶의 중요한 가치 속에 정의를 구현하는 답이 있다는 것입니다. 그가 회복적 대화모임을 만든 것은 1990년대 브라질 빈민가에서였습니다. 교육, 사법, 행정 시스템이 마비된 브라질 리우의 빈민촌에서 마약과 갱단에 노출된 아이들과 대화를 나누면서 기초가 세워졌습니다. 폭력의 한가운데에서 갈등을 피하지 않고 그 중심으로 걸어 들어가 보자는 순수한 발상이 완전히 새로운 패러다임을 만들어 냈습니다. 여

---

* 조지연, 〈도미닉 바터 인터뷰 : 모든 사람이 자신을 표현할 수 있기를〉, 《우리교육》, 2014년 겨울호, 90~101쪽.

기에는 비폭력 대화를 토대로 한 회복적 정의가 사상적 기반이었습니다.

단순히 관념적 이론에 의한 것이 아니라 폭력과 고통의 중심에 있던 사람들에게서 만들어진 것이기에 회복적 대화모임은 어떤 방식보다 강력하고 효과적입니다. 브라질의 도심 지역 25세 미만 청소년의 사망률은 전쟁 지역 청소년 사망률을 능가한다고 합니다. 바터는 전쟁터와 같은 그곳에서 마약 갱단과 관련돼 있던 청소년들과 회복적 대화모임의 틀을 만들었고, 폭력과 갈등을 해결하면서 국제적 주목을 받았습니다. 그는 회복적 대화모임의 성과를 이렇게 말합니다. "브라질 상파울루에서 회복적 대화모임으로 해결을 시도한 갈등과 폭력 사례 400건 중 93%가 당사자들의 동의와 만족으로 해결됐습니다. 2008년 캠피나스 교구 학교에서는 학교폭력으로 71건의 학생 체포와 법정 소환이 있었는데, 회복적 대화모임이 도입된 뒤인 2009년에는 체포 건수가 단 1건밖에 없었습니다." 이러한 성과들에 의해 회복적 대화모임은 브라질 정부에 의해 전국적으로 보급되었고, UN의 지원으로 세계 20여 개 국가에 전파되었습니다.

폭력은 대화의 실패를 뜻합니다. 갈등이 그렇듯 폭력적 행동 역시 원하는 것을 이루기 위해 시도하는 방법 중 하나입니다. 아주 비극적인 의사소통 방법이라고 할 수 있습니다. 회복적 대화모임은 비폭력 대화의 연장선상에 있습니다. 1960년대 미국에서 인종 차별 금지법이 만들어질 당시 마셜 로젠버그에 의해 만들어진 비폭력 대화는 사람들이 실제로 원하는 것을 표현하고 말할 수 있는 대화법입니다. 회복적 대화모임에서는 아무도 가르치지 않습니다. 그 대신 속마음을 안전하고 편안하게 말할 수 있는 공간을 만들어 줍니다. 이 공간에서는 피해자뿐만 아니라 가해자에게도 자기 말을 충분히 할 수 있도록 배려하기 때문에 모두를 만족시킬 수 있습니다. 그 결과 우리는 서로가 다르게 행동할 수 있다는 것을 배우고, 그래서 동일한 범죄가 발생할 확률이 줄어듭니다.

우리는 자신을 표현하기 위해 많은 말을 하지만 상대방의 말을 들을 생각은 없는 경우가 많습니다. 갈등 사건이 벌어지면 서로가 자신의 말을 들어 달라고 목소리를 크게 냅니다. 그러나 목소리가 커질수록 갈등 역시 더욱 커지고 서로 깊은 상처를 주는 상황이 벌어집니다. 슈타이너에 따르면, 우리가 저마다 자기 주장만을 고집하는 것은 반사회적 행위입니다. 서로가 반사회적 힘으로 맞설 때 갈등은 증폭될 수밖에 없습니다. 이때는 사회적 힘을 사용하기 위해 의지를 키워야 합니다. 회복적 대화모임에서는 우리가 서로 잘 듣지 않는 한 문제가 해결되지 않는다는 것을 들어 경청의 중요성을 강조합니다. 진정한 대화란 한 사람이 말을 하면 다른 사람은 충분히 상대가 원하는 만큼 들어 주는 것입니다. 어떤 한 사람이 대화를 독점한다면 그것은 이미 대화가 아닌 독백에 지나지 않습니다. 이야기막대를 사용하는 것은 이런 이유에서입니다. 누구도 전체 대화를 독점하지 못하기 때문에 모든 사람이 자기의 속마음을 편하게 표현할 수 있는 것입니다. 각자가 자기 삶의 주체임을 자각하고 공동의 삶에서 자신의 속마음을 자유롭게 말할 수 있을 때 변화가 일어납니다. 갈등 사건이 그 누구의 것도 아닌 자기의 문제임을 깨달을 때 우리의 자아는 더욱 강해지고 사회적 결속이 일어납니다. 그런 방법으로 정의가 실현됩니다.

바터는 이렇게 조언합니다. "갈등 해결에서 가장 효과가 없는 방법은 좋은 사람과 나쁜 사람으로 구분하는 것입니다. 그리고 나쁜 사람은 어떻게든 바뀌게 해야 한다고 생각하는 것도 효과가 없습니다. 효과도 없고 대가를 많이 치러야 합니다. 그리고 위험한 사회가 됩니다." 우리는 즉각적으로 잘못한 사람을 낙인찍고 비난하고 싶어 합니다. 사실 아무런 의미가 없는 행위지만 그런 방식의 문화에서 자라났기 때문에 그것이 당연한 것이라고 생각합니다. 가장 좋은 방법은 서로 이야기하고 이해하고 배워서 갈등을 해결하는 힘을 갖추는 것입니다. 그렇게 할 때 우리는 밖에서 보는 자기가 아닌 자기 안의 진정한 자아를 볼 수 있는 힘을 기를 수 있습니다. "내 삶에서 가장 중요하게 생각하는 가치는 무엇인가?" 우리가 진정으로 바라는 것은 안전과 정의, 평화, 신뢰, 그리고 공감과 같은 근본적이고 기본적인 가치입니다. 이 안에 공동체를 회복할 수 있는 힘이 있습니다.

회복적 대화모임의 진행 단계*

회복적 대화모임은 의자를 둥글게 놓고 앉는 것 이상의 것이 필요합니다. 이야기막대를 돌리며 대화를 나누기 전에 필요한 일은 모임 안으로 모두의 마음을 모으는 것입니다. 원이 특별한 도형인 것처럼 원형 대화모임은 일상적인 모임과는 다른 마음가짐을 필요로 합니다. 그래서 하나의 의식儀式이 필요합니다. 예를 들어, 종소리와 함께 침묵의 시간 갖기, 다 같이 노래를 하거나 간단한 악기 연주하기, 진행자가 준비해 온 시를 읽거나 원의 한가운데에 놓인 촛불에 불을 켜기

---

* 케이 프라니스, 강영실 옮김(2012), 《서클 프로세스》, KAP, 64~66쪽.

등의 활동이 있습니다. 필요에 따라 함께 짧은 놀이를 하기도 하고, 자유롭게 그림을 그리거나 색깔을 칠하기도 합니다. 중요한 것은 경직된 몸을 풀고 마음을 열어 대화를 준비하는 것입니다. 대부분의 대화모임은 적합성 판단, 준비, 대화모임 진행, 후속 조치라는 네 단계를 포함합니다.

1단계 : 적합성 판단

아래의 질문을 통해 각자가 처한 상황에서 대화모임이 과연 적절한 절차인지 판단할 수 있습니다.

- 주요 당사자들이 참여하고자 하는가?
- 훈련된 진행자가 있는가?
- 진행에 필요한 시간이 주어지는가?
- 물리적이고 감정적인 안전함이 유지될 수 있는가?

2단계 : 준비

- 참여해야 할 사람 확인하기 ; 누가 영향을 받았는가? 누가 필요한 자원, 기술, 지식을 가지고 있는가? 통찰력을 제공할 비슷한 삶의 경험을 가진 사람이 누구인가?
- 주요 당사자들이 절차에 익숙해지게 하기
- 해결할 문제의 맥락을 살펴보기
- 전체적인 그림을 상상하기

3단계 : 대화모임 진행

- 공유된 가치를 확인하고 기본 규칙 만들기

- 관계를 맺고 서로 연결하기 위해 이야기 나누기
- 우려와 기대에 대해 나누기
- 느낌 표현하기
- 갈등 또는 피해의 근본 원인 살펴보기
- 피해를 치유하고 갈등을 해결할 수 있는 방법에 대해 의견 나누기
- 실행 가능한 합의 영역 결정하기
- 합의문 만들기
- 책임 분명히 하기

4단계 : 후속 조치
- 합의 사항 진행 확인하기 ; 모든 당사자가 자신의 의무를 다 이행했는가?
- 의무를 다 이행하지 못했을 경우에는 그 원인을 찾고 책임을 분명히 하기
- 이런 상황이 계속될 경우에 다음 조치 결정하기
- 새로운 정보나 달라진 상황에 따라 필요할 경우 합의문 수정하기
- 성공 축하하기

회복적 대화모임의 진행 방식

회복적 대화모임 또는 회복적 서클Restorative Circle은 전문 지식이 필요하지 않고 간단해 어느 정도의 연습을 통해 효과적으로 사용할 수 있습니다. 당사자들은 해결의 주체가 됩니다. 여기에는 지배적 권

위가 없고 평등한 힘이 모두에게 주어집니다. 한 사람이 말한 것은 이야기를 들은 사람들에 의해 의미를 돌려받고 제대로 전달되었는지 확인합니다. 여기에 자신의 이야기를 덧붙이거나 추가하고 이를 다시 돌려받는 방식으로 진행됩니다.

이러한 방식은 교실에서 벌어지는 모든 갈등 상황에서 활용할 수 있습니다. 참가자 모두가 자신이 하고 싶은 말과 그 일에 의한 영향에 대해 이야기하며, 이것을 모두가 경청하는 방식입니다. 따라서 회복적 대화모임은 공동체의 자기 돌봄 과정입니다. 진행자는 소수의 당사자들과 먼저 진행하는 사전 서클을 통해 전체 모임에 대한 도움을 받습니다. 모임은 사전 서클과 본 서클, 사후 서클의 순서로 진행됩니다.

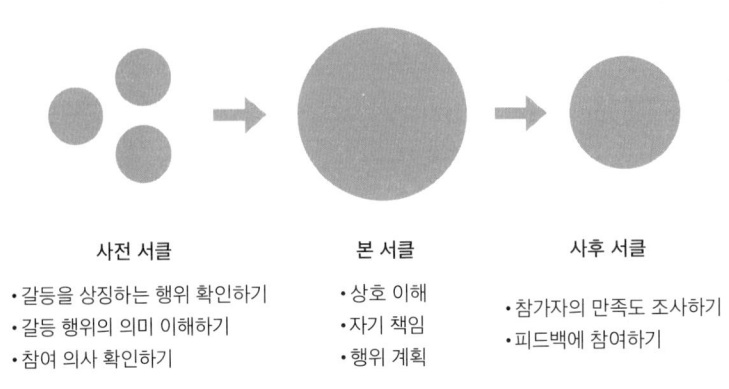

사전 서클
• 갈등을 상징하는 행위 확인하기
• 갈등 행위의 의미 이해하기
• 참여 의사 확인하기

본 서클
• 상호 이해
• 자기 책임
• 행위 계획

사후 서클
• 참가자의 만족도 조사하기
• 피드백에 참여하기

1. 사전 서클

사전 서클은 진행자가 서클 신청자와 갖는 '최초의 사전 서클'과 그 밖에 초대된 참가자들과 갖는 '후속적 사전 서클'로 나뉘어 진행됩니다. 사전 서클은 참가자들이 겪고 있는 갈등을 관찰, 느낌, 욕구라는 측면에서 확인하여 서클에 자발적으로 참여할 수 있는 마음의 여유를 열어 주는 절차입니다. 갈등 상황에선 대부분 고통스럽고 서로 연결이 끊어져 있기 때문에 더 이상 서로의 얼굴을 보려고 하지 않습니다. 따라서 사전 서클에서는 소수의 참가자들이 충분히 이야기하고 진행자를 통해 공감받으면서 상대방을 만날 수 있을 정도로 마음의 준비를 하는 것입니다.

사전 서클은 크게 세 부분으로 구성되어 있습니다. 1) 무슨 일이 있었는지 확인하기, 2) 그것이 어떤 의미인지 이해하기, 3) 왜 그렇게 하였는지 돌아보기의 과정입니다. 여기에서는 '행위'를 중심으로 접근하고자 합니다.

1) 행위 확인

갈등을 상징하는 특정한 행위를 확인합니다. 이때의 행위는 언어적 행위와 비언어적 행위를 모두 포함합니다. 진행자는 서클을 제안한 사람과 함께 무슨 일이 일어났는지를 확인합니다. 섣불리 판단하거나 선입견을 갖지 않고, 구체적이면서도 명료하게 관찰할 수 있어야 합니다. 여기에서 확인된 행위는 한 사건의 여러 장면 중 갈등에 접근하기 위해 제안자가 선택한 장면입니다. 이것은 진실에 다가가기 위한 '입장권'이자, 다른 사람들을 대화에 초대하는 '초대장'입니다.

최초의 사전 서클에서 진행자는 행위 확인을 위해 제안자에게 이렇게 질문할 수 있습니다. "서클에서 다루고 싶은 것은 무엇인가요?" "그 일은 언제 어디에서 일어났나요? 누가 있었나요? 어떤 말이나 행위를 하였나요? 무엇을 보거나 들었나요?" "이 일을 다루기 위해 다른 사람을 초대해도 될까요?" 후속적 사전 서클에서 진행자는 "○○에 대한 일(괴롭힘, 욕설 등)로 서클이 요청되었습니다. 맞나요?"라는 질문으로 모임을 시작합니다.

2) 행위의 의미 이해

문제의 그 행위로 인해 참가자들이 어떤 느낌이나 생각을 갖게 되었고, 또 어떤 욕구나 가치가 충족되지 못했는지 확인합니다. 그 행위가 왜 자극이 됐고, 왜 중요하며, 그 이유가 무엇인지를 확인하는 것입니다. 진행자는 이렇게 질문할 수 있습니다. "그 행위가 지금 당신에게 어떤 의미를 갖나요?" "그 행위에 대해 하실 말씀이 있나요?"

이때 진행자는 참가자들의 말을 다시 확인하고 들려줌으로써 정확히 확인하고 공감으로 듣는 것이 아주 중요합니다. 이것이 참가자들에게는 자신의 말이 받아들여지고, 앞으로도 경청될 것이라는 신뢰를 갖게 하는 첫 경험이기 때문입니다. 참가자들의 말을 들으면서 진행자는 이해한 것을 이러한 질문을 통해 확인해 줍니다. "그 일이 당신에게 끼친 영향은 모욕감이란 말인가요?" "그 일은 당신에게 존중이라는 가치에 관한 것이었군요?" "당신은 신체적 약점에 대한 욕설을 듣지 않기를 원한다고 말씀하시는 건가요?" 분명치 않거나 참가자가 요청할 경우에는 다음과 같은 표현으로 다시 확인합니다. "당신은 존중받기를 원하기 때문에 수치심을 느끼시나요?"

이 단계에서는 치유보다 참가자가 충분히 자기 마음을 표현하면서 말하고자 하는 것의 의미가 무엇이고, 그것이 왜 중요한지 스스로 명료화하는 과정이 중요합니다. 이 같은 명료함은 본 서클에서 서로를 이해하는 데 도움이 됩니다. 또 이 단계에서 참가자는 진행자의 공감

어린 경청을 통해 서클에 대한 신뢰와 기대를 갖게 됩니다.

3) 참여 의사 확인

앞으로 전개될 서클의 단계들과 중요한 원칙에 대해 설명하고, 모임에 누가 또 참여할 필요가 있는지 확인합니다. 모임에 계속 참여할 의사가 있는지도 확인합니다. 다음으로 모임의 시간을 정하고, 모임의 의미를 듣는 기회를 마련합니다.

진행자는 서클에 대해 이렇게 안내할 수 있습니다. "서클에서는 모두가 충분하고 공평하게 말하고, 서로 듣는 기회를 갖게 됩니다. 중요하게 여기는 의미가 잘 전달되었는지 확인하기 위해 한 사람이 말할 때 상대방은 끝까지 들어 줍니다. 그리고 들은 것을 그대로 들려주는 방식으로 대화를 합니다."

2. 본 서클

본 서클은 상호 이해, 자기 책임, 그리고 행위 계획의 세 부분으로 이루어집니다. 진행자는 서클을 안전한 공간으로 만들고, 서로의 진심이 전달되어 연결을 회복할 수 있도록 합니다. 참석에 대한 감사 인사, 서클의 의미, 간략한 경과와 진행자의 역할을 소개한 뒤 몇 가지 대화의 규칙을 안내합니다. 존중하며 말하고 듣기, 들은 것을 그대로 반복해 들려주기, 공정한 발언 기회, 비밀 유지, 휴대전화 끄기 등을 이야기하고, 더 필요한 요청 사항이나 질문을 확인한 다음 자연스럽게 시작합니다. 시를 낭송하거나 침묵으로 서클을 열 수 있습니다.

1) 상호 이해 : 표면적으로 드러난 것의 진실 찾기

서클은 서로를 이해하기 위해 하는 것입니다. 각 참가자들은 상대방의 말을 듣고 이해하려 애쓰며, 갈등으로 인해 충족되지 못한 욕구와 느낌을 확인합니다. 각자의 입장과 의견을 나누면서 갈등을 온전히 드러내는 것도 중요한 일입니다. 이 과정은 참가자들 모두가 자신이 전하고 싶은 말이 모두에게 전달되었다고 만족스럽게 느낄 때까지 계속됩니다.

참가자들은 각기 다른 의견과 판단, 입장을 가지고 서클에 들어옵니다. 이들은 학교폭력의 당사자가 되었든, 갈등 문제와 관련된 당사자가 되었든 대개는 아무런 해결책을 찾지 못한 상태에서 서클에 참여합니다. 또 서로에 대한 적의가 남아 있기 때문에 서로의 이야기를 제대로 듣지 못하는 경우가 많습니다. 이때 진행자는 열린 질문을 통해 점차 진실한 정보를 나누고, 갈등의 표면 아래에 있는 새로운 이해의 공간을 열 수 있어야 합니다.

진행자는 사전 서클을 통해 밝혀진 특정한 행위가 참가자들에게 어떤 영향을 끼쳤는지에 대해 이렇게 질문할 수 있습니다. "그 일로 인해 당신의 생활은 어떻게 달라졌나요?" "누가 무엇을 알아주었으면 하고 바라나요?" "그 일과 관련하여 자신이 어떠한지 누구에게 말하고 싶은가요?"

2) 자기 책임 : 표면적으로 드러난 것들 이면에 있는 진실 찾기

서클을 통해 우리는 교실에서 벌어진 일이 자기 자신과 깊이 관련되어 있고, 문제를 풀어 갈 수 있는 실마리가 각자 자신에게 있음을 알게 됩니다. 주체적인 힘을 깨닫는 동시에 책임감을 느끼는 것입니다. 참가자들은 서로 어떤 동기에 따라 대처했는지 확인하고, 그로 인해 충족하고자 했던 욕구를 듣습니다. 상호 이해 과정을 통해 서로의 의견과 입장 뒤에 있는 인간적 느낌과 욕구들을 보게 되면서 참가자들은 문제가 된 그 행위를 할 당시 각자 무엇을 의도했는지, 하고자 했던 행위 이면의 진실이 무엇인지를 온전히 들을 수 있게 됩니다.

이것은 갈등이 일어난 순간으로 시간을 돌려서 관련된 이들이 상대방에게 갖고 있던 적의 이미지를 허무는 과정입니다. 이 과정을 통해 자연스러운 애도와 후회의 표현이 일어납니다. 당사자들이 지닌 상처가 비로소 보이고 인정되며, 말하고 듣는 모든 이가 일어난 행위뿐만이 아니라 그것을 각자 어떻게 체험했는지, 각자의 행위가 갖는 의도와 의미가 무엇인지 분명해집니다. 그러면서 화해의 동기를 얻게 되는 전환이 일어납니다. 이러한 경험은 모두에게 치유의 힘으로 작용할 것입니다.

상대방의 진실을 이해하고, 판단과 비난이 아닌 배려와 관심을 키우는 과정인 상호 이해와 자기 책임의 단계가 충분히 이루어지기 전에는 다음 단계로 나가지 않습니다. 진행자는 행위 당사자에게 이렇게 질문합니다. "그 행위를 하기로 선택했던 그 순간에 당신이 정말로 의도했던 것은 무엇인가요? 그리고 그것에 대해 누가 무엇을 알아주었으면 하고 바랐나요?" 또한 진행자는 그 밖의 참가자들에게 질문을 합니다. "그 행위에 반응했던 그 순간에 당신이 하고자 했던 것에 대해 누가 무엇을 알아주길 바랐나요?"

3) 행위 계획 : 서로가 원하는 것을 충족하기 위한 구체적 행위 계획에 동의하기

일어난 일들을 둘러싼 각자의 의미가 드러나면서 참가자들은 그것으로 인해 충족되지 못했던 욕구들을 전체적으로 인식하게 됩니다. 서로 간에 맺어진 연결을 바탕으로 참가자들은 확인된 욕구들을 충족하기 위해 창조적 제안을 구상하고, 자발적으로 실행하겠다는 동의 과정을 거치게 됩니다. 서클의 최종 동의에서 구체적이고 실행 가능한 행위 계획과 실행 시간표가 만들어지고 자발적으로 실행하겠다는 동의가 일어나게 되면서 공동체는 이 사건을 통해 다시 단단한 결속력을 회복하게 됩니다. 이때 진행자의 질문은 이렇습니다. "이제 어떤 일이 일어났으면 하나요?" "무엇을 제안하고 싶은가요?"

3. 사후 서클

1) 참가자의 만족도 조사하기 : 동의된 행위 계획에 대해 얼마나 만족하는지 확인하기

본 서클이 끝난 뒤 일정 기간이 지나면 참가자들은 다시 한 번 모여 행위 계획을 실행한 결과에 대해서 서로 이야기하고 듣는 기회를 갖습니다. 각 참가자는 모두 다음의 질문에 대해 말할 기회를 얻습니다. "행위 계획과 그 결과에 대해 당신이 지금 어떠한가요, 또 누가 무엇을 알아주기를 바라나요?" 이후 대화 진행 방식은 앞서의 상호 이해, 자기 책임과 같습니다. "무엇을 들었나요? 그것이 맞나요? 더 하고 싶은 말이 있나요?"

2) 피드백에 참여하기 : 축하, 재조정, 이해, 계획

서클에서 실행하기로 합의한 행위 계획으로 서로의 욕구가 충족되었다면 후속 서클에 모여 서로 축하를 합니다. 만약 욕구가 충족되지 못했다면 계획을 재조정하고, 욕구를 충족하기 위한 추가적 행위가 요구된다면 이에 대한 새로운 이해와 계획에 나섭니다.

교실에서 벌어지는 회복적 대화모임의 실제

대체로 교실에서는 소소한 갈등이 자주 발생합니다. 그런 일이 벌어질 때에는 당사자인 몇몇 아이들과 교사가 따로 대화모임을 할 수도 있지만 학급 전체와 함께 대화모임을 진행할 수도 있습니다. 둥글게 앉아 간단한 의식을 행한 뒤 이야기막대를 돌리는 것입니다.

비폭력 대화모임

1) 관찰

오늘 교실에서 무슨 일이 있었는지 이야기해 봅시다. 각자 자기 입장에서 보거나 들은 일, 겪은 일을 솔직하게 말해 보세요.

2) 느낌

그런 일이 있었군요. 이제 모두 분명해졌지요? 자, 그럼 이 일이 벌어지고 각자 어떤 기분이 들었는지 말해 볼래요?

3) 욕구

그래요. 기분이 상한 친구도 있고, 화가 난 친구도 있고, 억울했던 친구도 있군요. 그렇다면 스스로 바라는 것이 있나요? 자신이 바라는 게 있다면 말해 보세요.

4) 부탁

이번에는 서로에게 바라는 것을 부탁하는 말로 표현해 보세요.

5) 마무리

오늘 대화모임을 하고 난 뒤에 어떤 마음이 드는지 말해 보세요.

문제해결 대화모임

1) 행위 확인

무슨 일이 있었나요? 이 일이 왜 일어났을까요?

2) 상호 이해

이 일로 가장 큰 피해를 입은 친구가 누구라고 생각하나요? 이 일이 생기면서 무엇을 느꼈나요? 우리 교실에서 반복되는 문제가 무엇일까요?

3) 자기 책임

친구들의 이야기를 들으면서 무엇을 느꼈나요? 이 일의 결과를 보면서 무엇을 느꼈나요? 이 일로 인해 생긴 피해를 회복하기 위해 스스로 할 수 있는 일은 무엇이 있을까요?

4) 행위 계획

앞으로 오늘과 비슷한 일이 벌어지면 그때는 어떻게 행동할 건가요? 앞으로 우리 반이 어떤 교실이 되었으면 하나요? 선생님에게 바라는 것은 없나요?

5) 마무리

오늘 대화모임에서 새롭게 배운 것이 있나요? 이야기를 나눈 소감을 말해 보세요.

신뢰 서클의
가르침

둥글게 앉아 대화하는 서클이 갈등을 해결하는 데 도움이 되는 건 분명하지만 그렇다고 완벽한 것은 아닙니다. 파커 파머는 잘못된 방식의 서클이 주는 폐단을 이렇게 지적한 바 있습니다. "서클들 가운데 일부는 빙빙 돌기만 할 뿐, 우리를 어떤 유익한 곳으로 데려가지 못했다. 일부는 가볍게 위장을 한 나르시시즘을 즐기고 자신을 칭찬하기 위한 모임에 지나지 않았다. 그리고 일부는 전혀 안전하지 못했다. 모임에 참석한 사람들 중 일부는 모임에 의해 조종당하고, 때로는 모욕당하기까지 했다. 모든 서클이 영혼을 존중하는 것은 아니다. 심지어 영혼을 모욕하고 침해하기도 한다."*

우리가 본질에 충실하지 않고 원칙을 지키지 않는다면 대화모임은 처음의 의도와 달리 오히려 자아를 약화시키고 관계를 해칠 수 있습니다. 그렇다면 대화모임은 어떤 철학을 추구해야 할까요? 대화모임의 본질은 온전성wholeness에 있습니다. 자아의 온전성과 관계의 온전성, 이 둘을 회복하는 것이 모든 대화모임의 핵심입니다. 여기에는 몇 가지 믿음이 필요합니다. 인간은 본래 온전한 존재라는 것, 그리고 우리의 관계는 마음과 마음으로 연결되어 있다는 것입니다. 우리는 본래 온전하기 때문에 상처를 받았다 해도 회복할 수 있습니다. 여기에 한 가지가 더해진다면 인간의 내면에는 정신적 존재가 있다는 것입니다. 앞에서 우리는 인간에게 물질적 몸 이외에도 기운과 마음, 그리고 자아가 있음을 살펴보았습니다. 여기에 정신spirit이 추가됩니다. 정신은 윤회의 주체이자, 인간 내면의 고유한 본질이라고 할 수 있습니다. 그리스도교에서는 이것을 신성이라 부르고, 불교에서는 불성이라고 부릅니다. 토마스 머튼은 참자아라고 불렀습니다. 파커 파머와 같은 퀘이커교도들은 이를 내면의 빛 또는 내면의 교사라고 부릅니다. 우리가 그것을 무엇이라 이름 짓는다 해도 상관없습니다. 이름이 중요한 게 아닙니다.

우리가 진정으로 만나고 대화할 때 우리의 정신적 존재는 성장합니다. 사람들이 서로 만나지 않으면 자아는 위축되고 관계는 약화될 수밖에 없습니다. 페이스북이나 트위터, 카카오톡 같은 사회 관계망 서비스Social Networking Service가 인기를 끄는 것은 우리에게 만남을 향한 뿌리 깊은 욕구가 있음을 보여 줍니다. 그 만남의 욕구가 현실에서

* 파커 J. 파머, 앞의 책, 40쪽.

만족스럽게 충족되지 않는다는 것과 비난받지 않고 마음껏 자기를 표현하고 싶은 욕구가 얼마나 큰지도 알 수 있습니다. 자기표현의 욕구와 관계의 욕구는 오늘날 우리의 의식이 무엇을 향하는지 보여 줍니다. 그러나 사회 관계망 서비스는 그러한 욕구를 온전히 충족시켜 줄 수 없습니다. 자칫 관계는 공허해지고 거짓 자아의 이미지에 스스로 속을 수 있습니다. 아이들의 경우에는 인간관계를 너무 자기중심적으로 고착화시키지 않도록 일깨워 줄 필요가 있습니다. 우리는 직접 얼굴을 맞대고 만나야 합니다.

신뢰 서클은 눈에 보이지 않는 내적 힘에 초점을 맞춥니다. 그래서 서로를 구제하려는 시도조차 용납하지 않습니다. 정해진 기한도 없고 함께하는 사람의 인원 수에도 의존하지 않습니다. 가까운 곳에 사는 사람들에게만 기회가 주어지는 것도 아닙니다. 멀리 떨어져 사는 사람들끼리 일 년에 두세 번만 하는 모임도 가능합니다. 신뢰 서클의 목적은 사람들이 자신의 내면을 들여다볼 수 있도록 도와서 우리 마음이 진실을 드러낼 수 있을 만큼 안전한 공간을 형성하는 것입니다. 그렇게 할 때 우리는 저마다 내면의 교사가 들려주는 가르침에 귀를 기울일 수 있습니다. 내면을 들여다보는 것만큼 중요한 것은 자신의 진실을 표현하는 것입니다. 내면을 들여다본다는 것은 스스로 고독해지는 행위입니다. 이것을 함께 모여 표현하고 경청하는 것은 새로운 공동체를 만드는 일입니다. 왜 이 모임을 하는지에 대한 의도가 분명하기 때문에 그 형태는 비교적 자유로울 수 있습니다. 이것이 신뢰 서클의 첫 번째 조건입니다.

신뢰 서클은 다른 대화모임과 달리 모임을 이끌어 갈 리더를 필요로 합니다. 리더는 안전한 공간을 형성하는 데 필요한 원칙과 실천들을 숙지하고 있어야 합니다. 모임에 참여한 모든 사람이 공간을 안전하다고 느껴야 하는 것은 신뢰 서클의 두 번째 조건입니다. 둥글게 모여 앉은 이 서클은 섬세하게 보살펴야 하는 창조적인 공간입니다. 이러한 일을 마음먹는다고 해서 누구나 쉽게 할 수 있는 것은 아닙니다. 신뢰 서클에서 제대로 된 리더 역할을 하기 위해서는 신념과 교육, 훈련, 그리고 경험이 갖추어져 공동체의 구성원들에게 권위를 부여받아야 합니다. 리더는 사람들을 불러 모으고, 마음을 활짝 열어도 아무런 위험이 없다는 것을 약속하고 책임질 수 있는 사람입니다.

신뢰 서클의 세 번째 조건은 모임에 참가하는 것이 자발적이어야 한다는 것입니다. 모임은 늘 초대하는 것이고 참가자들은 강압 없이 스스로 마음을 내어 선택할 수 있어야 합니다. 살아 있는 마음이란 야생의 동물과 같아서 강압에 저항합니다. 산속의 고라니나 멧새처럼 약간의 기척에도 달아나 버릴 수 있습니다. 내면의 목소리에 마음이 길들여져 가는 과정은 불교의 십우도十牛圖와 유사합니다. 목동이 소를 발견하고 소를 이끌어 집으로 데려오는 열 단계는 내면 수행의 원형적 과정입니다. 그러기 위해서는 무척 조심스러워야 하며, 특정 의도를 가지고 모임을 진행해서는 안 됩니다. 불교의 금강경에서는 "바라는 바 없이 마음을 내어라"라고 가르칩니다. 아무것도 바라지 않은 채 마음을 내어 행한다는 것은 무엇에도 걸리지 않는 자유의 상태입니다. 신뢰 서클에서 마음을 드러내라고 말하는 것은 일종의 금기입니다. 비폭력 대화에서 강요 대신 부탁을 사용해야 하는 것보다 더 강력한 원칙입니다. 신뢰 서클에서는 말하고 싶지 않으면 말하지 않을 자유가 있습니다.

이 밖에도 신뢰 서클의 중요한 조건으로 모임의 시간과 공간을 단정하고 품위 있게 유지하는 것이 있습니다. 우리의 마음은 생각보다 물리적 환경에 많은 영향을 받습니다. 신뢰 서클의 장소는 아늑하고 편안해야 하며, 일정은 빡빡해서는 안 됩니다. 우리의 의식이 마음 깊이 내려가 내면의 빛을 만나기 위해서는 더 많은 여유가 필요합니다. 숨이 가쁠 정도로 치열한 일정 속에서 우리는 품위를 유지하기 어렵습니다. 또다시 머리를 써서 문제를 해결하기 위해 조바심을 낼 것임이 틀림없습니다.

신뢰 서클의 방식과 매우 흡사한 퀘이커교도의 예배는 조용하고 깨끗한 공간에서 둥그렇게 앉아 침묵으로 모임을 시작합니다. 여기에는 어떠한 설교도 예식 행위도 없습니다. 다만 침묵이 있을 뿐이고, 침묵은 말이 없는 상태라기보다 경청하는 상태입니다. 성령Holy Spirit의 말씀을 듣기 위해 침묵을 유지하는 것입니다. 원의 중심에는 촛불이 타오르며, 사람들은 내면의 빛을 바라보고자 합니다. 고요 예배라고도 불리는 이 묵상은 불교에서 여럿이 함께 행하는 참선 모임과도 비슷합니다. 한 시간여의 침묵이 종소리와 함께 끝이 나면 사람들은 안으로 침잠했던 의식에서 깨어나 주위를 보며 웃음으로 서로 인사를 합니다. 그리고 돌아가며 한 주를 살며 있었던 일을 나누거나 묵상 중에 떠올랐던 마음을 모두에게 내놓기도 합니다. 파커 파머가 소개하는 신뢰 서클의 일반적 진행 방식은 다음과 같습니다.

3~4분가량 침묵하는 것으로 모임을 시작합니다. 그 후에 리더가 "지난번 모임 이후 자신의 삶에서 어떤 변화가 있었나요?"라는 질문을 하고, "다른 이들과 나누고 싶은 일이 있으면 각자 원하는 소모임에 가서 이야기를 나눠 보세요"라고 요청합니다. 소모임은 셋 또는 다섯 명씩 모여 서클을 만듭니다. 리더는 소모임이 끝나면 대화의 초

점을 그날의 주제에 맞추기 위해 맞춤한 시를 한 편 건넵니다. 짧은 시지만 모임에 참가한 사람들은 두 시간 반을 함께합니다. 리더는 처음 한 시간 동안 이 시와 관련된 경험들을 이야기하면서 주제를 살펴보게 합니다. 그런 다음 30분간 휴식을 취하면서 혼자만의 시간을 갖습니다. 산책이나 글쓰기를 통해 각자 듣고 말한 것을 되새길 기회를 갖게 합니다. 그다음에는 45분 동안 세 사람씩 모여 앉습니다. 이 소모임에서는 수다를 떨 듯이 이야기를 주고받는 게 아니라, 한 사람이 15분 동안 다른 두 사람에게 자신의 생각을 이야기합니다. 이로써 주제에 대한 자신의 탐구를 깊이 내면화할 기회를 갖습니다. 마지막으로 리더는 참가자들을 다시 모이게 해 혼자만의 탐구와 소모임 탐구에서 떠오른 통찰을 공유하게 합니다.

교실에서 이러한 신뢰 서클을 특정한 문제를 해결하기 위해 사용하는 것은 어렵습니다. 갈등 해결이나 전환을 목적으로 한다면 회복적 서클을 추천합니다. 신뢰 서클은 어떤 문제를 대상으로 하는 것이 아니라 자기 자신, 특히 내적이고 정신적인 자아의 본성을 탐구하는 모임이기 때문입니다. 아이들이 자기 앞에 놓인 삶의 문제를 통해 내면을 들여다보고 스스로 정체성을 찾아갈 수 있도록 돕는 일은 매우 특별하면서도 일상적인 활동이라고 할 수 있습니다. 교실에서 신뢰 서클을 진행하기 위해서는 교사가 서클의 리더가 되기 위한 훈련을 쌓아야 하며, 어른들끼리의 모임에도 지속적으로 참가할 필요가 있습니다. 진정한 가르침은 교사의 자아 정체성과 성실성에서 오기 때문입니다.*

* 파커 J. 파머, 이종인 옮김(2000), 《가르칠 수 있는 용기》, 한문화, 34쪽.

'교사를 위한 신뢰 서클' 참가 후기*

모임은 침묵의 종과 함께 시작한다. 은은하고 맑은 소리를 내는 종이 우리를 침묵으로 이끄는 동시에 신뢰 서클이 시작됨을 알린다. 센터 피스$^{center\ piece}$, 그러니까 둥글게 앉은 우리의 한가운데에는 꽃과 색보자기로 꾸며진 아름다운 탁자가 놓여 있다. 그리고 우리 마음의 상징인 양 촛불이 타고 있다. 잠깐의 침묵이 흐른 뒤 진행자가 낭송한 '여는 시'는 도종환의 〈다시 가을〉이다.

> 구름이 지상에서 일어나는 일에
> 덜 관심을 보이며
> 높은 하늘로 조금씩 물러나면서
> 가을은 온다
> 차고 맑아진 첫 새벽을

---

* 이 글은 2014년 교육센터 마음의 씨앗에서 주최한 〈초등 대안학교 교사들을 위한 신뢰 서클〉 1년 과정에 참가하면서 썼던 모임 후기입니다.

미리 보내놓고 가을은 온다

코스모스 여린 얼굴 사이에 숨어 있다가
갸웃이 고개를 들면서
가을은 온다
오래 못 만난 이들이 문득 그리워지면서
스님들 독경 소리가 한결 청아해지면서
가을은 온다

흔들리는 억새풀의 몸짓을 따라
꼭 그만큼씩 흔들리면서
……
너도 잘 견디고 있는 거지
혼자 그렇게 물으며

가을은 온다

그렇다. 어느덧 10월 하순이고, 상강霜降도 지나 이미 늦가을에 접어들었다. 두툼한 외투를 입은 분들이 많다. 구름은 지상에 일어나는 일들에 덜 관심을 보일지 몰라도 우리는 하루하루 벌어지는 대형 사건 사고에 충격을 받는 와중이다. 진행자는 이러한 시절에 우리가 가을을 어떻게 맞이하고 있는지 나눠 주길 부탁했다. 몇몇 선생님이 모임에 대한 그리움과 갑갑했던 속내 등을 풀어 주신다. 누구는 몹시 바빴고 누구는 아팠으며 누구는 먼 여행을 다녀오기도 했다. 격의 없는 이야기들 속에서 서클이 점점 따뜻해지는 걸 느낀다. 이어서 '신뢰 서클의 주춧돌'을 돌아가며 읽는다.

안전한 공간을 형성하는 신뢰 서클의 주춧돌

▶ **언제 어떻게 참여할지 스스로 선택하기**

항상 '초대'하고 침해가 되지 않도록 한다. 항상 기회를 제공하고 요구가 되지 않도록 한다.

▶ **존재에 참여하기**

자신과 다른 사람을 기꺼이 맞아들이는 마음을 내고, 이를 유지한다.

▶ **차이를 받아들이기**

자신의 진실을 말하고, 다른 사람들의 진실을 열린 마음으로 경청한다.

▶ **자신을 위하여 말하기** Speak for yourself

나 말하기 I statement 방식으로 자신의 진심을 말한다.

▶ **침묵의 공간 마련하기**

마음의 속도를 늦추고 침묵을 자주 가지면서 '내면의 교사'의 목소리를 듣는다.

▶ 고치거나 충고하지 않기

다른 사람이 겪는 어려움의 해결책을 찾아 주려는 조급한 마음을 내려놓으며, 깊은 경청과 정직하고 열린 질문으로 각자 자신이 원하는 바가 명료해지도록 나눈다.

▶ 대화의 흐름이 거칠어질 때, 새로운 시각으로 전환하기

'온화한 시선'으로 바라보고 배우려는 마음을 내며, 감정적 반응과 판단으로부터 시선을 돌려 경이로움과 따뜻함으로 묻고 배운다.

▶ 개인의 사적 공간을 지켜 주기

안전함이 지켜지도록 서로 나눈 이야기를 다른 사람들에게로 옮기지 않는다. 또한 다른 사람의 이야기를 들을 때 경청함으로 생기는 우리의 통찰을 표현하되 그들의 사적인 영역을 침해하지 않는다.

주춧돌 읽기는 자발적인 읽기이다. 다른 텍스트를 읽을 때도 그렇지만 주춧돌 읽기는 모두에게 초대된다. 한 사람이 다 읽는 것도 아니고 돌아가면서 읽는 것도 아닌, 원하는 사람이 자발적으로 한 구절씩 차례대로 읽는 방식이 처음에는 낯설 수도 있다. 한 구절이 끝난 뒤 한참 동안 침묵이 이어지기도 하고, 여러 사람이 동시에 같은 구절을 읽기 시작해 어색해지기도 하니 말이다. 그럼에도 자발적인 읽기 방식은 스스로의 질서를 찾아간다. 내적으로 정말 원하는 사람이 읽기 때문에 진지하고 자연스레 경청하게 된다. 무엇보다 침묵이 감싸는 기분이 들어서 편안하게 내용에 접근할 수 있다. 다 읽은 뒤에는 자신에게 특히 와닿았던 구절을 나누는데, 매번 와닿는 구절이 달

라짐을 느낀다. 삶의 상황이 달라졌기 때문에 그럴 것이다. 그런 이야기도 함께 나눈다.

최선을 다해 가르칠 때

이제 본론으로 들어갈 마음가짐이 충분히 갖춰졌다. 이번 달의 주제는 "나는 동료 교사로부터 배운다"였다. 처음에는 이것이 무슨 의미인지 의아했지만 프로그램이 중반쯤 되자, 정확히 이해할 수 있었다. 홀로 비추기를 한 뒤 함께 나누기를 하며 다른 분들의 이야기에서 많은 것을 배웠기 때문이다. 첫 번째 소주제는 "최선을 다해 가르칠 때"였다. 먼저 '최선을 다해 가르칠 때 나는 ○○○가 된 기분이다'의 ○○○를 채워야 했다. 조건은 다음과 같았다.

'자신이 가장 최선을 다해 가르칠 때의 모습을 떠올려 본다. 그리고 나서 위의 빈 칸을 채워 본다. 재빨리 떠오르는 것을 직관적으로 쓴다. 떠오르는 메타포(이미지)를 가지고 저널링journaling을 하거나 그림을 그리며 좀 더 탐구해 본다. 메타포에서 가르침과 자신에 대해 새로이 발견하게 되는 것은 무엇인가?'

진행자는 꼭 가르칠 때가 아니라 자기가 지금 열정적으로 하고 있는 일을 떠올려도 괜찮다고 부드럽게 덧붙여 주었다. 그러나 나는 아이들과 함께했던 순간이 떠올랐다. 이미지보다 느낌이 강하게 다가왔다. 최선을 다해 가르칠 때 나는 가슴이 뜨겁고 벅찬 느낌이 든다. 마치 다 같이 음악 연주에 심취한 것처럼. 그래서 처음에는 '음악가'라고 쓰려 했다. 그러나 이어 든 생각은 음악가보다 음악 그 자체가 더 분명한 느낌이라는 것이었다. 그래, 나는 최선을 다해 가르칠 때 음악이 되어 흐르고 쏟아지고 퍼져 나가는 기분이 든다. 주위로 밝고 뜨거운 기운이 퍼져 나가는 듯한 그림을 색연필로 그렸다. 그리고 저널로 다음과 같이 썼다.

"최선을 다해 가르칠 때 나는 음악이 된 기분이다. 듣는 이들과 하나가 된 듯 경계가 사라지고 심장이 뛰고 하늘을 날 듯 기쁘고 무엇을 말해야 할지 또렷해지며 춤을 추는 듯한 몸짓을 한다. 신명이 난다고 해야 할까. 내 가르침이 듣는 이들에게 도움이 되고 있구나, 하는 확신이 들 때 더욱 기쁘다. 눈빛이 반짝이고 몰입하는 게 보이니까. 그때 참 자유롭다. 그러나 이제 그런 순간일수록 절제해야 함을 안다. 자아의 확장은 어느 순간 자아의 본질과 연결이 희미해질 수 있으니. 단지 카니발적인 기쁨으로 변질된다면 그건 이미 가르침이 아니다. 듣는 이들 역시 자아의 본질에서 벗어나 열광으로 끝난다면 공허해질 것이다. 하지만 최선을 다해 가르칠 때 나는 성장하는 것을 느낀다. 파도를 유려하게 탈 때 그게 지나쳐 파도 속으로 형편없이 내동댕이쳐지기도 하지만 그러면서도 배우는 것이라고 믿는다. 나는 음악가이자 악기이며 음악 그 자체가 되는 일을 사랑한다."

홀로 비추기 20분 동안 그림과 저널을 작은 도화지에 한 장씩 작업했다. '음악'이라는 메타포는 나에게 어떤 의미일까? 어렸을 적 몹시 가난했던 나는 음악을 거의 접하지 못하고 자랐다. 피아노를 배우고 싶었지만 그림의 떡이었다. 음악을 듣는 것은 좋아했지만 노래를 하거나 악기를 연주하는 일에는 두려움이 있었다. 교육대학교에 다니면서도 음악은 동경과 함께 공포의 대상이었다. 발도르프학교에 근무하며 날마다 아이들과 노래하고 리코더를 불면서 비로소 두려움이 사라졌다. 이제는 서툴게나마 동요를 만들어 아기에게 들려주기도 하니까. 못해도 즐길 수 있다는 걸 알았다.

셋 나누기를 하면서 생각이 좀 더 분명해졌다. 다른 두 분 선생님들께 내 이야기를 하면서 나는 본래 가르치는 일이 적성에 안 맞았음을 떠올렸다. 초등학교에서 가르칠 때도, 사춘기 아이들을 가르칠 때도, 1학년 꼬맹이들과 생활할 때도 나는 머리를 쥐어뜯었다. 그러나 시간이 흐르면서 차츰 적응했고 자신감도 생겼다. 가르칠 수 있는 용기가 생겨났다고 해야 할까. 어쩌면 이번 생은 잘하는 일을 더 잘하기보다 잘 못하는 걸 배우려고 왔는지도 모르겠다는 생각을 하곤 했다. 그런데 만일 적성에 맞는 일만 했다면 나는 이렇게나마 성장할 수 있었을까. 결코 아니었을 것이다. 아이들을 가르치고 동료들과 일을 하면서 나는 더 넓어지고 깊어진 것 같다. 가르치는 일도, 음악도 나에겐 한 번도 안 써 본 근육을 쓰는 것과 같았다.

두 선생님은 각각 바람과 촛불을 떠올리셨다고 했다. 바람, 눈에 보이지는 않지만 연못에 파문을 일으키고 나뭇잎을 흔들리게 하는 바람. 문득 발레리의 시가 떠올랐다. "바람이 분다. 살아야겠다"라는 구절을 좋아한다. 그렇게 바람은 자유롭게 불어와 우리를 살아 있게 한다. 생명, 영을 뜻하는 고대 그리스어 프뉴마πνευμα도 본래 바람, 숨이라는 말이었다고 하지 않는가. 교사가 바람과 같은 존재라니, 감탄이 절로 나왔다. 촛불을 떠올린 선생님은 꿈꾸는 듯한 표정으로 아이들에 대해 이야기하셨다. 사랑스러운 아이들에게 밝고 따스한 촛불처럼 다가서는 교사의 모습, 상상만 해도 마음이 푸근해졌다. 천생 선생님 같은 분이었다. 동료 교사로부터 배운다는 주제의 의미를 알 수 있었다.

커뮤니티 속에서 배우기

다시 침묵의 종이 울리고 공간에 새로운 기운이 흘러들었다. 진행자는 지난 주말 마음비추기 피정避靜을 하면서 겪은 이야기를 나누었다. 피정 장소 근처의 카페에 갔을 때 보았던 가족들의 모습이다. 어느 가족이나 하나같이 부모는 스마트폰에 빠져 있고 아이들은 멍한 얼굴로 시간을 보내는 모습. 우리 주변의 친숙한 모습이기도 하다. 우리는 정말 홀로 있기 어려운 세상에 산다. 동시에, 함께 있어도 각자 다른 세상에 산다. 진행자의 이야기를 들으며 좀 더 빨리 스마트폰을 끊어야겠다는 생각이 들었다. 나 역시 SNS에 중독된 채 살아가고 있는 까닭이다.

우리는 파커 파머가 쓴 《가르칠 수 있는 용기》 6장의 내용 중 일부를 프린트한 종이를 나눠 받고 다시금 자발적 읽기를 했다. 내용을 간추려 보자면, 파커 파머는 최선을 다해 가르칠 때 자신이 양치기 개 같다는 느낌을 받으며, 그 양치기 개의 이미지로부터 교사로서 자신의 정체성과 온전성을 탐구할 수 있었다는 것이다. '이런 상황에서 양치기 개라면 어떻게 했을까?'라는 질문을 통해 그는 교실에서 겪는 어려움들을 해결해 갈 수 있었다고 한다. 나는 파머의 이야기 중 정체성에 대한 언급이 와닿았다.

우리는 가정과 학교에서 아이들에게 '내가 누구인지' 찾아가도록 돕고 있는가? 전혀 그렇지 못하다. 정체성을 찾지 못한 사람의 내면은 끝내 붕괴하거나 강력한 집단적 정체성에 자신을 의탁해 버릴지도 모른다. 우리 교사들도 자기 정체성을 분명히 하지는 못하지 않았나, 하는 반성이 들었다. 내가 어떤 사람인지 모른 채, 찾을 생각도 하지 못한 채 살아왔고 아이들을 가르쳐 왔다.

두 번째 소주제에는 다음과 같은 질문이 따랐다.

- 이 메타포가 들려주는 교사로서 나의 정체성과 성실성(온전성)에 대한 단서는 무엇입니까?
- 이 메타포가 내게 말을 거는 장점과 그것이 드리우는 그림자는 무엇인가요?
- 교실에서 난국을 만났을 때, 이 메타포를 가진 사람은 어떻게 헤쳐 갈까요? (문제 해결이나 기술 차원이 아니라 그 메타포 속에서 탐구해 봅니다.)
- 이 메타포에 머물면서 살펴볼 때 어떤 정신적 힘이 나타나는지요? 또한 나를 도와주는 어떤 도움이 필요할까요?

나는 다른 질문보다 '그림자'에 대한 것이 신선했다. 장점만 생각했지, 그것이 드리우는 그림자는 상상도 못 했기 때문이다. 파커 파머는 양치기 개의 그림자를 이렇게 말했다. "나는 '양떼'라는 말을 나쁜 의미로 보는 경향이 있는 것이다. 나는 학생들이 너무 유순하거나 바보 같거나 머리를 푹 숙이고 앉아 있는 모습을 보면 화가 난다. 만약 내가 이런 그림자를 나와 학생들 사이에 끼워 넣는다면, 나는 잘 가르치지 못할 것이다. 양치기 개의 메타포가 나의 그림자를 의식하게 만드는 정도에서 그친다면, 나와 학생 모두에게 좋은 일이 될 것이다."

내가 떠올린 음악이라는 메타포의 그림자는 무엇일까? 처음에는 계속되는 음악으로 인해 침묵이 사라지는 것이 그 그림자가 아닐까, 했지만 좀 더 생각해 보니 학생들을 청중으로만 볼 수도 있겠다는 생각이 들었다. 나 혼자 연주하고 노래하고 학생들은 수동적으로 듣기만 하는 존재로 본다면 그것은 진정한 가르침도 아니고, 배움도 일어나지 않을 것이다. 내가 악기인 것처럼 학생들도 제각기 다른 악기이므로 내가 음악을 시작하면 모두 어우러져 음악이 되는 그림을 떠올리니 다시 가슴이 벅찼다. 거기에는 침묵도 있을 것이다. 소리와 소리 사이에 침묵이, 그리고 침묵과 침묵 사이에 소리가 존재한다. 불협화음과 거친 음정이 생긴다면 기다릴 것이다. 마음을 열고 기다린다면 우리는 자연스레 조율될 것이고 새로운 악상이 떠오를 것이다. 그래서 수업은 하나의 연주회와 같다. 나에게는 그것이 살아 있음이고 자유로움이다.

다른 선생님들의 이야기를 들으며 내가 미처 생각하지 못한 관점들을 엿볼 수 있었다. 창공, 울타리, 기구, 빨랫줄, 숲길…… 우리의 정체성은 저마다 다르고 독특한 것이었다. 따라서 우리의 그림자 역시 다른 것이지만 놀랍게도 다른 분들의 성찰에 깊은 공감이 갔다. 나에게도 분명 그런 면모들이 조금씩이나마 숨어 있기 때문일 것이다. 그리고 선생님들이 저마다 자신의 정체성을 뚜렷이 찾고 그 그림자를 포용하려 애쓴다는 것이 감동으로 다가왔다. 자기 자신을 받아들이는 일은 언제나 놀랍다. 이러한 노력들이 알게 모르게 아이들에게도 스며들 것이다. 정체성을 찾고 온전성으로 나아가는 교사를 보며 아이들 역시 그 길을 따를 것임은 틀림없어 보인다. 거기에 빛이 있기 때문이다.

마무리 시는 데니스 레버토프의 〈선물〉이었다. 좋은 시였지만 번역이 자연스럽지 않게 느껴졌다. 그래서 집에 돌아와 조금 고쳐 보았다. 돌아보니 신뢰 서클은 올해 나에게 주어진 커다란 선물 같았다. 그래서일까. 고마움이라는 감정이 올해만큼 내 안에 자주 생겨난 적도 없다. 신뢰 서클 모임을 준비하고 이끌어 주신 분들, 참여해 주신 분들, 나를 초대해 주신 분들께 감사의 마음을 이 시로써 전하고 싶다.

> 당신 자신이 마치 아무것도 아닌
> 하찮고 케케묵은 질문처럼 여겨지는 순간,
> 당신에게는 질문이 주어진 것이다,
> 다른 이들이 품고 있는 질문이
> 당신의 비어 있는 두 손에 주어진 것이다,
> 만약 당신이 따뜻하게 품어 준다면
> 노래하는 새의 알들은 아직 부화할 수 있다,
> 나비들은 당신이 자기들의 반짝이는 솜털과
> 가루를 다치지 않게 할 것을 믿으며
> 당신의 움푹한 손바닥에서
> 자기 자신을 열었다가 닫았다가 한다.
> 당신에게는 다른 이들의 질문이 주어진 것이다,
> 마치 그들이 당신의 모든 물음에 대한
> 대답이었던 것처럼, 그래, 아마도
> 이 선물은 당신의 대답일 것이다.

4장 /
회복적 정의로의 초대

"가득 채우고 넘쳐나고자 하는 정의는 인간의 욕구에 대한 인식과 추구로부터 시작되어야 한다. 갈등 해결의 출발점은 피해를 입은 사람의 욕구여야 한다."
- 하워드 제어*

"교육의 목적은 현재의 모습보다 미래에 획득할 자신의 모습이 훨씬 더 사랑스럽다는 것을 일깨워 주는 데 있다."
- 넬 나딩스**

---

* 하워드 제어, 손진 옮김(2011),《회복적 정의란 무엇인가?》, KAP, 218쪽.
** Nel Noddings(1984), *Caring : A Feminine Approach to Ethics and Moral Education*, Berkeley: University of California Press, p. 193.

스피릿베어
: 원형 평결 심사

　회복적 정의를 다루는 소설 《스피릿베어》*를 처음 읽은 것은 폭력 문제로 갈등을 겪고 있던 한 발도르프학교에 다녀온 뒤로 기억합니다. 학교폭력 문제를 회복적 정의의 방식으로 풀어 가기 위한 모임에서 이 책을 소개받았고, 다음 날 책을 사서 읽기 시작했습니다. 저자인 벤 마이켈슨은 처음 들어 보는 이름이었는데, 350킬로그램의 검은 곰과 함께 산다는 소개가 이색적이었습니다. 그는 스피릿베어 Sprit Bear가 브리티시 컬럼비아 연안에 실제로 산다고 주장합니다. 그리

---

* 벤 마이켈슨, 정미영 옮김(2005), 《스피릿베어》, 양철북.

고 책을 쓰기 위해 자료를 모으던 중 엄청난 크기의 스피릿베어 수컷이 근처에 다가왔던 일을 황홀하게 회상하며 후기에 남깁니다.

이야기는 우리에게 생소한 '원형 평결 심사 Circle Justice'를 소개합니다. 주인공 콜 매슈스는 폭력을 휘두르는 아버지에게 학대를 받으며 자랐습니다. 아버지는 술을 마시면 아들이 정신을 잃을 때까지 때리곤 하지만 사회적으로는 훌륭한 직업을 가진 평판 좋은 가장입니다. 그런 아버지와 최근에 이혼한 어머니는 콜의 표현대로 '겁에 질린 바비 인형' 같은 존재였습니다. 폭력적인 아버지와 무기력한 어머니, 그리고 콜은 남들 눈에는 남부러울 것 없이 사는 부유한 가정이었습니다. 그러나 첫 장의 소제목이 '문제아 콜 매슈스'입니다. "콜 매슈스는 고개를 꼿꼿이 쳐든 채 차디찬 9월의 바람을 맞받으며 뱃머리에 무릎을 꿇고 있었다"라는 문장으로 시작하는 이 이야기는 예상대로 콜이 얼마나 문제아인지 묘사하는 데에 집중합니다.

철물점에 몰래 기어들어 가 난동을 벌이고 나온 콜은 의기양양하게 범죄 사실을 떠들어 댑니다. 친구들 모두 침묵하는 와중에 이 사실을 경찰에 신고한 피터는 콜에게 무자비한 폭행을 당합니다. 이로 인해 콜은 소년원에 수감된 뒤 성인 법정에서의 재판을 기다립니다. '병신들! 아예 눈앞에서 싹 꺼져 버렸으면.' 제대로 손을 쓰지 못하는 부모를 떠올리며 콜이 내지르는 탄성입니다. 이 아이는 내면이 얼마나 망가져 버린 걸까요. 콜은 면회 온 부모에게 내뱉습니다. "내 앞에 두 번 다시 그 더러운 낯짝 들이밀지 말아요." 관례대로라면 징역형을 받고 감방 신세를 지게 될 것이 분명합니다. 그러나 여기에 보호관찰관 가비가 등장합니다. 아메리카 인디언인 가비는 원형 평결 심사를 받도록 콜을 설득하고, 오로지 감옥에 가지 않기 위해 콜은 그 제안을 받아들입니다. 헌신적인 가비를 한껏 비웃으면서.

여기까지가 이 이야기의 도입부라고 할 수 있습니다. 그렇다면 원형 평결 심사란 무엇일까요? 가비는 말합니다. "수백 년 동안 원주민들이 시행해 온 재판 방식이야. 치유가 목적이지." 치유? 설명을 더 들어 봅시다. "원형 평결 심사는 처벌이 아니라 치유가 목적이야. 처벌이 아닌 치유를 통해 죗값을 치르게 하는 거야. 네가 만약 내 고양이를 죽였다면 너는 다른 동물들을 더 사랑해야 하는 거야. 너와 내가 서로 마음을 열고, 나는 너에 대한 분노를 삭이고 너를 용서하는 거지. 그게 바로 원형 평결 심사란다. 지역 주민을 포함해서 누구나 치유 과정에 동참할 수 있어. 관심 있는 사람이라면 누구든지. 하지만 치유는 웬만한 처벌보다 훨씬 힘든 일이란다. 진정한 치유를 위해서는 자신의 행동을 스스로 책임지려는 노력을 게을리해서는 안 되거든."

얼핏 상투적으로 보일 수도 있는 가비의 설명은 치유의 중요성과 함께 치유의 어려움을 얘기한 것인데, 앞으로 전개될 이야기는 오만한 콜이 과연 마음을 돌려먹고 치유의 길을 걸을 것인가 의심하게 만듭니다. 삐뚤어진 아이답게 콜은 원형 평결 심사를 대놓고 무시하며 처벌을 면하기 위해 쇼를 벌일 작정입니다. 자기가 무엇을 잘못했는지도 모르고, 피해자든 부모든 다 귀찮고 짜증 나는 인간들로 치부하는 가해자에게 가혹한 처벌 말고 무엇이 필요한 걸까요. 다행히 콜은 원형 평결 심사를 통해 감옥행을 면하게 됩니다. 그 대신 알래스카의 외딴 섬에서 홀로 1년을 보내게 되었습니다. 그러나 기대를 저버리지 않는 우리의 콜은 외딴 섬에 도착하자마자 오두막과 함께 식량, 땔감, 1년 치 과제물을 모두 불태우고 맙니다. 그리고 그 길로 차가운 바닷물에 뛰어들어 탈출을 감행합니다.

원형 평결 심사는 회복적 정의의 한 방법으로 그 뿌리는 아메리카 인디언들의 전통문화에 있습니다. 원주민들은 아주 오래전부터 자신들만의 독특한 재판 방식으로 범죄를 다루었습니다. 가해자와 피해자뿐만 아니라 그들의 가족과 친구, 그리고 공동체의 원로들이 둥그렇게 둘러앉아 이야기를 나누는 방식입니다. 그들은 모든 사람이 하나로 연결되어 있다고 믿었으며, 범죄는 근본적으로 관계가 파괴된 것으로 보고 대화를 통해 공동체의 관계를 회복하려 했습니다. 인디언 속담에 '그 사람의 신발을 신고 오랫동안 걸어 보기 전까지는 그 사람을 판단하지 말라'는 게 있습니다. 누군가를 함부로 판단하고 단죄하는 일이 위험하다는 것을 그들은 알고 있었습니다. 그래서 모두의 이야기를 함께 듣는 방식의 재판이 발달해 온 것입니다.

"내 뒤에서 걷지 말라. 난 그대를 이끌고 싶지 않다.
내 앞에서 걷지 말라. 난 그대를 따르고 싶지 않다.
다만 내 옆에서 걸으라. 우리가 하나가 될 수 있도록."*

원형 평결 심사는 화합 평의회라 불리는 예비 모임이 있고, 토의 주제와 참가자에 따라 토론 평의회, 조정 평의회, 지역 평의회 등이 열립니다. 보증금을 납부하는 조건으로 가해자의 구속을 멈출 것인지를 다루는 보석 평의회와 가해자에게 처벌 대신 어떤 활동을 시킬 것인지를 결정하는 판결 평의회가 최종적 모임입니다. 콜에게 내려진 1년의 유배는 최종 판결이 아니었습니다. 자신을 믿지 못하는 사람

---

* 인디언 유트족의 속담.

들에게 감옥이 아니면 어디든 좋으니 사람들의 눈에 띄지 않는 곳에라도 보내 달라는 콜의 간절한 제안이 받아들여진 것입니다. 보호관찰관 가비가 거들긴 했지만 콜이 요구한 것이었고, 스스로 책임을 질 수 있도록 판결을 1년 유예시켜 준 것입니다.

섬을 탈출하려 했던 콜의 계획은 보기 좋게 실패하고 맙니다. 밀물 때라는 걸 알지 못한 콜은 해안으로 떠밀려 옵니다. 다시 탈출하기 위해 물때를 살피던 콜에게 스피릿베어가 나타납니다. 콜은 이 새하얀 곰에게도 적의를 드러냅니다. 무심한 듯 고요한 눈으로 콜을 바라보던 곰은 콜의 급작스러운 공격에 맹수의 모습을 드러냅니다. 콜의 다리와 팔을 이빨로 물어 부러뜨린 다음 가슴을 거칠게 할퀴는 것에서 멈추지 않고 갈비뼈를 모조리 으스러뜨립니다. 극도의 고통 속에서 콜은 끝까지 살아남고자 애씁니다. 곰의 습격을 당한 그 자리에서 꼼짝도 못한 채, 성한 팔이 닿는 곳의 풀을 한 움큼 뜯어 삼키고 지렁이와 들쥐를 씹어 넘기며 어떻게든 살아남고자 합니다. 시간이 지난 뒤 불쌍한 이 열다섯 살짜리 소년에게 스피릿베어는 다시금 몸을 드러내고 새하얀 털을 만지게 합니다. 두려움 속에서 곰의 가슴을 어루만지던 콜은 따뜻함과 함께 뜻밖에 '믿음'이라는 감정을 느낍니다. 그리고 시간이 흘러 죽음의 문턱에 다다르게 되었을 때 비로소 세상이 아름답다는 것을 느낍니다.

이야기는 여기에서 끝나지 않습니다. 천만다행으로 구조된 콜은 여섯 달 동안 병원 신세를 지고 다시 섬으로 돌아갑니다. 물론 섬으로 돌아가기까지의 과정이 순탄치는 않았습니다. 사람들은 섬을 탈출하려고 했던 콜을 믿을 수 없었습니다. 다시 원형 평결 심사가 열리고 몇 차례의 진통 끝에 보호관찰관 가비와 알래스카에서 콜을 외딴 섬까지 태워 주었던 인디언 노인 에드윈이 후견인으로 나서면서 가까스로 섬에 돌아갈 수 있었습니다. 두 어른에게 자신의 변화를 설명하면서 콜은 이렇게 말합니다. "저는 곰한테 공격을 받고 이제 죽는구나 싶었어요. 꼭 풀 나부랭이가 된 기분이었거든요. 하찮기 짝이 없다고나 할까. 저는 제가 왜 존재하는지조차 몰랐어요. 그냥 죽는다고 생각하니까 무서웠어요. 무슨 말을 하는 건가 싶으시겠지만, 죽어 가는 그 순간 제가 얼마나 무의미한 삶을 살아왔는지를 문득 깨달았어요. 아무도 저를 믿어 주지 않았어요. 그때까지 저는 누구를 사랑한 적도 없고 저를 진정으로 사랑해 준 사람도 없었어요."

처음과 달리 가비와 에드윈은 섬까지 동행해 오두막을 새로 지을 때까지 콜과 함께 머무릅니다. 콜은 혼자 오두막을 지어야 했고, 매번 음식을 요리해 가비와 에드윈을 대접해야 했습니다. 대신 그들에게 가슴속 깊이 박힌 분노를 다스릴 수 있는 지혜를 배웁니다. 고된 노동과 소박한 축제, 동물을 흉내 낸 춤과 명상하는 법 등입니다. 스피릿베어를 만난 뒤로 달라진 콜의 마음은 차츰 자기 자신을 직시하고 분노가 어디에서 왔는지 깨닫게 됩니다. 그리고 스스로를 용서할 수 있게 되었습니다. 비폭력 대화에서 사용하는 자칼 인형 안의 작은 기린 인형처럼 콜은 자신의 분노가 한 인간으로 존중받고 사랑받고자 하는 욕구에서 나왔음을 깨닫습니다. 채워지지 못한 욕구에서 좌절감과 분노가 자랐고, 어느 순간 자신이 누구인지는 잊은 채 그 감정들에 빠져 생활한 것입니다. 콜은 동물 춤을 추면서 자기 자신을 봅니다. 자기의 본질인 내면의 빛을. 내면의 빛을 발견하고 희열감을 느낀 콜은 진심으로 피터에게 사죄하고자 하는 열망에 사로잡힙니다. 그리고 이듬해 봄이 되자 심한 우울증에 시달리며 자살 시도를 벌인 피해자 피터 역시 이 섬에 들어옵니다.

피터가 콜을 용서하고 서로 화해했을지는 모를 일입니다. 화해나 용서가 쉬운 일이 아닐뿐더러 원한다고 해서 반드시 이루어질 수 있는 일도 아니기 때문입니다. 궁극적인 치유를 위해서는 화해와 용서가 필요할 테지만 아무리 노력한다 해도 불가능할 수도 있는 일입니다. 초점이 되어야 할 것은 폭력으로 인해 훼손된 자아의 회복이며, 그러기 위해서는 발생한 사건에 정면으로 맞서는 용기가 필요하다는 사실입니다. 피터의 아버지는 깊은 고민 끝에 아들을 섬에 데리고 온 뒤 콜에게 따로 이야기합니다. "피터를 여기에 두고 싶은 생각은 추호도 없단다. 다른 길이 있다면, 지금처럼 싫다는 애를 억지로 여기에 데려오지도 않았을 거야. 그 애가 두 번째 자살을 시도한 후에, 피터가 너랑 당당하게 맞서지 않으면 두고두고 끔찍한 악몽에 시달리게 될 거라고 가비 씨가 우리를 설득했단다." 회복적 정의에 따른 대화모임은 낭만적이거나 유토피아적인 방식이 아닙니다. 만병통치약도 될 수 없습니다. 자아의 회복과 관계의 회복에 중점을 둔다는 점에서 본질적인 방식이지만 무엇보다 실질적인 결과를 이끌어 낼 수 있기에 주목받는 것입니다.

이 이야기에서 스피릿베어란 무엇일까요? 스피릿베어의 존재는 신비롭기만 합니다. 책에서도 자세한 설명은 생략되어 있습니다. 오직 인디언 노인 에드윈의 몇 마디 말로 소개되고 맙니다. "저 너머 브리티시 컬럼비아 연안에 스피릿베어라는, 유독 사나운 곰들이 있어. 눈부시게 하얀 곰인데, 긍지와 위엄과 영예를 상징한단다. 웬만한 사람보다 낫지." 이 말을 들은 콜은 곰이 눈에 띄면 죽여 버리겠노라고 응수합니다. 이에 대한 노인의 대답에 스피릿베어가 어떤 존재인지 그

의미가 함축되어 있습니다. "그 동물한테 무슨 짓을 하건, 그건 바로 너 자신한테 하는 거나 마찬가지야. 그걸 명심해." 그렇다면 스피릿베어는 말 그대로 영적spiritual 존재인 걸까요? 이야기 속에서 스피릿베어는 콜의 내면에 커다란 변화가 생길 때마다 등장하곤 합니다.

    스피릿베어의 영성은 북아메리카 특유의 토테미즘이 연원입니다. 에드윈은 섬에서 콜에게 춤을 가르쳐 주면서 이렇게 말합니다. "우리를 둘러싼 세상에는 온갖 힘이 넘쳐흐른단다. 고래, 곰, 늑대, 독수리 같은 힘센 동물들이 있지. 태양, 달, 계절 같은 자연의 힘이 있고, 행복과 분노처럼 우리 안에 깃들어 있는 힘도 있단다. 우리는 이 모든 힘을 느끼고 춤으로 표현할 수 있어. 힘을 지닌 모든 것으로부터 수많은 교훈을 얻을 수 있지." 섬에 처음 갔을 때 가비는 콜에게 파랑 실과 빨강 실로 토템 기둥의 무늬를 수놓은 '엣투'라는 담요를 주며, 나중에 콜은 피터와 함께 통나무에 동물을 조각해서 자기만의 토템 기둥을 만듭니다. 그러나 이러한 행위들이 단순히 주술적 사고나 동물 숭배를 상징하는 것은 아닙니다. 원형 평결 심사 또는 회복적 정의가 그렇듯 이제는 잊혀진 과거의 지혜를, 지금 여기에 되살리려는 시도라고 보는 게 정확할 것입니다.

회복적 정의를 말하다

회복restoration이란 말의 본래 뜻은 '무너진 것을 다시 세운다'입니다. 우리가 심하게 아픈 뒤 회복될 때를 떠올려 보십시오. 몸이 아프면 일단 쉬어야 합니다. 마음이 괴로울 때도 마찬가지입니다. 고통을 좋아할 사람은 없겠지만 고통 역시 그 나름의 역할을 합니다. 쉬면서 스스로를 돌아보라는 신호입니다. 이것은 인간관계에서도 마찬가지입니다. 다툼이 생기고 갈등이 악화될 때 우리는 멈춰 서서 질문해야 합니다. '무엇이 우리를 무너지게 하는가? 관계를 다시 세우기 위해 우리는 무엇을 회복해야 하는가?' 우리가 피로를 느낀다는 건 정신적 연결이 끊어졌다는 뜻입니다. 사회적으로 범죄가 발생하는 것은 공동체에서 서로를 연결해 주던 유대감이 파괴되었음을 보여 주는 것입니다. 회복은 그 연결을 되찾는 것이고, 그 행위 자체가 정의로움입니다. 먼저 멈추어 쉬고, 그다음에 무엇이 연결을 끊게 했는지 돌아봐야 합니다. 정의의 사전적 의미는 '진리에 맞는 올바른 도리'입니다.

응보retribution라는 말의 어원에는 '세금을 부과한다'는 뜻이 있습니다. 응보에 바탕을 둔 정의는 물건, 재산, 재물 등 물질적인 것들에 기반을 두기 때문입니다. 한 사람이 누군가의 그릇을 몰래 가져갔다고 했을 때, 기존의 정의는 다시 돌려주고 대가를 치르는 것입니다. 이것 역시 정의로운 일입니다. 그러나 그릇을 돌려받고 처벌을 가한다고 해서 관계가 회복되는 것은 아닙니다. 그릇을 돌려주는 건 관계를 회복하는 필요조건이지, 충분조건은 아닙니다. 그릇을 돌려주기만 할 게 아니라 더러워진 그릇을 깨끗이 닦아서 거기에 맛있는 음식을 담아 함께 나누어 먹어야 합니다. 이것이 회복적 정의가 추구하는 가치입니다. 회복적 정의는 물질적 공정함만이 아니라 영적 가치가 담긴 정의이자, 박애의 정신으로 사회를 돌보는 일입니다.

| 정의 패러다임의 비교 |

응보적 정의		회복적 정의
가해자 처벌	목표	피해 회복
강제적 책임 수행	방식	자발적 책임
처벌자/처벌 기관	주최	당사자/공동체 참여

'회복적 정의' 운동의 탄생

회복적 정의는 본래 사법 제도와 관련하여 나온 것이므로 법적인 개념과 원리를 먼저 살펴볼 필요가 있습니다. 'Restorative Justice'라는 말은 본래 '회복적 사법'이라고 번역되어 왔지만 이것이 하나의 운동이 되고 철학이 되면서 '회복적 정의'란 말이 더 널리 쓰였습니다. 이 책에서는 '사법'과 '정의'를 상황에 맞게 사용할 것입니다. 우선 사법적 측면에서 접근하도록 하겠습니다.

회복적 정의의 기초는 캐나다 원주민 사회의 전통적인 분쟁 해결 방안에서 찾을 수 있습니다. 본래 캐나다 원주민 사회의 분쟁해결 방식과 기존의 형사 사법 모델의 충돌을 조화시키고자 하던 노력이 피해자학의 성과와 접목되면서 새로운 형사 사법 모델로 발전된 것이 회복적 사법 제도이기 때문입니다.[*] 기존의 형사 사법은 수사 기관의 수사와 재판 절차를 통해 징벌적 제재가 가해지는 과정으로 이루어집니다. 그러나 캐나다 원주민들은 분쟁이 발생한 경우 원주민 사회 전체의 공동 책임이라는 관념 위에서 대화를 통해 해결을 모색하는 전통을 갖고 있었습니다.

대화 중심의 분쟁 해결 절차는 공동 책임의 인식과 그에 따른 대화를 통해 가해자뿐만 아니라 피해자와 지역 사회 구성원이 함께 참여해야 하는 기본 틀로 구성됩니다. 이러한 방식은 일반적 사법 제도와 조화를 이루기 어려웠고, 이로 인해 캐나다 원주민들은 분쟁이 발생했을 때 일

---

[*] 박광섭(2007), 〈북미의 회복적 사법에 대한 고찰〉, 《피해자학연구》, 제15권 제2호, 한국피해자학회, 379쪽.

반적 사법 제도를 따르기 어려워했습니다. 통계에 따르면 캐나다 내에서 원주민 사회의 구금률이 다른 집단보다 상대적으로 높게 나왔습니다. 원주민 사회의 문화적 특성을 포용할 수 있는 새로운 사법 제도를 모색해야 했던 것입니다. 이러한 토대 위에서 나온 것이 회복적 사법 모델입니다. 여기에는 식민지 시대 때 캐나다 정부에 빼앗겼던 원주민 지역 사회의 통제와 질서 유지 방법을 되찾는 선언적 의미가 담겨 있습니다.

원주민 사회가 추구했던 회복적 수단으로써 종교적 의식들은 화해와 보상의 의무를 이행하기 위해 존재했습니다. 범죄는 전체 사회의 구성원들과 관련되므로 개인에 의해 저질러진 범죄라 해도 그 가족이나 부족에 의해 피해자와 그 가족, 부족에게 배상을 해야 했습니다. 응보와 격리 위주의 형사 사법 제도는 원주민 사회의 분쟁을 해결할 수 없었고, 캐나다의 원주민 동화 정책은 실패로 돌아갔습니다. 이로 인해 원주민의 정체성과 철학을 실현할 수 있는 사법 제도가 탄생하게 된 것입니다.

회복적 정의 운동은 이러한 문화적 토대 위에서 시작되었습니다. 1974년 5월 28일, 캐나다 온타리오주의 작은 마을 엘마이라의 법정에서 두 명의 청년이 재판관 앞에 섰습니다. 그들은 스물두 곳의 집을 돌며 창문을 깨고 자동차 타이어를 찢는 등 난동을 부린 혐의로 체포되어 재판을 기다리고 있었습니다. 열여덟 살이었던 이들은 술을 마시고 심야에 사건을 저질렀으며 다음 날 아침에 경찰에 체포되었습니다. 당시 이 지역의 보호관찰관이었던 메노나이트교회 교인 마크 얀치와 동료 데이브 워스는 이들에 대한 보고서를 작성하면서 이들이 피해자와 대면하는 것이 치유적인 면에서 도움이 될 것이라는 의견서를 첨부하여 판사에게 제출했습니다.

법적 근거도 없고 전례가 없던 이들의 제안이 판사에 의해 받아들여졌고, 보호관찰관과 가해 청년들은 이사를 간 두 집을 제외한 모든 집을 직접 방문하여 피해자의 이야기를 듣고 직접 사과하면서 피해 회복을 위한 합의를 이루었습니다. 그들은 봉사 활동과 현금 배상을 통해 피해를 회복하기 위해 노력했으며, 몇몇 가정은 이들의 직접적인 사과만으로 용서하고 합의를 해 주었습니다. 작은 시골 마을에서 일어난 사건에 주민들은 놀랐고 두려웠지만 청년들의 직접적인 방문과 사과는 마을에 안정을 가져다주었습니다. 청년들은 마을과 지역 사회의 구성원으로 계속해서 살 수 있게 되었습니다.

일반 재판이었다면 유죄 판결을 받고 수감된 뒤 마을 공동체에서 격리되었겠지만, 이 작은 사법 실험은 당사자의 직접적 갈등 해결, 피해의 회복과 지역 사회 공동체의 재통합이라는 결과를 가져왔습니다. 이름도 알려지지 않은 작은 마을의 사법 실험은 캐나다 사법계에 큰 반향을 일으켰고, 이후 캐나다에서는 다양한 회복적 사법 모델들이 개발되고 발전하였습니다. 이 사건을 계기로 캐나다의 '피해자-가해자 화해 프로그램'이 태동되었습니다. 초기에 프로그램의 운영은 주로 메노나이트와 같은 종교 단체의 자원봉사자들에 의해서 이루어졌으나 점차 법적 틀을 갖춘 제도로 발전하게 되었습니다.

한편 미국에서는 1977년 인디애나주 엘크하트에서 시작된 프로젝트로 이 운동이 세상의 빛을 보게 되었습니다. 여기에는 메노나이트와 퀘이커와 같이 비폭력을 신봉하는 평화 교회들의 실천 운동 "진실을 외쳐라 Speak Truth to the Power"의 영향이 있습니다.[*] 1970년대에 미국에

---

[*] 박성용(2014), 《평화의 바람이 분다》, 대장간, 325쪽.

서는 흑인들이 민권 운동을 계속했고, 베트남 전쟁이 심화되어 대규모 반전 운동이 일어났습니다. 이러한 시대 상황 속에서 평화 교회들은 양심의 자유를 지키기 위해 신앙의 생활 실천 운동을 하면서 국가 폭력의 희생자가 되었습니다. 많은 활동가가 감옥에 갇혔고, 그들은 국가 재판에 따른 처벌과 구금 위주의 사법 체계에 의문을 제기했습니다. 현재의 재판 제도는 가해자와 피해자 사이의 화해와 정서적 치유 문제를 해결하지 못하며, 특히 가해자가 공동체로 복귀하지 못하도록 함으로써 재범률을 높이는 악순환에 빠져든다는 성찰이 회복적 정의 운동을 확산시켰습니다.

현재에는 독일, 프랑스, 핀란드, 네덜란드 등 유럽 대륙의 다수 국가들을 비롯해 호주, 뉴질랜드, 남아프리카공화국 등에도 확산되어 이와 관련된 프로그램이 운영되고 있습니다. 2004년 기준으로 전 세계적으로 약 1,200개의 회복적 정의 실천 프로그램이 진행되고 있으며 미국에서만 약 300여 개의 프로그램이 운영되고 있습니다. 이들 프로그램의 참여자와 사건들은 대체로 경미한 사건을 중심으로 하며 소년 사건에 적용되는 비율이 높습니다. 통계에 따르면 약 90%가 청소년이 연루된 사건들이며 사건들의 유형으로는 폭행, 절도, 시설 파괴 등이 회복적 사법의 대상들입니다. 이제 회복적 접근은 경미한 소년 사건에 한정되지 않고 강력 범죄에 대한 적용이 확대되고 있습니다. 우리나라에서는 2006년에 도입돼 준비 기간을 거친 뒤 2007년부터 단계적으로 시행되고 있습니다. 2010년부터는 가정법원 소년부에서 적용되고 있습니다. 이와 함께 학교폭력의 해결을 위해 회복적 생활교육 및 회복적 대화모임 등이 확대되고 있는 중입니다.

회복적 사법의 개념

    사법이란 어떤 문제에 대해 법을 적용하여 그 적법성이나 위법성, 권리 관계 따위를 확정하여 선언하는 일입니다. 형사 사법은 제3자인 국가 기관이 범죄 사건의 실체를 밝혀 국가 형벌권을 실현하는 것입니다. 쉽게 말해, 국가가 범죄 가해자를 찾아내 재판하여 그 죄의 무게에 맞게 처벌을 가하는 것입니다. 이때 가해자의 범죄는 1차적으로 피해자를 상대로 한 것이지만 사법 기관은 실질적으로 국가를 상대로 한 것으로 간주합니다. 국가를 지탱하는 법을 위반했기 때문입니다. 이는 응보적 정의 패러다임에 기반하는 것으로 범죄에 대한 처벌은 정의의 실현이며, 이를 통해 범죄를 예방할 수 있다는 믿음을 전제로 합니다.

이러한 응보적 사법 체계 안에서 진정한 피해자는 국가가 되고, 그 피해는 추상적으로 인식됩니다. 범죄자는 그에 상응하는 고통을 부여받음으로써 잘못에 대해 책임을 집니다. 따라서 형사 사법의 목표는 크게 둘로 나뉘는데, 형벌을 부과하여 범죄자를 재사회화하는 것과 일반인의 법의식을 강화하여 범죄를 예방하는 것입니다. 그러나 수많은 연구와 통계를 보면 형벌을 통한 범죄의 예방은 실현되기 어려운 이상에 가깝습니다. 또한 실제 피해 당사자는 사법 과정에서 배제되고 피해자의 욕구와 회복은 부차적인 것이 됩니다. 피해자는 사법 절차에서 부수적인 존재로 인식될 뿐이며, 사법 과정에 참여하지 못하고 소외됩니다. 형벌 제도는 범죄의 해악을 제거하기 위해 범죄자에게 큰 고통을 부여하지만, 정작 피해자는 범죄로 인해 발생한 손실을 회복할 방도가 없습니다.

다수의 교육학자들이 교육 영역에서 국가교육의 폐해를 절감하고 대안적 이론을 내놓는 것처럼 사법 영역에서도 비슷한 노력이 잇달았습니다. 국가 주도의 사법 체계가 놓치는 것은 범죄 당사자들의 삶이며, 개별적 존재로서의 사람입니다. 1950년대 이후 다수의 학자와 사회운동가들이 범죄 피해자의 어려움을 널리 알리고, 그들에 대한 법적 보상의 필요성을 강조했습니다. 이러한 노력을 통해 대부분의 선진국들에서는 범죄 피해에 대한 법적 보상 제도를 도입하였고, '피해자학'이라는 학문이 형성되었습니다. 그러나 가해자에 의한 법적 보상 제도에는 근본적인 한계가 존재합니다. 대부분의 폭력 범죄 또는 재산 범죄 가해자들은 피해를 배상할 경제적 역량이 없기 때문입니다. 또한 국가 주도의 형식적 절차를 통해 피해의 일부를 보상하더라도 재판 과정에서 피해자를 소외시키는 근본적인 문제는 해소되지 않습니다. 결국 보상 제도는 경미한 재산 범죄 등 극히 일부의 범죄 유형에 한하여, 그것도 경제력 있는 가해자에 대해서만 적용할 수 있을 뿐입니다.

  이러한 문제들이 부각되면서 새로운 대안으로 떠오른 것은 피해자와 가해자가 주도적으로 참여해 대화를 통해 서로를 이해하고 갈등을 해소하고자 하는 회복적 사법입니다. 회복적 정의에 입각한 사법의 관점에서 범죄는 한 개인에게 일어난 피해가 아니고, 정의란 범죄자를 처벌하는 것만으로 성취될 수 있는 것이 아닙니다. 사법 절차는 회복을 증진시키는 것이어야 합니다. 이를 위해 범죄로 인해 영향을 받은 당사자들, 즉 피해자와 가해자, 그리고 공동체 구성원 모두가 해결 과정에 참여하고 노력해야 합니다. 왜냐하면 범죄로 인한 피해가 회복되었을 때 비로소 피해자는 자아를 치유하고 가해자는 자신의 잘못을 깨달아 책임 있는 모습으로 공동체의 구성원으로 돌아올 수 있기 때문입니다. 이를 통해 공동체는 회복될 수 있습니다. 회복적 사법은 기존의 형사 사법에 내포되어 있는 국가주의의 한계를 극복할 뿐만 아니라, 적대적 보복 감정에 기초한 처벌이라는 응보적 구도에서 탈피합니다. 인도주의와 연민에 기초한 화해를 통해 공동체의 항구적 평화를 추구하는 것입니다. 회복적 사법에서 가해자는 자발적인 피해 회복의 노력을 통해 자신의 책임을 받아들이고, 규범을 준수하는 태도를 회복함으로써 원활한 사회 복귀로 나갈 것이라고 기대됩니다. 피해자와 지역 사회는 배상과 화해를 위한 교섭을 통해 정의가 존재한다는 사실을 확인하고 법질서에 대한 신뢰를 회복하게 될 것입니다.*

* 김용세(2009), 《회복적 사법과 형사화해》, 진원사, 4~6쪽.

회복적 사법은 범죄 사건의 당사자와 지역 사회 구성원 및 관련 기관이 공동으로 참여합니다. 특정한 범죄 행위와 그로 인해 발생한 피해에 관해 논의하고 적절한 대응 방안과 재발 방지 대책을 모두 함께 모색하는 방식입니다. 따라서 회복적 사법에는 다양한 형태의 실현 방법이 있으며, 수많은 접근 방식을 포괄하는 메타개념meta-concept이라고 할 수 있습니다. 실제로 회복적 사법에 관한 실무 프로그램의 숫자는 손으로 꼽기 어려울 정도로 다양합니다. 그만큼 국내외 문헌상의 정의도 다양한데, 핵심적 가치와 원칙을 강조하거나 그 성과와 목표에 중점을 두기도 하고, 특정한 절차나 프로그램에 관한 설명으로 회복적 사법을 정의하기도 합니다. 그 명칭도 관계적 사법relational justice, 적극적 사법positive justice 또는 재통합적 사법reintegrative justice 등 다양한 표현이 사용되어 왔지만, 현재는 회복적 사법이라는 표현이 일반적인 용어로 정착되었습니다.

회복적 사법의 실천 원리는 본래 아메리카 원주민, 하와이 원주민, 캐나다 원주민, 그리고 뉴질랜드의 마오리족 문화 등 다양한 토착민의 전통으로부터 유래한 것입니다. 이 원리들은 또한 대부분의 종교에서 강조하는 가치들을 내포하고 있습니다. 모든 회복적 프로그램은 범죄자에 대한 처벌보다 피해자에 대한 지원과 원조의 중요성을 강조하며, 궁극적으로 다음과 같은 목표를 추구합니다. 첫째, 가해자는 자신이 해를 입힌 사람들과 지역 사회에 직접 책임을 다한다. 둘째, 피해자에게는 그가 입은 감정적이고 물질적인 손실을 최대한 회복할 수 있도록 한다. 셋째, 피해자와 가해자 및 그 가족, 경우에 따라서는 피해자 지원 업무 종사자를 포함한 사건 관련자 모두에게 대화를 통해 문제를 스스로 해결할 수 있는 기회를 제공한다. 넷째, 이러한 기회를 제공함으로써 가해자와 지역 사회에 재통합의 기회를 만든다. 다섯째, 항구적으로 건강한 지역 사회의 구축과 공공의 안전 강화에 기여한다.

1970년대 중반에 캐나다에서 최초의 형사 화해 프로그램이 출범한 이래 북미와 유럽 전역에 수많은 실무 프로그램이 조직되었습니다. 이것들은 대부분 민간 차원의 자발적 활동에 기반을 두고 있으며 각 지역의 특성에 따라 다양한 실무 모델을 운영하고 있지만, 회복적 사법의 실무 조직은 적어도 다음과 같은 기본 이념을 추구한다는 점에서 공통점을 찾을 수 있습니다.*

- 회복적 사법은 용서와 화해를 제1차적 목표로 하지 않는다. 어떤 경우에도 용서나 화해를 강요하지 않는다.
- 회복적 사법은 단순한 화해 알선과는 다르다. 초기의 회복적 사법 실무에서는 '화해'라는 말이 널리 사용되었지만, 이제는 회합과 대화라는 용어로 대체되었다.
- 회복적 사법은 재범 감소를 주된 목표로 하여 구상된 것이 아니다. 그것은 피해자의 욕구를 충족시키고 가해자가 자신의 책임을 수용하도록 하는 절차의 부산물일 뿐이다.
- 회복적 사법은 특정한 프로그램이나 구상을 의미하는 것이 아니다. 회복적 사법은 실로 다양한 프로그램에 의해 실천될 수 있다. 회복적 사법은 지도가 아니라 나침반이다.

---

* 하워드 제어, 조균석 외 옮김(2015), 《회복적 정의 실현을 위한 사법의 이념과 실천》, KAP, 19~25쪽.

- 회복적 사법은 오직 개인적 법익을 침해하는 범죄나 상대적으로 경미한 범죄 또는 초범자만을 대상으로 하는 것은 아니다.
- 회복적 사법은 북미에서 새로이 창안된 제도가 아니다. 이것은 수많은 문화적, 종교적 전통에서 유래한 것이며, 인류의 역사만큼 오래된 것이다.
- 기존의 법체계가 반드시 회복적 사법으로 대체되어야 하는 것은 아니다.
- 회복적 사법이 반드시 구금 제도의 대안으로 채용되어야 하는 것은 아니다.
- 회복적 사법이 필연적으로 응보적 사법에 반대되는 것은 아니다. 양자는 상호 보완적이다.

| 피해자와 가해자의 욕구 |

피해자의 욕구	가해자의 욕구
• 범죄로 인해 초래된 물질적, 신체적, 정신적 피해를 인정받고 사과를 받고 싶다. • 자신뿐만 아니라 가족을 비롯하여 주변 사람들이 받은 고통을 가해자에게 직접 알리고 싶다. • 가해자의 동기에 대해 직접 듣고 싶다. • 재발 방지를 약속받고 싶다. • 손해 배상을 받고 싶다. • 가해자가 뉘우치고 새롭게 되기를 바란다. • 가능한 한 관계가 회복되기를 바란다.	• 잘못에 대한 책임을 지되 피해자에게 직접 상황을 설명하고 싶다. • 할 수 있으면 직접 용서를 구하고 잘못된 행동에 대해 사과하고 싶다. • 사람들이 비난보다는 이해해 주기를 바라며, 제2의 기회가 주어지기를 바란다. • 사회로부터 '죄인'으로 낙인찍히고 싶지 않다. • 피해자뿐만 아니라 가족 등 주변 사람들과의 관계를 정상적으로 회복하고 싶다.

평화로운 교실을 만드는
회복적 생활교육

　　회복적 사법 모델이 등장한 것은 극히 최근의 일이지만 사법에서 회복적 접근은 응보적 접근에 비해 훨씬 더 길고 보편적인 역사를 갖고 있습니다. 회복적 접근은 범죄로 인한 피해와 그에 따른 욕구, 그리고 책임을 강조함으로써 보상과 회복에 초점을 맞춥니다. 피해자학이 발달하고 회복적 정의 이념이 도입되면서 피해자에 대한 사법적 관심을 넘어서 피해자의 개념을 새롭게 해야 한다는 경향이 생겼습니다. 이제 피해자의 욕구와 권리는 더 이상 주변부에 머물지 않고 문제 해결의 중심을 차지합니다. 가해자에게는 자기가 야기한 손해를 인정하고 그에 대한 책임을 자발적으로 지도록 요청됩니다. 해결 방식에서도 당사자들의 참여와 대화가 장려되며, 공동체가 중요한 역할을 합니다. 회복적 접근은 사법이 개인과 사회의 치유를 촉진할 수 있고, 촉진해야 한다는 전제 위에 놓여 있습니다. 회복적 생활교육은 이러한 정신의 연장선에 있습니다.

폭력으로 인한 피해와 그 회복*

폭력 사건은 피해자와 피해자의 가족, 친구, 나아가 지역 사회 전체를 심리적 혼란에 빠뜨립니다. 재정적 손실과 함께 신체적 손상도 유발합니다. 이와 별개로 대부분의 피해자들은 공통적으로 사건 뒤에 심각한 심리적 고통을 겪습니다. 이들 중 적지 않은 수가 전문적인 심리 치료를 요할 정도로 후유증에 시달립니다. 무엇보다 폭력은 인간의 본질적 욕구인 자아의 의미를 뒤틀어 놓습니다. 신체적이고 물질적인 위해를 입은 피해자의 경우 첫 반응은 '왜 나에게 이런 일이 일어났을까?'입니다. 극심한 공포를 느끼고 가해자의 위력에 압도당하면서 자아의 주도성을 잃어버리게 됩니다. 따라서 폭력 행위가 끝난 이후에도 자아 상실감에 따른 분노와 죄책감, 의심, 우울, 무력감, 무의미, 회의, 후회 등의 감정이 잇달아 생깁니다. 피해자는 새로워진 환경에 적응하면서 어떨 때는 쾌활하고 낙천적인 성격을 회복한 듯하다가도 심각한 우울증과 분노 조절 장애를 겪기도 합니다. 다른 사람, 특히 낯선 사람을 의심하고 작은 일에도 쉽게 놀라게 됩

---

* 이 글은 [하워드 제어, 손진 옮김(2011),《회복적 정의란 무엇인가?》, KAP]와 [스마일센터 홈페이지(www.resmile.or.kr)]를 참고하여 정리했습니다.

니다.*

예상치 못한 폭력 사건에 직면하면 피해자는 종종 심리적 쇼크 상태에 빠져 그 자리에 얼어붙는 듯한 경험을 하게 됩니다. 갑자기 세상 모든 게 달라진 것 같고, 그로 인해 극심한 혼란을 느낍니다. 마치 칼에 몸을 찔린 것처럼 마음 역시 칼에 찔려 피를 흘리는 것입니다. 전문가들은 이것을 '심리적 외상 사건psychological trauma event'(트라우마)이라고 부릅니다. 사건 이후 피해자는 본능적으로 도피 반응을 드러냅니다. 심장이 빨리 뛰며 과민해지기도 하고, 구토를 하거나 식은땀을 흘리며 가만히 있지 못하고 안절부절 어쩔 줄 몰라 하는 모습도 흔합니다. 그리고 위협 상황에 놓였을 때는 감각 지각 능력이 극도로 고조되기 때문에 사건의 특정한 장면이나 촉감, 소리, 냄새, 맛 들이 또렷하게 인식되어 평생 잊을 수 없는 기억으로 남기도 합니다.

이어서 피해자는 무섭고 생생한 꿈을 꾸기도 합니다. 사건 초기에 대부분의 피해자들은 두려움에 시달리며, 죽을 것 같은 공포를 반복하여 느끼기도 합니다. 내면의 공포감이 적절히 처리되지 못하면 공황 발작panic attack이 일어날 수 있습니다. 시간이 어느 정도 지나면 공포는 분노로 바뀌어 자신에게 이런 짓을 저지른 사람에 대한 잔인한 복수를 상상하는 등 원래의 성격이나 가치관과 상반되는 공상을 하기 시작합니다. 이런 공상은 피해자가 평소에 추구하던 가치관과 상반되는 것이기 때문에 불안감과 죄책감을 불러옵니다. 눈을 뜨고 있

---

* 연구에 따르면 심리적 후유증을 보고한 사람의 65%가 공포감 및 대인 기피 증세가 있고, 64%는 극심한 우울증에 시달리며, 자살 시도를 한 경우도 24%로 나타났습니다. ([황지태·노성호(2010),《범죄피해자들의 피해실태 및 피해지원 욕구 조사》, 한국형사정책연구원] 참고.)

는 동안은 '왜 하필 그렇게 대처했을까? 어떻게 했으면 좋았을까?' 등 사건의 발생에 자기 스스로 기여한 부분이 없는지를 계속해서 검열하게 됩니다.

만약 종교를 가진 사람이라면 신앙의 위기에 직면할 수도 있습니다. 피해자들은 범행을 저지른 사람, 그리고 그것을 예방할 책임이 있는 사람, 나아가 범행을 허락하거나 야기했을지도 모른다는 생각에 신에게까지 강한 분노를 느낍니다. 이처럼 강한 분노는 피해자가 추구하던 가치와 모순되어 피해자의 죄의식을 키우는 역할을 합니다. 분노가 혐오감이나 증오심으로 바뀌어 자해를 하거나 다른 사람을 해치려 할 수도 있습니다. 마치 죽음을 앞둔 사람처럼 피해자는 '왜 이런 일이 나에게 일어났는가? 이런 일을 당할 만한 잘못을 한 적이 있는가? 사랑과 정의의 신이라면서 어떻게 이런 일이 벌어지게 내버려 둘 수 있는가?'라는 질문을 하게 되고 끝내 원망하게 됩니다. 이러한 질문들은 사건의 원인을 논리적으로 찾고 싶은 욕구에서 나오지만 오히려 피해자의 좌절감을 심화시키고, 종종 자책감을 갖도록 만들기도 합니다.

피해자에게 세상은 자신을 배신한 곳이 되었으며, 이제 더 이상 예전처럼 안전하고 예상 가능한 환경이 아닙니다. 자신이 순진했다고 생각하고 더 이상 '친절하고 남을 잘 믿는' 사람이 되지 말자고 결심할지도 모릅니다. 부정적인 감정에 휩싸여 자신의 자아상까지도 바뀌게 되는 것입니다. 예전에는 자신이 남을 배려하고 사랑스러우며 사회성이 좋은 사람이라고 생각했다면, 이제 그런 자아상은 산산이 부서졌습니다. 꼭 폭력 행위로 인한 피해가 아니어도 가정에서의 양육이나 학교에서의 훈육 과정에서 잘못된 방식으로 인해 아이들이 상처를 받으면 비슷한 결과를 낳습니다. 흔히 삐뚤어진다는 건 이러한 이유 때문입니다. 따돌림이나 괴롭힘 같은 학교폭력도 마찬가지입니다. 그런 일을 겪고 나면 자존감에 상처를 입고 자아상에 혼란이 오는 것입니다.

폭력 경험의 범위와 강도는 무관한 것이어서 야간 주거 침입의 피해자가 말하는 폭력 경험도 강간 피해자의 그것과 크게 다르지 않다고 합니다. 피해 정도가 약한 것으로 생각되는 기물 파손이나 차량 절도의 피해자들도 폭행 상해의 피해자와 거의 비슷한 반응이 보고되고 있습니다. 그렇다면 피해자는 왜 이런 반응을 보이는 것일까요? 왜 폭력은 인간을 황폐하게 만들고, 왜 인간은 폭력을 극복하기가 어려운 것일까요? 폭력이란 본질적으로 침해, 즉 자아에 대한 침해이며 우리의 존재, 믿음, 사생활에 대한 모독이기 때문입니다. 폭력은 '온전한 삶'의 근간이 되는 믿음, 즉 세상은 질서 있게 돌아가는 의미 있는 공간이라는 믿음과 자신의 운명은 자신이 결정할 수 있다는 믿음을 뒤엎기 때문에 삶을 황폐하게 만드는 것입니다. 이 두 가지 믿음은 온전한 삶의 핵심 요소입니다.

우리 대부분은 세상이 질서 정연하고 예측 가능하며 이해할 수 있는 곳이라고 생각합니다. 특히 만 7세까지의 유아들에게 '세상은 선하고 좋은 곳이다'라는 믿음이 대단히 중요합니다. 그런 믿음 속에서 세상에 대해 관심을 갖고 건강한 자의식이 자랄 수 있습니다. 모든 일이 우리가 원하는 대로 되지는 않겠지만, 우리는 최소한 세상에서 일어나는 대부분의 일에 대한 해답을 제시할 수 있습니다. 일반적으로 우리는 앞으로 어떤 일이 일어날지를 알고 있습니다. 그렇지 않다면 불안하고 두려운 마음이 들어 일상생활에 제약이 따르고, 사회는 전반적으로 위축될 것입니다. '세상은 정의롭고 예측 가능하다'는 믿음이 있을 때 우리는 행복한 삶을 살아갈 수 있습니다.

삶의 온전성을 회복하기 위해서는 삶에 대한 자기 통제력, 즉 자율성을 되찾을 필요가 있습니다. 의지에 반하여 자기 통제력을 박탈당하고 타인의 통제를 받는다는 것은 상당히 수치스럽고 비인간적인 일입니다. 폭력과 그로 인해 생긴 피해 의식은 이러한 자율성을 파괴합니다. 누군가 나의 삶과 재산, 그리고 공간을 장악한 상황에서 피해자는 속수무책의 무방비 상태에 빠지고, 자기를 통제할 수 없으며, 피해 의식에 시달립니다. 피해 의식은 자아를 약화시킵니다. 자기는 아무것도 할 수 없는 무력한 사람이라는 부정적인 자아상이 형성되는 것입니다.* 여기에서 자기 비난은 상황을 극복하기 위한 내부 기제로 작동될 수 있지만 자신을 비난하기보다 자신의 감정에 귀를 기울이고 진정한 욕구가 무엇인지 인식하는 것이 도움이 됩니다. 폭력 피해자는 예측 가능한 세상을 살아가는 자율적 인간이라는 자아 관념, 즉 자아의식에 대한 공격의 피해자입니다. 트라우마는 신체적 상해보다 훨씬 심각한 결과를 초래하기 마련입니다.

악순환에서 벗어나기 위한 중요한 요소들**

1. 안전

환경을 안전하게 만드는 일은 매우 중요합니다. 물리적인 안전이 보장되지 않을 때, 다음과 같은 요소들을 점검해야 합니다.

---

* 야야 헤롭스트, 이노은 옮김(2005), 《피해의식의 심리학》, 양문, 108쪽.
** 캐롤린 요더, 김복기 옮김(2014), 《트라우마의 이해와 치유》, KAP, 130~131쪽.

- 위협에도 불구하고 올바로 행동하기로 결정했는가?
- 심리적 안정을 위한 도움을 받고 있는가?
- 주변 사람들의 후원을 받고 있는가?
- 사려 깊은 리더가 있는가?

2. 인정

인정받고 수용되는 경험은 트라우마 이후의 성장에 기초가 될 수 있습니다. 스스로를 위한 인정에는 다음과 같은 요소를 포함합니다.

- 슬픔과 애도
- 이야기로 표현하기
- 트라우마 이후 삶의 에너지를 어떻게 사용할지 다시 확인하기
- 공포를 구체적으로 규정하기
- 성취뿐만 아니라 수치심을 표현하고, 강점뿐만 아니라 실패를 표현하기

3. 연결

온전한 인간으로서 우리 자신과 다른 사람들을 다시 연결하고자 하는 노력이 그다음으로 진행해야 할 단계입니다. 이러한 단계는 다음과 같은 요소를 포함합니다.

- 모두가 연결되어 있다는 감각
- 다른 사람과 연결하고자 기꺼이 위험을 감수하는 태도
- 용서에 대한 가능성
- 치유와 회복을 위한 정의 실현
- 궁극적 화해에 대한 열린 태도

시간이 지남에 따라 피해자는 폭력의 영향으로부터 차츰 벗어나게 되지만 순탄하게 진행되지는 않습니다. 대체로 롤러코스터처럼 어느 정도 회복되었다가도 일시적으로 악화되고, 그러다가 이전보다 좀 더 회복되는 양상을 보이면서 점진적으로 나아지는 경향을 보입니다. 특히 살아가면서 다양한 갈등 상황에 직면하게 되면 일시적으로 심각하게 악화되는 경우도 있습니다. 피해자 회복에는 생각보다 많은 시간이 소요되며, 이 때문에 보호자와 지역 사회의 장기적인 관심과 지지가 필요합니다. 그러나 응보적 정의의 관점에서는 피해자의 고통과 피해자의 욕구를 들으려 하지 않고, 피해자가 사건의 해결 방향을 결정하는 데 영향을 미치도록 기회를 주지 않습니다. 응보적 사법 제도는 피해자가 상처를 회복할 수 있게 도와주지도 않을뿐더러 사건이 어떻게 처리되는지조차도 알려주지 않습니다. 폭력으로부터 가장 직접적인 고통을 받은 사람이 폭력의 해결에는 참여하지 못한다는 사실이야말로 기존 사법 제도의 궁극적인 아이러니이며 비극입니다.

그렇다면 폭력을 저지른 가해자는 어떻게 될까요? 우리는 흔히 가해자에게 가혹한 처벌이 주어지길 바랍니다. 평생 감옥에서 썩게 만들어야 한다거나 잔인하게 죽여야 한다는 즉물적 반응이 흔합니다. 여기에는 사회적 맥락이나 개인사적 맥락이 없고 오로지 응징의 욕구와 정제되지 않은 감정이 담겨 있을 뿐입니다. 잘못을 저지른 이가 그에 상응하는 대가를 치르는 것은 정의를 바로 잡기 위해 꼭 필요한 일입니다. 그러나 재판 절차에서 가해자 역시 피해자처럼 문제 해결의 방관자에 불과합니다. 가해자의 주된 관심사는 자신의 현재 상태와 미래일 수밖에 없으므로 자신이 직면해야 하는 각종 장애물, 판결 절차의 단계에 관심을 기울이는 것은 필연적입니다. 그런데도 가해자에 관한 대부분의 판단은 타인에 의해 이루어집니다. 그 과정에서 가해자는 어떻게든 처벌을 면하기 위해 자신의 잘못을 인정하지 않고 뻔뻔한 거짓말을 하기 일쑤입니다.

회복적 정의는 가해자로 하여금 자신의 행동이 끼친 영향에 대해 성찰하고 그 결과에 대한 책임을 자발적으로 지도록 요구합니다.* 피해자의 회복을 위해 필요한 것을 함께 고민하고 최대한의 원상 복귀를 위해 정신적, 물질적, 관계적 행동을 이행하게 하는 것을 기본으로 합니다. 피해자는 자신에게 벌어진 일의 부당함을 인정받고, 자기 정체성을 회복해 가도록 충분한 도움을 받습니다. 지역 공동체는 사건의 당사자들이 자신들의 역할을 찾아갈 수 있도록 돕습니다. 회복적 정의에서는 폭력이나 잘못된 행동이 단지 빨리 없애야만 하는 부정적 사건이 아니라 올바른 접근 과정을 통해 당사자 개인과 주변에 긍정적이고 교육적인 결과를 도출할 수 있는 생산적 기회로 변화할 수 있다고 봅니다.

근대 사법 제도는 사실상 가해자의 처벌에만 집중되어 있었습니다. 거기에는 피해자의 인권도 없고, 가해자의 성찰도 없습니다. 파괴된 공동체의 관계 문제도 관심 밖의 일입니다. 오로지 기계적인 판결에 따라 감옥에 보내는 것이 주된 과제입니다. 감옥에 가게 된 가해자가 자신의 잘못을 돌아보고 반성하여 다시는 잘못을 저지르지 않는 사람이 될 거라는 기대도 하기 어렵습니다. 오히려 자신의 행동을 합리화하고 문제의 본질을 도외시할 확률이 큽니다. 피해자 역시 재판의

---

* 로레인 수투츠만 암스투츠, 한영선 옮김(2015), 《피해자 가해자 대화모임》, KAP, 84쪽.

과정에서 철저히 소외되기 때문에 판결이 내려지더라도 분노와 절망감을 씻어 내기 어렵습니다. 연구에 따르면, 피해자들이 가장 원하는 것은 물질적 보상이 아니라 감정적인 회복, 즉 사과와 진정한 반성의 표현이라고 합니다.* 회복적 정의가 말하는 '잘못'은 관계를 훼손한 것을 의미합니다. 따라서 '훼손된 관계를 회복하기 위해 무엇이 이뤄져야 하는가?'에 더 많은 관심과 에너지를 집중해야 합니다. 이 관점에서 피해자와 가해자는 모두 회복의 대상이고, 이들의 욕구를 채우는 것이 정의를 이뤄 가는 과정의 핵심이 되어야 합니다. 그 과정이 적절하고 균형적으로 이뤄졌을 때 결과로서 주어지는 것이 화해이고 치유가 되는 것입니다.

회복적 사법 모델을 학교로 들여온 것이 회복적 생활교육입니다. 학교폭력 문제가 발생했을 때 기존의 해결 방법은 학교폭력위원회나 징계위원회를 열어 응보적 처벌을 하는 것이 전부였습니다. 이 방법으로 학교폭력 문제가 개선되지 않자 새로운 해결 방법으로 회복적 생활교육이 부각되고 있습니다. 비폭력 대화와 함께 회복적 생활교육이 새로운 대안으로 주목을 받으면서 학생생활교육의 패러다임이 바뀌어야 한다는 목소리가 커졌습니다. 인간의 창조적 힘은 자발성에서 나옵니다. 우리는 누구나 자기 삶의 주인으로 살고 싶지, 남의 삶을 대신 살아 준다거나 노예와 같은 삶을 사는 것을 원치 않습니다. 아이들 역시 아무리 어리다 해도 한 인간으로서, 교실의 당당한 구성원으로서 존중받길 원합니다. 수업을 포함한 모든 교실 생활에서 아

---

* 헤더 스트랭, 〈회복적 정의는 피해자에 대해 그 의제를 실천하고 있는가?〉, 하워드 제어·바브 토우즈, 변종필 옮김(2014),《회복적 정의의 비판적 쟁점》, 한국형사정책연구원, 109쪽.

이들의 자발적 참여를 이끌어 내기 위해서는 아이들을 인격적으로 존중하고 그들의 창조적 힘을 믿어야 합니다. 교실에서 벌어지는 갈등은 교사가 주도하기보다 아이들이 자발적으로 대화를 통해 해결할 때 그 효과가 더욱 큽니다. 피해자가 누구인지, 어떤 피해를 입었고 왜 그런 일이 발생했는지, 그래서 어떻게 해야 피해를 회복할 수 있는지 등을 알아 가는 일은 진정으로 창조적인 작업입니다.

회복적 생활교육의 실천

아이들의 내면에는 세상이 선하고 아름다우며 진실할 것이라는 믿음이 있습니다.* 다르게 보자면, 아이들은 세상이 선하고 아름답기를, 그리고 진실하기를 바라는 마음이 큰 것입니다. 이러한 세상을 만들어 가기 위해 교실에서부터 귀 기울여 듣고 올바르게 말하는 대화법을 연습하는 것은 교육적으로 매우 중요한 일입니다. 특별한 갈등이 없더라도 대화모임을 통해 아이들은 자신의 느낌과 욕구에 공감하며 다른 친구들의 마음에도 공감할 수 있습니다. 이러한 공감의 힘이 교실을 더욱 평화롭게 만들 것입니다. 갈등과 폭력의 문제에 직면하여서도 그것을 자기 내면과 직접적으로 연결하여 바라보는 것은 건강한 자아를 형성하는 데에 도움을 줍니다. 회복적 생활교육은 대화를 통해 갈등을 해결하고 건강한 인간관계와 자아상

---

* 발도르프교육의 발달론에 따르면, 만 0세에서 7세 사이의 유아기에는 세상을 선善으로, 7세에서 14세 사이의 아동기에는 미美로, 14세에서 21세 사이의 청소년기에는 진眞으로 대한다고 봅니다.

을 회복하는 것이 목적입니다. 회복적 생활교육의 구체적인 목표는 다음과 같습니다.

- 회복적 생활교육의 핵심 목표
  - 피해 사실을 바로 이해하고 피해를 입은 쪽과 입힌 쪽 모두가 공감하게 하기
  - 피해를 입은 쪽과 입힌 쪽 모두의 욕구를 듣고 응답하기
  - 공동으로 문제 해결 과정을 계획하고 진행하면서 얻은 개인적 성찰을 통해 책임감과 의무감 키우기
  - 피해를 입힌 사람들을 공동체에 쓸모 있고 가치 있는 구성원으로 다시 받아 주기
  - 서로 돌보고 배려하는 분위기를 조성하여 공동체를 더욱 건강하게 세우기
  - 발생한 피해를 해결하는 방향으로 시스템을 정비하기

학교와 교실은 안전한 배움의 장이 되어야 하며, 진정한 안전은 서로 존중하는 관계를 만들어 갈 때 생깁니다. 서로 존중하는 관계를 형성하기 위해 비폭력 대화와 다양한 대화모임의 방식이 사용됩니다. 여기에서 핵심 사항은 관계가 공동체 형성의 중심이라는 점입니다. 우리는 유대감을 키우고 관계를 강화함으로써 갈등을 예방할 수 있습니다.* 입시와 경쟁을 중시하는 현재의 교육 제도가 갖고 있는 맹점

---

* 로레인 수투츠만 암스투츠·쥬디 H. 뮬렛, 이재영·정용진 옮김(2011),《학교현장을 위한 회복적 학생생활교육》, KAP, 50~51쪽.

은 정작 학교가 인간을 최우선 가치로 여기지 않는다는 데 있습니다. 인간에 대한 이해가 부족할뿐더러 학생생활교육에서도 표면적인 평화에 중점을 둘 뿐, 아이들의 관계 회복이라는 본질적 가치는 외면해 왔습니다. 이제 회복적 생활교육의 철학은 단순히 갈등 해결의 차원이 아닌 평화로운 학교 문화를 만드는 교육적 실천 방안으로 발전하고 있습니다.

기존의 교육적 태도가 "잘못에 상응하는 처벌을 받음으로써 너의 죄를 씻으라!"라는 응보적 정의에 기반하고 있다면, 회복적 생활교육은 "피해를 회복하는 자발적 책임을 통해 무너진 관계를 복원하라! 관계를 통해 공동체를 다시 세우라!"입니다. 회복적 정의는 기존의 응보적 정의와는 다른, 완전히 새로운 패러다임입니다. 따라서 생활지도에 대한 기존의 생각을 점검하고 전환하는 작업이 필요합니다. 잘못을 했다면 처벌을 받아야 한다는 생각은 오래되고 낡은 관념입니다. 처벌과 수치심은 깊은 관계가 있습니다. 아이들은 처벌을 받으면 수치심을 느끼게 되고, 수치심은 일반적으로 부정적 결과를 낳습니다. 수치심을 자극하는 것은 단기적으로 보면 효과가 있지만 해로운 영향이 오래 지속되어 우리의 존엄을 해칠 수 있습니다.* 무언가를 잘못한 아이라 할지라도 모욕감을 느끼면 처음에는 현실을 회피하지만 다음에는 부인합니다. 그리고 자기를 공격하거나 남을 공격하기도 합니다.

교실에서 교사가 수치심을 자극하는 처벌을 할 때는 굉장히 조심해야 합니다. 일단 학생과 교사 간의 관계가 안전해야 하며, 다른

---

* 도나 힉스, 박현주 옮김(2013), 《관계를 치유하는 힘, 존엄》, 검둥소, 44쪽.

학생들도 그 일로 인해 낙인을 찍거나 비난하는 분위기여서는 안 됩니다. 공동체 관계가 파괴되면서 우리 사회는 전반적으로 안전하다는 느낌을 잃어버리고 있습니다. 안전하지 않은 관계에서는 어떤 처벌도 부정적으로 다가갑니다. 교사의 체벌도 마찬가지입니다. 체벌은 몸에 고통을 주는 벌로써 교육적으로 올바른 방법이 될 수 없습니다. 특히 아직 관계가 형성되지 않은 학기 초의 체벌은 매우 위험한 일입니다. 학생들은 자신이 저지른 행동보다 체벌에 따른 고통에 집중하며 교사에게 분노와 원망을 쏟아 놓습니다. 그리고 친구들을 향해 화풀이를 하고 약한 아이를 공격할 수 있습니다. 잘못된 행동 때문에 해를 입힌 것에 책임을 느끼기보다는 처벌권자를 비난하는 것입니다. 회복적 생활교육은 잘못된 행동을 했을 때 대가를 치러야 한다는 것을 부정하지 않습니다. 다만 처벌만이 능사가 아니고, 대가를 치르는 방식이 일방적이어서는 안 된다는 것입니다. 아이들이 잘못한 일에 대해서는 좀 더 섬세한 접근법이 요구됩니다.

- 회복적 생활교육의 기본적 접근 방식
  - 잘못된 행동의 원인을 파악할 것
  - 피해자의 요구를 다룰 것
  - 피해를 바로잡기 위해 노력할 것
  - 미래에 긍정적인 변화가 일어나도록 노력할 것
  - 치유가 되도록 할 것
  - 공동으로 참여하는 문제 처리 과정을 따를 것

교실 속에서 어떻게 갈등을 해결하고 관계를 회복할 수 있을까요? 관계의 문제는 우리의 삶에서 가장 큰 과제입니다. 이것이 생활교육의 핵심으로 들어와야 합니다. 우리가 바라는 것은 안전하고 평화로운 교실입니다. 이를 위해 갈등이 벌어졌을 때 회복적 대화모임을 진행하면서 던지는 질문은 다음과 같습니다.

① "무슨 일이 일어났나요? 각자의 입장에서 이야기해 봅시다."
② "그 일로 가장 힘들어하는 사람은 누구일까요? 그리고 무엇을 힘들어할까요?"
③ "어떻게 하면 그 피해가 회복될 수 있을까요? 각자 할 수 있는 일에는 무엇이 있을까요?"
④ "친구들과 선생님이 어떻게 도와주면 좋을까요?"
⑤ "대화를 통해 배운 것은 무엇인가요?"

이야기막대를 돌리며 위와 같은 주제로 대화모임을 진행합니다. 그리고 대화모임 이후에도 교사는 갈등 전환을 위해 다음과 같은 질문을 던지며 안전하고 평화로운 교실을 만들어 갑니다.*

1) 발생한 피해가 회복되고 있는가?

잘못된 행동을 한 아이에게 아무리 혹독한 처벌을 한다고 해도 정작 피해 당사자는 아무런 도움을 받지 못하는 경우가 많습니다. 오히려 논의 과정에서 소외되고 안전을 보장받지 못할 수 있습니다. 중요한 것은 '피해자의 피해가 회복되고 있는가?'입니다. 우선적으로 다루어야 할 것은 피해자가 지금 당장 안전함을 느낄 수 있도록 돕는

---

* 다음의 질문은 한국평화교육훈련원 이재영 원장의 강연을 참고한 것입니다.

것입니다. 그리고 피해자에게 문제 해결에 직접 목소리를 낼 수 있도록 기회를 주어야 합니다.

2) 자발적 책임으로 회복하고 있는가?

학교폭력이나 갈등 사건에서 잘못한 아이들의 행위를 결과만 놓고 보면 사람이 한 짓이라고 보기 어려운 끔찍한 일이 많습니다. 그러나 직접 얼굴을 맞대면 가해 아이들은 의외로 멀쩡하고 깍듯하게 사과부터 합니다. 학교에서는 피해자, 가해자를 분리시키는데, 가해 아이들은 처벌권자 앞에서 사과를 하면 자기 할 일을 다 한 것으로 착각합니다. 자발적 책임과 멀어지는 것입니다. 정말로 고통스러운 벌은 자기 때문에 고통받은 사람 앞에서 이야기를 듣고 용서를 구하는 일입니다. 당사자들의 만남이 있어야 자발적 책임이 생길 수 있습니다. "네가 엎은 물은 네가 닦아라"라고 말해 주어야 합니다.

3) 관계를 회복하고 있는가?

어른들은 금전적으로 피해 보상을 하는 것이 정의라고 여기지만, 아이들에게는 안전 확보와 관계 개선이 더 중요합니다. 최근 들어 학교폭력으로 인한 고소 고발이 늘어났습니다. 문제는 서로의 관계가 판결 이후 더욱 나빠진다는 것입니다. 민사 소송으로 재판을 하고 피해 보상금을 받기도 하는데, 진심으로 죄송한 마음을 표하며 주는 경우는 거의 없습니다. 억울하고 화가 나서 집어던지듯이 돈을 줍니다. 그리고 관계는 완전히 단절됩니다. 정말 중요한 것은 상처받은 마음에 공감하는 것이고, 그것을 정확히 표현하는 것입니다. 그렇게 관계가 회복될 때 안전도 확보될 수 있습니다. 회복적 생활교육에서 관계성은 교실에서 단절된 관계를 연결과 공감으로 전환하는 것을 말합니다.*

4) 공동체가 회복되고 있는가?

사람 사는 곳에는 늘 갈등이 생깁니다. 갈등 없는 학교, 갈등 없는 교실이란 있을 수 없습니다. 사회도 마찬가지입니다. 갈등은 언제나 벌어질 수 있는 것이고, 어떻게 해결을 하느냐가 중요합니다. 이때 피해자와 가해자, 그리고 그들의 친구와 가족, 주변 사람들이 모두 모여 대화를 하는 문화가 필요합니다. 이 과정에서 자연스럽게 잘못을 고백하고 인정하며 화해하는 일이 벌어집니다. 화해란 다른 방향으로 가던 사람이 같은 방향으로 서는 것입니다. 일방적 시혜인 용서와는 다릅니다. 화해는 각각 45°씩 도는 것입니다. 갈등 이전으로 돌아가는 게 아니라 서로를 이해하고 새로운 관계를 정립하는 것이 화해의 참된 의미입니다. 새로운 여정의 출발점에 서는 것, 이것은 당사자가 함께 노력해야 할 문제이며, 관련된 공동체 구성원 모두 관심을 가져야 합니다.

5) 정의가 회복되고 있는가?

세월호 참사를 단순한 교통사고라고 말했던 사람들이 있습니다. 그러나 세월호 참사는 사건이지 사고가 아닙니다. 어떤 이유로 가라앉았는지는 계속해서 밝혀내야겠지만 가라앉는 배의 승객들을 구조하지 않은 일을 두고 사고라고 할 수는 없습니다. 필사적으로 진상

---

* 박숙영(2014), 《공동체가 새로워지는 회복적 생활교육을 만나다》, 좋은교사, 95쪽.

규명을 가로막는 세력이 있는가 하면, 진상 규명을 요구하는 유가족을 능멸하는 집단이 있었습니다. 정의롭지 않은 사회의 모습입니다. 아이들 역시 교실에서 벌어지는 많은 일에 대해 정의로운지, 정의롭지 않은지를 직관적으로 느낍니다. 아무리 작은 일이어도 정의롭지 않게 처리되는 경우가 반복된다면 아이들은 교실에서 아무런 도덕성도 배울 수 없을 것입니다. 정의는 도리에 맞게 일이 풀려 가는 것입니다. 정의로운 삶은 곧 진실한 삶입니다.

학교폭력의 문제에 올바로 접근하기 위해서뿐만 아니라 평화로운 학교 문화를 만들기 위해서는 위에서 살펴본 회복적 접근 방식을 실천해야 합니다. 이를 위해 학교, 교육 당국, 지역 사회, 시민단체, 사법기관 등 다양한 사회 단위에서 좀 더 체계적인 준비를 해야 하고, 유기적 연대를 이뤄 가야 할 것입니다. 이때 일선 학교에서 헌신하고 있는 뜻있는 교사의 역할이 가장 중요합니다.

- 회복적 학교 만들기*
  - 학급의 정기적인 신뢰 서클 진행과 회복적 상담 과정
  - 학생들의 평화 감수성 훈련과 갈등 해결 교육, 또래 조정 훈련
  - 고위험군 학생들을 위한 개별화 작업과 공동체 연계 프로그램
  - 평화로운 학급 공동체의 하부 구조 형성을 위한 다양한 커리큘럼
  - 공동체의 갈등을 다루는 문제 해결 서클과 회복적 대화모임 실시
  - 학교폭력 예방과 개입을 위한 학교 공동체 회복위원회 구성과 운영

* 정진(2016), 《회복적 생활교육 학급운영 가이드북》, 피스빌딩, 40~41쪽.

- 가정과의 회복적 생활교육 연계를 위한 학부모 연수, 생활교육 연결 시스템
- 지역 사회와 공동으로 진행하는 안전한 공간과 회복적 마을 만들기

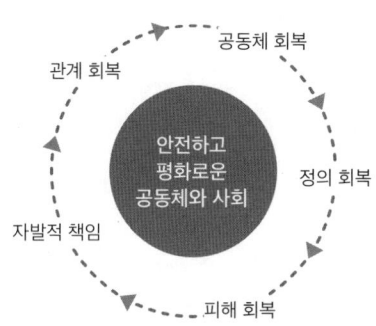

 회복적 생활교육의 구체적인 실천 방안에 관심이 있는 분들은 정진의 《회복적 생활교육 학급운영 가이드북》을 꼭 보시길 권해 드립니다. 풍부한 사례와 다양한 방법론이 꼼꼼하게 담겨 있습니다. 박숙영의 《공동체가 새로워지는 회복적 생활교육을 만나다》도 빼놓을 수 없습니다. 교사로서 오랜 경험과 실천을 바탕으로 한 성찰이 잘 녹아 있는 책입니다. 로레인 수투츠만 암스투츠와 쥬디 H. 뮬렛의 공저 《학교현장을 위한 회복적 학생생활교육》, 케이 프라니스의 《서클 프로세스》, 마거릿 소스본과 페타 블러드의 《회복적 생활교육 어떻게 실천할 것인가》 역시 회복적 생활교육을 공부하는 분들에게 필독서라고 생각합니다.

회복적
글쓰기

　우리가 회복적 정의를 받아들인다는 것은 가슴에 품는 질문들이 본질적으로 달라진다는 것을 뜻합니다. 질문이 달라지면 삶이 달라집니다. 단순히 표현을 부드럽게 한다거나 조심스럽게 말을 건넨다는 의미가 아닙니다. 그 질문의 목적이 어디에 있고, 궁극적으로 어떤 결과를 가져올 것인지가 중요합니다. "누가 그랬니? 너 뭐 잘못했어? 무슨 벌 받을 거야?" 같은 응보적 질문은 결국 잘못한 사람의 잘못에만 집중하고, 그에 상응하는 처벌에 초점이 맞춰질 수밖에 없습니다. 회복적 질문은 잘못한 사람보다는 피해를 입은 사람의 피해에 초점을 맞추고, 어떻게 하면 그 피해가 회복되어 관계를 더 건강하고 평화롭게 형성할 것인가에 대한 부분으로 관점이 바뀝니다.

  우리는 교실에서 주로 말을 하며 지내지만, 자기 생각을 명확히 정리하고 행위와 느낌을 돌아보기 위해 글을 쓰기도 합니다. 글은 말과는 다른 삶의 표현이자, 창조적 행위입니다. 생각이나 느낌을 글로 쓰는 것은 말로 표현하는 것보다 상대적으로 어렵습니다. 그만큼 글쓰기라는 작업은 좀 더 의지적인 행위이고, 깊이 있는 작업입니다. 이러한 글쓰기 교육에 회복적 정의와 비폭력 대화의 패러다임을 접목할 수 있습니다. 아이들에게 올바른 질문을 던지고, 그것에 대해 진솔하고 자유롭게 쓰도록 하면 됩니다.

비폭력 대화를 통한 글쓰기

  가령, 어떤 갈등 문제가 벌어졌을 때 비폭력 대화의 네 가지 과정에 따라 순서대로 글을 써 보는 것입니다. 우리의 마음이 사고와 감정, 그리고 의지로 이루어진 것처럼 의식을 생각에서 느낌으로, 그리고 느낌에서 욕구로 차츰 집중해 나갑니다. 가장 먼저 던지는 질문은 "무슨 일이 있었나요?"입니다. 이것을 생생하게 묘사하는 것이 첫 번째입니다. 정확하고 객관적으로 기억하는 일은 어른들에게도 힘든 일입니다. 평소에 일기 쓰기를 통해 실제 있었던 일을 구체적으로 묘사하는 작업을 자주 한다면 큰 도움이 될 것입니다. 기억을 분명하게 하는 힘이 생기면 관찰하는 힘도 강해집니다. 이것이 비폭력 대화의 관찰입니다. 무엇을 보았고, 들었으며, 겪었는지를 있는 그대로 서술하는 글쓰기입니다. 여기에는 아직 감정이나 욕구가 섞이지 않도록 합니다.

두 번째로 표현해야 할 주제는 느낌 또는 감정입니다. 우리의 마음은 온통 생각으로 가득 찬 것 같지만, 사실 가장 많은 부분을 차지하는 것은 감정입니다. 감정은 완전히 의식적인 상태도 아니고, 무의식적인 상태도 아닌 일종의 꿈꾸는 듯한 상태입니다. 보통은 감정에 따라 생각이 갈래를 뻗어 나갑니다. 내가 좋은 것이 옳은 것이고, 싫은 것은 그른 것이 되는 게 우리의 일반적인 마음입니다. 따라서 자기 마음을 가만히 느껴 보는 작업이 필요합니다. 하지만 우리 사회는 아이들이 자기 느낌을 진솔하게 표현하지 못하도록 억누르는 문화가 강해, 감정에 오롯이 집중하고 느낄 줄 아는 아이들이 많지 않습니다. 우리가 갖고 있는 다양한 감정의 세계에 대해 알아보고, 날마다 마음 출석부를 통해 자기 감정을 느껴 보는 것도 큰 도움이 될 것입니다. 이렇게 계발된 풍부한 느낌으로 앞서 관찰했던 일, 즉 발생한 일에 대한 나의 감정과 상대방의 감정에 공감해 보는 글쓰기를 하는 것입니다. "그 일로 인해 어떤 기분이 들었나요? 또 친구의 기분은 어떨까요?"

감정이라는 불덩이의 재료가 되는 것은 다름 아닌 욕구입니다. 우리는 누구나 욕구의 존재입니다. 그런데 이 욕구는 무의식 단계에 가깝기 때문에 알아차리기가 무척 어렵습니다. 그래서 욕구는 감춰지거나 당연한 것이 되어서 상대방을 도덕적으로 판단하게 만듭니다. 비난의 화살은 자기 자신을 향하기도 합니다. 단지 욕구가 채워지지 않은 것뿐인데 그것을 의식하지 못해서 감정을 주체하지 못하고 또 거친 말을 쏟아 내기도 합니다. 그렇게 되면 우리의 자아를 차지하는 것은 어두운 의식입니다. 예를 들어, 친구에게 존중받고 싶은 욕구가 채워지지 못하면 화가 날 수 있습니다. 이때 자기를 놀리는 친구에게 화를 내며 공격적인 행동이나 말을 하는 것보다, 자기가 바라는 것을 정확하게 표현하는 것이 더 효과적입니다. 다만 그렇게 하려면 굉장히 깨어 있어야 합니다. 세 번째 주제인 "내가 바라는 것은 무엇일까?"에 대해 글을 쓰다 보면 항상 자신을 깊이 들여다보고 탐구하는 자세가 됩니다. '상대방이 바라는 것'에 대해서도 쓸 수 있습니다. 감정의 뿌리인 욕구를 찾아가는 작업은 더 많은 의지를 필요로 합니다.

네 번째로 써야 할 주제는 부탁입니다. "내가 바라는 걸 친구에게 부탁하는 말로 써 보세요." 자기가 바라는 것이 명확해졌다면, 그것을 강요가 아닌 초대와 부탁의 형식으로 표현하는 것은 많은 연습을 요하는 일입니다. 보통은 마음이 급해져 상대방의 마음을 헤아려서 표현하기란 여간 어려운 일이 아닙니다. 이것을 글로 표현하는 일은 더욱 어렵습니다. 그럼에도 글을 쓰면서 자신의 느낌과 욕구를 들여다보았듯이, 상대방에게 공감을 하면서 부탁하는 표현을 반복해서 연습한다면 한결 자연스러운 표현법을 터득하게 될 것입니다. 이것은 편지 쓰기의 방식으로 연습하는 것이 좋습니다.

회복적 정의의 질문에 따른 글쓰기

회복적 정의의 질문에 따른 글쓰기는 비폭력 대화를 통한 글쓰기와 크게 다르지 않습니다. 다만 질문들이 더욱 직접적이고 문제 해결적입니다. 갈등을 해결하는 작업에서 나아가 갈등에서 생기는 에너지를 창조적으로 전환하여 새로운 관계를 형성하는 일까지를 목표로 할 수 있습니다. 교사는 아이들에게 다음과 같은 질문을 제시하고, 아이들은 글쓰기를 통해 회복적 정의의 관점을 자연스럽게 내면화시킬 수 있습니다.

1) 상황 이해
- 어떤 일이 있었나요?
- 왜 이런 일이 일어났다고 생각하나요?
- 그때 어떤 생각으로 그런 행동이나 말을 했나요?

2) 피해 중심
- 이번 일로 누가 가장 큰 영향을 받았다고 생각하나요?
- 어떤 피해가 있었다고 보나요?
- 왜 그렇게 생각하나요?

3) 자발적 책임
- 어떻게 하면 발생한 피해가 회복될 수 있을까요?
- 무엇을 하는 것이 이 상황을 좀 더 좋게 만들 수 있을까요?
- 이 상황에서 자신이 할 수 있는 가장 의미 있는 일은 무엇이라고 생각하나요?

4) 관계 회복
- 앞으로 어떤 관계가 되기를 바라나요?
- 다른 사람들을 어떻게 도와주면 좋을까요?
- 다른 사람들이 자신을 어떻게 바라보기를 원하나요?

5) 공동체 개선
- 이번 일로 학급은 어떤 영향을 받았나요?
- 다른 친구들이 같이 노력해 주면 좋겠다고 생각하는 것은 무엇인가요?
- 선생님에게 바라는 것은 무엇인가요?

6) 갈등 전환
- 이번 일을 겪으면서 배운 점은 무엇인가요?
- 앞으로 이와 비슷한 일이 생기면 어떻게 할 수 있을까요?
- 본인이 변하도록 노력해야 할 부분이 무엇이라고 생각하나요?

회복적 질문에 따라 글쓰기를 하는 것은 진실을 말해도 안전하다고 느낄 수 있는 공간을 만들기 위해서입니다. 질문의 초점이 피해자의 피해에 맞춰지고, 자발적 책임을 키우는 방향을 추구하는 것이 중요합니다. 정리하자면, 회복적 질문의 핵심 역시 네 가지입니다. 첫째, "무슨 일이 있었는가?"입니다. 이 주제로 글을 쓸 때는 다른 사람의 이야기가 아닌 자기 이야기를 써야 합니다. 당사자로서의 자기 시각에 중점을 두어야 진실한 글이 될 수 있습니다. 내 이야기를 다른 사람에게 말할 때 우리는 현실을 더욱 분명하게 인식합니다. 보통 피해자는 진실이 왜곡되는 것을 경험하는데, 가해자나 방관자가 책임을 회피하려고 하기 때문입니다. 교사는 아이들에게 진실과의 만남이 회복의 출발점이며, 진실이 확보될 때 상처를 애도할 수 있는 통로가 열린다는 것을 반복해서 알려 줘야 합니다. 이때 피해자의 트라우마가 드러나고, 치유를 위한 출발선에 서게 됩니다.

둘째, "그 사건으로 인해 누가 어떤 피해를 받았는가?"입니다. 갈등이나 폭력 사건이 벌어지면 가해자와 피해자만의 문제로 국한되지 않습니다. 피해 당사자가 가장 큰 피해를 입지만 생각보다 많은 아이가 그 일에 영향을 받고 나름대로 피해를 겪게 됩니다. 그래서 숨겨진 당사자를 찾는 것이 중요합니다. 글쓰기를 통해 직접적인 피해자를 생각하면서도 자신이 받은 영향과 다른 친구들이 받은 영향에 대해 고려할 수 있습니다. 만약 글을 함께 나눌 수 있다면 아이들은 자신만의 관점에서 벗어나 교실 전체의 입장에 설 수 있을 것입니다.

셋째, "발생한 피해를 회복하기 위해 내가 할 수 있는 일은 구체적으로 무엇인가?"입니다. 피해를 회복하는 일은 말처럼 쉽지 않습니다. 응보적 정의가 항상 실패하는 지점입니다. 자발성은 재판관의 판결이 결코 줄 수 없는 태도입니다. 아이들은 이 주제로 글을 쓰면서 자신의 자발적 책임을 고민할 수 있습니다. 피해자는 물론이고 가해자와 주변 사람들도 나름의 피해가 있듯이 저마다 다른 욕구가 있습니다. 회복적 정의는 모두의 욕구를 채우는 데 중점을 둡니다. 자발적 노력을 통해 서로의 욕구가 채워질 때 치유가 일어나며 정의가 회복됩니다. 글쓰기가 좀 더 깊어진다면 "나는 무엇을 할 것인가?"에서 "이 상황이 나에게 요청하는 일은 무엇인가?"로 질문을 전환할 수 있을 것입니다.

마지막 질문은 "앞으로 어떤 관계가 되기를 바라는가?"입니다. 이러한 질문들은 궁극적으로 아이들의 정체성 형성과 관련이 됩니다. 아이들은 갈등 상황을 통해 자신이 누구인지, 그리고 다른 아이들의 고유한 특성은 무엇인지를 알게 되고, 사회와 어떤 관계를 맺어야 하는지에 대해서도 조금씩 명확해집니다. 이런 작업에 회복적 글쓰기가 큰 도움이 될 것임은 분명해 보입니다.

자기 공감을 위한 편지 쓰기

공감 능력은 상상력을 발휘해 다른 사람과 함께 느끼고 다른 사람의 기분을 살필 수 있는 능력을 말합니다. 덧붙여 다른 사람의 감정과 관점에 적절히 반응하는 능력이기도 합니다.* 자기 공감이란 이러한 공감을 다른 사람이 아니라 자기 자신에게 하는 것입니다. 자기 공감을 통해 우리는 자존감을 회복할 수 있습니다. 자기 공감을 위한 편지 쓰기는 이러한 자기 공감에서 출발합니다. 자신의 마음을 따뜻한 시선으로 바라보고 위로하기 위해 누군가에게 편지를 쓰는 것입니다.

먼저 편지를 쓸 대상을 선택합니다. 자기에게 상처를 준 사람을 떠올립니다. 화해나 용서가 힘들다면 굳이 억지로 마음을 낼 것 없이 솔직한 심정을 자유롭게 드러냅니다. 그 사람이 듣고 있다고 생각하면서 다음의 순서대로 편지를 씁니다.

1) 날씨나 일상의 사소한 변화, 마음 상태를 소재로 첫 인사를 씁니다.
2) 상대방이 한 구체적인 말과 행동, 그것이 내게 미친 영향, 그로 인한 나의 감정을 깊이 들여다보고 '나-전달법'의 방식으로 이야기를 시작합니다. '나-전달법'은 상대방을 비난하지 않고 문

---

* 메리 고든, 문희경 옮김(2010), 《공감의 뿌리》, 샨티, 51쪽.

제가 되는 상대방의 말과 행동, 그리고 그것의 결과를 구체적으로 기술함으로써 자신의 마음을 객관적으로 전달하는 표현법입니다.
3) 무엇으로 인해 자신이 아직까지 고통스러운지, 왜 화해나 용서를 하기가 힘든지 씁니다.
4) 상대방이 어떤 말과 행동을 해 주면 화해나 용서의 마음이 들 것 같은지 구체적으로 씁니다.
5) 화해가 이루어지면 상대방에게 해 주고 싶은 말이나 같이 하고 싶은 일은 무엇인지, 기대를 담아 씁니다.
6) 상대방의 노력, 어려움에 대해 인정하고 존중하는 말을 합니다.
7) 끝인사와 날짜를 쓰고 마칩니다.

교실에서 자기 공감을 위한 편지 쓰기를 한다면 매주 같은 시간에 글을 쓰는 게 좋습니다. 한 번에 끝나는 작업이 아니기 때문입니다. 첫 시간에 쓴 편지를 일주일이 지난 후에 읽게 하고, 여전히 괴롭고 상대방에 대한 반감이 든다면 다시 위와 같은 방식으로 새 편지를 쓰게 합니다. 편지를 읽으며 자신의 감정과 생각에 변화가 있는지 살펴보고, 스스로 공감의 마음이 우러나올 때까지 오랜 기간에 걸쳐 편지를 쓰게 하는 것도 좋은 방법입니다.*

회복적 대화모임에서 안전함이 가장 기본적인 원칙이 되듯이, 회복적 글쓰기 역시 아이들이 자유롭고 진솔하게 쓴 글을 안전하게 지켜 줘야 합니다. 글을 쓴 아이가 원치 않으면 절대 공개해서는 안 됩

* 이현경(2010), 《온전함에 이르는 대화》, 샨티, 219~220쪽.

니다. 이야기막대를 돌리듯이 발표를 원하는 아이들의 글만 발표할 수 있도록 합니다. 이러한 글쓰기를 통해 아이들은 문제를 명확히 인식할 수 있고, 자기 마음과 친구들의 마음에 더욱 공감할 수 있을 것입니다. 글을 쓰면서 답답했던 마음이 자연스럽게 풀리고 주관적 관점에서 벗어날 수 있다면, 회복적 글쓰기는 치유적 효과를 분명하게 가져올 것입니다.

이것은 나의 이야기…… 나의 삶!*

- 러셀 켈리

현재

안녕하세요? 좋은 날입니다! 제 이름은 러셀 켈리이고, 지금은 2005년 9월입니다. 제가 행복하게 결혼 생활을 한 지 14년째가 되는군요. 2년 전에 저는 키치너Kitchener시의 코네스토가Conestoga 대학에서 법학과 안전 관리 프로그램 과정을 졸업했습니다. 여가 시간에는 워털루 지역의 '지역 사회 정의 구현Community Justice Initiatives'이라는 단체에서 봉사 활동을 합니다. 제 활동은 지역 사회 중재와 밀접한데, '피해자-가해자 화해 프로그램'에서 회복적 정의와 관련된 약속에 대해 객원 강사로 강연하고 있고, 보통은 지역 사회 정의 구현 단체에서 그곳의 많은 프로그램을 진행하는 일을 합니다. 이러한 일은 라디오와 TV, 그리고 신문 인터뷰 등을 통해 진행되기도 합니다.

---

* Russell Kelly, This is my story... mylife!, www.restorativejustice.org/10fulltext/kelly.html

올해는 캐나다에서 회복적 정의 운동이 일어난 지 31주년이 되는 해입니다. 2004년 6월에는 워털루 지역의 지역 사회 정의 구현 단체의 역사를 담은 책이 나오기도 했습니다. 온타리오주의 키치너시에서 어떻게 회복적 정의 운동이 시작되었는지, 그리고 이 운동의 역사에 대한 선명한 상을 제시하기 위해 이 책의 저자는 저를 포함하여 수많은 사람을 인터뷰했습니다. 제가 왜 이 책을 위해 인터뷰했는지, 이를 통해 여러분과 나누고자 하는 것이 무엇인지에 대해 여러분은 궁금해하실 수도 있겠지요.

나를 만들어 온 시간들

제 일곱 형제자매와 저는 온타리오주의 고산 지대 숲속에서 살았습니다. 제가 여섯 살이 되었을 때 아버지는 어머니에게 돌봐야 할 아이를 여덟 명이나 맡기고 돌아가셨습니다. 제가 열다섯 살이라는 어린 나이였을 때 어머니까지 돌아가셨습니다. 이제 맏이인 형이 제 공식적인 보호자가 되었습니다. 그 시절에 형은 막 결혼을 하였고 자신의 삶을 다시 정상 궤도에 올리고자 노력했습니다. 왜냐하면 형은 몇 가지 나쁜 선택과 어리석은 결정을 내렸었기 때문입니다. 형의 문제를 지적하고 보호해 줄 아버지가 없어서이기도 했습니다. 저에게는 그때가 참 두려운 시간이었지만 형에게는 도전과도 같은 시간이었을 것입니다. 제가 형의 보호 아래 살 때는 형의 규칙을 따라야 했는데, 형은 제가 자신과 똑같은 실수를 반복하지 않길 원했습니다. 저는 그래서 형을 존경합니다. 형은 자신의 최선을 다한 것입니다!

부당하게 고통받고 있다는 느낌과 어머니를 잃은 깊은 상처로 인해 저는 혼란스러운 십 대를 보냈습니다. 1971년, 그러니까 제가 어머니를 잃고 비통함과 트라우마에 시달릴 때는 온전하게 도움을 받을 수 있는 프로그램이 없었습니다. 열다섯이라는 나이에 저는 여전히 아버지의 상실을 이해하지도, 받아들이지도 못했습니다. 물론 저는 학교의 상담 교사를 찾아갔고, 오로지 제가 미치지 않았다는 이야기를 듣기 위해 지정된 정신과 의사를 만났습니다. 의사 선생님은 제가 감정과 분노를 어떻게 처리해야 하는지에 대해 도움이 될 만한 일은 해 주지 못하셨습니다. 제 문제와 관련하여 제 형제자매를 언급하는 것은 무의미하고, 이모와 삼촌들도 우리 가족과 긴밀한 관계라고 할 만한 게 없었습니다. 감정적 고통을 해소하기 위한 방법을 찾다가 저는 마약과 알콜에 빠져들었습니다.

비행으로 변한 나쁜 습관

1974년에 저는 만성이 된 제 습관을 만족시켜 줄 수 있는 사람들, 즉 마약과 알콜에 관련된 사람들과 강력한 의존 관계를 만들었습니다. 비통함이라든지, 삶의 고통은 당연히 긍정적으로 해소되지 못했고, 마약과 알콜에 취하거나 이따금 머리가 돌아 버릴 것 같다고 느껴질 때면 적개심에 불타서 날뛰었습니다. 분명하게 생각하거나 현명하고 합리적으로 설명하기는 어려웠습니다. 저는 싸움에 휘말렸고, 거의 날마다 필름이 끊겨 전날 밤에 무슨 일이 일어났는지 잘 기억하지 못하게 되었습니다. 일시적 기억 상실 증세는 늘 일어나는 일이었습니다. 저는 제가 원하는 대로 살지 못했습니다. 제 부모님이 원했던 대로 살아가지도 못했습니다. 그분들은 저를 자랑스러워하지 못했을 것입니다. 저는 오갈 데 없는 길 한복판에 놓였던 것입니다. 제 삶은 말도 안 되는 꼴이었습니다.

1974년 5월의 어느 밤, 저는 소위 '친구'라는 이들을 만나기 위해 온타리오주의 엘마이라시에 갔습니다. 물론 그 방문은 술을 마시고 마약을 하기 위해서였습니다. 제 친구와 저는 한 상자 또는 두 상자의 맥주와 함께 운전을 했습니다. 우리는 뒷길로 돌아서 몇 시간씩 맥주를 마시며 운전을 했고 빠르게 취해 갔습니다. 우리가 경찰에 의해 길 한쪽으로 차를 댔던 건 자정이 넘은 시간이었습니다. 그 당시에는 지금과는 상황이 달랐습니다. 경찰은 우리의 맥주 상자 왼쪽에 무엇이 있는지 살핀 뒤 엄하게 경고했습니다. 그리고 집으로 돌아가라고 말했습니다.

인사불성이 되어 미쳐 버린 밤

우리는 시내로 돌아와 친구들이 사는 아파트에 갔습니다. 아파트에 다 왔을 때쯤, 제 친구는 나가서 지옥을 만들어 버리자고 부추겼습니다. 마음에도 없는 소리였지만, 저는 어깨를 으쓱하고 이렇게 소리쳤습니다. "지옥이라고? 안 될 게 뭐 있어!" 저는 친구에게 어떤 계획이 있는지 물었고, 친구는 우리의 앞길을 가로막는 게 있으면 다 때려 부수고 짓밟아 버리자고 했습니다. 엘마이라에서 한 짓이 자랑은 아니지만 어쨌든 여러분에게 전부 말씀드리려 합니다. 저는 버튼을 누르면 날이 튀어나오는 칼을 가졌고, 제 공범은 날카로운 부엌칼을 들었습니다. 우리는 승용차 24대의 타이어를 터뜨렸습니다. 카시트를 칼로 찢었고, 차의 냉각기를 부숴 버렸습니다. 돌을 던져서 가정집의 커다란 유리창을 깼습니다. 마찬가지로 지역의 맥줏집 창문들도 깨 버렸습니다. 보트를 길거리로 끌고 와 구멍을 내고 뒤집어 놓았습니다. 전망대를 망가뜨리고, 교차로에 있는 신호등을 박살 냈으며, 지역 교회에 세워진 십자가를 꺾어 버렸습니다. 승용차의 사이드 미러와 앞유리를 맥주병으로 내리쳤습니다. 정원 탁자를 연못에 빠트렸고, 울타리를 망가뜨렸습니다. 모두 합해 스물두 가정의 재산에 해를 입혔습니다. 이 모든 일이 새벽 3시에서 5시 사이 두 시간 동안 벌어졌습니다. 우리는 이 미친 짓들을 마음껏 벌인 뒤에 아파트로 발걸음을 옮겼고 필름이 끊겼습니다.

체포되다

경찰이 문을 두드린 건 아침 7시쯤이었습니다. 누군가 뒷마당을 통해 달려가는 우리를 보고 경찰에 신고를 했던 것입니다. 그 경찰은 전날 밤 길가에 차를 대게 했던 젊은 남자 둘이 의심스럽다고 판단하기까지 오랜 시간이 걸리지 않았을 것입니다. 제 공범과 저는 조사를 위해 별도의 방에 수감되었습니다. 경찰들은 우리에게 좋은 경찰-나쁜 경찰이라는 상투적인 모습을 보이지 않았습니다. 그저 지난밤에 있었던 모든 범죄 행위를 우리가 저질렀는지 물었습니다. 저는 우리가 저질렀던 그 엄청난 일을 알았고 끔찍하다고 느꼈습니다. 그래서 난장판을 만든 제 잘못을 시인했습니다. 하지만 제 공범은 잘못을 순순히 인정하지 않았습니다. 실제로 그가 자백을 한 건 제가 먼저 자백을 했다는 사실을 안 뒤였습니다. 우리는 서로 얼마나 심각한 짓을 벌였는지 잘 알고 있었습니다. 오로지 잘못을 솔직하게 인정하고 그 결과를 직면하는 것이 바른 일이었습니다.

사법 시스템의 변화

"엘마이라 사건"이 벌어졌을 때, 마크 얀치 씨는 보호관찰관이자, 키치너시의 메노나이트 중앙위원회의 자원봉사자였습니다. 마크 씨는 우리 사건을 담당했는데, 다른 봉사자들과 회의를 할 때 이렇게 제안을 했다고 합니다. "이 젊은이들에게 피해자를 만날 수 있도록 하는 것이 더 균형 잡힌 일이지 않을까요? 그들에게 자신들의 행동을 책임지고 피해 입힌 것을 바로잡을 수 있게 하는 겁니다." 마크 씨는 이러한 접근법에 어느 정도 치유적 가치가 있다고 느꼈지만, 이 기발한 아이디어가 얼마나 더 큰 가능성을 갖고 있는지에 대해서는 아직 알지 못했습니다. 다른 봉사자인 데이브 워스 씨가 훌륭한 아이디어라고 공감하며, 범죄 행위를 조사하는 데서 더 나아가 판사에게 제안을 하자고 했습니다. 마크 씨는 사전 보고서에 그 내용을 덧붙여 판사에게 제출했습니다. 고든 맥코넬 판사는 법적으로 전례가 없는 이 아이디어를 허가했습니다. 맥코넬 판사 역시 회전문 같은 재판에 피로를 느꼈고, 새로운 접근법을 찾고 있었습니다. 제 공범과 제가 이런 일을 하는 것에 대해 법적인 근거가 없었기 때문에 마크 씨는 우리에게 관련된 모든 일에서 최선을 다해야 한다고 요구했고 조언했습니다. 만약 우리가 이 기발한 제안을 따르지 않았다면, 우리는 분명히 오랜 시간을 감옥에서 보내야 했을 것입니다. 우리가 피해자들을 만나는 데 동의함으로써 판사가 우리의 보호관찰 명령의 일부로서 포함한 이 제안은 비로소 문을 열었습니다.

피해자들을 만나다

피해자들을 만나는 일은 제 인생을 통틀어 가장 어려운 일 중 하나였습니다. 보호관찰관인 마크 얀치 씨와 자원봉사자인 데이브 워스 씨는 우리와 함께 피해자의 집 현관까지 걸어갔습니다. 우리는 사과를 하고 피해자의 이야기를 들었으며, 피해 보상 금액을 정하고 용서를 구했습니다. 그리고 피해자를 겨냥해 벌인 짓이 아니라 닥치는 대로 기물을 파손했던 행위였음을 납득시키려 했습니다.

어떤 피해자들은 용서를 해 주기도 했지만 다른 분들은 우리가 적절한 처벌을 받길 원했습니다. 그럼에도 우리는 계속해서 우리의 난폭한 범죄 행위의 피해자들을 만났고, 한두 달이 지난 뒤에 우리는 보험이 적용되지 않아서 직접 갚아야 할 손해 배상 비용으로 보증 수표를 가지고 돌아왔습니다. 피해 보상을 위한 총 금액은 대략 2,200달러였습니다. 제 공범과 저는 각각 550달러를 피해 보상을 위해 지불했고, 200달러씩의 벌금을 냈습니다. 또한 우리는 18개월의 보호관찰 처분을 받았습니다. 저는 이로써 제 인생의 부끄러운 시간이 끝났다고 생각했습니다. 이것이 새로운 사법적 시도가 될 줄은 몰랐습니다. 저도 모르는 사이에 저로부터 피해자-가해자 화해 프로그램이 탄생했던 것입니다.

해답을 찾다

무거운 물건을 반복하여 들어 올리는 일을 포함해 오랜 세월 공장 노동을 하면서 저는 허리를 다쳤습니다. 직업을 바꿀 수밖에 없는 상황에서 안전security 분야의 일을 새롭게 선택했습니다. 저는 대학에 입학해 법학과 안전 관리 프로그램을 공부했습니다.

우리는 종종 객원 강사를 통해 다양한 주제에 관한 발표를 들었습니다. 하루는 '지역 사회 안전'에 관한 수업을 하는데, 워털루 지역의 지역 사회 정의 구현 단체에서 객원 강사가 오셨습니다. 줄리 프리센 선생님은 보호관찰관인 마크 얀치 씨가 담당했던 1974년의 특별한 사건으로부터 이야기를 시작했습니다. 저는 저 자신에 대해 생각할 수밖에 없었는데, 마크 얀치 씨가 그 당시 저의 보호관찰관이었기 때문입니다. 그런 다음 줄리 선생님은 젊은 두 주정뱅이가 엘마이라 시내에서 벌였던 기물 파손 행위에 대해 이야기했습니다. 그때 저는 뒤통수를 세게 얻어맞은 것 같았습니다. 말 그대로 한 대 맞은 것입니다! 저는 선생님의 이야기가 저에 관한 것임을 알았고, 완전히 당황하고 말았습니다! 이야기가 제가 벌였던 문제에 집중되면서 제 손바닥은 땀으로 흥건했고 심장은 지나치게 쿵쾅거렸습니다. 온몸의 피가 거꾸로 솟듯 제 얼굴은 새빨갰을 것입니다. 시간이 아주 느리게 지나가는 듯했습니다. 줄리 선생님은 사건 25주년을 기념하기 위해 사무실에서 두 가해자에게 연락을 하려고 노력했지만 찾을 수가 없었다고 말했습니다. 저는 잠깐 동안 생각을 했습니다. 제가 사는 곳은 거기에서 단지 20분 거리였으니까요. 두 시간 수업이 끝나고 숙고를 거듭한 뒤 줄리 선생님에게 제가 누군지 말씀드리기로 결심했습니다. 전화 번호를 교환하고 나서 다음으로 해야 할 일이 무엇인지 저는 알고 있었습니다. 그 사건이 벌어진 지 28년 만에 마크 얀치 씨를 그의 사무실에서 만났습니다.

위로받은 시간

다음과 같은 일들 모두 저에게 큰 감명을 주었습니다. 저는 지역 사회 정의 구현 단체에 가입했습니다. 화해 조정 훈련을 받았고, 형사 재판에서 피해자-가해자 화해 프로그램에 따라 주 정부 검사와 변호사, 피해자와 가해자에게 조언하는 자원봉사를 250시간 넘게 했습니다. 거기에 더해 여가 시간이 허락하는 한 다른 화해 조정 사건에 참여했고, 회복적 정의의 철학을 확산시키기 위해 제가 자원봉사하는 기관과 그곳의 많은 프로그램을 홍보했습니다. 뿐만 아니라 저는 들어 주는 사람만 있다면, 제 이야기를 모두와 함께 나누는 것을 즐거워합니다.

이 편지의 서두에서 밝혔듯이 저는 "제가 벌였던 일을 자랑스러워하지는 않지만, 그로 인해 벌어진 일에 대해서는 대단히 자랑스러워합니다". 악화가 양화를 구축할 수 있고 또 그런 일이 아주 많은 이에게 긍정적인 방향으로 영향을 끼친다는 사실이 저를 여전히 놀랍게 합니다.

끝으로, 저는 화해 프로그램을 오늘날에 이르기까지 개선하고 섬세하게 다듬어 온 헤아릴 수 없이 많은 분들께 감사의 말씀을 드리고 싶습니다. 여기에는 수많은 자원봉사자와 교사, 판사, 그리고 사법 시스템 종사자분들을 포함합니다. 또한 갈등을 해결하기 위해 화해 프로그램에 참여하기로 결정한 많은 피해자와 가해자 분들도 포함됩니다. 화해 프로그램은 갈등 해결로 가기 위한 멋진 방법입니다!

덧붙여, 제가 신청했던 사면 요청은 대학에 입학하기 직전 캐나다 정부로부터 받아들여졌습니다. 이로 인해 저는 범죄 경력자에서 자원봉사자로 바뀔 수 있게 되었습니다. 일들이 어떻게 풀려 가는지를 보면 정말 재밌지 않나요?

  이것이 저의 이야기이고, 제 인생입니다!

5장 /

자아의 치유에서
사회적 치유로

"내가 촛불을 켜고 전능하신 분의 영원한 사랑과 그분의 창조적인 힘과 하나될 때, 믿음, 사랑, 그리고 희망은 내 의지 안에서 나를 인도할 것이다. 내가 믿음, 사랑, 그리고 희망과 함께 나에게 오는 모든 아이를 사랑으로 품어 안을 때, 그 분은 내 안에서 일하신다."

- 모니카 골드*

"만약 다른 이들이 나를 화나게 할 수 있다면 나는 나 자신의 주인이 아니며, 더 정확히는 아직 나의 '내적 지배자'를 발견하지 못한 것이다. 다시 말해, 나는 오직 나 자신의 선택에 따라 외부 세계로부터 나에게 다가오는 감각 인상을 받아들이는 내적 능력을 발달시켜야 한다. 이렇게 할 때만이 인지학의 수행자가 될 수 있다."

- 루돌프 슈타이너**

---

* Monica Gold(2016), *The Verse Uniting All of Us : The Circle of Light*, raphael. rsarchive.net
** Rudolf Steiner(2014), *Wie erlangt man Erkenntnisse der höheren Welten?*, VRG, p. 37.

지금 여기에
온전히 존재하기

우리 시대에 가장 만연된
폭력의 형태 중 하나는
평화를 위해 싸우는 이상주의자들이
비폭력적 방식으로 폭력에 굴복하는 것, 즉
행동 지상주의와 과로이다.
몰아닥치고 내리누르는 삶의 방식이
우리 시대의 가장 본질적인,
그리고 가장 흔한 형태의 삶의 방식일 것이다.
수많은 갈등과 문젯거리에 정신을 잃도록

자신을 내버려 두는 것,

너무 많은 주변의 요구를 그대로 따르는 것,

한 사람이 감당할 수 없을 정도로 많은 프로젝트에

자신을 던져 넣는 것,

모든 사람의 모든 일을 도우려고 하는 것,

이런 것이 바로 폭력에 굴복하는 것이다.

행동 지상주의자의 이러한 광기는

평화를 위한다는 그의 일을 중화시키며

그의 일이 열매 맺지 못하게 한다.

그 광기가,

일을 열매 맺게 하는 내면의 지혜를

그 뿌리부터 죽이기 때문에.

— 토마스 머튼

로마 가톨릭교회의 작가이자 성직자로 유명한 토마스 머튼은 위와 같은 말씀을 남겼습니다. 현대 생활이 주는 분주함과 압박이야말로 우리 자신을 향한 '폭력'이라는 것입니다. 처음 저 글을 읽었을 때 저는 알 수 없는 감동과 함께 마음속에 저항감이 생기는 것을 느꼈습니다. '그래서 어떻게 하라는 말인가?', 이런 마음이었습니다. 해야 할 일은 쏟아지고 사건은 무수히 터지는데 일할 사람은 없는 상황에서 뭘 어떻게 할 수 있겠느냐는 것이었습니다. 하지만 저 말은 죽비와 같이 냉엄한 진실을 담고 있습니다. 실제로 평화를 위해 일하는 많은 활동가의 내면이 그가 꿈꾸는 이상과는 커다란 차이가 있다는 걸 저는 알고 있습니다. 저도 마찬가지였기 때문입니다. 그러면 어떻게 해야 할까요? 하루에 단 10분, 아니 5분이라도 투자하여 고요히 자신을 들여다볼 수 있는 시간을 가져야 합니다.

세상을 위해 일한다는 마음이 과로에 시달려 고요함을 잃을 때, 일의 의미는 빛이 바랠 수밖에 없습니다. 아무리 훌륭한 결과를 이끌어 낸다 해도 과정 속에서 기쁨과 즐거움을 잃어버린다면 과연 그것이 세상을 위하는 것일까, 하는 의문이 듭니다. 중요한 것은 그 순간 내가, 그리고 우리 각자가 온전히 존재하고 있느냐, 하는 것입니다. 이기주의가 하나의 극단을 향해 있다면 맹목적 이타주의 역시 반대편의 극단을 이룰 것이라는 생각을 합니다. 왜냐하면 거기에는 '내'가 없기 때문입니다. 분주함과 압박 속에서 나 자신을 잃어버린다면 대체 누가 그 일을 하는 것일까요? 정신없이 바쁘게 돌아가는 현대 사회 속에서 나 자신을 지켜 내는 일은 무엇보다 소중하고 값진 일일 것입니다. 그것은 이기주의와는 성격이 다릅니다.

'나'는 오로지 나 자신만을 가리켜 부를 수 있습니다. 이 말은 우리들 저마다가 세상에 둘도 없는 고유한 존재임을 뜻합니다. 이렇게 고유한 나 자신은 들숨과 날숨 사이에 살아 있습니다. 들이쉰 숨이 내쉬어지지 않거나, 숨을 내쉬고 거기에서 멈춘다면 우리의 삶은 이어지지 않습니다. 숨을 들이쉬고 내쉬는 그 한 번의 리듬이 우리의 실존이며 인생이라고 할 수 있습니다. 호흡을 잃는다는 것, 숨이 거칠어지는데도 알아차리지 못한다는 것은 내가 지금 여기에 온전히 존재하지 못한다는 것을 뜻합니다. 정신없이 돌아가는 현실에서 제 정신을 차리기 위해 우리는 단 5분이라도 날마다 시간을 정하여 내가 어디에 있는지 돌아봐야 합니다.

5분의 시간이 짧을 것 같지만 고요하게 앉아 눈을 감고 내면을 들여다보면 깜짝 놀랄 만큼 많은 생각과 감정이 휘몰아치는 것을 알 수 있습니다. 하루 동안 벌어졌던 수많은 일, 관계 속에서 생겨나는 감정, 타인의 무례함으로 인해 생긴 상처, 자기 자신을 꾸짖는 소리, 앞으로의 계획과 아이디어, 온갖 자질구레한 걱정과 근심 등이 그릇에 담긴 흙탕물처럼 가라앉을 줄 모릅니다. 이럴 때는 굳이 어떤 생각이나 감정에 끌려가기보다 마음속 흙탕물이 가라앉기를 가만히 기다리는 것이 좋습니다. 들이쉬고 내쉬는 호흡을 편안하게 관찰해 보는 것도 좋은 방법입니다. 이러한 훈련은 '나 자신'과 '내가 떠맡고 있는 삶의 짐'을 뒤섞는 행위를 멈추고, 거리를 두어 자신을 바라볼 수 있게 합니다.

우리가 내적 고요를 잃을 때, 쉽게 극단적인 생각에 사로잡히게 됩니다. 이것 아니면 저것, 전부 아니면 아무것도 아닌 것을 선택할 수도 있습니다. 명상은 그러한 양극단을 바라볼 수 있게 합니다. 당장 해야 하는 일들을 내던져 버리는 것도 아니고, 매몰되는 것도 아닌 중도를 찾을 수 있게 도와줍니다. 이것은 신이 도와주는 것도 아니고 초자연적인 힘에 의한 것도 아닙니다. 어지러운 우리 의식이 고요하게 가라앉으면 내면의 지성이 우리 자신의 모습을 밝게 비추어 주는 것입니다. 훈련이 된다면 걸을 때, 설거지를 할 때, 동료들과 회의를 할 때, 아이들을 돌볼 때도 호흡에 집중할 수 있습니다. 그 순간에 우리는 온전히 존재할 수 있습니다. 명상은 그러한 것입니다. 지금 여기에 내가 온전히 살아 있도록 하는 것. 상처받은 자아는 그 순간 치유가 시작됩니다.

교사를 위한 명상법

우리 각 사람의 배후에는 우리의 머리 위에 부드럽게 손을 얹고 있는 수호천사가 있습니다.
이 천사는 여러분에게 필요한 힘을 전하여 줍니다.
여러분의 머리 위에는 또 대천사가 원형을 그리며 돌고 있습니다.
대천사는 각 사람이 서로에게 주어야 하는 것들을 전하여 줍니다.
그렇게 함으로 여러분은 필요한 용기와 자신감을 얻게 됩니다.
그 용기로 대천사는 하나의 그릇을 만듭니다.
시대의 영은 각자의 둘레 안에 갇혀 있는 것이 아니라
태초로부터 와서 나타났다가 다시 저 영원 속으로 사라집니다.

시대의 영은 이 현실의 공간으로 마치 물방울이 모양을 이루는 것처럼 나타납니다.

용기로 얻은 그릇 속에 시대의 영은 시대의 광명을 한 방울 떨어뜨립니다.

- 루돌프 슈타이너, 〈교사회를 위한 명상록〉*

수호천사와 대천사, 그리고 시대의 영Archai은 세 번째 위계에 해당하는 천사들로서 우리들 인간의 삶과 밀접한 정신 존재들입니다. 저는 이 시에 담긴 내용들을 상상하는 것만으로도 커다란 위안과 든든한 힘을 얻습니다. 진정으로 천사가 존재하는지는 믿음 또는 신앙의 문제겠지만, 그것을 떠올리고 지금 우리의 삶과 연결해 보는 것은 열린 상상력의 영역이라고 해도 좋을 듯합니다. 우리 뒤에 우리 각자를 지켜 주는 수호천사가 존재한다는 것, 그리고 대천사가 있어 우리들의 관계를 더욱 단단히 결속시켜 준다는 그림은, 굳이 그것을 종교적 믿음으로 가져가지 않아도 두려웠던 마음을 녹이고 어두워진 지성에 빛을 밝혀 줍니다. 시대의 영이 한순간 나타나 시대의 광명을 전해 준다는 그림 역시 우리의 영감과 직관을 깨우는 데 도움을 줍니다.

발도르프교육과 비폭력 대화, 그리고 회복적 정의와 같이 영성을 지향하는 사상들은 인간의 온전성wholeness에 주목합니다. 인간은 동물과 달리 정신을 향하는 자아의 존재입니다. 인간을 몸, 기운, 마음, 자아의 요소로 인식하고, 정신 또는 영적 측면까지 포함하는 것은

---

* 발도르프학교에서 교사 회의를 할 때 함께 읽는 시. 시를 읽기 전에 이렇게 서두를 뗍니다. "우리는 바른 의식을 갖기 위하여 다음과 같은 사고를 형성하고자 합니다."

앞으로의 교육이 다뤄야 할 중요한 테마입니다. 영성을 아우르는 전인적 관점의 중요성은 계속해서 커질 것입니다. 우리가 살아가는 현대 사회는 여전히 물질주의에 경도되어 균형을 잃은 상태입니다. 현대인이라면 누구나 내적 공허와 불안, 우울, 신경과민, 주의 산만, 중독 등의 증세를 앓고 있다고 할 수 있습니다. 어른의 삶을 그대로 모방하며 자라는 아이들 역시 그러한 증상에 시달립니다. 갈수록 내적 어려움이 큰 아이들이 증가하고 있습니다. 머지않아 학교는 일종의 치유 기관처럼 변모할지도 모릅니다. 시대적 추세가 그렇습니다. 이러한 흐름 속에서 교사가 더욱 갖추어야 할 전문성은 인간에 대한 이해와 치유교육에 있다고 봅니다. 여기에 하나를 덧붙이자면 교사가 스스로 자신을 지키고 내적으로 성장할 수 있는 역량이 있어야 한다는 것입니다.

우리가 아이들을 전인적 관점으로 바라보고 교육하고자 한다면 우리 자신도 전인적 관점으로 바라봐야 합니다. 교사의 내적 발달은 명상과 연결됩니다. 왜냐하면 명상을 통해서 우리가 가지고 있는 직관력을 키워 낼 수 있기 때문입니다. 발도르프교육에서 또 중요하게 다루는 것은 예술입니다. 발도르프학교의 교육 활동은 미술이나 음악, 수공예, 목공예, 오이리트미 같은 예술 작업을 중시합니다. 아이들을 모두 화가나 음악가로 만들려고 하는 것은 아닙니다. 그럼에도 예술적 요소를 중요하게 다루는 것은 예술 활동이 우리의 내면을 변화시키기 때문입니다. 예술 작업을 하는 동안 우리의 자아는 정신적으로 고양되고 깊이를 더해 갑니다. 우리가 교육을 통해 아이들의 내면에 변화를 불러일으키고자 한다면 교사인 우리 자신부터 예술 작업을 통해 내면의 변화를 가져와야 할 것입니다. 예술 활동은 우리의 직관력을 길러 줄 뿐만 아니라 집중력과 관찰력을 더욱 예리하게 해 줍니다. 이런 작업은 명상의 한 과정이라고 할 수 있습니다.

이와 함께 일상적으로 할 수 있는 명상 작업으로 사고 수련이 있습니다. 우리는 왜 사고를 수련해야 할까요? 왜냐하면 우리 마음은 늘 사방팔방으로 흩어져 있기 때문입니다. 한꺼번에 너무 많은 것들을 생각하기 때문에 한 가지 주제에 집중하지 못합니다. 그렇게 되면 아이들을 진정으로 만날 수 있는 문을 열지 못하게 됩니다. 슈타이너는 사고가 자신의 머릿속이나 마음속에서 일어난다고 믿는 사람은 사고에 대한 올바른 감각을 가진 것이 아니라고 말합니다. 사고에 대한 올바른 감각을 가지려는 사람은 이렇게 말해야 합니다. "사물에 대하여 사고하려면 일단 사고가 사물에 내재해야만 한다. 사물들은 사고를 통해서 구축되어야만 하며, 오로지 그렇기 때문에 내가 사물들로부터 사고를 도출해 낼 수 있다."* 내가 내 머리로 대상에 대해 사고하는 것이 아니라 사고로 구축된 대상에서 흘러나오는 사고를 알아차리고 받아들이는 것입니다. 완벽한 발상의 전환입니다.

우리는 보통 교실에 들어가기 전에 '내가 아이들에게 줄 수 있는 것은 무엇일까?'라고 생각합니다. 특별히 문제가 없는 질문 같지만 사실 이것은 자기중심적인 질문 방식입니다. 이런 방식으로는 아이들에게 온전히 다가가기 어렵습니다. 이것은 생각이란 게 오로지 내 머릿속에서 생기는 것이라고 믿는 것과 같은 방식입니다. '지금 아이들이 나에게 요청하는 것은 무엇일까?' '현재의 학급 상황이 나에게 요구하는 것은 무엇일까?' 질문을 이렇게 바꿀 필요가 있습니다. 사고의

---

* 루돌프 슈타이너, 최혜경 옮김(2010), 《사고의 실용적인 형성》, 밝은누리, 33쪽.

중심을 내가 아니라 대상에 두는 것입니다. 그렇게 하면 변화해야 할 것은 자기 자신이 되며, 상대방, 즉 아이들을 변화시키려는 노력을 그만두게 됩니다. 대신에 아이들을 관찰하고 그 안의 감정과 욕구에 집중하게 될 것입니다. 이런 사고방식을 익히기 위해서는 사물 또는 대상에 이미 사고가 내재되어 있고, 거기에서 흘러나오는 사고를 파악하는 것이 올바른 관점임을 깨달아야 합니다.

슈타이너가 제안한 사고 수련의 방법에는 다음과 같은 것들이 있습니다. 먼저 날마다 아주 짧은 시간, 5분에서 10분 정도라도 틈을 내어 생각에 집중합니다. 가급적 무의미하고 흥미도 없는 어떤 대상을 떠올려 봅니다. 그 대상물에 흥미를 느끼는 것이 아니라, 생각할 수 있는 모든 것을 논리적으로 연결해 생각하는 것입니다. 여기에서 핵심은 그것이 중요하지 않은 물건이어야 한다는 것입니다. 예를 들어, 굴러다니는 연필이나 숟가락, 클립 같은 것이면 됩니다. 가능한 한 오래 그 생각에 머물러서 마음에 잠재돼 있던 능력들을 강제로 깨워야 하기 때문입니다. 편안히 앉아 무언가 대상을 앞에 두고 바라봅니다. 눈을 감고 특정한 물건을 떠올려 봐도 좋습니다. 예컨대, 성냥개비를 하나 떠올려 보겠습니다. 가능하면 실제의 성냥개비와 같은 형상을 떠올려 보십시오. 그리고 집중력을 발휘해서 그것을 한참 동안 바라보십시오. 여기에는 강력한 의지보다 부드러운 의지가 필요합니다. 표상이 사라지면 부드럽게 다시 성냥개비를 떠올리면 됩니다. 반드시 그걸 붙잡으려고 하기보다 사라졌음을 알아차리고, 다시 가볍게 시작합니다. 날마다 이런 연습을 하면 우리 마음에 확고함과 안정감이 생깁니다.

이런 연습은 우리에게 두 가지 효과를 가져다줍니다. 집중하는 힘과 함께 우리 내면에 살아 있는 그림을 그릴 수 있게 해 줍니다. 보통 우리의 사고는 생생하게 살아 있다고 하기 어렵습니다. 대개 우리는 익숙한 개념을 통해 추상적인 사고를 합니다. 이런 방식의 사고는 경직되고 상투적이기 쉽습니다. 명상 작업은 사고하는 힘이 참된 지성과 연결될 수 있도록 해 줍니다. 또한 이런 연습은 우리가 감정을 분명하게 인식하도록 도와줍니다. '아, 난 이 연필 마음에 안 들어. 짜증나.' 이런 감정을 분명히 알아차린다면 감정의 주인은 내가 됩니다. 그러나 알아차리지 못하고 감정에 끌려가면 에고가 주인 행세를 하게 됩니다. 수업에 들어가기 전에 아이들에 대해 반감이 생긴다거나, 수업 중에 어떤 아이에 대해 불쾌한 감정이 올라올 때 그것을 알아차릴 수 있다면 다시 평정심으로 돌아올 수 있습니다. 사고 연습은 우리의 감정에 에고가 들어가지 않도록 해 줍니다. 확고함과 안정감은 우리가 어떤 것을 이해하고 명확히 알 수 있게 합니다. 감정의 결은 다양하며 다양한 감정을 느끼는 것이 잘못된 것은 아닙니다. 하지만 이 명상법은 그런 감정들을 좀 더 명확하고 뚜렷하게 알아차리는 단계로 올라가게 합니다.

또 다른 사고 수련으로 무언가를 관찰하는 것이 있습니다. 특정 시간에 밖에 나와 하늘을 주의 깊게 관찰합니다. 구름의 형태가 어떻고 어느 방향으로 흘러가는지, 태양이 어디에 있고 어떻게 이동하는지 등 자신이 관찰한 상태에 따라서 정확한 형상을 만들어 봅니다. 일정 시간 동안 꼼꼼하게 작은 부분까지 그 모습을 형상으로 만들어 봅니다. 그리고 그 형상에서 가능한 한 많은 것을 다음 날까지 유지하도록 노력해 봅니다. 다음 날 거의 같은 시간에 같은 장소에서 다시 하늘을 관찰한 뒤에 또 그 상태에 대한 형상을 만들어 봅니다. 그리고 전날의 형상을 함께 마음속에 떠올려 봅니다. 꼭 하늘이 아니어도 상관없습니다. 가까운 숲이나 풀밭, 또는 나무 한 그루여도 좋습니다. 이런 식으로 연속되는 상황에 대한 정확한 그림을 형성하다 보면, 자신의 사고가 점차 내적으로 풍부해지고 강렬해진다는 것을 명확하게 감지할 수 있게 됩니다. 세상사의 연속적 상황에서 우리는 세부 상황을 그냥 지나치고 맙니다. 그저 대략적이고 흐릿한 형상만을 유지하려는 경향은 우리의 사고를 약화시킵니다. 사고를 풍요롭게 하는 근본적인 것은 연속되는 상황 속에서 정확한 형상을 만든 다음에 사실을 말하는 것입니다. 비폭력 대화의 관찰이 궁극적으로 추구하는 것도 이와 같습니다.

우리가 아직 이해하지 못한 것에 대해서는 그렇게 다루어야 합니다. 그러나 우리가 알고 있는 것들, 예를 들어서 교실에서 일어나는 일상생활에 대해서는 다르게 대처해야 합니다. 예컨대 어떤 아이가 수업 시간에 엉뚱한 일을 했다고 하겠습니다. 왜 그 아이가 그렇게 했을까 생각해 봅니다. 아마도 내일 하고 싶은 어떤 일을 준비하느라고 오늘 몰래 그 일을 하였다고 가정해 봅니다. 더 이상 아무 말도 하지 않고 그 아이가 한 일과 내일 그 아이가 할 거라고 예상되는 일을 형상으로 정확하게 그려 보도록 노력합니다. 그 아이가 내일 이러저러하게 수업에 참여할 것이라고 상상해 봅니다. 그리고 그 아이가 무엇을 하는지 기다리십시오. 그 아이는 다음 날 우리가 상상한 일을 정말 할 수도 있고, 다른 일을 할 수도 있습니다. 정말로 어떤 일이 일어나는지를 본 뒤에 우리의 사고 내용을 수정합니다. 그런 식으로 현재 일어난 사건을 찾아내어 생각 속에서 그것을 미래로 추적해 봅니다. 그리고 무엇이 일어날지 기다립니다. 아이들의 행위와 그 밖의 것들에 이 연습을 적용해 볼 수 있습니다.

만약 우리가 예상했던 대로 된다면 우리의 사고가 정확했던 것입니다. 예상과는 다른 일이 일어난다면, 사고의 오류가 어디에 있었는지 숙고해 봅니다. 어디에 오류가 있는지, 왜 그런 오류가 생겼는지를 차분하게 관찰하고 검사해서 잘못된 사고 내용을 정정하도록 합니다. 그 사고 과정이 옳았다면 예상이 맞았다고 우쭐대지 않도록 조심스럽게 행동해야 합니다. "그럼 그렇지, 내가 어제 벌써 그럴 줄 알고 있었어!"라고 말하는 것은 사고의 수련과 맞지 않습니다. 거꾸로 한 아이가 아주 버릇없는 짓을 했다고 했을 때, 그 일을 오늘에서 어제로 추적해서 우리가 모르는 원인을 구성해 볼 수도 있습니다. 어제 정말로 무슨 일이 있었는지 알아보고 추정의 정당성을 맞혀 봅니다. 이러한 작업은 사건의 내부에 내적 필연성이 존재하고, 사고를 통해 그 내적 필연성을 인식할 수 있음을 보여 줍니다. 이렇게 되면 대상이 저기 바깥에 있고 내가 대상에 대해 생각하는 것이 아니라, 나의 사고가 대상 속에서 움직인다는 느낌을 받게 됩니다. 이것이 진정한 공감 활동입니다.

이 밖에도 기억력을 강화하는 사고 수련도 있습니다. 퇴근하고 집에 돌아와 휴식을 취하고 잠자리에 들기 전에 하면 좋습니다. 그날의 일을 가장 최근의 것부터 역순으로 떠올려 보는 것입니다. 자리에 앉아서 기억에 집중을 하는 그 순간부터 아침에 눈을 뜨고 일어날 때까지 단계적으로 그림을 그려 봅니다. 처음에는 막연한 덩어리처럼 그려지던 기억의 형상이 반복해서 연습할수록 정교해지고 풍부해지는 것을 느낄 수 있을 것입니다. 교실에서 해결하지 못하고 넘어간 몇 가지 장면들도 선명하게 떠오를 것입니다. 또 다른 방법은 날마다 시간을 정해 한 아이에 대해 떠올려 보는 것입니다. 우리의 기억은 믿을 게 못 되어서 방금 전까지 보았던 사람의 옷 색깔에 대해서도 뒤돌아서면 떠오르지 않는 게 보통입니다. 처음에는 대충이라도 아이의 상의와 하의, 실내화, 머리 모양 등에 대해 떠올려 봅니다. 기억나지 않는 부분은 상상을 해서라도 채워 넣습니다. 예를 들어, 아이의 스웨터가 분홍색인지 푸른색인지 기억나지 않으면 분홍색이라고 상상해 봅니다. 구체적인 형상을 만드는 게 중요합니다. 이 연습을 거듭할수록 사진을 보듯 정확하게 그림을 그려 낼 수 있습니다. 아주 세세한 특징까지 떠올릴 수 있다면 기억력이 강화될 뿐만 아니라 관찰력 역시 예리해졌음을 알 수 있습니다. 정확한 관찰력은 기억력의 전제 조건이 됩니다.

다음으로 우리의 마음을 조절하는 연습입니다. 이것은 우리 마음에 평안을 가져다주는 것이고, 주의를 집중시키는 작업입니다. 언제든지 조용한 순간이 찾아올 때 아무 때나 할 수 있습니다. 아주 쉬운 명상법 중 하나는 바로 호흡과 관련된 것입니다. 우리 자신의 들숨과 날숨에 집중합니다. 혹시 다른 생각이 방해를 하더라도 계속 집중합니다. 이 연습을 할 때 중요한 것은 자세입니다. 경직되지 않고 편안하게, 그렇다고 너무 느슨하지 않도록 바르게 앉습니다. 이런 연습을 할 때는 완전히 눈을 감기보다 어느 정도 눈을 뜨고 하는 게 집중하는 데에 더 도움이 됩니다. 우리가 숨을 들이쉬면 반드시 내쉬어야 하는 것처럼, 집중에는 이완이 필요합니다. 마음을 내려놓는 작업은 특히 아이들을 만나기 전에 필요한 일입니다. 왜냐하면 우리가 아이들과 작업할 때는 끊임없이 부정적 감정을 내려놔야 하기 때문입니다. 또한 우리가 갖고 있는 기대치도 내려놔야 합니다. 마찬가지로 '이건 정말 성공적이야' 또는 '이건 정말 실패야' 하는 단정도 내려놔야 합니다. 그래야 자유로울 수 있습니다.

신규 교사라면 '이건 해야 하고 저건 하지 말아야 하고, 이거는 이렇게 해야 하고 저건 저렇게 하면 안 되고……' 하는 것들을 모두 내려놓을 때 진정으로 내 안의 원천적인 것을 만날 수 있습니다. '이게 맞아, 그건 틀려'라는 생각, 또는 '이건 좋아, 저건 싫어'라는 감정에서 벗어나 '이게 뭐지?' 하면서 한 발 물러나 보는 것, 나아가 '대체 이게 무슨 의미지? 어디에서 오는 거지?' 하고 질문을 던져 보면 좋습니다. 실제로 내가 어떤 상황에 있느냐에 따라 달라질 수 있겠지만 대부분 우리의 감정은 상호적인 관계 속에서 생겨납니다. 당연히 우리에게 다가오는 모든 감정에 대해 반응을 하게 된다면 우리는 그 순간 자유로울 수 없습니다. 그렇다고 해서 감정을 무조건 제어하거나 억누르라는 말이 아닙니다. 억눌린 감정은 언젠가 다른 장소에서 분출될 것이기 때문입니다. 이런 경우에는 그런 일이 벌어진 뒤 항상 감정에 대해 돌아보는 시간을 갖는 것이 좋습니다. 그 감정에게 묻습니다. '넌 어디에서 왔니? 내가 어떻게 해 주면 좋겠니?' 심지어 그런 감정과 친구 사이가 되는 것도 좋습니다. 안 그러면 그 감정이 우리를 지배할 것이기 때문입니다.

물론 이런 것들은 말하긴 쉽지만 실천하기가 어렵습니다. 다만 지속적으로 연습을 하다 보면 조금씩 조금씩 그런 감정에 사로잡히지 않고 벗어날 수 있을 것입니다. 감정적인 폭발은 다른 사람에 의해 영향을 받기도 합니다. 누군가를 보기만 해도 화가 난다든지, 역겹다든지 하는 것입니다. 대부분 사람들은 그런 감정이 다른 사람에 의한 것이라고 생각하지만 분명히 그런 모습이 내 안에도 있기 때문에 연결되는 것입니다. 실제 우리를 화나게 하거나 미움을 불러오는 사람이 있다면 그 사람에게 감사해야 합니다. 우리 자신을 있는 그대로 볼 수 있게 하기 때문입니다. 또한 감정에는 긍정적인 것도 있습니다. 누군가가 부정적으로만 보인다면 의도적으로 그 사람의 긍정적인 면도 보려고 할 수 있습니다. 그렇기 때문에 날마다 조금씩이라도 내적인 고요함을 갖는 게 중요합니다. 잠시라도 고요한 순간을 가질 때 우리가 일상에서 너무 바빠 전혀 생각하지 못하는 것을 얻게 됩니다.

끝으로 우리의 의지를 강화시켜 주는 수련이 있습니다. 사고나 감정이 아니라 욕구와 관련된 것입니다. 우리는 대부분 깨어 있는 삶을 살지 못하기에 무의식적으로 살아갑니다. 특히 무의식적인 욕구에 끌려가는 게 우리의 일반적 삶입니다. 자신의 생각, 감정, 그리고 욕구에 늘 깨어 있다면 그 자체가 명상적인 삶일 것입니다. 생각, 감정, 욕구 중에서 가장 알아차리기 어려운 것은 욕구입니다. 비폭력 대화의 과정이 '1. 관찰, 2. 느낌, 3. 욕구'인 것은 우리의 마음에서 인식이 어려운 단계가 그 순서이기 때문입니다. 우리가 욕구를 통제할 수 있다면 우리의 자아는 진정으로 자유로워질 것입니다. 또한 우리의 의지도 아주 강해질 것입니다. 그 방법은 단순합니다. '하기 싫을 때 행하라'는 원칙을 지키면 됩니다. 해야 할 일상적 일들 중에서 귀찮고 미루고 싶을 때, 안 하고 넘어가고 싶을 때, 그 마음이 드는 순간 아무 생각 없이 행하는 것입니다. 처음에는 쉽지 않겠지만 의지를 내어 습관을 들이면 우리의 자아가 욕구를 장악할 수 있는 수련 방법입니다.

우리의 사적인 걱정거리는 교실에 들어가기 전에 모두 내려놓기 바랍니다. 명상을 지속적으로 하다 보면 우리 삶에서 점점 쉬워지는 영역이 생깁니다. 그렇게 된다면, 이제 아이들이 여러분의 스승이 됩니다. 직관을 키우는 연습을 하다 보면 직관적으로 아이가 필요로 하는 게 느껴집니다. 물론 어떤 아이에게는 동정이 가고 어떤 아이에게는 안 좋은 감정이 생기기도 합니다. 하지만 교사로서 우리가 해야 할 일은 개별의 학생들에게 진정으로 내적 관심을 기울이는 것입니다. 마음을 열고 아이들을 바라볼 때 비로소 여러분 앞의 아이를 스승으로 받아들일 수 있습니다. 인생이라는 학교는 끊임없이 연습을 하는 장소입니다. 교사의 이런 내적 작업은 학교에서 정말 중요한 작업이고, 끝이 없는 작업입니다.

이렇게 내면의 힘을 키우기 위해서는 명상과 예술도 중요하지만 또 다른 힘을 자연 속에서도 얻을 수 있습니다. 정신없이 바쁜 일상의 소용돌이에서 떨어져 가까운 산에 가면 나무와 바위가 있고, 새소리와 풀벌레 소리를 들을 수 있습니다. 그렇게 걷고 있노라면 어느 순간 잃어버린 자신을 만나게 됩니다. 때로는 책도 잠시 덮어 놓고 나가서 하천 길을 따라 걷고 숲속 벤치에 가만히 앉아 있는 것이 교사에게 절대적으로 필요한 일입니다. 우리에게 새로운 활력을 가져다주는 자연을 가까이 하는 일이 반드시 필요합니다.*

---

* [리타 테일러(2012), 〈청계자유발도르프학교 외부 초청강사 강연록 : 리타〉] 참고.

깨어 있기 위한 질문들

지금 이 순간을 적이 아닌 친구로 만들라.
마음속의 소음을 잊고
침묵 속에서 모든 존재와 모든 사람을 만나는 것은
당신이 우주에게 줄 수 있는 최고의 선물이다.
사물들 속에서 자신을 찾는 것은 언제나 실패로 끝난다.
에고의 만족은 수명이 짧고,
당신은 더 많은 것을 찾고 계속해서 구입하며 소비할 것이다.
사물들 속에서 더 이상 자신을 찾지 않을 때,
그것들에 대한 집착은 저절로 떨어져 나간다.

모든 아이들이 바라는 사랑은 형상의 차원이 아니라
순수 존재의 차원에서 자신을 알아 달라는 것이다.
세상을 단어나 분류표로 덮지 않을 때,
경이로운 느낌이 삶 속으로 돌아온다.
자비는 당신 자신과 모든 창조물 사이에 있는
깊은 연결에 대한 자각이다.
에고는 소유와 존재를 동등하게 여긴다.
"나는 소유한다, 그러므로 나는 존재한다.
그리고 더 많이 소유할수록, 나는 더 많이 존재한다."
에고는 비교를 먹고 산다.
다른 사람에게 자신이 어떻게 보이는가가
자신이 스스로를 어떻게 보는가로 변해 버린다.
지금 이 순간, 당신이 있는 이곳과
이 순간에 저항하고 있는가?
지금 이 순간을 떠나서는 아무것도 존재하지 않는다.

- 에크하르트 톨레

에고와 고통

깨어남에서 가장 중요한 것은 깨어 있지 않은 자신을 자각하는 일이며, 자기 자신 안에서 생각하고 말하고 행동하는 에고를 알아차리는 일입니다.* 붓다는 모든 고통의 근원에 갈애渴愛가 있다고 가르쳤습

---

* 에크하르트 톨레, 류시화 옮김(2008), 《NOW : 행성의 미래를 상상하는 사람들에게》, 조화로운 삶, 16쪽.

니다. 갈망하고 애착하는 인간의 마음이 번뇌를 불러오는 것입니다. 잘못된 생각, 잘못된 믿음, 잘못된 욕구가 가져오는 것은 고통일 수밖에 없습니다. 왜냐하면 그것은 진실이 아니기 때문입니다. 현실은 특별히 우리에게 고통을 주려 하지 않습니다. 그러나 우리는 갈애를 바탕으로 한 주관적 생각으로 현실과 다투기 일쑤입니다. 받아들이지도 못하고 내려놓지도 못합니다. 그 다툼이 곧 고통입니다.

현재 서구 사회에서 에크하르트 톨레와 함께 가장 주목받는 영적 스승인 바이런 케이티는 세상에서 벌어지는 모든 일을 세 가지로 분류합니다. '나의 일, 남의 일, 신의 일'이 그것입니다. 그는 '신의 일'을 모든 사람의 통제를 벗어나는 현실의 일이라고 부릅니다. 현실이 세상을 다스리기 때문입니다. 신의 일은 신이 아닌 이상 그 누구도 어찌할 수 없습니다. 가령 갑작스레 소나기가 온다든지, 지진이 난다든지 하는 일은 우리가 어찌할 수 있는 일이 아닙니다. 할 수 없는 일을 해내려고 할 때 우리는 극심한 스트레스를 받습니다. 우리는 '나의 일'에만 관여할 수 있습니다. 신의 일은 말할 것도 없고 남의 일도 어찌하기 어렵습니다. 우리가 남의 말투나 행동을 고칠 수 있을까요? 사실 우리 자신의 말투나 행동을 고치는 것도 무척 어렵습니다. 그럼에도 우리는 할 수 없는 일을 계속 생각합니다. 현실을 앞에 두고 생각으로 다투는 것입니다.

가벼운 불안이나 극심한 슬픔, 분노, 절망 등 스트레스를 주는 느낌을 경험할 때마다 우리는, 의식을 하든 하지 않든 그런 반응을 일으키는 어떤 특정한 생각이 있다고 확신할 수 있습니다. 스트레스를 없애는 길은 그 생각 뒤에 있는 진실을 조사하는 것입니다. 그 생각이 진실되지 않고 허깨비처럼 무의미함을 깨달을 때 고통도 사라집니다. 우리가 현실 대신 생각을 믿을 때 고통이라고 불리는 괴로운 감정들을 경험합니다. 고통은 우리가 생각에 집착하고 있음을 경고하는 자연스러운 경보 신호입니다. 이 경보를 듣지 않으면 고통을 삶의 불가피한 부분으로 받아들이게 됩니다. 그러나 진실은 그렇지 않습니다.

자세히 관찰해 보면, 우리는 수없이 많은 생각에 빠져 있다는 것을 알아차리게 됩니다. 이 무의식적인 생각들을 '에고의 욕구'라고 부를 수 있습니다. "동료들은 나에게 더 친절해야 해", "학생들은 예의 바르게 행동해야 해", "부모들은 교실 일로 불만을 제기해서는 안 돼", "급식실에 늘어선 줄은 더 빨리 움직여야 해", "관리자는 내 말에 찬성해야 해", "나는 반드시 성공해야 해" 등. 이런 생각들은 현실이 실제와 다르기를 바라는 방식들입니다. 우리가 느끼는 스트레스는 모두 지금 있는 현실과 다투기 때문에 일어납니다. 특히 피해 의식에 사로잡혀 있을 때 우리는 문제의 원인을 자신에게서 찾지도 못하고, 상황을 변화시켜야 할 책임도 느끼지 못합니다.*

케이티가 창안해 낸 '네 가지 질문'은 우리가 일어나지 말아야 했다고 생각하는 일이 사실은 일어나야 했다는 것을 보여 줍니다. 그 일은 일어나야 했습니다. 그 일이 일어났기 때문입니다. 어떤 생각도 그 사실을 바꿀 수는 없습니다. 묵인하거나 승인해야 한다는 말이 아닙니다. 지금 일어나는 일을 거부하지 않으면서, 마음의 갈등과 혼란 없이 지켜볼 수 있다는 뜻입니다. 자녀가 병에 걸리기를 바라는 부모는 아무도 없으며, 아무도 자동차 사고를 당하고 싶어 하지 않습니다. 하

---

* 야야 헤롭스트, 이노은 옮김(2005), 《피해의식의 심리학》, 양문, 109쪽.

지만 이런 일이 일어날 때 그 일과 생각으로 다툰다고 해서 무슨 도움이 될까요? 그 점을 알면서도 우리는 그렇게 합니다. 멈추는 방법을 모르기 때문입니다.

우리가 스트레스를 받는 까닭은 대부분 생각으로 자기의 일을 벗어나 다른 곳에서 살기 때문입니다. "너는 직장을 구해야 해", "너는 행복해야 해", "너는 시간에 맞춰 와야 해", "너는 건강해야 해"라고 생각할 때 '나'는 남의 일에 간섭하고 있습니다. 지진, 홍수, 전쟁, 혹은 내가 언제 죽을 것인지에 대해 걱정하고 있다면, 나는 신의 일에 간섭하는 것입니다. 내가 마음으로 남의 일이나 신의 일에 간섭하고 있을 때 분리가 일어납니다. 분리가 일어나면 온전성은 깨질 수밖에 없습니다.

무엇이 다른 사람에게 최선인지 안다고 생각하는 것 역시 내 일을 벗어나는 것입니다. 아무리 사랑으로 포장해도 그것은 순전히 오만이며, 그 결과는 긴장과 걱정, 두려움뿐입니다. '나는 내게 무엇이 옳은지 알고 있는가?' 우리가 할 일은 이것뿐입니다. 남을 위해 남의 문제를 해결하려고 애쓰기 전에 먼저 이 문제를 해결해야 합니다. 우리가 믿지만 않으면 생각은 해롭지 않습니다. 고통을 일으키는 것은 생각이 아니라, 생각에 대한 집착입니다. 생각에 집착한다는 것은 그 생각을 진실하다고 믿고서 돌아보지 않는 것입니다.

대체로 사람들은 생각이 자기라고 말하는 것을 자기라고 믿습니다. 바로 그것이 에고입니다. 아침에 일어나서 '나는 오늘 생각하지 않겠다'고 해도 이미 늦습니다. 이미 생각하고 있기 때문입니다. 생각은 저절로 일어납니다. 구름이 빈 하늘을 가로질러 흘러가듯, 생각은 허공에서 나와 허공으로 돌아갑니다. 생각들은 머물기 위해서가 아니라 지나가기 위해 옵니다. 진실이라 믿고 집착하지 않으면, 생각은 조금도 해롭지 않습니다. 생각이 없는 자리에 의지가 자유롭게 활동합니다. 아이들은 생각하기보다 행동을 하고, 강력한 의지 속에서 실재를 살아갑니다. 보통 의지가 약한 사람들이 지나치게 생각이 많습니다.

우리는 고통스러운 느낌에 쉽게 휩쓸릴 수 있습니다. 그럴 때마다 스트레스를 주는 느낌은 "나는 지금 꿈속에 빠져 있다"라고 말하는 친절한 자명종 같다는 것을 기억하는 게 좋습니다. 우울과 고통, 두려움 등은 "지금 자신의 생각을 바라보라. 나는 지금 스스로에게 진실하지 않은 이야기 속에 빠져 있다"라고 말하는 선물들입니다. 진실하지 않은 이야기에 따라 살면 언제나 스트레스를 받게 됩니다. 자명종을 존중하지 않을 때 우리의 생각은 바깥을 향함으로써 그런 느낌을 바꾸려고 노력합니다. 보통은 생각이 떠오르기 전에 느낌을 알게 됩니다. 그래서 느낌이 바로, 생각에 빠져 있음을 깨우쳐 주는 자명종인 것입니다. '네 가지 질문'을 통해 진실하지 않은 생각을 검토할 때마다, 우리는 다시 본래의 자아로 돌아오게 됩니다. 자신을 본래의 자아가 아닌 다른 존재라고 믿거나 진실이 아닌 거짓 이야기에 따라 살면 상처받게 됩니다.

이웃을 판단하는 양식

계속해서 반복되는, 자신에게 스트레스를 주는 상황에 대해서 생각해 보십시오. 비록 그 일이 단지 한 번 일어났을지라도 마음속에서 끊임없이 반복되는, 정말로 스트레스를 주는 그런 상황에 대해서 생각해 보시길 바랍니다. 아래에 있는 질문에 답하기 전에 마음속으로 스트레스가 발생했던 그때, 그 장소로 가 보십시오. 고상해지려고도 하지 말고, 친절해지려고도, 현명해지려고도 하지 마시길 바랍니다.

1. 누가 나를 화나게 하는가(혼란스럽게 하는가, 실망시키는가)? 그 이유는 무엇인가?
 - 나는 ○○ 때문에 화가 난다(슬프다, 혼란스럽다, 두렵다 등등). 왜냐하면 _____ 하기 때문이다.
 예) 나는 너 때문에 화가 난다. 왜냐하면 너는 내가 하는 말마다 트집을 잡기 때문이다.

2. 그 상황에서 나는 그 사람(들)이 어떻게 바뀌기를 원하는가? 나는 그 사람(들)이 무엇을 하기를 원하나?
 - 나는 ○○가 _____ 하기를 원한다.
 예) 나는 네가 자신의 잘못을 알고 뉘우치기를 원한다. 나는 네가 사과하기를 원한다.

3. 그 상황에서 그 사람(들)한테 충고해 주고 싶은 것은 무엇인가?
 - ○○은 _____ 해야 한다(또는 _____ 하지 말아야 한다).
 예) 너는 자기 자신을 더 챙겨야 한다. 너는 나에게 사사건건 따지지 말아야 한다. 너는 거짓말을 하지 말아야 한다. 너는 내가 자기를 도와주려 한다는 걸 알아차려야 한다.

4. 그 상황에서 내가 행복해지려면 그 사람이 무슨 생각을 하고, 어떤 말을 하고, 또 무엇을 느끼며, 무엇을 할 필요가 있는가?

- ○○는 _____ 할 필요가 있다.

예) 너는 내 말을 잘 들어 줄 필요가 있다. 너는 나를 존중해 줄 필요가 있다.

5. 나는 그 상황에서 그 사람을 어떻게 생각하는가? (목록을 만들어 보세요.)

- ○○는 _____ 이다(하다).

예) 너는 자기 멋대로이고, 건방지고, 시끄럽고, 정직하지 않고, 무례하다. 그렇다는 걸 깨닫지도 못한다.

6. 내가 그 상황에서 다시는 경험하고 싶지 않은 점은 무엇인가?

- 나는 앞으로 다시는 _____ 하고 싶지 않다.

예) 너의 그 고마움도 모르고 무례하게 구는 행동들을 다시는 보고 싶지 않다. 네가 친구를 괴롭히거나 약한 아이를 따돌리는 행동을 다시는 보고 싶지 않다.

네 가지 질문, 그리고 뒤바꾸기[*]

1. 그게 진실인가요?

(Is it true?)

---

[*] 바이런 케이티·스티븐 미첼, 김윤 옮김(2003), 《네 가지 질문》, 침묵의 향기, 52쪽.

2. 당신은 그게 진실인지 확실히 알 수 있나요?

(Can you absolutely know that it's true?)

3. 그 생각을 믿을 때, 당신은 어떻게 반응하나요?

(How do you react when you believe that thought?)

4. 그 생각이 없다면, 당신은 어떤 사람일까요?

(Who would you be without the thought?)

뒤바꾸기

이제 네 가지 질문을 스스로에게 던져 볼 차례입니다. 따라 읽으면서, 완전히 용서하지 못한 사람을 생각해 보십시오. 그리고 차라리 속물처럼 솔직하게 표현해 보세요. 여기에서는 "○○은 내 말을 귀 기울여 듣지 않는다"라는 문장을 사용하겠습니다.

1. 그게 진실인가요?

자신에게 물어 봅니다. "○○은 내 말을 귀 기울여 듣지 않는다는 말이 진실인가?", "정말 그런가?" 질문을 던지고 차분하게 기다립니다. 정말로 진실을 알고 싶다면, 대답은 질문에 맞게 떠오를 것입니다. 마음이 질문하게 하고, 대답이 떠오르기를 기다리십시오.

2. 당신은 그게 진실인지 확실히 알 수 있나요?

다음 질문들을 숙고해 봅니다. "○○은 내 말을 귀 기울여 듣지 않는다는 말이 진실인지 내가 정말로 알 수 있는가? 100% 확신할 수 있나? 나는 다른 사람이 귀 기울여 듣고 있는지 늘 확실히 알 수 있는가? 때로는 나도 듣고 있는 것처럼 보이지만 사실은 다른 생각을 하고 있지 않은가?"

3. 그 생각을 믿을 때, 당신은 어떻게 반응하나요?

"○○은 내 말을 귀 기울여 듣지 않는다"는 생각을 믿을 때 자신이 어떻게 반응하고 ○○을 어떻게 대하는지 조사해 봅니다. 목록을 만들면 더욱 효과적입니다. "나는 그를 노려본다. 그의 말을 가로챈다. 그가 하는 말에 관심을 보이지 않음으로써 그에게 복수한다. 그가 내 말에 귀를 기울이도록 더 빨리, 더 크게 얘기한다." 내면으로 더 깊이 들어가면서 계속 목록을 만들어 봅니다. 자신이 그 상황에서 자기를 어떻게 대하는지, 그게 어떻게 느껴지는지 돌아봅니다. "나는 마음의 문을 닫는다. 스스로 고립된다. 많이 먹고 많이 잔다. 며칠씩 텔레비전을 본다. 우울하고 외로워진다." 자신이 "○○은 내 말을 귀 기울여 듣지 않는다"는 생각을 믿을 때 스스로 어떻게 반응하는지, 고요히 침묵하며 알아차립니다.

4. 그 생각이 없다면, 당신은 어떤 사람일까요?

이제, "○○은 내 말을 귀 기울여 듣지 않는다"는 생각이 없다면 여러분은 어떤 사람일지 곰곰이 생각해 봅니다. 눈을 감고서, ○○이 여러분의 말에 귀 기울이지 않는 모습을 마음속에 그려 봅니다. ○○이 귀 기울여 듣지 않는다는, 그가 귀 기울여 들어야 한다는 생각이 없다고 상상해 보십시오. 충분히 여유를 갖고 느껴 봅니다. 무엇이 펼쳐지나요? 무엇이 보이나요? 그게 어떻게 느껴지나요?

뒤바꾸기

"나는 ○○이 마음에 들지 않는다. 왜냐하면 그는 내 말을 귀 기울여 듣지 않기 때문이다"라는 처음 진술을 뒤바꾸면, "나는 내가 마음에 들지 않는다. 왜냐하면 나는 ○○의 말을 귀 기울여 듣지 않기 때문이다"가 될 수 있습니다. 이 말이 여러분에게 처음 진술만큼 진실하거나 더 진실한가요? 여러분의 말에 귀 기울이지 않는 ○○에 대해 생각하는 동안, 여러분은 그의 말에 귀 기울이고 있나요? 여러분이 다른 사람의 말을 귀 기울여 듣지 않는 사례들을 계속 찾아보시기 바랍니다. 바이런 케이티는 이 네 가지 질문을 통해 우리가 꿈에서 깨어날 수 있다고 말합니다. 어떤 괴로움이든 마음속 자명종 소리가 울릴 때마다 이 단순한 작업을 시도해 본다면 놀랍겠지만, 즉각 자유로워질 수 있습니다. 우리가 그 괴로움에 대해 애착을 갖고 놓기 싫더라도 말입니다.

두 사람이 대화를 통해 해 볼 수도 있지만 혼자 종이에 생각을 옮겨 적으며 자문할 수도 있습니다. 다만 아직 숙달되지 않은 경우에는 자기 자신에 대해 쓰지 않는 편이 좋습니다. 처음부터 자기를 판단하면, 질문에 대한 대답이 어떤 동기를 갖게 되거나 무용한 해결책을 내세우게 될 수도 있기 때문입니다. 먼저 다른 사람을 판단하고 질문하고 뒤바꾸는 연습부터 해 봅니다. 주의할 점은 고상한 척하지 않는 것입니다. 최대한 속물처럼 솔직하게 마음을 털어놓는 게 좋습니다. 그리고 호흡 명상에서 숨을 바르게 쉬려고 노력하는 게 아니라 그저 들숨과 날숨을 바라보기만 한 것처럼, 잘못된 생각이라며 떨쳐 내려고 하지 말고 담담하게 진실을 탐구해 나가면 됩니다. 촛불을 켜면 어둠은 사라지게 마련입니다.

주기도문을 통한 명상

하늘에 계신 아버지 하느님,
당신의 이름을 거룩히 드러내시고, (정신자아)
당신의 나라가 오게 하시며, (생명정신)
당신의 뜻이 하늘에서와 같이
이 땅에서도 이루어지게 하소서. (정신인간)

오늘 하루를 살아갈 음식을 주시고, (몸)
잘못한 이를 저희가 용서하였듯이
저희 잘못을 용서하시며, (기운)

저희가 미혹에 빠지지 않게 하시고, (마음)

다만 저희를 악에서 구하소서. (자아)

그리하여 이 나라와

힘과

영광이

영원히

당신의 것입니다.

아멘!

　루돌프 슈타이너는 그리스도교의 주기도문을 '가장 보편적인 기도문'이라고 말했습니다. 주기도문을 통해 우리가 우리 자신의 신에게 다가가고, 더 높은 세계에 오를 수 있다는 것입니다. 마태복음 26장을 보면 예수가 수난을 받기 전 산에 올라가 기도를 하는 장면이 나옵니다. 예수는 제자들에게 이렇게 일러둡니다. "내 마음이 너무 괴로워 죽을 지경이다. 너희는 여기에 남아서 나와 함께 깨어 있어라." 그런 다음 앞으로 나아가 이마를 땅에 대고 기도하며 이렇게 말합니다. "아버지, 하실 수만 있으시면 이 잔이 저를 비켜 가게 해 주십시오." 이 장면은 우리의 삶에서도 낯설지 않습니다. 극심한 괴로움 앞에서 우리가 행하는 기도는 제발 이 독잔을 치워 달라고 애원하는 것입니다. 절망적인 갈등 상황에서 우리는 번민으로부터 벗어나길 간절히 원합니다. 이러한 마음은 사람이라면 누구나 똑같을 것입니다.
　흔히 우리는 삶의 목적을 행복에 둡니다. 행복이란 갈등이 없고 번민이 없으며, 그래서 괴로움이 없는 상태, '욕구가 충족되어 충분한 만족과 기쁨을 느끼는 상태'입니다. 그러나 살면서 갈등이 없을 수 없고, 번민과 괴로움이 없을 수는 없습니다. 우리의 모든 욕구 또한 충족될 수 없습니다. 모든 사람이 자기 욕구를 채우기 위해 싸우고 이기려 드는 상태는 지옥과 다름없을 것입니다. 그러나 그 욕구를 내려놓기란 얼마나 어려운 일인가요? 예수는 마침내 이렇게 기도를 합니다. "그러나 제가 원하는 대로 하지 마시고, 아버지께서 원하시는 대로 하십시오." 저는 여기에 그리스도교의 본질이 있다고 봅니다. 에고를 내려놓는 것입니다. 신성한 영혼이 만드는 이 마음가짐은 스스로를 포기하면서 어떤 것을 원하는 게 아니라, 우리의 신성한 의지를 허용하는 기도를 함으로써 거룩한 소망이 우리 안에 살아 있게 합니다. 주기도문의 이러한 정신은 우리를 신의 세계와 하나 되게 합니다. 자기희생의 모범을 보인 예수를 따르고자 한다면 우리는 기도를 통해 복을 빌 것이 아니라 이기적인 욕구와 충동을 제거하도록 노

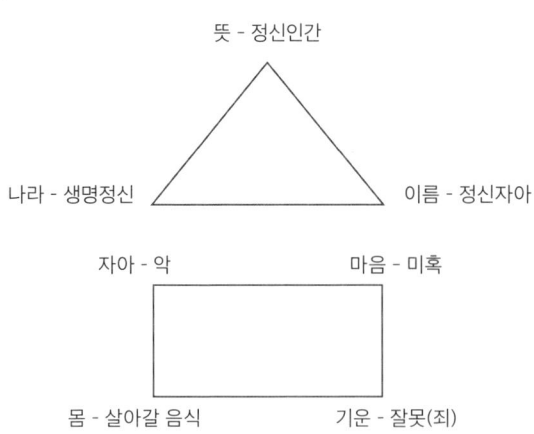

력해야 할 것입니다. 주기도문은 이렇게 "내 뜻대로 마시고 당신 뜻대로 하소서"라는 거룩한 전환의 가치를 우리에게 전해 줍니다.

우리는 두 가지 방식에서 인간 본성의 더 높은 부분을 살펴볼 수 있습니다. 하나는 신성을 향해 발달해 나가는 과정에 있는 인간의 더 높은 본성이고, 다른 하나는 인간 내부의 신성한 요소에서 생겨난 신성한 존재의 부분으로 고려할 수 있습니다. 우리는 가장 높은 원리에서 시작할 수 있는데, 정신인간이 그것입니다. 정신인간으로 다가오는 이 힘은 신성으로부터 오는 의지의 본성입니다. 우리 내부의 의지는 최고점에 도달할 때까지 더욱더 발달하게 됩니다. 하느님의 '뜻'이란 위대한 희생을 상징하며, 정신인간은 잠재적 인간 능력의 가장 높은 본성입니다.

생명정신은 외부에서 흘러드는 힘이 아니라 우리 내부에서 흘러나오는 생명력입니다. 신성의 반영과 함께 위대한 희생을 만듦으로써 반영되는 모든 지점에 생명을 주는 힘은 그리스도교 용어로 '나라' 또는 '왕국'입니다. 만약 우리가 신성한 의지(하느님의 뜻)에서 발산되는 창조적이고 생산적인 관점에서의 우주를 생각한다면 정신인간 이후에 직접적으로 나오는 요소는 신성한 기운입니다. 하느님의 나라란 세상의 모든 광물계와 식물계, 동물계, 그리고 인간의 세계 속에서 반영되는 신성한 기운의 표현입니다.

하느님의 나라를 이루는 다양한 실체들은 신성으로부터 나온 것이며 신성이 반영된 것입니다. 그것들은 고유한 이름에 의해 서로 구별됩니다. 또한 우주에서 사고를 할 수 있는 유일한 존재인 인간만이 오직 각각 분리된 실체들에게 이름을 부여할 수 있습니다. 우리는 각각의 사물을 그것의 이름으로 부르면서 각각의 이름을 세상 속에 있는 신의 질서에 관한 구성 요소로 이해합니다. 고유한 사물 또는 존재 속에서 신의 존재에 관한 원칙을 보여 주는 어떤 요소에 대해 이름을 불러 주는 것으로써 지상의 환경을 신성화하는 것입니다. 그리고 인간의 고유한 본성은 각자가 구별된 인격으로서 다른 이와 마주할 때 얻게 되는데, 이것이 바로 정신자아입니다. 이로써 인간 본성의 정신적 영역을 형성하기 위해 우리 내부로 흘러들어 온 신성이 하느님의 이름, 하느님의 나라, 그리고 하느님의 뜻으로 구성된다는 것을 살펴보았습니다.

우리가 인간 본성의 세 가지 높은 수준의 구성 요소를 신성의 일부로 생각하는 것처럼, 몸, 기운, 마음, 자아라는 네 가지 낮은 수준의 구성 요소 역시 신성의 일부로 생각해야 합니다. 우리의 물질적 몸(물질체)은 지구의 물질적 재료와 관련이 깊습니다. 몸은 주변 환경으로부터 지속적인 음식, 즉 물질과 에너지의 섭취 없이는 존재할 수 없습니다. 우리의 몸은 7년간의 과정에서 몸 전체의 물질적 구성이 새롭게 바뀝니다. 우리는 끊임없이 우리 몸의 물질들을 새롭게 하며, 우리 몸의 삶은 물질의 이러한 끊임없는 유입과 유출에 좌우됩니다. 우리 몸의 재료는 훗날 물질적 지구에 흡수됩니다.

지속적인 성향들, 쉽게 변치 않는 기질적 특성과 습관들은 우리의 기운, 즉 에테르체(생명체)에 뿌리를 둡니다. 이러한 에테르체는 우리가 살고 있는 시대와 민족과 가족을 연결하는 역할을 합니다. 마을이나 국가 등의 방식으로 여러 습관과 기질들이 서로 연결되어 지속적이고 확고한 공동의 특성을 보여 줍니다. 따라서 우리가 에테르체를 통해 범하는 잘못은 상호 관계 속에서 사회적 의무를 소홀히 함으로써 발생합니다. 반면에 사람들이 비교적 개인의 본성에 따른 죄를 범하고, 자신의 특별한 개성을 잃는 것은 마음, 즉 아스트랄체(영혼체)에 속하는 특성들에 의해 일어납니다.

도덕적으로 죄를 지었다는 말은 공동체의 규약을 위반했다는 것으로 에테르체의 불완전한 특성들과 관련된다면, 아스트랄체의 불완전한 요소는 미혹에 빠지는 것과 관련이 있습니다. 무언가에 현혹되고 유혹에 굴복하는 사람들은 개인적인 죄를 저지른 것입니다. 자아의 실패는 에테르체나 아스트랄체의 잘못과는 다른 것으로, 인간이 독립성을 획득한다는 바로 그 사실에 기인합니다. 의식적으로 점점 더 자유로워지고 독립된 존재가 되기 위해 인간은 자기중심성과 이기주의를 경험하게 됩니다. 어린아이의 자아가 성장하여 독립하는 과정을 보면, 자아는 이기적인 태도를 유지합니다. 그러다가 만 21세 이후 자아가 독립하여 성인이 되면 자기중심성에서 벗어나 자기 자신이 누구인지 인식합니다.

인간에게는 성인이 되었을 때 역설적 과제가 주어집니다. 자기중심을 확고히 하되 자기중심성에서 벗어나 성숙해야 한다는 것입니다. 자아의 삶은 자기 고유성을 찾는 동시에 관계 속에서 균형과 너그러움을 배우는 과정입니다. '악'은 자아의 실패로서 극단에 빠지는 것입니다. 너무 인색한 것도 문제지만, 그렇다고 너무 낭비하는 것도 문제입니다. 검소하면서도 여유가 있는 태도에서 자아는 자유롭습니다. 그래서 악해지는 것은 미혹에 빠지거나 도덕규범을 위반하는 것과 그 성격이 다릅니다. 겉으로 나타난 모든 악은 불가피하게 우리의 깊은 내면에 그 악과 닮은 모습을 유인합니다.*

---

* 월터 윙크, 김준우 옮김(2003),《예수와 비폭력 저항》, 한국기독교연구소, 90쪽.

- 기운(에테르체)의 실패 : 죄, 위반, 잘못
- 마음(아스트랄체)의 실패 : 미혹, 유혹, 시험
- 자아의 실패 : 악

 인간을 둘러싼 지구의 조건과 인간 본성의 네 가지 구성 요소의 관계를 생각해 보면, 우리의 몸은 지속적으로 물질적 재료인 음식을 자양분으로 받아들여 생존을 유지합니다. 우리의 기운은 우리가 속한 공동체의 사람들과 연대를 유지하며 살아갑니다. 또한 마음이 스스로를 지켜 내기 위해서는 미혹에 빠져서는 안 됩니다. 온갖 유혹을 이겨 내야 합니다. 마지막으로 자아는 우리가 악이라고 부르는 것에 굴복하지 않으면서 스스로를 보호하고 올바른 방식으로 성장해야 합니다.*

 무지개 빛깔처럼 일곱 가지 색으로 세상에 빛이 나타나는 것처럼, 또 7음계의 소리들 속에서 으뜸음이 나타나는 것처럼 일곱 가지의 구성 원리로 우리는 살아갑니다. 인간 본성의 일곱 가지 다른 방식들 속에서 주기도문은 각기 다른 기원들로 신을 향한 우리의 열정을 표현합니다. "하늘에 계신 아버지 하느님"은 영혼의 심원한 깊이를 나타내며 인간의 가장 깊은 요소를 표현합니다. "당신의 이름을 거룩히 드러내시고, 당신의 나라가 오게 하시며", 이제 기도문은 신성한 하느님의 나라에서 지상의 나라로 이동합니다. "당신의 뜻이 하늘에서와 같이 이 땅에서도 이루어지게 하소서."

 마지막 네 개의 기도문은 인간 본성의 네 가지 낮은 수준의 구성

---

* 루돌프 슈타이너, 박병기 외 옮김(2009), 《기도와 명상》, 인간사랑, 60쪽.

원리와 관련이 있습니다. "오늘 하루를 살아갈 음식을 주시고, 잘못한 이를 저희가 용서하였듯이 저희 잘못을 용서하시며, 저희가 미혹에 빠지지 않게 하시고, 다만 저희를 악에서 구하소서." 주기도문은 이천 년 동안이나 인간의 영혼 깊은 곳에서 사람들을 움직이고 고양시켰습니다.

이처럼 심오한 지혜를 담은 기도문은 이렇게 끝을 맺습니다. "그리하여 이 나라와 힘과 영광이 영원히 당신의 것입니다. 아멘!" 네 가지 지상의 차원에서 행했던 기도는 다시 천상의 차원으로 진화하며 나아갑니다. 마지막 날 예수가 절박하게 행했던 기도 역시 이러한 흐름과 함께합니다. 우리가 이렇게 가장 심오하고 깊은 본성으로 기도를 한다면, 우리는 그리스도교에서 '아버지 하느님'이라고 부르는 신성한 존재에게 가까이 다가가는 일에 차츰 성공할 수 있을 것입니다. 십자가의 길은 날마다의 기도와 그 실천에 놓여 있습니다.

루돌프 슈타이너의
팔정도 명상법

　　루돌프 슈타이너는《누가복음서 강의 - 부처와 그리스도교》에서 부처의 팔정도八正道를 이렇게 설명합니다. "팔정도는 우리의 자아를 생각할 수 있는 가장 완전한 것으로 만든다. 팔정도가 자아를 정화시키고 고귀하게 만들기 때문이다."* 팔정도는 부처가 제자들에게 가르쳐 준 깨달음에 이르는 수행법으로 바른 견해正見, 바른 생각正思惟, 바른 말正語, 바른 행위正業, 바른 생활正命, 바른 노력正精進, 바른 기억正念,

---

* Rudolf Steiner, Translated by Catherine E. Creeger(2001), *According to Luke : The Gospel of Compassion and Love Revealed*, Anthroposophic Press, p. 72.

바른 명상正定이 이에 해당합니다.

우리는 호감이나 반감에 좌우되지 않고, 편견 없이 세상을 있는 그대로 볼 수 있어야 합니다. 순수하게 바깥 세계가 나타내는 것에 따라서 각각의 사물을 바르게 관찰함으로써 참다운 지혜에 이르게 됩니다. 이것이 첫 번째 길인 사물에 대한 '바른 견해'입니다.

두 번째는 '바른 생각'입니다. 전생에서 남겨진 것으로부터 독립하여 다른 이들에게 영향을 받는 일 없이 오로지 자신의 바른 견해에 따라 생각하고 판단하는 태도가 필요합니다. 행위하기 전에 깊이 바르게 생각해야 하는 것입니다.

세 번째는 세상에 자신을 드러낼 때 바른 견해를 가지고 올바로 생각하며, 전하려고 하는 것을 바르게 표현하고자 노력하는 일입니다. 이때 말 속에 자신의 견해 이외의 것을 뒤섞지 않으려고 노력해야 합니다. 거짓말이나 이간질하는 말, 욕설과 비방, 근거 없는 추측 등을 해서도 안 됩니다. 이것이 부처가 말하는 '바른 말'입니다.

네 번째로 호감과 반감, 또는 우리 안에서 생멸 변화하는 현상으로 검게 소용돌이치는 업에 따라 행동하는 것이 아니라 바른 견해와 바른 생각, 바른 말로써 파악한 것을 행위로 옮기는 것이 필요합니다. 이것이 '바른 행위'입니다.

내면의 카르마로부터 자유로워지기 위해 필요한 다섯 번째 길은 세상 속에서 바른 위치를 찾아 나가는 것, 즉 '바른 생활'입니다. 부처는 인간이 자신이 태어난 자리, 또는 운명에 의해 초래된 위치에서 가장 좋은 것을 끄집어내 가장 좋은 삶을 살아갈 가능성을 찾아야 한다고 가르쳤습니다. 올바른 직업에 종사하고 몸과 마음, 말을 청정히 하면서 바르게 사는 것입니다.

여섯 번째는 바른 견해, 바른 생각 등을 통해서 자신의 것이 된 삶을 하나의 습관으로 만드는 것입니다. 우리는 세상에 태어나면서 무엇인가 습관을 갖게 됩니다. 아이는 어떤 성향, 습관을 나타냅니다. 하지만 인간은 업으로부터 유래하는 습관을 유지할 것이 아니라, 바른 견해, 바른 생각, 바른 말 등으로 조금씩 몸에 익힌 습관을 자신의 것으로 만들어야 합니다. 이것이 우리가 갖추어야 할 '바른 노력'입니다.

일곱 번째로 우리는 오늘 행동할 때 어제의 일을 잊지 않음으로써 생활에 질서를 부여합니다. 날마다 온갖 것들을 새롭게 배워야 한다면 우리는 아무것도 성취할 수 없을 것입니다. 인간은 온갖 사물에 대해서 표상과 기억을 발전시키고자 노력해야 합니다. 이미 배운 것을 끊임없이 유용하게 만들어야 하고, 현재를 과거와 연결해야 합니다. 이와 같이 '바른 기억'을 자신의 것으로 만들어야 합니다. 그러기 위해서는 늘 마음을 잘 챙기고 집중하여 깨어 있어야 합니다.

그리고 여덟 번째는 이런저런 의견에 대해 편애 없이 전생에 남겨진 것을 침묵시키고 순수하게 사물에 침잠하여 사물 자신이 말하게 하는 것입니다. 마음 챙김과 마음 집중을 통해 마음이 바른 삼매의 상태에 들어가 고요한 평정에 머무는 것, 이것이 '바른 명상'입니다.

이 팔정도를 깊이 헤아림으로써 서서히 존재에 대한 갈망이 사라지고, 지나간 인생으로부터 찾아와 영혼을 노예로 만드는 모든 것으로부터 자유로워진다고 부처는 말하였습니다. 아래의 글은 슈타이너가 제안한 팔정도 명상법입니다.* 날마다 같은 시간에 팔정도에 관

---

* [루돌프 슈타이너, 이정희 옮김(2015),《부차수련 : 정신 수련을 위한 보편적인 지침들》, 한국루돌프슈타이너인지학연구센터] 참고.

한 글귀를 읽고 명상에 잠길 수 있다면 우리의 영혼은 탐진치貪瞋癡의 삼독三毒으로부터 점차 자유로워질 것입니다.

먼저 등을 똑바로 펴고 편안하게 앉아서 눈을 감습니다. 원한다면 떠도 좋습니다. 졸음이 오면 계속 깨어 있기 위해 눈을 뜨되 시선을 부드럽게 낮춥니다. 입안의 혀는 가볍게 입천장에 붙이고, 두 손은 둥글게 하여 오른손 손가락들을 왼손 손가락들 위에 올려놓은 뒤 엄지손가락끼리 맞닿게 합니다. 다음으로 코와 가슴, 아랫배에서 느껴지는 호흡을 알아차립니다. 호흡을 바꾸거나 통제하려 하지 않고, 자연스럽게 들이쉬고 내쉽니다. 그저 호흡을 바라보면서 느끼는 것만으로 충분합니다.* 그렇게 준비를 한 다음 아래의 구절을 천천히 읽고 그 의미 안에 머무릅니다.

종합(일주일) - 정정正定

날마다 같은 시간을 정하여 다만 5분간이라도 자신의 내면을 들여다봅니다. 이때 자기 자신 속으로 침잠하여 신중하게 자기 삶의 원칙들을 점검하고, 알고 있는 것들을 숙고해 보며, 혹은 정반대의 것을 머릿속에서 생각해 봅니다. 자기 자신의 의무들을 새겨 보며 그 내용에 관하여, 참된 것에 관하여, 인생의 목적에 관하여 심사숙고해 봅니다. 한마디로 말하면 변하지 않고 머물러 있는 본질적인 것을 찾아내며 얻으려고 노력합니다. 그에 맞는 목적들, 예컨대 얻게 될 미덕의

---

* 샤론 샐즈버그·로버트 서먼, 윤서인 옮김(2014), 《분노를 다스리는 붓다의 가르침》, 담앤북스, 271쪽.

가치들을 진지하게 짚어 봅니다. (오류에 빠져서는 안 되며 조금이라도 더 잘할 수 있는 것을 생각하여 계속 매진하며, 최고의 모범을 따르고자 합니다.) 이와 같은 수련을 '바른 명상'이라고 칭합니다.

토요일 - 정견正見

자신의 표상에 유의합니다. 오직 의미 있는 것들만 생각합니다. 자신의 생각에서 본질적인 것과 비본질적인 것을 구분하여 영원한 것과 무상한 것을 구분하는 법을 차츰 배워 가게 됩니다. 주변 사람들의 말을 귀담아 들을 때는 내면으로 아주 차분히 하고 어떤 동의나, 특히 부정적인 모든 판단(비판, 거부)을 생각과 감정 속에서 멀리하십시오. 이것이 '바른 견해'입니다.

일요일 - 정사유正思惟

가장 무가치한 것조차 근거를 가지고 온전히 숙고하여 스스로 결심합니다. 생각 없이 행동하는 것, 의미 없이 행위하는 모든 것은 마음에서 멀리해야 합니다. 모든 것에 늘 충분히 심사숙고하여 타당한 근거를 지니고 있어야 합니다. 또한 무엇에 대하여 의미 있는 근거가 없다면 무조건 그만두어야 합니다. 결심을 내린 것이 바른 것이라는 확신이 서면, 내적으로 의연하게 흔들림 없이 그것을 붙잡고 있어야 합니다. 이것이 이른바 '바른 생각'으로서 호감과 반감에 매이지 않고 내려진 판단입니다.

월요일 - 정어正語

성장하기 위해 애쓰는 사람은 내용과 의미를 담고 있는 것만을 입에 올립니다. 말하기 위해 말하는 모든 것, 다시 말해 시간을 때우기 위해 하는 말하기는 해로운 것입니다. 이것저것 뒤섞어 말하는 일반 성질의 대화는 피하십시오. 그렇다고 주변 사람과의 교류까지 제외해 버려서는 안 됩니다. 이렇게 하다 보면 교류 속에서의 말하기는 차츰 중요한 것으로 발전해 나가게 됩니다. 모든 사람에게 말하고 대답해야 하지만, 사려 깊게 각 방향으로 생각해 봅니다. 근거 없는 말은 절대 하지 않고, 기꺼이 침묵합니다. 너무 많이도 말고 너무 적지도 않게 말하도록 시도해 봅니다. 우선 바르게 귀 기울여 듣기에 몰두해 봅니다. 이것이 '바른 말'입니다.

화요일 - 정업正業

자신의 외적 행위로 인해 주변 사람들이 방해를 받으면 안 됩니다. 내적 확신을 바탕으로 행위를 할 때, 전체의 평안과 사람들의 지속적인 행복, 그리고 영원한 것을 위해 어떻게 그 이유에 가장 걸맞게 행할 수 있는지를 곰곰이 숙고해 봅니다. 스스로 우러나서 행위를 할 때, 자기 행위의 작용을 미리 아주 철저하게 생각해 봅니다. 이것을 두고 우리는 '바른 행위'라고 말합니다.

수요일 - 정명正命

생활의 정돈, 즉 자연스럽게 그리고 정신을 따르며 산다는 것은 삶에서 외적으로 보잘것없는 것에 전념하는 것이 아닙니다. 불안함과 서두름을 가져오는 모든 것을 피하는 것입니다. 어떤 것도 너무 조급하게 서둘러서는 안 됩니다. 그렇다고 태만해서도 안 됩니다. 삶은 높은 진화를 향한 활동의 수단으로 여기고 그에 맞게 설계하는 것입니다. 이런 관계에서 우리는 '바른 생활'을 말합니다.

목요일 - 정정진 正精進

무엇이든 자기 역량 밖에 있는 것을 행하지 않도록 유의해야 합니다. 그러나 자기 역량 안에 있는 것을 태만히 해서도 안 됩니다. 일상적인 것, 순간적인 것을 넘어서 바라보며, 자신의 목적과 이상을 세우는 것은 한 사람의 지고한 의무와도 관련된 것입니다. 예를 들어, 앞에 주어진 수련을 통한 진화는 나중에 자신의 주변 사람을 좀 더 많이 돕고 또 조언해 줄 수 있기 위해서입니다. 앞서 주어진 모든 수련이 습관화되게 하는 것은 '바른 노력'입니다.

금요일 - 정념 正念

노력한다는 것은 인생에서 가능한 한 많이 배우는 것입니다. 어떤 것이라도 우리를 스쳐 지나가 버리는 것은 없고, 경험을 쌓는 기회가 아닌 것이 없으며, 그 경험들은 삶을 위해 유익한 것입니다. 우리가 무엇인가 올바르지 않게 혹은 불완전하게 행하면, 그것은 훗날 올바르게 또는 완전하게 행하는 계기가 됩니다. 다른 사람이 행하는 것을 볼 때 우리는 비슷한 목적을 위해 그들을 관찰하게 됩니다. (그러나 냉혹한 시선으로 보아서는 안 됩니다.) 또한, 우리가 일어난 사건들을 되돌아보지 않는 한 아무것도 행하지 않은 것이나 마찬가지입니다. 그 일들이 자신의 결정과 일의 수행에 어떤 도움이 될 수 있기 때문입니다. 우리는 모든 사람에게서, 심지어 어린아이들에게도 무엇인가 배울 수 있습니다. 주의를 기울이면 말입니다. 이것을 '바른 기억', 즉 자신의 경험을 기억하기라고 부릅니다.

사회적 치유의 길
: 사회 유기체의 삼지성

　우리 사회는 괄목할 만한 경제 성장을 이뤘지만 그 과정에서 물질 만능주의와 공동체의 붕괴, 도덕적 해이, 이기주의, 불안, 고독, 신경 쇠약, 우울 증세 등의 정신적 위기에 봉착해 있습니다. 과도한 경쟁으로 인해 탐욕과 질투, 끝없는 불만처럼 건강하지 않고 파괴적인 문화가 사회 전반과 학교에 만연합니다. 경제 성장과 물질적 풍요가 행복을 보장하고 안전을 제공하며 인간의 모든 문제와 사회의 병증을 치유할 것이라는 환상이 사회를 지배했기 때문입니다. 한국 사회는 최상위 계층의 사람들을 제외하고는 지옥 같은 구조가 된 까닭에 자조적으로 '헬조선'이라는 이름을 붙이기까지 했습니다. 세월호의 침몰은 참혹한 상징과도 같습니다. 그렇다면 우리는, 특히 교육적 관점에서 어떤 사회를 꿈꾸어야 할까요? 어떻게 해야 우리 아이들이 지옥 같은 사회를 건강하고 정의로운 사회로 바꿔 나갈 수 있도록 도울 수 있을까요?

슈타이너는 100여 년 전에 이미 전통적 사회 형태의 붕괴가 임박했으며, 사회의 모든 측면에서 과거의 유산에 의존하는 방식이 아닌, 의식적으로 새롭게 만들어지는 형태가 되어야 한다고 제안했습니다. 당시 1차 세계 대전을 겪은 슈타이너는 수백만의 시체를 보면서 큰 충격을 받았습니다. '우리에게 왜 이런 재난이 닥쳤을까?' 그는 겉으로 드러난 원인이 아니라 진정한 원인을 찾기 위해 인류사의 흐름을 되짚었습니다. 열강들의 국익이나 자원의 문제도 있겠지만 근원적으로는 두 가지 측면에서 접근할 수 있습니다. 첫째, 국가의 권력 구조가 단일화되고 중앙 집권화된 것입니다. 모든 사람이 권력의 정점에 의해 지도와 지시를 받는 관계, 다시 말해 단일 권력이 사회의 모든 구조를 지배하고 영향력을 행사하는 관계에 원인이 있습니다. 둘째, 사람들이 잘못된 사고를 하고 있다는 것입니다. 사람들 대부분이 현실을 제대로 보지 못하고 편협한 사고방식에 사로잡힌 것에도 원인이 있습니다. 이렇게 분석을 하면서 슈타이너는 '사회 유기체의 삼지성 Dreigliederung'을 대안으로 제시했습니다.*

슈타이너가 바라본 사회는 인간의 신체와 같은 하나의 유기체였습니다. 이는 괴테의 영향이 큰데, 슈타이너 역시 괴테처럼 세상의 모든 존재가 살아 움직이는 유기체라고 생각했습니다. 물론 사회를 일종의 유기적 생명체로 보는 관점이 슈타이너만의 고유한 것은 아니었습

---

* [루돌프 슈타이너, 최혜경 옮김(2010), 《사회 문제의 핵심》, 밝은누리] 참고.

니다. 콩트나 스펜서, 뒤르케임 같은 사회학자들도 그 당시 발전한 생물학을 접목시켜 사회 구조를 과학적으로 해석하고자 했습니다. 이를 '사회 유기체설'이라고 칭합니다. 이 이론에 따르면 사회는 거대한 유기체와 같아서 그에 속한 개인들은 세포에 해당하며, 각각의 세포가 서로 분업하고 협력하여 전체 사회가 원활하게 유지된다는 것입니다. 따라서 전체는 부분보다 우선합니다. 이러한 사회 유기체설은 전체보다 부분을 중시했던 사회 계약설을 비판하며 등장합니다.

슈타이너의 사회 삼지성을 이해하기 위해서는 그의 독특한 인간학과 연관시켜 살펴보아야 합니다. 인지학적 인간학에서 인간의 신체는 머리 영역과 사지 영역, 그리고 가슴 영역으로 구분할 수 있습니다. 우리는 머리가 있기에 사고할 수 있고, 사지를 이용해 의지를 표출하며, 가슴으로 느끼고 감정생활을 합니다. 이들은 셋으로 분화되어 있지만 각각의 영역은 하나의 전체로 통합됩니다. 이처럼 유기체는 분절된 동시에 통일성을 갖습니다. 사회 역시 마찬가지로, 슈타이너에 따르면 사회는 정신적이고 문화적인 영역과 경제적인 영역, 그리고 정치적이고 국가적이며 법률적인 영역으로 삼분되어 있습니다. 마르크스가 사회를 하부 구조와 상부 구조로 나누어 분석한 것과 비교할 수 있습니다. 인간의 삶에서 물질적 기반을 형성하는 경제 영역이 하부 구조라면, 교사나 예술가, 과학자가 활동하는 정신-문화 영역과 정치인, 법률가, 국가 관료 등이 활동하는 정치-법률 영역은 상부 구조에 속합니다. 정치-법률 영역은 사람들의 관계 속에서 계약과 관련된 영역입니다.*

---

* 닐 도널드 월쉬, 이선미 옮김(2014),《의식의 변화를 꿈꾸는 미래 인간 선언문》, 판미동, 260~263쪽.

- 과학, 교육, 예술, 종교, 언론 등을 포함하는 문화 영역
- 정치, 법률, 권리, 국가 영역
- 경제 영역

슈타이너는 사회가 조화롭게 기능하기 위해서는 세 영역이 모두 중요하게 다뤄져야 하며, '발달하는 과정에서 서로 수정할 수 있도록' 세 영역에 충분한 독립성을 보장해야 한다고 주장했습니다. 국가기관이 입법부와 사법부, 행정부로 삼권 분립이 되어 있듯이 사회 전체도 문화 영역과 정치 영역, 경제 영역으로 삼분화되어야 한다는 것입니다. 중앙 집권화된 단일 권력 구조는 독재적 지배 형태를 낳으며 사회적 재난을 불러오기 쉽습니다. 지난 10여 년간 한국 사회가 보여 주었던 퇴행은 정확히 권력의 비정상적 지배 구조에 기인합니다. 대통령 1인에게 제왕적 권력이 주어지는 현재 시스템을 근본적으로 개혁하지 않는 한 고질적인 권력형 비리는 사라지지 않을 것입니다. 100년 전 세계는 그러한 이유로 인해 두 차례의 세계 대전이 벌어졌습니다. 이에 대한 슈타이너의 개혁안은 다음과 같습니다.

국가와 문화생활의 분리

정부가 문화를 통제할 수 없도록 한다. 사람들의 사고와 교육, 신앙에 대해서 국가가 간섭할 수 없다. 특정 종교나 이념이 국가를 지배해서는 안 된다. 교육과 문화생활의 이상은 자유와 다원주의이다. 어린이는 국가로부터 독립된 다양한 철학의 학교를 폭넓게 선택할 수 있어야 한다.

경제와 문화생활의 분리

종교 의식에 참여하는 것이 경제적 능력과 상관없어야 하는 것처럼 도서관과 박물관 같은 문화 시설은 누구든 무료로 이용할 수 있어야 한다. 과학에서 연구 결과는 상업적 이해관계로부터 보호되어야 하며, 누구든 가족의 경제적 형편에 상관없이 유치원부터 고등교육 기관까지 무상으로 다닐 수 있어야 한다.

국가와 경제생활의 분리

특정 인물이나 기업이 돈으로 정치인을 매수하고 법질서를 왜곡하는 행위를 막아야 한다. 정치인은 자신의 정치적 지위를 이용해 기업가에게 호의적인 일을 하고 그로 인해 부를 얻어서는 안 된다. 자본주의는 국가와 개인을 경제 활동에 흡수시켜 단순한 상품으로 전락시킨다. 인간은 상품이 아니며 자본의 노예로 전락할 수 없다.

슈타이너는 프랑스 혁명의 표어인 '자유, 평등, 박애'가 사회적 삶의 세 영역에서 각기 고유한 가치를 지닌다고 말했습니다.

- 문화생활에서의 자유
- 민주주의 정치생활에서의 평등
- 경제생활에서의 연대 의식(박애)

가축의 분뇨를 퇴비장에 묻으면 거름이 되지만 강물에 버리면 독이 되는 것처럼, 자유와 평등, 박애의 가치도 사회적 삶의 각 영역에서 올바로 적용될 때 힘을 발휘합니다. 세 영역에서 독립성과 자주권이 증가한다고 해서 상호 영향력이 사라지는 것은 아닙니다. 오히려 더 건강하고 합리적인 방식으로 서로에게 영향력을 발휘할 수 있습니다. 세 영역이 독립적으로 분리될수록 어느 하나가 다른 두 영역을 지배할 수 없기 때문입니다. 만약 하나의 영역이 다른 생활 영역들을 지배하게 되면 심각한 사회 문제가 발생합니다. 이란이나 사우디아라비아 같은 일부 이슬람 국가에서는 아직도 신권 정치가 벌어지고 있습니다. 더 극단적인 경우로 IS^{Islamic State} 같은 이슬람 테러 집단에서는 종교를 이유로 대중을 암살하고 심지어 자기 목숨까지 내놓는 자살폭탄 테러를 감행하기도 합니다. 이는 정신-문화 영역이 경제와 정치 영역을 지배하기 때문입니다. 정치-국가 영역이 다른 두 영역을 지배한 사례로 스탈린과 히틀러 같은 독재자가 국가 원수였던 과거의 소련(공산주의)과 나치 독일(국가 사회주의)을 들 수 있습니다. 그리고 현대 사회의 고질적 문제인 경제 영역의 독재는 신자유주의 또는 시장 만능주의로 나타납니다. 자본주의 체제 자체가 경제 영역의 독재를 뜻합니다.*

의식혼의 사고방식

과거의 사고방식으로는 우리에게 닥쳐오는 문제를 해결할 수 없다고 슈타이너는 말합니다. 기성세대는 자신에게 익숙한 사고방식을 포기하기가 어렵습니다. 젊은 세대가 새롭고 살아 움직이는 사고, 다시 말해 해결해야 할 미래의 과제에 대해 열려 있는 사고를 해야 합니다.

---

* [Nicanor Perlas(2003), *Shaping Globalization: Civil Society, Cultural Power and Threefolding*, New Society Publishers] 참고.

그러기 위해서는 구시대적 사고를 강요하는 교육은 지양되어야 합니다. 더 이상 "기존의 사회 질서를 위해 인간이 무엇을 알아야 하고 할 수 있어야 하는가?"라고 물어서는 안 됩니다. 올바른 질문은 다음과 같습니다. "어떤 소질이 인간 내부에 담겨 있는가? 그 인간 내부로부터 무엇을 계발할 수 있는가?"

우리 사회에서 학교는 여전히 국가의 통제를 받고 있습니다. 그러나 상당수의 사람들이 국가주의 교육에 문제의식을 갖지 못하는 상황입니다. 교육에 대한 국가의 통제를 당연한 것으로 여길 정도입니다. 슈타이너는 기존 학교의 모습을 보면서 교사들이 권력자들의 지시에 따르면서도 통제를 받고 있다는 사실에 무감각하다는 점에 놀랐습니다. 우리의 생각이 그렇게 익숙해 있는 것은 우리의 사회가 너무나 오랫동안 국가 권력에 의해 지시와 지배를 받아 왔기 때문일 것입니다. 권위적인 국가 질서에 길들여진 사람의 사고방식은 상투적일 수밖에 없습니다. 국가는 사람들의 사고를 통제하려 하거나 획일적으로 다루려 해서는 안 됩니다. 사회적 사안들에 대해 다양한 관점이 허용되어야 하며, 유연하면서도 독창적으로 사고할 수 있는 교육 풍토를 만들어야 합니다.

우리는 과학의 시대에 살고 있습니다. 그런데 우리 시대의 과학은 여전히 유물론에 머물러 있습니다. 오늘날의 과학적 사고방식이란 생명이 없는 물질을 대상으로 하여 만들어진 것입니다. 그런 사고는 물체에 작용하는 물리적 힘을 파악하고 화학적인 변화를 분석하는 데에 초점이 맞추어져 있습니다. 살아 있는 존재를 이해하기 위해서는 전혀 다른 방식의 사고가 요구됩니다. 죽어 있는 물질을 이해하기 위한 사고방식과 생명을 이해하기 위한 사고방식은 달라야 합니다. 인간의 영혼을 대할 때는 또 다른 규칙성이 있다는 것을 알아야 합니다.

급박하게 변화하고 긴급한 과제가 새롭게 발생하는 이 시대에 우리에게 절실한 것은 실제적이며 실용적인practical 사고입니다. 학교에서는 학생들이 올바로 사고할 수 있도록 교육해야 합니다. 학교 역시 사회와 직접적 연관이 있기 때문에 사회 삼지성에 대한 관점을 가져야 합니다. 발도르프학교는 실질적 사고 능력을 키우기 위해 아이들의 발달 과정에 초점을 맞추어 수업을 합니다. 7년 주기 발달론에 따르면 0세에 엄마로부터 독립한 아이들의 물질적 몸은 이갈이를 하는 7세까지 급격하게 성장합니다. 몸 안의 생명력이 오로지 신체 기관을 형성하는 데 쓰인다고 해도 과언이 아닙니다. 주로 손발을 이용해 세상을 탐색하고 놀이를 즐기는 아이들은 이 시기에 의지의 힘을 키우는 데 주력합니다. 생명력은 머리에서 시작해 발끝까지 신체 기관을 형성하고, 우리 몸 중 가장 단단한 치아를 변화시키며 일단락을 짓습니다. 유치가 빠지고 영구치가 나오기 시작하면 첫 번째 7년 주기는 마무리됩니다.

만 7세가 된 아이들에게 큰 변화는 이갈이와 함께 생명력 중 일부가 몸으로부터 독립하여 사고 작용에 쓰이는 것입니다. 물론 엄마 뱃속에서 아기가 아빠의 목소리에 반응하고 발길질을 하는 것처럼, 7세 이전에도 아이들은 사고를 하고 기억도 할 수 있습니다. 그러나 본격적인 학습이 시작되는 것은 이갈이 이후입니다. 아이들의 감정생활이 독립하고 2차 성징이 뚜렷해지는 14세까지 교육의 방점은 아이들의 정서적 발달에 있습니다. 상상력이 풍부한 이야기와 다양한 예술 활동이 수업에 많이 쓰이는 이유입니다. 청소년기인 14세부터의 교육적 과제는 판단과 사고의 힘을 키우는 것입니다. 자아가 독립하는 21세까지 부모의 보호와 교사의 지도가 필요하다는 것이 발도르프교육의 입장입니다. 그러나 21세 이후에는 자기가 자기를 교육하는 시기라고 할 수 있습니다. 스스로 사고하고 판단하고 계획하여 실행하고 시행착오도 스스로 책임지는 어른이 되었기 때문입니다.

인지학에 따르면 21세 이후에도 인간의 발달은 계속 이어집니다. 여전히 7년 주기에 따라 성장해 가는 것입니다. 21세부터 42세까지를 영혼이 발달하는 시기라고 한다면, 42세부터 63세까지는 정신 발달의 가능성이 열려 있는 시기입니다. 슈타이너는 인간의 영혼을 세 가지 차원으로 구분하였습니다. 감각혼, 지성혼, 의식혼이 그것입니다. 21세부터 28세까지는 감각혼의 시기로 이때의 특징은 호감과 반감에 따라 사고가 굉장히 달라진다는 점입니다. 세상을 호감과 반감을 기준으로 대한다는 것은 '달면 삼키고 쓰면 뱉는' 태도를 보인다는 것입니다. 이 시기에는 '좋고 싫음'이 판단의 중요한 근거가 됩니다. 호감하는 일은 적극적으로 하겠지만 반감을 갖는 일은 거부합니다. 호감을 갖는 사람에게는 친절하지만 반감을 갖는 사람은 배척하는 모습을 보일 수 있습니다. 자기중심적인 태도가 강하게 남아 있는 이 시기에 반감은 어떤 일에 대해 거리를 두고 분리하면서 자신의 능력을 계발하는 역할을 하기도 합니다.

감각혼의 시기가 지나면 지성혼의 시기가 옵니다. 대략 28세에서 35세 사이인 이 시기에는 거리를 두고 자기 자신을 바라볼 수 있습니다. 지성혼은 판단하고 분석하며 반성할 수 있는 사고의 힘입니다. 대상의 외형적인 특성을 정확하게 관찰하고, 어떤 현상의 법칙성을 찾아내는 것이 바로 지성혼입니다. 이 시기에는 '옳고 그름'을 대단히 중요하게 여겨서 시시비비를 곧잘 따집니다. 인류의 역사는 지성혼의 시기까지 왔다고 할 수 있습니다. 여전히 자기중심적인 감각혼 수준에 놓여 있긴 하지만 과학이 종교와 철학을 밀어내고 가장 합리적인 사고방식으로 등장하여 대중화되었고, 민주주의 또한 확산되었습니다. 인류는 세계 대전을 겪은 뒤 전쟁을 억제하기 위해 국제 연합UN을 설립했고, 인권을 증진하기 위해 애써 왔습니다. 그러나 인류가 진정으로 평화로운 단계로 나아가기 위해서는 또 다른 발달 단계를 겪어야 합니다.

지성혼이 늘 외형적이고 대상화된 시각으로 사고하려 든다면, 의식혼은 대상의 내면에서 일어난 것을 자기 안으로 가져와 하나가 되려 합니다. 그것은 마치 사랑을 하는 것과 같습니다. 낯선 대상이 거기 있지만 그것과 내가 하나가 되고, 나는 그 존재가 되는 것입니다. 여기에 장미꽃이 한 송이 있다고 해 보겠습니다. 우리는 외형적인 형태뿐만 아니라 본질적인 관찰을 할 수 있습니다. 주관적인 사고가 아니라 객관적인 사고와 상상으로 바라보는 것입니다. 우선 씨앗에서 싹이 트고 자라나는 것을 떠올려 봅니다. 흙과 햇빛, 바람과 빗줄기, 구름과 같은 주변의 자연과 연관하여 바라봅니다. 씨앗은 물질적인 작용에 의해 싹이 트고 뿌리가 나옵니다. 그리고 점점 줄기가 자라고 잎사귀가 생기면서 꽃봉오리가 만들어집니다. 봉오리는 점점 꽃으로 피어나고 열매로 결실을 맺습니다. 꽃이 시들 때 식물은 죽는 것 같지만 사실은 죽지 않습니다. 열매 속 씨앗들은 땅에 떨어져 더욱 번성하여 살아갑니다.

의식혼이란 다른 게 아니라 이 꽃의 본질을 쫓아가면서 우리가 사고를 형성했듯이, 대상의 본질을 따라가며 관찰하는 것입니다. 자기 내면에 대상의 고유한 특성을 형성하는 것, 즉 대상에 대한 정신적인

상을 내면에 만드는 것입니다. 우리 안에 형성되는 상은 사랑을 통해 대상의 내면에 있는 것을 내 안으로 가져오는 것입니다. 이처럼 의식혼적 사고는 대상을 꿰뚫어 보는 것이며, 진정으로 이해하는 것입니다. 이것은 호감이나 반감을 뛰어넘은 공감의 차원을 말합니다. 물론 이러한 작업은 상당히 어려운 일입니다. 의식혼의 시기는 35세부터라고 할 수 있지만 사고를 유기적으로 형상화하는 노력을 기울이지 않는다면 결코 도달할 수 없습니다. 물론 슈타이너는 현시대의 인류가 의식혼 단계에 올라섰기 때문에 누구든 노력을 하면 의식혼 차원의 존재가 될 수 있다고 말합니다.

인간의 사고가 의식혼의 차원에서 행해질 때 개인적인 호오나 시비는 그 의미를 잃습니다. 이제는 그것이 참된지, 거짓된지가 중요합니다. 무엇이 정말로 중요한 가치인지를 묻게 되고, 단순히 옳고 그름을 떠나 진정으로 변화가 생기기를 바라게 됩니다. 새로운 관계 형성법이자, 대화법인 비폭력 대화나 회복적 대화모임 등은 이러한 의식혼과 밀접한 관계가 있습니다. 사회 삼지성 역시 의식혼의 관점에서 바라본 사회의 구조이자, 구성 원리입니다. 새로운 사회의 비전은 이처럼 실제적인 사고로부터 나옵니다. 슈타이너는 이러한 아이디어를 바탕으로 발도르프학교를 만든 것입니다. 발도르프학교는 사회 삼지성의 실천이자, 의식혼의 교육학을 실현하는 공간입니다.

발도르프학교와 사회 삼지성에 따른 운영 원리

사회 삼지성은 인간의 삼지성(머리·가슴·사지 또는 신체·영혼·정신)처럼 사회를 실제적이고 실용적으로 바라보았을 때 갖게 되는 관점입니다. 인간은 혼자서는 살 수 없고 사회를 이루어 살아가는 존재입니다. 사실상 삶의 모든 측면에서 다른 사람들의 도움을 받습니다. 우리는 모두 연결되어 있습니다. 누군가 옷을 만들고 농사를 짓고 집을 지어 주지 않는다면 기본적인 생존조차 불가능한 것이 우리의 삶입니다. 사회는 하나의 울타리 속에서 유기적으로 관계를 맺고 있으며, 본래 경쟁적인 구조가 아닙니다. 서로가 서로를 도울 수 있는 관계, 다시 말해 서로를 도와야만 살아갈 수 있는 협력적 관계입니다. 학교라는 공간 역시 마찬가지입니다. 이것이 바로 박애의 정신입니다.*

이상하게 들릴 수 있지만, 발도르프학교에서 교사들이 받는 급여는 수업을 해서 받는 대가가 아닙니다. 슈타이너는 교사가 하는 일이 결코 돈의 가치로 평가될 수 없고, 대가를 지불할 수 있는 일이 아니라고 하였습니다. 사실 교사의 일만 그런 것은 아닙니다. 돈과 노동은 서로 교환될 수 있는 가치가 아니기 때문입니다. 특정한 일을 할 수 있는 개인적 능력은 한 사람의 내적 본질과 연관되어 있습니다. 우리는 보통 어떤 사람이 자기 능력을 최대치로 발휘해 일을 할 때 그것을 시간 단위로 계산해서 그 가치를 돈으로 부여받는다고 생각합니다. 그러나 돈은 오로지 노동의 생산물과만 교환될 수 있습니다.**

정부의 예산 지원이 없는 발도르프학교에서 학비는 교사들과 학생들의 교육적 활동이 가능할 수 있도록 돕는 후원에 가깝습니다. 교사들은 '생활 급여'를 받습니다. 저마다의 조건에 따라 급여가 달라

---

* [한스 요하임 젠녹(2010), "사회 삼지성과 발도르프교육", 〈제1회 교사연합연수 강연집〉, 한국발도르프학교교사연합] 참고.
** 카와무라 아츠노리·그룹 현대, 김경인 옮김(2013), 《엔데의 유언》, 갈라파고스, 89쪽.

질 수 있지만 교사의 능력이나 하는 일의 많고 적음에 따라 차이가 나는 것은 아닙니다. 교사들은 학부모들의 경제적인 도움으로 자신의 능력을 자유롭게 발휘해 수업을 하고 학교를 운영해 갑니다.

민주주의라고 해서 모든 사람이 자유로운 것은 아닙니다. 우리 사회는 (여전히 권력에 반하는 의사 표명을 했을 때 공권력의 폭력에 노출될 수 있지만) 실질적으로 돈에 의해 통제됩니다. 공립 학교의 경우 교사를 통제하기 위해 급여를 차등으로 지급하는 성과급제가 도입된 상황입니다. 돈으로 사람들을 통제하려는 발상은 물질주의의 극단에서나 나올 수 있습니다. 적은 투자로 최대한의 이익을 내기 위해 노력한다는 것은 사실 합리적인 발상입니다. 그러나 인간의 삶에 그러한 원리를 도입할 수는 없습니다. 자본은 사람들을 경쟁시키기 위한 도구로써 돈을 사용합니다. 인간의 이기주의를 이용하는 방식입니다. 이렇게 되면 사람들은 서로를 진정으로 만날 수 없습니다. 교육이라고 하는 정신-문화 영역에서 경쟁과 돈은 통용될 수 없는 가치입니다.

슈타이너는 오늘날의 세계를 지배하는 이데올로기가 바로 이기주의라고 지적했습니다. 이기주의는 자기 자신만을 생각하고 이익을 독차지하려는 태도입니다. 이러한 태도는 세상과 자신을 분리시키며, 사회를 파편화시킵니다. 저마다 자신이 분리되었다고 느끼기 때문에 현대 사회에서 고독과 우울은 병적 상태가 되었습니다. 발도르프교육은 이기주의를 극복하고자 하는 교육적 시도입니다. 우리는 다시 연결되어야 하고, 공감을 바탕으로 한 의사소통을 배워야 합니다. 우리는 본래 유기적으로 연결된 존재들이기 때문에 사회의 참된 실상을 인식한다면 분리된 것들 속에서 일체를 이룰 수 있고, 여기에서 치유가 일어납니다. 발도르프학교의 목표는 아이들이 이러한 온전함

속에서 배울 수 있는 환경을 만드는 데 있습니다. 그러기 위해서는 어른들에게도 이런 학교가 필요합니다. 우리가 사회 삼지성에 대해 배워야 하는 이유입니다.

우리는 욕구를 가진 존재입니다. 사회적 관계 속에서 서로의 욕구를 서로가 채워 주며 살아갑니다. 물론 욕구와 욕구가 부딪히면 갈등이 벌어집니다. 그러나 우리는 다른 이들의 욕구를 충족시켜 줄 수 있는 능력을 갖고 있습니다. 그런데 욕구와 능력은 별개의 영역입니다. 능력이 뛰어나다고 해서 더 많은 욕구를 충족할 수 있다거나, 능력이 없다고 해서 아무런 욕구도 채울 수 없는 사회는 건강한 사회가 아닙니다. 여기에 덧붙여 우리에게는 욕구와 능력 이외에 책임이라는 또 다른 영역이 있습니다. 우리는 자아가 독립한 성인으로서 성숙한 존재가 되어야 합니다. 성인이 된다는 것은 책임이 주어진다는 것이며, 자신의 능력을 올바르게 사용해야 한다는 뜻입니다. 성인이란 사회적 관계 속에서 맺어진 약속을 책임 있게 수행할 수 있는 존재를 말합니다.

- 욕구 : 우리는 욕구를 가진 존재로 다른 사람들의 도움을 받으며 살아간다.
- 능력 : 우리는 자신의 능력을 자유롭게 발휘한다.
- 책임 : 우리는 서로의 권리를 존중하고 자신의 의무를 이행한다.

발도르프학교에서 학비는 교사들의 활동에 대한 대가로 지불되는 것이 아니라 삶의 경제적 기반을 제공하여 교사와 학생이 배움을 계속할 수 있게 하는 것입니다. 돈이란 누군가의 능력에 대한 대가가 아니라 우리의 기본 욕구를 충족하기 위한 것임을 명확히 할 필요가 있습니다. 그런데 어떤 교사가 학교에서 일을 하지 않는다면, 또는 국어 교사가 수업 시간에 학생들에게 그림만 그리게 한다면 어느 영역에서 문제가 생긴 걸까요? 세 번째 영역인 책임의 문제, 다시 말해 계약 관계에서 문제가 발생한 것입니다. 우리는 성인이고 책임 있는 존재로서 학교 공동체에 참여합니다. 교사와 학부모는 각자 해야 할 일들을 약속했습니다. 만약 어떤 교사가 책임을 다하지 않았다면 계약 관계는 파기될 수 있습니다. 공동체 구성원으로서 우리는 의무를 다해야만 권리를 행사할 수 있기 때문입니다.

그렇다고 해서 의무를 다하지 못한 교사가 있을 때 교사회나 이 사회가 "당신은 의무를 다하지 못했으니 나가시오"라고 명령하는 것은 좋은 방법이 아닙니다. 교사 스스로 "나는 능력이 된다고 생각해서 왔는데 그렇지 않다는 걸 알았습니다. 계속할 수 없겠습니다. 이제 이 약속(계약)을 풀기를 원합니다"라고 말할 수 있도록 배려하는 게 좋습니다. 그런데 '이 교사는 앞으로 어떻게 기본 욕구를 충족할 수 있는가?' 하는 문제가 남습니다. 물론 다른 일자리를 찾으면 되겠지만 근본적으로 기본 욕구는 그 사람의 능력이나 계약 관계에 상관없이 충족되어야 합니다. 이 지점에서 슈타이너는 혁명적인 사고를 하였습니다. 권리와 의무를 이행하는 영역과 인간의 기본 욕구를 충족하는 영역은 다르기 때문에 최소한의 생활 수준을 유지할 수 있는 돈이 국가에서 제공되어야 한다는 것입니다.*

---

* 고야스 미치코·아게마스 유우지, 김수정 옮김(2003), 《슈타이너 학교의 예술로서의 교육》, 밝은누리, 184쪽.

조건 없는 기본소득과 미래의 삶

현대 사회에서 우리는 자기 능력을 팔아서 삶을 유지하고 있습니다. 정글과 같은 자본주의 사회에서는 가진 능력을 최대한 발휘하는 것도 모자라 가족과 함께하는 시간을 포기하고 잠자는 시간마저 줄이고 있습니다. 그래도 살아가는 것이 녹록지 않은 게 현실입니다. 우리나라는 아주 어린 학생 시절부터 경쟁에 시달리며 살기 때문에 기본소득이라는 아이디어가 비현실적인 소리처럼 들릴 수도 있습니다. 그러나 기본소득은 시간이 갈수록 그 중요성이 강조될 것입니다. 얼마 전 인공 지능 컴퓨터인 알파고와 이세돌 9단의 바둑 대결이 화제를 모은 적이 있습니다. 서양식 장기인 체스와 달리 바둑은 복잡성이 크고 학습도 어렵기 때문에 인공 지능이 인간을 이기기 어려울 것이라는 예측이 많았습니다. 결론은 인간의 완패였습니다. 이세돌 9단은 단 한 번만 승기를 잡았을 뿐 다섯 번의 대국 중 네 번을 패했습니다.

인공 지능의 발달이 급격하게 이루어졌음을 우리는 알파고의 활약으로 확인했습니다. 실제로 자율주행차는 상용화 단계에 와 있으며, 로봇의 발달로 제조업 공장에서는 인간의 노동력이 거의 필요 없어진 상황입니다. 많은 회사에서 생산직원을 감축하고 있는 추세입니다. 앞으로는 택시나 버스, 화물차의 운전기사들도 사라질 것이고, 신문 기자나 법률가, 의사 같은 직종도 사라질 위기에 처해 있습니다. 능력을 팔고 싶어도 팔 수 없는 상황이 도래하는 것입니다. 그렇다면 인간의 미래는 어떻게 될까요? 수많은 영화와 소설은 암울한 미래상을 그리고 있습니다. 우리는 정말 인공 지능의 지배를 받아 노예 신세로 전락하고 말까요? 지금처럼 이기주의를 토대로 한 사회 시스템이 유지된다면 극소수의 자본 계급을 제외한 사람들은 말 그대로 개·돼지의 취급을 받으며 살게 될지도 모르겠습니다. 물론 그렇게 되어서는 안 될 것입니다.

인류 역사에서 민주주의는 인간의 권리를 확장하는 방향으로 성장해 왔습니다. 왕과 귀족, 그리고 평민과 천민의 계급 질서가 타파되었고, 흑인이 백인과 동등한 시민으로 존중받게 되었습니다. 또한 여성의 권리가 신장되었으며, 종교의 자유와 사상의 자유가 헌법에 명시되었습니다. 어린이와 노인, 장애인과 같은 약자를 위한 복지가 확대된 것도 민주주의의 발전에서 중요한 업적이었습니다. 이제는 정치적 민주화보다 경제 민주화가 민주주의의 주요한 의제가 된 상황입니다. 인간은 누구나 존엄하게 살 권리가 있습니다. 능력이 없거나 일을 못 하는 상황이더라도 사회는 개인의 기본적 욕구를 충족시켜 주어야 합니다. 여기에는 조건이 없습니다. 조건이라고 한다면 '인간 그 자체'이기 때문이라고 해야 할 것입니다.

우리 사회는 모든 사람에게 조건 없는 기본소득이 주어질 수 있는 재화가 충분히 있습니다. 문제는 재화의 부족이 아니라 재화의 편중과 그에 따른 불평등이라고 할 수 있습니다. 슈타이너는 앞으로 국가가 해야 할 일이 공동체의 모든 구성원에게 기본 욕구를 충족시킬 수 있는 재화를 분배하여 누구도 생존에 대한 두려움을 느끼지 않도록 하는 것이라고 주장했습니다. 사회 삼지성에 따르면 기본 욕구는 경제생활에 해당합니다. 인간은 안정된 경제생활을 기반으로 자유롭게 문화생활에 힘을 쏟을 수 있습니다. 문화생활의 발달은 다시 경제생활의 발달을 이끌 것입니다. 이러한 사회를 만들기 위해 정치 활동,

즉 정치생활에 활발하게 참여하는 것은 필수 조건입니다.

기본소득이 주어지면 아무도 일을 하지 않을 것이고, 그래서 사회는 타락하고 말 것이라는 우려도 있습니다. 하지만 일을 하지 않고 편히 사는 것이 우리가 바라는 삶일까요? 우리는 일을 할 때, 더 정확히는 의미 있는 일을 할 때 행복감을 느낍니다. 인간은 저마다 고유한 존재이고 자기만의 취향과 능력을 지닙니다. 편하게 안주하고자 하는 욕구도 있겠지만 자기 능력을 계발하고 공동체에 기여하고 싶은 욕구 또한 갖고 있습니다. 직업은 자아 정체성과 밀접한 관련이 있습니다. 기본소득제가 이뤄진다면 오히려 돈에 얽매이지 않기 때문에 자발적이고 창조적인 방식으로 일을 하게 될 것입니다. 이를 위해 우리는 공동체 구성원들과 대화를 나누며 병든 사회의 치유에 대해 고민하고, 실제적인 사고를 통해 자기 삶의 과제를 인식하는 길로 나아가야 합니다. 사회 삼지성의 진정한 실천은 우리가 의식혼의 차원으로 성장할 때 가능할 것입니다. 관점의 전환, 즉 나의 생각을 바꾸는 것, 그리고 각자 삶의 현장에서 작은 실천을 쌓아 가는 것에서 변화는 시작됩니다.

사회적 주요 법칙[*]

더불어 일하며 살아가는 공동체는
구성원 각자가 자신의 대가를 적게 요구할수록
즉, 자기보다 다른 구성원들에게 이익이 돌아갈 수 있게 할수록

---

[*] 한스 요하임 젠녹, 앞의 책, 46쪽.

전체의 영성이 자라난다.
또한 각자가 바라는 것을 자기 스스로 채우는 것이 아니라
다른 이들의 노력에 의해 채워지게 할수록
공동체의 영성은 더욱 커진다.

공동체 안에서 서로의 욕구가 서로의 관심에 의한
사랑의 힘으로 채워질수록
서로가 평등함을 바탕으로 모두의 뜻이 모아질수록
자유롭게 서로가 서로를 돕고 유지될수록
사회 삼지성의 질서는 더욱 잘 이루어진다.
하지만 서로가 이기적이고 자기중심적으로 살아간다면
사회 삼지성의 정신은 사라지게 된다.

공동체 안에서 사람들과 모임들의 모든 욕구가
조합의 차원에서 민주적이고 협조적으로 이루어지고 지켜질수록
사회 삼지성의 구조는 더욱 집중적으로 발달한다.
하지만 사람들과 모임들이 서로를 소외시키는 결정을 하고
이익과 효율을 위해 권력을 사용하려는 시도를 하면 할수록
이 사회는 획일적인 중앙 집권 체제가 더욱 공고해질 것이다.

마치는 글을 대신하여
인지학에서 바라본 회복적 정의

슈타이너와 악의 문제

끔찍한 1차 세계 대전을 거치며 슈타이너는 사회 문제에 눈을 돌립니다. 시대의 커다란 고통을 더 이상 외면할 수 없었던 것입니다. 슈타이너는 악을 극복하는 일에 대해 새롭게 강조하였습니다. 현시대의 정신적 통치자인 대천사 미카엘을 도와 루시퍼와 아리만이라는 두 악마적 세력에 맞서 싸워야 한다는 게 슈타이너의 확고한 신념이었습니다. 그것은 또한 그리스도를 따르는 길이기도 했습니다. 슈타이너는 세상에 이러한 비전을 알리기 위해 역사 과정 안에 있는 정신적인 신비들을 수많은 연속 강연을 통해 풀어내었습니다.

전쟁이 끝난 뒤 슈타이너는 특히 남부 독일 지역에서 논문과 강연을 통해 '사회 유기체의 삼지적 구조' 사상을 주장했습니다. 〈현재와 미래의 생활에 꼭 필요한 일들에서 사회 문제의 핵심〉, 〈사회 유기체의 삼지성과 시대 상황에 대한 논문〉 등을 발표하였습니다. 1919년 가을부터 발도르프학교 운동이 시작되었고, 1922년에는 유기농법과 그리스도인 공동체 운동이 시작되었습니다. 그리스도인 공동체 운동은 젊은 교회 목사들이 새로운 종교 의식을 구하는 형태에서 비롯된 운동이지만, 이러한 움직임은 그 밖에도 의학을 포함한 모든 영역에 스며들었습니다.

슈타이너에게 평화란 사회적 문제인 동시에 정신적 문제였습니다. 미카엘 대천사와 루시퍼, 아리만, 그리고 그리스도 등 기독교적 이미지와 대립 구도는 슈타이너 후기 사상의 핵심입니다. 말년의 슈타이너는 장미십자회의 비전을 현대 사회에 맞게 재구성하는 일에 몰두하였고, 사회적 실천으로 이어지도록 많은 이를 북돋았습니다. 세상을 전체로서의 하나로 보는 것, 그리고 정신세계의 가치를 지상에 구현하는 것이 의식혼 시대에 걸맞은 인류의 새로운 과제라고 가르쳤습니다.

악이란 선의 반대말이 아닙니다. 악의 반대에는 또 다른 악이 있습니다. 인색함의 반대가 심한 낭비이고, 비겁함의 반대가 만용이듯이 악은 극단과 또 다른 극단이며, 극단 사이의 균형이 바로 선을 뜻합니다. 이때의 균형 또는 중도란 기계적인 것이 아닙니다. 진정한 선은 관념으로 포착하거나 물질적으로 고정시킬 수 없습니다. 그것은 하나의 흐름이자 살아 있음입니다. 균형과 중도는 아름다운 선율처럼 살아서 움직이는 리듬과 같습니다.

이와 달리 생명력이 없고 딱딱하며 이해득실을 따지기 좋아하는 경향성은 아리만의 힘입니다. 그리고 그 대척점에 있는 루시퍼의 힘은 분열과 혼란을 가져오고 인간을 한없이 오만하게 만듭니다. 루시퍼가 정신세계로 물러나 천국으로 돌아가라며 지상의 인류를 유혹한다면, 아리만은 인류를 물질세계, 경직된 사고, 두뇌가 만들어 낸 거짓 천국에 빠지도록 유혹하는 것입니다. 루시퍼와 아리만은 우리 시대의 병적인 징후이자 폭력입니다. 이때 그리스도는 인간이 추구해야 할 원형적인 모습으로서 균형과 중도의 상징이라고 할 수 있습니다. 미카엘 대천사는 그리스도의 뜻에 따라 악을 굴복시키고 인간 본성의 건강함을 회복하는 임무에 봉사하는 것입니다.

발도르프학교를 포함해 인지학을 바탕으로 한 다양한 분야 - 생명역동농법, 유기건축, 정신 의학, 오이리트미, 사회 삼지성 운동 등 - 는 미카엘 대천사와 밀접한 관련이 있습니다. 그리고 더욱 직접적으로는 의식혼의 삶을 실천하는 것이 그 목적이라 할 수 있습니다. 감정, 충동, 욕망 등에 휩쓸리는 감각혼이나 지성혼과 달리 의식혼은 진리가 살아가는 영혼의 부분입니다. 감각혼이 좋고 싫음에 휩쓸리고, 지성혼이 옳고 그름에 시달린다면, 의식혼은 무엇이 참되고 무엇이 거짓되는가에 대해 질문을 던집니다. 그리고 의식혼에 이르러서야 비로소 진정한 사랑이 시작됩니다.

삶이 고통스러워지는 이유는 '나'의 삶이 참되지 않기 때문입니다. 고통은 거짓된 삶이 보내는 신호와도 같습니다. 몸의 통증이 질병의 존재를 드러내듯이, 고통은 영혼생활이 병들어 가고 있음을 알리는 신호입니다. '나'는 이 내적 신호에 귀 기울여야 합니다. '나'는 영혼 안에 살고 있고 의식혼에서 정신과 연결됩니다. 정신과 연결된 '나'는 의식혼에서 빛을 발하여 마음 전체를 빛으로 가득 채웁니다. 그렇게 하지 못할 때 영혼은 어둡고 무거워지는 것입니다. 따라서 '내'가 괴로운 것은 의식혼에 따라 살지 못하기 때문입니다.

의식혼의 시대

인간이 영유아기와 아동기, 청년기, 장년기, 노년기의 순서로 발달 단계를 밟듯이 인류 전체 차원에서도 의식 진화의 단계를 겪습니다. 지성혼의 시대에 인류는 과학의 성장을 이끌었습니다. 자연 과학의 관점으로 세상을 이해했고, 독립적인 자세로 세계를 탐험했습니다. 과학 기술에서 집약적인 진보를 이룩했지만 대부분의 기술 혁신은 대규모 전쟁을 바탕으로 한 것이었습니다. 이것은 감각혼에 봉사하는 지성혼의 시대적 특성입니다. 지성의 힘이 탐욕을 채우기 위해 쓰이는 것은 지금 시대가 극복해야 할 악의 문제라고 할 수 있습니다.

지성혼은 분리하고 분석하며 분해합니다. 식물이나 동물처럼 살아 있는 존재도 광물처럼 파악하려 듭니다. 꽃 한 송이를 이해하기 위해 단면을 잘라 내어 현미경으로 관찰하거나 시약을 사용해 색소를 분리하고 불에 태워 그 재를 분석하기도 합니다. 자연 과학의 방법이란 대략 이런 것입니다. 그러나 인간이 꽃을 제대로 이해하기 위해서는 그 향기를 맡고 음미하며 색의 아름다움을 느껴야 합니다. 꽃이 어떻게 이곳까지 오게 되었는지를 상상하고, 싱싱한 생명력을 내면으로 가져와 교감하고, 궁극적으로는 꽃과 하나가 되는 것입니다. 이런 방식으로 인간관계를 맺을 때 필요한 것이 바로 공감입니다.

인간은 같은 사건을 두고도 의식 수준에 따라서 달리 받아들이기 마련입니다. 예를 들어, 한 모임에 낯선 사람이 들어와 자리를 차지하고 있다면 부정적인 의식의 사람은 즉각적으로 경계감과 불쾌감이 들 것입니다. 자기에게 피해를 줄지도 모른다는 생각에 내쫓으려 할 수도 있습니다. 그러나 긍정적 의식 수준의 사람이라면 낯선 그에게 호기심을 느끼고 말을 걸 수도 있습니다. 무엇보다 모임에 새로운 사람이 왔다며 환영하고 환대할 것입니다.

미국의 저명한 정신과 의사였던 데이비드 호킨스는 인간의 의식을 운동 역학에 따라 지수를 이용해 1부터 1000까지의 단계로 정리해 제시한 바 있습니다. 근육 반응 검사를 통해 의식 수준의 단계를 연구한 호킨스는 의식의 지도를 완성하고, 정신 치료에 사용했습니다.*

신의 관점 God-view	세속의 관점 Life-view	수준 Level	대수의 수치 Log	감정 Emotion	과정 Process
자아 Self	존재 Is	깨달음 Enlightenment	700-1000	언어 이전 Ineffable	순수 의식 Pure Consciousness
항상 존재하는 All-Being	완전한 Perfect	평화 Peace	600	축복 Bliss	자각 Illumination
하나 One	전부 갖춘 Complete	기쁨 Joy	540	고요함 Serenity	거룩함 Transfiguration
사랑 Loving	자비로운 Benign	사랑 Love	500	존경 Reverence	계시 Revelation
현명함 Wise	의미 있는 Meaningful	이성 Reason	400	이해 Understanding	추상 Abstraction
인정 많은 Merciful	화목한 Harmonious	포용 Acceptance	350	용서 Forgiveness	초월 Transcendence
감화 주는 Inspiring	희망에 찬 Hopeful	자발성 Willingness	310	낙관 Optimism	의향 Intention
능력이 있는 Enabling	만족한 Satisfactory	중용 Neutrality	250	신뢰 Trust	해방 Release
용납하는 Permitting	가능한 Feasible	용기 Courage	200	긍정 Affirmation	힘을 주는 Empowerment
무관심한 Indifferent	요구가 많은 Demanding	자존심 Pride	175	경멸 Scorn	과장 Inflation
복수에 찬 Vengeful	적대의 Antagonistic	분노 Anger	150	미움 Hate	공격 Aggression
부정하는 Denying	실망하는 Disappointing	욕망 Desire	125	갈망 Craving	구속 Enslavement
징벌의 Punitive	무서운 Frightening	두려움 Fear	100	근심 Anxiety	물러남 Withdrawal
경멸의 Disdainful	비극적 Tragic	슬픔 Grief	75	후회 Regret	낙담 Despondency
비난하는 Condemning	절망의 Hopeless	무기력 Apathy	50	절망 Despair	포기 Abdication
원한을 품은 Vindictive	사악한 Evil	죄의식 Guilt	30	비난 Blame	파괴 Destruction
멸시하는 Despising	비참한 Miserable	수치심 Shame	20	굴욕 Humiliation	제거 Elimination

* [데이비드 호킨스, 이종수 옮김(1997), 《의식혁명》, 한문화] 참고.

의식 지도에 따르면 인간은 200을 분기점으로 의식의 빛이 급격히 달라집니다. 200의 수준은 용기 있고 긍정적인 감정 상태입니다. 200 미만의 수준에서 기본적인 삶의 태도는 '생존'입니다. 살아남지 못할 수도 있다는 두려움과 비참한 삶에 대한 분노, 가난에 의한 우울과 절망 등으로 타인은 물론 자기 자신도 배려하지 못하는 상태입니다.

그중에서도 가장 낮은 수준은 두려움(100), 비탄(75), 무기력(50), 죄의식(30), 수치심(20) 등의 영역입니다. 이보다 높은 단계는 욕망(125)을 기준으로 자존심(175), 분노(150)의 단계인데, 이제는 개인의 생존을 위해 자기 본위의 충동적인 행동을 하게 됩니다. 그러나 자존심의 수준에 이르면, 살아남으려는 본능이 다른 사람에게도 역시 중요하다는 것을 최초로 이해하기 시작합니다. 그리고 분노는 잘만 쓰면 자기 변화의 강력한 힘이 될 수 있습니다. 부정적인 의식 상태는 흔히 트라우마에 사로잡혀 있기 때문인데, 그로부터 벗어나려면 끊임없이 분노에 빠져 있기보다 내면을 들여다볼 수 있는 용기를 가져야 합니다. 우리는 용기 있게 자기 생각을 말하고 솔직하게 마음을 전하는 법을 배워야 합니다.

용기(200), 중용(250), 자발성(310), 포용(350), 이성(400), 사랑(500), 기쁨(540), 평화(600), 깨달음(1000) 등은 점차 이기주의와 자기중심주의라는 편협성에서 벗어나는 과정입니다. 이제 세상은 살아 볼 만한 가치가 있는 곳이고, 신뢰가 생기며, 삶의 계획을 새롭게 정립하고자 하는 소망이 생겨납니다. 의식 수준 200 미만에서 사람들은 폭력과 보복에 끌리지만 그 이상에서는 화해와 용서를 고민하게 됩니다.

흑백 분리 정책으로 인한 인종 차별로 오랜 세월 심각한 갈등을 안고 살아가던 남아프리카공화국을 보면, 넬슨 만델라라는 위대한 지도자에 의해 의식 수준이 급격히 달라진 것을 알 수 있습니다. 남아공 최초의 흑인 대통령이었던 만델라는 '진실과 화해 위원회'를 설립해 인종 간의 증오와 반목을 불식시켰습니다. '진실과 화해 위원회'의 임무는 과거의 인권 침해 사례를 조사하여 진상을 규명하고 희생자들의 보상 및 명예 회복을 통해 그들이 사회에 대한 신뢰를 회복하도록 돕는 것이었습니다. 가해자는 자신의 잘못을 고백하고 피해자들은 그들이 당한 학대를 회고했습니다. 보복과 징벌보다는 화해와 용서를 통한 치유의 과정이 진행되었습니다. 만델라는 전혀 다른 의식 수준으로 접근했던 것입니다.

회복적 정의와 응보적 정의

잘못을 저지른 이에게 징벌을 가하고 이로써 정의를 이루는 관점을 응보적 정의라고 한다면, 피해자와 가해자, 지역 공동체가 모여 서로의 상처와 필요(욕구)를 나누고 함께 협력해 가는 관점을 회복적 정의라고 부릅니다. 회복적 정의는 피해자의 피해를 회복하고, 자발적 책임과 관계 회복을 목표로 공동체적 역할을 강화하는 사법 체계의 새로운 패러다임입니다.

정의justice의 사전적 의미는, 사회를 구성하고 유지하기 위해 사회 구성원들이 공정하고 올바른 상태를 추구해야 한다는 가치입니다. 몇 해 전 우리 사회는 마이클 샌델 교수의 저서《정의란 무엇인가》가 베스트셀러가 되면서 '정의' 열풍이 분 적이 있습니다. 사회적으로 불평등이 확산되고 도덕적 해이가 심각해지면서 사람들은 정의로움에 목말라했습니다. 대체 진정한 정의가 무엇인지, 관심을 기울이기 시작했습니다. 샌델은 고대부터 근현대까지 정치 철학의 흐름 속에서 정의를 이해하는 세 가지 방식인 행복의 극대화, 자유, 미덕의 추구를 대변하는 대표적인 이론들을 소개했습니다. 그의 강연을 간략히 살펴보면 다음과 같습니다.*

- 정의와 행복의 극대화를 연관 짓는 이론 : 시장 중심의 사회에서 경제적 풍요를 추구하고 생활 수준을 높이는 것은 오늘날의 정치 논쟁에서 가장 핵심적인 사안이다. 왜냐하면 사람들은 경제적으로 풍요로우면 개인적으로나 사회적으로 더 잘 살게 되리라고 기대하기 때문이다. 풍요로움은 행복에 기여하기 때문에 중요하다. 이 생각을 들여다보려면 공리주의에 눈을 돌려야 한다. 공리주의는 최대 다수의 최대 행복을 추구해야 하는 이유와 방법을 가장 그럴듯하게 설명한다.
- 정의와 자유를 연관 짓는 이론 : 이것은 개인의 권리 존중을 강조하는 이론이다. 정의가 자유와 개인의 권리를 존중하는 것이라는 생각은 오늘날의 정치에서 행복의 극대화라는 공리주의 사고만큼이나 익숙하다. 보편적 인권을 존중하는 것이 정의라는 생각이 갈수록 힘을 얻고 있다. 자유에서 출발해 정의를 이해하는 방식을 둘러싸고는 여러 진영에서 각기 다른 목소리를 내고 있다. 가장 치열한 정치 논쟁은 자유방임주의와 평등주의 진영 사이에서 일어난다. 자유방임주의 진영을 대표하는 이들은 정의

---

* [마이클 샌델, 이창신 옮김(2010),《정의란 무엇인가》, 김영사] 참고.

란 성인들의 합의에 따른 자발적 선택을 존중하고 지지하는 데 달렸다고 믿는다. 평등주의 진영에서는 규제 없는 시장은 공정하지도 자유롭지도 않다고 주장한다. 정의를 구현하려면 사회적, 경제적 불이익을 바로잡고 모든 이에게 성공할 기회를 공평하게 나눠 주는 정책을 펴야 한다고 말한다.

- 정의가 미덕(좋은 삶)과 밀접히 연관된다고 보는 이론 : 오늘날의 정치에서, 미덕 이론은 문화적으로 보수주의, 종교적 우파와 동일시된다. 도덕을 법으로 규정한다는 발상은 자유주의 사회 시민들이 보기에, 자칫 배타적이고 강압적인 상황을 불러올 수 있는 경악할 만한 발상이다. 그러나 정의로운 사회라면 미덕과 좋은 삶에 대한 견해를 분명히 해야 한다는 생각은 공히 모든 이념에 깃들어 있으며 다양한 정치 활동과 주장에 영감을 주었다.

샌델은 도덕적인 사고란 혼자 추구하는 것이 아니라 여럿이 함께 대화를 통해 노력해서 얻는 것이라고 말합니다. 자기 성찰만으로는 정의의 의미나 최선의 삶의 방식을 발견할 수 없다는 것입니다. 정의의 의미와 좋은 삶의 본질을 파악하려면 편견과 판에 박힌 일상에서 빠져나와야 한다고 강조합니다. 정의를 고민하는 것은 곧 인간에게 최선의 삶을 고민하는 것이기 때문입니다. 이 지점에서 우리는 정의에 관해 새로운 논쟁 지점을 갖습니다. 앞서 말한 응보적 정의와 회복적 정의입니다.

실질적인 변화

중요한 것은 징벌을 내리고 끝내는 것이 아닙니다. 응보적 정의는 어느 누구도 만족시키지 못합니다. 물론 정의는 세워져야 합니다. 병자가 치료를 받아야 하는 것처럼 정의는 실현되어야 하고, 가해자는 대가를 치러야 합니다. 그러나 그것이 형식적인 차원이라면 가해자와 피해자뿐만 아니라 공동체 전체가 더욱 불행해지고 말 것입니다. 실제로 우리 사회는 지난 보수 정권 동안 점점 더 불행해졌습니다. 시장 만능주의에 따라 경제적 약자는 생존에 목을 매야 하고, 재화가 공동체 구성원 전체에게 골고루 돌아가지 않는 상황에서 개인들의 기본 욕구는 채워지기 힘듭니다. 우리 사회는 정치가 이것을 제어하거나 보완하지 못하고 오히려 현실을 더욱 어렵게 왜곡시켜 왔습니다. 따라서 갈수록 범죄가 발생하기 쉬운 조건이 되어 갔지만 국가는 강력한 법 집행만을 강조했습니다. 이는 전반적인 의식 수준의 하락을 뜻합니다. 그동안 사회는 계속 퇴행해 왔습니다. 새로운 개혁은 잘못된 정의 의식이라는 적폐를 청산하는 것입니다.

슈타이너는 우리의 삶에서 실질적인 결실을 가져오는 것이 무엇보다 중요하다고 말합니다. 갈등과 폭력 사건이 벌어졌을 때, 형식적인 처벌이 아니라 실질적인 공동체의 변화가 필요합니다. 우리의 삶이 의식 진화에 그 목적이 있다고 할 때 정의는 온전함을 회복하는 가치여야 할 것입니다. '가해자를 처벌하는 것만이 과연 진정한 의미에서 정의가 성취되는 것인가?'라는 것이 회복적 정의가 던지는 질문입니다. 회복적 정의에서는 그 처벌이 피해자를 온전하게 회복시키는 데 구체적인 의미가 있는지가 중요합니다. 그리고 피해자뿐만 아니라 공동체 전체가 회복되는 길을 찾아야 합니다. 관점이 그렇게 변해야 하는 것입니다. 호킨스의 의식 지도에서 보듯 용기를 내어 삶의 균형을 찾고, 자발성을 바탕으로 화해하고 포용하려는 노력이 뒤따라야 합니다. 인지학적으로 말하자면 '의식혼의 삶'을 추구하는 것입니다. 그것은 발도르프교육과 회복적 생활교육을 실천해야 하는 이유이기도 합니다.

참고문헌

고야스 미치코·아게마스 유우지, 김수정 옮김(2003),《슈타이너 학교의 예술로서의 교육》, 밝은누리
군디 가슐러·프랑크 가슐러, 안미라 옮김(2008),《내 아이를 위한 비폭력 대화》, 양철북
김미경(2013),《청소년을 위한 비폭력 대화》, 우리학교
_____(2015),《어린이를 위한 비폭력 대화》, 우리학교
김용세(2009),《회복적 사법과 형사화해》, 진원사
김훈태(2016),《교사를 위한 인간학 : 발도르프교육의 인간 이해》, 교육공동체벗
누크 산체스·토머스 비에라, 황근하 옮김(2011),《에고로부터의 자유》, 샨티
닐 도널드 월쉬, 이선미 옮김(2014),《의식의 변화를 꿈꾸는 미래 인간 선언문》, 판미동
더글러스 스톤 외, 김영신 옮김(2003),《대화의 심리학》, 21세기북스
데이비드 봄, 강혜정 옮김(2011),《창조적 대화론》, 에이지21,
데이비드 브루베이커·루스 후버 지머먼, 김동석 옮김(2016),《건강한 조직 만들기》, KAP,
데이비드 존슨·로저 존슨, 추병완·김영은 옮김(2000),《갈등 해결을 통한 학교 폭력 예방》, 백의
데이비드 호킨스, 이종수 옮김(1997),《의식혁명》, 한문화
데이비드 힉스, 고병헌 옮김(1993),《평화교육의 이론과 실천》, 서원
도나 힉스, 박현주 옮김(2013),《관계를 치유하는 힘, 존엄》, 검둥소
로레인 수투츠만 암스투츠, 한영선 옮김(2015),《피해자 가해자 대화모임》, KAP
로레인 수투츠만 암스투츠·쥬디 H. 뮬렛, 이재영·정용진 옮김(2011),《학교현장을 위한 회복적 학생생활교육》, KAP
로먼 크르즈나릭, 김병화 옮김(2014),《공감하는 능력》, 더퀘스트

루돌프 슈타이너, 최혜경 옮김(2007),《인간에 대한 보편적인 앎》, 밝은누리
_____, 박병기 외 옮김(2009),《기도와 명상》, 인간사랑
_____, 최혜경 옮김(2010),《사고의 실용적인 형성》, 밝은누리
_____, 김광선 옮김(2010),〈정신과학의 말〉,《거듭나기》, 2010년 여름호, 슈타이너교육예술연구소
_____, 최혜경 옮김(2010),《사회 문제의 핵심》, 밝은누리
_____, 이정희 옮김(2015),《부차수련 : 정신 수련을 위한 보편적인 지침들》, 한국루돌프슈타이너인지학연구센터
루시 루, 한국NVC센터 옮김(2015),《비폭력 대화 워크북》, 한국NVC센터
류보라(2016),〈학교폭력에 관한 국내 연구동향 분석 : 2002년부터 2015년까지의 자료를 중심으로〉, 서강대학교 교육대학원 석사학위논문
리사 셔크·데이비드 캠트, 진선미 옮김(2015),《공동체를 세우는 대화기술》, KAP
리타 테일러(2012),〈청계자유발도르프학교 외부 초청강사 강연록 : 리타〉, 청계자유발도르프학교
마거릿 소스본·페타 블러드, 권현미·조일현 옮김(2017),《회복적 생활교육 어떻게 실천할 것인가》, 에듀니티
마셜 B. 로젠버그, 캐서린 한 옮김(2004),《비폭력 대화》, 바오
_____, 캐서린 한 옮김(2009),《삶을 풍요롭게 하는 교육》, 한국NVC센터
_____, 김온양·이화자 옮김(2016),《NVC 비폭력 대화》, 북스타
_____, 정진욱 옮김(2016),《갈등의 세상에서 평화를 말하다》, 한국NVC센터
마이클 샌델, 이창신 옮김(2010),《정의란 무엇인가》, 김영사
마이클 슈나이더, 이충호 옮김(2002),《자연, 예술, 과학의 수학적 원형》, 경문사
메리 고든, 문희경 옮김(2010),《공감의 뿌리》, 샨티
멜라니 시어스, 이광자 옮김(2014),《우리 병원 대화는 건강한가?》, 한국NVC센터
문용갑(2011),《갈등조정의 심리학》, 학지사
바이런 케이티·스티브 미첼, 김윤 옮김(2003),《네 가지 질문》, 침묵의 향기
박광섭(2007),〈북미의 회복적 사법에 대한 고찰〉,《피해자학연구》, 제15권 제2호, 한국피해자학회
박성용(2014),《평화의 바람이 분다》, 대장간
박수선,〈효과적인 의사소통의 이해와 실제〉, 국민대통합위원회·한국사회갈등해소센터(2014),《소통과 갈등관리 방법 찾기》, 교보문고
박숙영(2014),《공동체가 새로워지는 회복적 생활교육을 만나다》, 좋은교사
박효정(2012),〈노르웨이의 학교폭력 실태와 대책, 그리고 한국교육에의 시사점〉, 한국교육개발원

버나드 로스, 신예경 옮김(2016),《성취 습관》, 알키
베티 스탤리, 과천자유학교출판국 옮김(2009),《형식과 자유 사이 : 발도르프교육에서 바라본 청소년기》, 과천자유학교출판국
벤 마이켈슨, 정미영 옮김(2005),《스피릿베어》, 양철북
볼프강 아우어(2012),〈12감각론과 교육〉, 서울자유발도르프학교 초청 강연
사이드 돌라바니, 박세연 옮김(2014),《밈노믹스 : 21세기 경제 시스템》, 엘도라도
샤론 샐즈버그·로버트 서먼, 윤서인 옮김(2014),《분노를 다스리는 붓다의 가르침》, 담앤북스
수라 하트·빅토리아 킨들 호드슨, 정채현 옮김(2009),《내 아이를 살리는 비폭력 대화》, 아시아코치센터
수잔 하워드(2013),〈하위 감각에 어려움이 있는 아이들을 어떻게 도와줄 것인가〉, AWCT 초청 강연
알란 알렉산더 밀른·어니스트 하워드 쉐퍼드, 이종인 옮김(2016),《곰돌이 푸 이야기 전집》, 현대지성
야야 헤륩스트, 이노은 옮김(2005),《피해의식의 심리학》, 양문
어드리 맥알렌, 김광선·임신자 옮김(2009),《발도르프 도움 수업》, 슈타이너교육예술연구소
에크하르트 톨레, 류시화 옮김(2008),《NOW : 행성의 미래를 상상하는 사람들에게》, 조화로운 삶
요한 갈퉁, 강종일 외 옮김(2000),《평화적 수단에 의한 평화》, 들녘
월터 윙크, 김준우 옮김(2003),《예수와 비폭력 저항》, 한국기독교연구소
_____, 한성수 옮김(2004),《사탄의 체제와 예수의 비폭력》, 한국기독교연구소
윌리엄 아이작스, 정경옥 옮김(2012),《대화의 재발견》, 에코리브르
이언 M. 해리스·메리 L. 모리슨, 박정원 옮김(2011),《평화교육》, 박정원 옮김, 오름
이윤정(2010),《아이는 사춘기 엄마는 성장기》, 한겨레에듀
이현경(2010),《온전함에 이르는 대화》, 샨티
인발 카스탄, 김숙현 옮김(2013),《자녀가 '싫어'라고 할 때》, 한국NVC센터
정주진(2016),《갈등은 기회다》, 개마고원
정진(2016),《회복적 생활교육 학급운영 가이드북》, 피스빌딩
정현백(2002),〈통일교육과 평화교육의 만남〉, 통일부 통일교육원
제러미 리프킨, 이경남 옮김(2010),《공감의 시대》, 민음사
제인 넬슨, 김선희 옮김(2010),《내 맘대로 안 되는 아이 제대로 키우는 긍정의 훈육》, 프리미엄북스
제인 넬슨·린 로트·스티븐 글렌, 김성환·강소현·정유진 옮김(2014),《학급긍정훈육법》, 에듀니티

조엘 바칸, 이창신 옮김(2013), 《기업에 포위된 아이들》, RHK
조지연, 〈도미닉 바터 인터뷰 : 모든 사람이 자신을 표현할 수 있기를〉, 《우리교육》, 2014년 겨울호
존 그레이, 윤규상 옮김(2003), 《화성남자와 금성여자의 자녀교육》, 들녘미디어
존 커닝햄(2009), 〈비폭력 대화를 통한 교육의 질적 향상〉, 한국루돌프슈타이너인지학센터 초청 강연
_____, 김훈태 옮김(2017), 《연민의 대화, 곰감에 깨어있기》, 퍼플
존 폴 레더락, 박지호 옮김(2014), 《갈등전환》, KAP
카와무라 아츠노리·그룹 현대, 김경인 옮김(2013), 《엔데의 유언》, 갈라파고스
칼린디, 김문호 옮김(2000), 《비노바 바베》, 실천문학사
캐롤린 요더, 김복기 옮김(2014), 《트라우마의 이해와 치유》, KAP
캐서린 한 싱어(2014), 〈일상에서 쓰는 평화의 언어 '비폭력 대화'〉, 《사목정보》, 제7권, 미래사목연구소
케이 프라니스, 강영실 옮김(2012), 《서클 프로세스》, KAP
케이 프라니스·배리 스튜어트·마크 웨지, 백두용 옮김(2016), 《평화 형성 서클》, KAP
켄 윌버, 조옥경 옮김(2008), 《켄 윌버의 통합심리학》, 학지사
파커 J. 파머, 윤규상 옮김(2007), 《온전한 삶으로의 여행》, 해토
_____, 이종인 옮김(2000), 《가르칠 수 있는 용기》, 한문화
_____, 이종태 옮김(2000), 《가르침과 배움의 영성》, IVP
필리스 크런보, 이소희·김정미 옮김(2014), 《함께 토론하고 소통하는 기적의 토킹스틱》, 북허브
하워드 제어, 손진 옮김(2011), 《회복적 정의란 무엇인가?》, KAP
_____, 조균석 외 옮김(2015), 《회복적 정의 실현을 위한 사법의 이념과 실천》, KAP
한스 요하임 젠녹(2010), "사회 삼지성과 발도르프교육", 〈제1회 교사연합연수 강연집〉, 한국발도르프학교교사연합
허승환·이보라(2016), 《교실 속 평화놀이》, 즐거운학교
헤더 스트랭, 〈회복적 정의는 피해자에 대해 그 의제를 신천하고 있는가〉, 하워드 제어·바브 토우즈, 변종필 옮김(2014), 《회복적 정의의 비판적 쟁점》, 한국형사정책연구원
홍순정(2007), 《평화교육탐구》, 에피스테메
황지태·노성호(2010), 《범죄피해자들의 피해실태 및 피해지원욕구 조사》, 한국형사정책연구원
히즈키아스 아세파, 이재영 옮김(2007), 《평화와 화해의 새로운 패러다임》, KAP
Peter H. Neidig·Dale H. Friedman, 권진숙 옮김(2001), 《가족갈등조정 프로그램》, 나눔의집

Friedrich Glasl, Translated by Petra Kopp(2016), *Confronting CONFLICT*, Hawthorn
Joel Edelman·Mary Beth Crain(1999), *Das Tao der Verhandlungskunst*, Wilhelm GoldmannVerlag
John G. Neihardt(2014), *Black Elk Speaks*, Bison Books
Marshall B. Rosenberg(2003), *Nonviolent Communication : A Language of Life*, PuddleDancer Press
Michael Debus, Das Wesen des Guten, *Die Christengemeinschaft*, November, 2002
Monica Gold(2016), *The Verse Uniting All of Us : The Circle of Light*, raphael. rsarchive.net
Nancy Blanning·Laurie Clark(2016), *Movement Journeys and Circle Adventures - Therapeutic Support for Early Childhood*, Volume 2, WECAN Publications
Nel Noddings(1984), *Caring : A Feminine Approach to Ethics and Moral Education*, Berkeley: University of California Press
Nicanor Perlas(2003), *Shaping Globalization : Civil Society, Cultural Power and Threefolding*, New Society Publishers
Rudolf Steiner, Translated by Christopher Schaefer(1982), *Social and anti-social forces in the human being*, Mercury Press
_____(1992), *Allgemeine Menschenkunde als Grundlage der Pädagogik*, Rudolf Steiner Verlag
_____, Translated by Catherine E. Creeger(2001), *According to Luke : The Gospel of Compassion and Love Revealed*, Anthroposophic Press
_____(2014), *Wie erlangt man Erkenntnisse der höheren Welten?*, VRG
Thich Nhat Hanh(1988), *The Heart of Understanding : Commentaries on the Prajnaparamita Heart Sutra*, Parallax Press
William J. Kreidler(1984), *Creative Conflict Resolution*, Good Year Books

교육공동체 벗

교육공동체 벗은 협동조합을 모델로 하는 작은 지식공동체입니다.
협동조합은 공통의 목적을 가진 사람들이 모여서 만든
권력과 자본으로부터 독립된 경제조직입니다.
교육공동체 벗의 모든 사업은 조합원들이 내는 출자금과 조합비로 운영됩니다.
수익을 목적으로 하지 않기에 이윤을 좇기보다
조합원들의 삶과 성장에 필요한 일들과
교육운동에 보탬이 될 수 있는 사업들을 먼저 생각합니다.
정론직필의 교육전문지, 시류에 휩쓸리지 않는 정직한 책들,
함께 배우고 나누며 성장하는 배움 공간 등
우리 교육 현실에 필요한 것들을 우리 힘으로 만들고 함께 나누고 있습니다.

조합원 참여 안내

출자금(1구좌 일반 : 2만 원, 터잡기 : 50만 원)을 낸 후 조합비(월 1만 5천 원 이상)를 약정해 주시면 됩니다. 조합원으로 참여하시면 교육공동체 벗에서 내는 격월간 교육전문지 《오늘의 교육》과 조합 회지 〈벗마을 이야기〉를 받아 보실 수 있습니다. 출자금은 종잣돈으로 가입할 때 한 번만 내시면 됩니다. 조합을 탈퇴하거나 조합 해산 시 정관에 따라 반환합니다. 터잡기 조합원은 벗의 터전을 함께 다지는 데 의미와 보람을 두며 권리와 의무에서 일반 조합원과 차이는 없습니다. 아래 홈페이지나 카페에서 조합 가입 신청서를 내려받아 작성하신 후 메일이나 팩스로 보내 주세요.

홈페이지 communebut.com
카페 cafe.daum.net/communebut
이메일 communebut@hanmail.net
전화 02-332-0712
팩스 0505-115-0712

교육공동체 벗을 만드는 사람들

※하파타 순

후쿠시마 미노리, 황지영, 황정일, 황정원, 황이경, 황윤호성, 황영수, 황봉희, 황규선, 황고운, 홍지연, 홍정인, 홍순성, 홍세화, 홍성근, 홍성구, 현복실, 현미열, 허창수, 허윤영, 허성실, 허성균, 허보영, 허광영, 함점순, 함영기, 한학범, 한채민, 한지혜, 한은옥, 한송희, 한소영, 한성찬, 한석주, 한민혁, 한만중, 한날, 한길수, 한경희, 하주현, 하정호, 하정필, 하인호, 하승우, 하숭수, 하순배, 탁동철, 최희성, 최현숙, 최진규, 최주연, 최정윤, 최정아, 최은정, 최은숙, 최은경, 최유미, 최원혜, 최우성, 최연희, 최연정, 최승훈, 최승복, 최수옥, 최선영, 최선경, 최봉선, 최보람, 최병우, 최미영, 최류미, 최대현, 최기호, 최광용, 최경미, 최경련, 최강토, 채효정, 채종민, 채민정, 차종숙, 차용훈, 진현, 진주형, 진용융, 진영준, 진낭, 지정순, 지수연, 주순영, 조희정, 조형식, 조현민, 조향미, 조해수, 조진희, 조지연, 조준혁, 조준희, 조용현, 조윤성, 조원희, 조원배, 조용진, 조영현, 조영옥, 조영실, 조영선, 조여은, 조여경, 조성희, 조성실, 조성배, 조성대, 조석현, 조석영, 조남규, 조경애, 조경아, 조경삼, 조경미, 제남모, 정희영, 정홍윤, 정혜령, 정현숙, 정혜레나, 정춘수, 정진영a, 정진영b, 정진규, 정종헌, 정종민, 정재학, 정이든, 정은희, 정은주, 정은균, 정유진a, 정유진b, 정유숙, 정유섭, 정원탁, 정원석, 정용주, 정예슬, 정보라, 정미숙a, 정미숙b, 정명옥, 정명영, 정득년, 정대수, 정남주, 정광호, 정광필, 정광일, 정관모, 정경원, 전혜원, 전정희, 전유미, 전세란, 전보애, 전병기, 전민기, 전미영, 전명훈, 전난희, 장현주, 장주연, 장인하, 장은정, 장웅영, 장원영, 장시준, 장상욱, 장병훈, 장병규, 장병순, 장근영, 장군, 장경훈, 임혜정, 임향신, 임한철, 임지영, 임중혁, 임종길, 임정은, 임전수, 임수진, 임성빈, 임선영, 임상진, 임민자, 임덕연, 임경환, 이희옥, 이희연, 이호진, 이호진, 이혜정, 이혜린, 이현, 이혁규, 이향숙, 이한진, 이태영, 이층근, 이진혜, 이진주, 이지해, 이지향, 이지영, 이지연, 이중석, 이주희, 이주영, 이종은, 이정희a, 이정희b, 이재익, 이재은, 이재영, 이재욱, 이재두, 이일순, 이인사, 이은희, 이은희, 이은향, 이은진, 이은주, 이은영, 이은숙, 이유엽, 이유승, 이유선, 이유경, 이유진a, 이유진b, 이원님, 이용환, 이용석, 이용기, 이영화, 이영혜, 이영주, 이영아, 이연진, 이연주, 이연숙, 이연수, 이승헌, 이승태, 이승아, 이슬기a, 이슬기b, 이수정a, 이수정b, 이수연, 이수미, 이성희, 이성호, 이성채, 이성숙, 이성수, 이설희, 이선표, 이선영, 이선애a, 이선애b, 이선미, 이상훈, 이상화, 이상직, 이상원, 이상미, 이상대, 이병준, 이병곤, 이범희, 이범희, 이명훈, 이명문, 이명옥, 이미아, 이미숙, 이미국, 이미란, 이문영, 이명렬, 이동철, 이동준, 이덕주, 이다연, 이남숙, 이난영, 이나경, 이기규, 이근희, 이근철, 이근영, 이광연, 이계삼, 이경화, 이경은, 이경욱, 이경언, 이경림, 이건희, 이건진, 윤홍은, 윤지영, 윤종원, 윤우람, 윤영훈, 윤영백, 윤수진, 윤상혁, 윤병일, 윤규식, 유효성, 유재율, 유영길, 유수연, 유병준, 위양자, 원지영, 원윤희, 원성제, 우창숙, 우지영, 우완, 우수경, 우새봄, 오중근, 오정오, 오재롱, 오은성, 오은경, 오유진, 오수진, 오세희, 오미국, 오미수, 엄영신, 여희영, 여태진, 엄정호, 엄재훈, 엄기옥, 양해준, 양지선, 양은주, 양손숙, 양영희, 양애정, 양선형, 양선아, 양서영, 양상진, 안효빈, 안찬원, 안지윤, 안준철, 안정선, 안옥수, 안영신, 안영빈, 안순억, 심은보, 심우향, 심승희, 심수환, 심동우, 심나은, 심경일, 신혜선, 신충일, 신창호, 신청복, 신중희, 신중식, 신은정, 신유준, 신소희, 신성연, 신미정, 신미옥, 송호영, 송혜란, 송한별, 송정은, 송인혜, 송용석, 송은훈, 송명숙, 송근희, 송경화, 손현아, 손진근, 손정란, 손은경, 손민정, 손미홍, 손미숙, 성현석, 성유진, 성용혜, 성열관, 설은주, 설원민, 선휘성, 선미라, 석옥자, 석경순, 서혜진, 서태성, 서지연, 서정오, 서인선, 서은지, 서우철, 서예원, 서명숙, 서강선, 상형규, 변현숙, 변나은, 백현희, 백승범, 배희철, 배주영, 배정현, 배이상헌, 배영진, 배아영, 배성연, 배경내, 방득일, 방경내, 반영진, 박희진, 박희영, 박효정, 박효수, 박환조, 박혜숙, 박혜린, 박형진, 박형일, 박현희, 박현숙, 박춘애, 박춘배, 박철호, 박진환, 박지국, 박지희, 박지국, 박지홍, 박지인, 박지영, 박중구, 박재선, 박은하, 박은아, 박은경, 박용빈, 박옥주, 박옥균, 박영실, 박연지, 박신자, 박수진, 박수경, 박성규, 박복선, 박미희, 박미옥, 박명진, 박명숙, 박동혁, 박도정, 박대성, 박노해, 박내현, 박나실, 박기웅, 박고형준, 박경화, 박경이, 박건형, 박건진, 민병성, 문용석, 문영주, 문순옥, 문수현, 문수영, 문수경, 문성철, 문명숙, 문경희, 모은경, 맹수용, 마승희, 류창모, 류정희, 류재향, 류우종, 류명숙, 류대현, 류경윤, 도정철, 도방주, 데와 타카유키, 노영현, 노겸미, 남효숙, 남정민, 남은경, 남윤희, 남원호, 남예선, 남미자, 남궁역, 나규환, 김회정, 김희옥, 김홍규, 김훈태, 김효미, 김홍규, 김혜영, 김혜림, 김형렬, 김현진b, 김현주a, 김현주b, 김현영, 김현실, 김현정, 김현택, 김현용, 김해경, 김필임, 김태훈, 김태원, 김찬우, 김찬영, 김찬, 김진희, 김진숙, 김진, 김지훈, 김지운a, 김지연b, 김지안, 김지미, 김지광, 김중주미, 김준연, 김주영, 김종헌, 김종진, 김종원, 김종숙, 김종성, 김정삼, 김정삼, 김재황, 김재현, 김재민, 김임곤, 김일규, 김인순, 김이은, 김이민경, 김은해, 김은파, 김은식, 김은숙, 김윤주, 김윤우, 김원혜, 김용훈, 김용윤, 김용만, 김요한, 김영희, 김영미, 김영주진b, 김영주a, 김영주b, 김영아, 김영삼, 김영모, 김연정a, 김연정b, 김연일, 김연미, 김아현, 김순천, 김수현, 김수진a, 김수진b, 김수정a, 김수정b, 김수연, 김수경, 김소희, 김소혜, 김소영, 김세호, 김성탁, 김성숙, 김성보, 김선희, 김선철, 김선우, 김선구, 김석규, 김서화, 김상정, 김상정, 김상욱, 김봉석, 김보현, 김보경, 김병회, 김병훈, 김병기, 김범주, 김민희, 김민선, 김민곤, 김민결, 김미향, 김미진, 김미국, 김미숙, 김문옥, 김명주, 김묘선, 김명철, 김명섭, 김명민, 김동일, 김동원, 김도석, 김다희, 김다영, 김남철, 김나혜, 김기훈, 김기웅, 김기연, 김규태, 김규빛, 김광민, 김고종호, 김경일, 김경미, 김가연, 기세라, 금현옥, 금명순, 권혜영, 권혁천, 권태윤, 권자영, 권미지, 국찬석, 구자숙, 구원희, 구완희, 구수연, 구본희, 구미숙, 꽹이눈, 광흠, 곽혜영, 곽현주, 곽진경, 곽노현, 곽노근, 공현, 공영아, 고순식, 고진선, 고윤정, 고영주, 고영실, 고병헌, 고병연, 고민경, 강화정, 강현주, 강현정, 강한아, 강태식, 강준희, 강인성, 강이진, 강은숙, 강윤진, 강영일, 강영구, 강수미, 강수돌, 강성규, 강석도, 강서형, 강미정, 강경모

※2023년 7월 3일 기준 725명

* 이 책의 본문은 재생 용지를 사용해서 만들었습니다.
* 생태 보존과 자원 재활용을 위해 표지 코팅을 하지 않았습니다.